suhrkamp taschenbuch
wissenschaft 508

Ludwig Wittgenstein
Werkausgabe Band 8

Ludwig Wittgenstein

Bemerkungen über die Farben
Über Gewißheit
Zettel
Vermischte Bemerkungen

Suhrkamp

Für die vorliegende Ausgabe wurde der Text
neu durchgesehen von Joachim Schulte

18. Auflage 2023

Erste Auflage 1984
suhrkamp taschenbuch wissenschaft 508

Umschlag nach Entwürfen von
Willy Fleckhaus und Rolf Staudt
Druck und Bindung: C. H. Beck, Nördlingen
Printed in Germany
ISBN 978-3-518-28108-6

www.suhrkamp.de

Inhalt

Bemerkungen über die Farben

Herausgegeben von G. E. M. Anscombe

Vorwort

Abschnitt III dieses Bandes gibt den Hauptinhalt eines im Frühjahr 1950 in Oxford verfaßten Manuskripts wieder. Ausgeschieden wurden Bemerkungen über das Problem »Innen-Außen« und über Shakespeare sowie Reflexionen allgemeiner Art. All dieses war von Wittgenstein als nicht zum Text gehörig gekennzeichnet. Es wird in späteren Bänden veröffentlicht werden.

Abschnitt I wurde in Cambridge im März 1951 geschrieben. Er stellt, außer einigen Zusätzen, eine Auswahl und zugleich eine Revision des früheren Materials dar.

Ob Abschnitt II aus einer früheren oder späteren Zeit stammt als Teil III, ist nicht klar. Er wurde niedergeschrieben auf lose undatierte Blätter, die außerdem auch Aufzeichnungen über Gewißheit enthalten. Wittgenstein ließ diese Blätter in meinem Haus in Oxford zurück, als er im Februar 1951 nach Cambridge in das Haus von Dr. Bevan zog, in der Erwartung, dort zu sterben.

Die Verwalter von Wittgensteins literarischem Nachlaß fanden, daß dies ganze Material sich gut zur Veröffentlichung eignete, da es ein charakteristisches Beispiel darbot einer ersten Niederschrift und der später erfolgten Auswahl aus diesem Entwurf. Vieles von dem, was Wittgenstein nicht in die spätere Fassung aufnahm, ist sehr interessant, und es wurde daher eine Methode der Veröffentlichung gewählt, die es dem Herausgeber ermöglichte, den Text intakt zu lassen.

Die Textherstellung wurde mir sehr erleichtert durch die von G.H. von Wright bereitete sorgfältige Schreibmaschinenabschrift des Manuskripts, auch eine davon unabhängige, von Linda McAlister und Margarete Schättle angefertigte Kopie war mir von großem Nutzen. Ich möchte auch Dr. L. Labowsky dafür danken, daß sie den deutschen Text durchgelesen hat.

G.E.M. Anscombe

I

1. Ein Sprachspiel: Darüber berichten, ob ein bestimmter Körper heller oder dunkler als ein andrer sei. – Aber nun gibt es ein verwandtes: Über das Verhältnis der Helligkeiten bestimmter Farbtöne aussagen. (Damit ist zu vergleichen: Das Verhältnis der Längen zweier Stäbe bestimmen – und das Verhältnis zweier Zahlen bestimmen.) – Die Form der Sätze in beiden Sprachspielen ist die gleiche: »X ist heller als Y«. Aber im ersten ist es eine externe Relation und der Satz zeitlich, im zweiten ist es eine interne Relation und der Satz zeitlos.

2. In einem Bild, in welchem ein Stück weißes Papier seine Helligkeit vom blauen Himmel kriegt, ist dieser heller als das weiße Papier. Und doch ist, in einem andern Sinne, Blau die dunklere, Weiß die hellere Farbe (Goethe). Auf der Palette ist das Weiß die hellste Farbe.

3. Lichtenberg sagt, nur wenige Menschen hätten je reines Weiß gesehen. So verwenden also die meisten das Wort falsch? Und wie hat *er* den richtigen Gebrauch gelernt? – Er hat nach dem gewöhnlichen Gebrauch einen idealen konstruiert. Und das heißt nicht, einen bessern, sondern einen in gewisser Richtung verfeinerten, worin etwas auf die Spitze getrieben wird.

4. Und freilich kann ein so konstruierter uns wieder über den tatsächlichen Gebrauch belehren.

5. Wenn ich von einem Papier sage, es sei rein weiß, und es würde Schnee neben das Papier gehalten und dieses sähe nun grau aus, so würde ich es in seiner normalen Umgebung doch mit Recht weiß, nicht hellgrau, nennen. Es könnte sein, daß ich, im Laboratorium etwa, einen verfeinerten Begriff von Weiß verwendete (wie z.B. auch einen verfeinerten Begriff der genauen Zeitbestimmung).

6. Was läßt sich dafür sagen, daß Grün eine primäre Farbe ist, keine Mischfarbe von Blau und Gelb? Wäre es richtig zu sagen: »Man kann das nur unmittelbar erkennen, indem man die Farben betrachtet?« Aber wie weiß ich, daß ich dasselbe mit den Worten »primäre Farbe« meine wie ein andrer, der auch geneigt ist, Grün eine primäre Farbe zu nennen? Nein, – hier entscheiden Sprachspiele.

7. Es gibt die Aufgabe, zu einem gegebenen Gelbgrün (oder Blaugrün) ein weniger gelbliches (oder bläuliches) zu mischen, – oder aus einer Anzahl von Farbmustern auszuwählen. Ein weniger gelbliches ist aber kein bläuliches Grün (und umgekehrt), und es gibt auch die Aufgabe, ein Grün zu wählen, oder zu mischen, das weder gelblich noch bläulich ist. Ich sage »oder zu mischen«, weil ein Grün dadurch nicht zugleich bläulich* und gelblich wird, daß es durch eine Art der Mischung von Gelb und Blau zustande kommt.

8. Menschen könnten den Begriff der Zwischenfarbe oder Mischfarbe haben, auch wenn sie nie Farben durch Mischung (in welchem Sinne immer) erzeugten. Es könnte sich in ihren Sprachspielen immer nur darum handeln, schon vorhandene Zwischen- oder Mischfarben zu suchen, zu wählen.

* Das MS hat ›grünlich‹. *Herausg.*

9. Wenn nun auch nicht Grün eine Zwischenfarbe von Gelb und Blau ist, könnte es nicht Leute geben, für die es ein bläuliches Gelb, ein rötliches Grün gibt? Leute also, deren Farbbegriffe von den unsern abwichen – da ja auch die Farbbegriffe der Farbenblinden von denen der Normalen abweichen, und nicht jede Abweichung vom Normalen muß eine Blindheit, ein Defekt sein.

10. Wer gelernt hat, zu einem gegebenen Farbton einen gelblicheren, weißlicheren, rötlicheren zu finden oder zu mischen, u.s.f., wer also den Begriff der Zwischenfarbe kennt, den fordre man nun auf, uns ein rötliches Grün zu zeigen. Er mag diesen Befehl nun einfach nicht verstehen und etwa so reagieren, als hätte man von ihm verlangt, nach einem regelmäßigen Viereck, Fünfeck, Sechseck ein regelmäßiges Eineck zu zeigen. Wie aber, wenn er, ohne zu zögern, auf ein Farbmuster wiese (etwa auf ein schwärzliches Braun, wie wir es nennen würden)?

11. Wem ein Rötlichgrün bekannt wäre, der sollte imstande sein, eine Farbenreihe herzustellen, die mit Rot anfinge, mit Grün endet und, auch für uns vielleicht, einen kontinuierlichen Übergang zwischen ihnen bildet. Es würde sich dann zeigen, daß dort, wo wir jedesmal den gleichen Ton, von Braun z.B., sehen, er einmal Braun, einmal Rötlichgrün sähe. Daß er z.B. zwei chemische Verbindungen, die für uns die gleiche Farbe haben, nach der Farbe unterscheiden könnte und die eine braun die andre rötlichgrün nennte.

12. Stell dir vor, alle Menschen mit seltenen Ausnahmen wären rot-grün-blind. Oder auch den andern Fall: alle Menschen wären entweder rot-grün oder blau-gelb-blind.

13. Denken wir uns ein *Volk* von Farbenblinden, und das könnte es leicht geben. Sie würden nicht die gleichen Farbbegriffe haben wie wir. Denn auch angenommen sie redeten z.B. deutsch, hätten also alle deutschen Farbwörter, so würden sie sie doch anders gebrauchen als wir, und anders zu gebrauchen *lernen*.

Oder haben sie eine fremde Sprache, so würde es uns schwer, ihre Farbwörter in die unsern zu übersetzen.

14. Wenn es aber auch Menschen gäbe, denen es natürlich wäre, den Ausdruck »rötlichgrün« oder »gelblichblau« in konsequenter Weise zu verwenden, und [die] dabei vielleicht auch Fähigkeiten verrieten, die uns fehlen, so wären wir dennoch nicht gezwungen anzuerkennen, sie sähen, *Farben*, die wir nicht sehen. Es gibt ja kein allgemein anerkanntes Kriterium dafür, was eine Farbe sei, es sei denn, daß es eine unserer Farben ist.

15. In jedem ernsteren philosophischen Problem reicht die Unsicherheit bis an die Wurzeln hinab.

Man muß immer darauf gefaßt sein, etwas *ganz* Neues zu lernen.

16. Die Beschreibung der Phänomene der Farbenblindheit gehört in die Psychologie: also auch die der Phänomene des normalen Sehens? Die Psychologie beschreibt nur die *Abweichungen* der Farbenblindheit vom normalen Sehen.

17. Runge (in dem Brief, den Goethe in der Farbenlehre abdruckt) sagt, es gebe durchsichtige und undurchsichtige Far-

ben. Weiß sei eine undurchsichtige Farbe. Dies zeigt die Unbestimmtheit im Begriff der Farbe, oder auch der Farbengleichheit.

18. Kann ein durchsichtiges grünes Glas die gleiche Farbe haben wie ein undurchsichtiges Papier, oder nicht? Wenn ein solches Glas auf einem Gemälde dargestellt würde, so wären die Farben auf der Palette nicht durchsichtig. Wollte man sagen, die Farbe des Glases wäre auch auf dem Gemälde durchsichtig, so müßte man den Komplex von Farbflecken, der das Glas darstellt, seine *Farbe* nennen.

19. Wie kommt es, daß etwas Durchsichtiges grün, aber nicht weiß sein kann?

Durchsichtigkeit und Spiegeln gibt es nur in der Tiefendimension eines Gesichtsbilds.

Der Eindruck des durchsichtigen Mediums ist der, daß etwas *hinter* dem Medium liegt. Vollkommene Einfärbigkeit des Gesichtsbilds kann nicht durchsichtig sein.

20. Etwas Weißes hinter einem gefärbten durchsichtigen Medium erscheint in der Farbe des Mediums, etwas Schwarzes schwarz. Nach dieser Regel muß Schwarz auf weißem Grund durch ein ›weißes durchsichtiges‹ Medium wie durch ein farbloses gesehen werden.

21. Runge: »Wenn man sich ein bläuliches Orange, ein rötliches Grün, oder ein gelbliches Violett denken will, wird einem zu Muthe wie bei einem südwestlichen Nordwinde ... Weiß sowohl als Schwarz sind beide undurchsichtig oder körperlich

... Weißes Wasser wird man sich nicht denken können, was rein ist; so wenig wie klare Milch.«

22. Wir wollen keine Theorie der Farben finden (weder eine physiologische noch eine psychologische), sondern die Logik der Farbbegriffe. Und diese leistet, was man sich oft mit Unrecht von einer Theorie erwartet hat.

23. »Weißes Wasser wird man sich nicht denken können etc.« Das heißt, man kann nicht beschreiben (z.B. malen), wie etwas weißes Klares aussähe, und das heißt: man weiß nicht, welche Beschreibung, Darstellung, diese Worte von uns fordern.

24. Es ist nicht ohne weiters klar, von welchem durchsichtigen Glas man sagen soll, es habe die *gleiche Farbe*, wie ein undurchsichtiges Farbmuster. Wenn ich sage »Ich suche ein Glas von *dieser* Farbe« (wobei ich auf ein färbiges Papier deute), so wird das etwa heißen, daß etwas Weißes, durch das Glas gesehen, ausschauen soll wie mein Muster.

Ist das Muster rosa, himmelblau, lila, so wird man sich das Glas *trübe* denken, aber vielleicht auch klar und nur schwach rötlich, bläulich oder violett gefärbt.

25. Im Kino kann man manchmal die Vorgänge im Film so sehen, als lägen sie hinter der Leinwandfläche, diese aber sei durchsichtig, etwa eine Glastafel. Das Glas nähme den Dingen ihre Farbe und ließe nur Weiß, Grau und Schwarz durch. (Wir treiben hier nicht Physik, sondern betrachten Weiß und Schwarz als Farben ganz wie Grün und Rot.) – Man könnte also denken, daß wir uns hier eine Glastafel vorstellen, die weiß und durch-

sichtig zu nennen wäre. Und doch sind wir nicht versucht, sie so zu nennen: Bricht also die Analogie mit einer durchsichtigen grünen Tafel, z.B., irgendwo zusammen?

26. Von einer grünen Tafel würden wir etwa sagen: sie gäbe den Dingen hinter ihr eine grüne Färbung; also vor allem dem Weißen hinter ihr.

27. »Man kann sich das nicht vorstellen«, wenn es sich um die Logik handelt, heißt: man weiß nicht, was man sich hier vorstellen soll.

28. Würde man von meiner fiktiven Glastafel im Kino sagen, sie gäbe den Dingen hinter ihr eine weiße Färbung?

29. Konstruiere aus der Regel für den Augenschein des durchsichtigen Farbigen, die du vom durchsichtigen Grünen, Roten etc. abliest, den Schein des durchsichtigen Weißen! Warum geht es nicht?

30. Jedes gefärbte Medium verdunkelt, was dadurch gesehen wird, es schluckt Licht: Soll nun mein weißes Glas auch verdunkeln? Und je dicker es ist, desto mehr? So wäre es also eigentlich ein dunkles Glas!

31. *Warum* kann man sich durchsichtig-weißes Glas nicht vorstellen, – auch wenn es in Wirklichkeit keins gibt? Wo geht die Analogie mit dem durchsichtigen gefärbten schief?

32. Sätze werden oft an der Grenze von Logik und Empirie gebraucht, so daß ihr Sinn über die Grenze hin und her wechselt und sie bald als Ausdruck einer Norm, bald als Ausdruck einer Erfahrung gelten.

(Denn es ist ja nicht eine psychische Begleiterscheinung – so stellt man sich den ›Gedanken‹ vor –, sondern die Verwendung, die den logischen vom Erfahrungssatz unterscheidet.)

33. Man redet von der ›Farbe des Goldes‹ und meint nicht Gelb. »Goldfarben« ist die Eigenschaft einer Oberfläche, welche glänzt oder schimmert.

34. Es gibt Rotglut und Weißglut: Wie aber sähe Braunglut und Grauglut aus? Warum kann man sich diese nicht als einen schwächeren Grad der Weißglut denken?

35. »Das Licht ist farblos.« Wenn, dann in dem Sinne, wie die Zahlen farblos sind.

36. Was leuchtend *aussieht*, sieht nicht grau aus. Alles Graue *sieht* beleuchtet *aus*.

37. Was man als leuchtend sieht, sieht man nicht als grau. Wohl aber kann man es als weiß sehen.

38. Man könnte also etwas *jetzt* als schwach leuchtend, *jetzt* als grau sehen.

39. Ich sage nicht (wie die Gestaltpsychologen), daß der *Eindruck des Weißen* so und so zustande komme. Sondern die Frage ist gerade: Was der Eindruck des Weißen sei. Was die Bedeutung dieses Ausdrucks, die Logik des Begriffes ist.

40. Denn, daß man sich etwas ›Grauglühendes‹ nicht denken kann, gehört nicht in die Physik oder Psychologie der Farbe.

41. Man sagt mir, eine gewisse Substanz brenne mit grauer Flamme. Ich kenne doch nicht die Farbe der Flammen sämtlicher Substanzen; warum sollte das also nicht möglich sein?

42. Man redet von einem ›dunkelroten Schein‹, aber nicht von einem ›schwarzroten‹.

43. Eine glatte weiße Fläche kann spiegeln: Wie nun, wenn man sich irrte, und was in ihr gespiegelt erscheint, *wirklich* hinter ihr wäre und durch sie gesehen würde? Wäre sie dann weiß und durchsichtig?

44. Man spricht von einem ›schwarzen‹ Spiegel. Aber wo er spiegelt, verdunkelt er zwar, aber sieht nicht schwarz aus, und was durch ihn gesehen wird, erscheint nicht ›schmutzig‹, sondern ›tief‹.

45. Die Undurchsichtigkeit ist nicht eine *Eigenschaft* der weißen Farbe. Sowenig wie Durchsichtigkeit eine Eigenschaft der grünen.

46. Und es genügt auch nicht zu sagen, das Wort »weiß« werde eben nur für die Erscheinung von Oberflächen angewandt. Es könnte sein, daß wir zwei Wörter für »grün« hätten: eines nur für grüne Oberflächen, das andre für grüne durchsichtige Gegenstände. Es bliebe also die Frage, warum es kein dem Wort »weiß« entsprechendes Farbwort für etwas Durchsichtiges gibt.

47. Ein Medium, wodurch ein schwarz und weißes Muster (Schachbrett) unverändert erscheint, wird man nicht ein weißes nennen, auch wenn dadurch die andern Farben an Färbigkeit verlieren.

48. Man könnte einen weißen Glanz nicht »weiß« nennen wollen und so nur das nennen, was man als Farbe einer Oberfläche sieht.

49. Von zwei Stellen meiner Umgebung, die ich, in einem Sinne, als gleichfarbig *sehe*, kann mir, in anderem Sinne, die eine als weiß, die andre als grau erscheinen.

In einem Zusammenhang ist diese Farbe für mich weiß in schlechter Beleuchtung, in einem andern grau in guter Beleuchtung.

Dies sind Sätze über die Begriffe ›weiß‹ und ›grau‹.

50. Der Eimer, der hier vor mir steht, ist glänzend weiß lackiert, es wäre absurd, ihn »grau« zu nennen oder zu sagen »Ich sehe eigentlich ein helles Grau.« Aber er hat ein weißes Glanzlicht, das weit heller ist als seine übrige Fläche, und diese ist teils dem Licht zu-, teils abgeneigt, ohne doch anders gefärbt zu erscheinen. (Zu *erscheinen*, nicht nur zu *sein*.)

51. Es ist nicht dasselbe, zu sagen: der Eindruck des Weißen oder Grauen kommt unter solchen Bedingungen zustande (kausal), und: er ist ein Eindruck in einem bestimmten Zusammenhang von Farben und Formen.

52. Weiß als *Stoffarbe* (in dem Sinne, in welchem man sagt, Schnee ist weiß) ist heller als jede andre Stoffarbe; Schwarz dunkler. *Hier* ist die Farbe eine Verdunklung, und ist dem Stoff jede solche entzogen, so bleibt Weiß, und darum kann man es »farblos« nennen.

53. Es gibt zwar nicht Phänomenologie, wohl aber phänomenologische Probleme.

54. Daß nicht alle Farbbegriffe logisch gleichartig sind, sieht man leicht. Z.B. den Unterschied zwischen den Begriffen

›Farbe des Goldes‹ oder ›Farbe des Silbers‹ und ›gelb‹ oder ›grau‹.

55. Eine Farbe *›leuchtet‹* in einer Umgebung. (Wie Augen nur in einem Gesicht lächeln.) Eine ›schwärzliche‹ Farbe – z. B. Grau – ›leuchtet‹ nicht.

56. Die Schwierigkeiten, die wir beim Nachdenken über das Wesen der Farben empfinden (mit denen Goethe in der Farbenlehre sich auseinandersetzen wollte), liegen schon in der Unbestimmtheit unseres Begriffs der Farbengleichheit beschlossen.

57. [»Ich empfinde X«
»Ich beobachte X«

X steht im ersten und zweiten Satz nicht für den gleichen Begriff, wenn auch vielleicht für den gleichen Wortausdruck, z.B. für »einen Schmerz«. Denn fragt man »was für einen Schmerz?« so könnte ich im ersten Fall antworten »Diesen« und den Fragenden etwa mit einer Nadel stechen. Im zweiten Falle muß ich auf dieselbe Frage anders antworten; z.B. »Den Schmerz in meinem Fuß«.

Auch könnte das X im zweiten Satz für »meinen Schmerz« stehen, aber nicht im ersten.]

58. Denk, jemand zeigte auf eine Stelle der Iris in einem Rembrandtschen Auge und sagte: »Die Wände in meinem Zimmer sollen in dieser Farbe gemalt werden.«

59. Ich male die Aussicht von meinem Fenster; eine bestimmte Stelle, bestimmt durch ihre Lage in der Architektur eines Hauses, male ich mit Ocker. Ich sage, ich sehe diese Stelle in dieser Farbe. Das bedeutet nicht, daß ich hier die Farbe Ocker sehe, denn dieser Farbstoff mag, *so* umgeben, heller, dunkler, rötlicher (etc.) aussehen als Ocker. »Ich sehe diese Stelle, wie ich sie hier mit Ocker gemalt habe, nämlich als ein stark rötliches Gelb.«

Wie aber, wenn man von mir verlangte, den genauen Farbton anzugeben, den ich dort sehe? – Wie soll er angegeben werden und wie bestimmt werden? Man könnte verlangen, daß ich ein Farbmuster (ein rechteckiges Stück Papier von dieser Farbe) herstelle. Ich sage nicht, daß ein solcher Vergleich ohne jedes Interesse wäre, aber er zeigt uns, daß nicht von vornherein klar ist, wie Farbtöne zu vergleichen sind und was »Gleichheit der Farbe« bedeutet.

60. Denken wir uns ein Gemälde in kleine, annähernd einfärbige Stücke zerschnitten und diese dann als Steine eines Zusammenlegspiels verwendet. Auch wo ein solcher Stein nicht einfärbig ist, soll er keine räumliche Form andeuten, sondern einfach als flacher Farbfleck erscheinen. Erst im Zusammenhang mit den andern wird er ein Stück blauen Himmels, ein Schatten, ein Glanz, durchsichtig oder undurchsichtig, etc. Zeigen uns die einzelnen Steine die *eigentlichen Farben* der Stellen des Bildes?

61. Man neigt dazu, zu glauben, die Analyse unsrer Farbbegriffe führe am Ende zu den *Farben von Stellen* unsres Gesichtsbilds, welche nun von jeder räumlichen oder physikalischen Deutung unabhängig sind; denn hier gibt es weder Beleuchtung noch Schatten, noch Glanz etc., etc.

62. Daß ich sagen kann, diese Stelle in meinem Gesichtsfeld sei graugrün, bedeutet nicht, daß ich weiß, was eine genaue Kopie des Farbtons zu nennen wäre.

63. Ich sehe auf einer (nicht färbigen) Photographie einen Mann mit dunklem Haar und einen Buben mit glatt zurückgekämmtem blondem Haar vor einer Drehbank stehen, die zum Teil aus schwarz gestrichenen Gußteilen, teils aus glatten Wellen, Zahnrädern u.a. besteht, daneben ein Gitter aus hellem verzinktem Draht. Die bearbeiteten Eisenflächen sehe ich eisenfärbig, das Haar des Jungen blond, das Gitter zinkfärbig, obgleich alles durch hellere und dunklere Töne des photographischen Papiers dargestellt ist.

64. Aber sehe ich wirklich die Haare auf der Photographie blond? Und was spricht dafür? Welche Reaktion des Betrachters soll zeigen, daß er sie blond *sieht*, und nicht nur aus den Tönen der Photographie schließt, sie seien blond? – Würde von mir verlangt, daß ich jene Photographie beschreibe, so würde ich es am direktesten mit jenen Worten tun. Ließe man diese Art der Beschreibung nicht gelten, so müßte ich nun erst nach einer andern suchen.

65. Wenn selbst das Wort »blond« blond klingen kann, wieviel eher können die photographierten Haare blond aussehen!

66. »Kann man sich nicht denken, daß gewisse Menschen eine andere Farbengeometrie als die unsere hätten?« Das heißt doch: Kann man sich nicht Menschen mit andern Farbbegriffen als den unsern denken? Und das heißt wieder: Kann man sich nicht

vorstellen, daß Menschen unsere Farbbegriffe *nicht* haben und daß sie Begriffe haben, die mit unsern Farbbegriffen auf solche Art verwandt sind, daß wir sie auch »Farbbegriffe« nennen würden?

67. Sieh dein Zimmer am späten Abend an, wenn Farben kaum mehr zu unterscheiden sind – und nun mach Licht und male, was du früher im Halbdunkel gesehen hast. – Wie vergleicht man die Farben auf so einem Bild mit denen des halbdunklen Raums?

68. Auf die Frage »Was bedeuten die Wörter ›rot‹, ›blau‹, ›schwarz‹, ›weiß‹, können wir freilich gleich auf Dinge zeigen, die so gefärbt sind, – aber weiter geht unsre Fähigkeit, die Bedeutungen dieser Worte zu erklären, nicht! Im übrigen machen wir uns von ihrer Verwendung keine, oder eine ganz rohe, zum Teil falsche, Vorstellung.

69. Ich kann mir einen Logiker vorstellen, der erzählt, er sei jetzt dahin gelangt, »2 × 2 = 4« wirklich *denken* zu können.

70. Die Goethesche Lehre von der Entstehung der Spektralfarben ist nicht eine Theorie, die sich als ungenügend erwiesen hat, sondern eigentlich gar keine Theorie. Es läßt sich mit ihr nichts vorhersagen. Sie ist eher ein vages Denkschema nach Art derer, die man in James's Psychologie findet. Es gibt auch kein experimentum crucis, das für, oder gegen diese Lehre entscheiden könnte.

71. Wer mit Goethe übereinstimmt, findet, Goethe habe die *Natur* der Farbe richtig erkannt. Und Natur ist hier nicht, was aus Experimenten hervorgeht, sondern sie liegt im Begriff der Farbe.

72. Eins war für Goethe unumstößlich klar: Aus Dunkelheiten kann sich kein Helles zusammensetzen – wie aus mehr und mehr Schatten kein Licht entsteht. – Und dies ließe sich so ausdrücken: Wenn man Lila ein weißlich-rötlich-Blau nennt, oder Braun ein schwärzlich-rötlich-Gelb, – so kann man nun Weiß *kein* gelblich-rötlich-grünlich-Blau, oder dergleichen, nennen. Weiß ist nicht eine *Zwischenfarbe* anderer Farben. Und *das* können Versuche mit dem Spektrum weder bekräftigen noch widerlegen. Es wäre aber auch falsch zu sagen »Schau Dir die Farben nur in der Natur an, und Du wirst sehen, daß es so ist.« Denn über die Begriffe der Farben wird man durch Schauen nicht belehrt.

73. Ich kann mir nicht denken, daß Goethes Bemerkungen über die Charaktere der Farben und Farbenzusammenstellungen für den Maler nützlich sein können; kaum für den Dekorateur. Die Farbe eines blutunterlaufenen Auges könnte als Farbe eines Wandbehangs prächtig wirken. Wer vom Charakter einer Farbe redet, denkt dabei immer nur an *eine* bestimmte Art ihrer Verwendung.

74. Gäbe es eine Harmonielehre der Farben, so würde sie etwa mit einer Einteilung der Farben in Gruppen anfangen und gewisse Mischungen oder Nachbarschaften verbieten, andre erlauben. Und sie würde, wie die Harmonielehre, ihre Regeln nicht begründen.

75. Es mag Geistesschwache geben, denen man den Begriff ›morgen‹ nicht beibringen kann, oder den Begriff ›ich‹, oder das Ablesen der Uhrzeit. Sie würden den Gebrauch des Wortes ›morgen‹ nicht erlernen, etc. Wem kann ich nun beschreiben, *was* diese nicht erlernen können? Nicht nur dem, der es erlernt hat? Kann ich dem A nicht mitteilen, B könne höhere Mathematik nicht erlernen, auch wenn A sie nicht beherrscht? Versteht nicht der das Wort »Schach« anders, der das Spiel gelernt hat, als der es nicht gelernt hat? Es bestehen Unterschiede zwischen der Verwendung, die jener von dem Wort machen kann, und der Verwendung, die dieser gelernt hat.

76. Heißt ein Spiel beschreiben immer: eine Beschreibung geben, durch die man es lernen kann?

77. Hat der Normalsehende und der Farbenblinde den gleichen Begriff von der Farbenblindheit? Ein Farbenblinder kann nicht nur unsre Farbwörter, sondern auch das Wort »Farbenblind« nicht so verwenden lernen wie ein Normaler. Er kann z.B. die Farbenblindheit nicht auf die gleiche Weise feststellen wie dieser.

78. Es könnte Menschen geben, die unsre Ausdrucksweise, Orange sei ein rötliches Gelb, nicht verstünden, und nur dann geneigt wären, so etwas zu sagen, wo sie einen Farbübergang von Gelb über Orange nach Rot vor Augen sehen. Und für solche müßte der Ausdruck »rötliches Grün« keine Schwierigkeit haben.

79. Die Psychologie beschreibt die Phänomene des Sehens. – Wem macht sie die Beschreibung? *Welche* Unwissenheit kann diese Beschreibung beheben?

80. Die Psychologie beschreibt, was beobachtet wurde.

81. Kann man dem Blinden beschreiben, wie das ist, wenn Einer *sieht*? – Doch. Ein Blinder lernt manches über den Unterschied des Blinden vom Sehenden. Aber die Frage war schlecht gestellt; als wäre Sehen eine Tätigkeit und es gäbe von ihr eine Beschreibung.

82. Ich kann doch Farbenblindheit beobachten; warum also Sehen nicht? – Ich kann beobachten, welche Farburteile ein Farbenblinder – oder auch ein Normalsichtiger – *unter gewissen Umständen* fällt.

83. Man sagt manchmal (wenn auch mißverständlich) »Nur ich kann wissen, was ich sehe«. Aber nicht: »Nur ich kann wissen, ob ich farbenblind bin.« (Noch auch: »Nur ich kann wissen, ob ich sehe, oder blind bin.«)

84. Die Aussage »Ich sehe einen roten Kreis« und die »Ich sehe (bin nicht blind)« sind logisch nicht gleichartig. Wie prüft man die Wahrheit der ersten, wie die Wahrheit der zweiten?

85. Aber kann ich glauben zu sehen, und blind sein, oder glauben blind zu sein, und sehen?

86. Könnte in einem Lehrbuch der Psychologie der Satz stehen »Es gibt Menschen, welche sehen«? Wäre das falsch? Aber wem wird hier etwas mitgeteilt?

87. Wie kann es unsinnig sein zu sagen »Es gibt Menschen, welche sehen«, wenn es nicht unsinnig ist zu sagen »Es gibt Menschen, welche blind sind«?

Aber angenommen, ich hätte nie von der Existenz blinder Menschen gehört und eines Tages teilt man mir mit »Es gibt Menschen, welche nicht sehen«, müßte ich diesen Satz so ohne weiteres verstehen? Muß ich mir, wenn ich selber nicht blind bin, bewußt sein, daß ich die Fähigkeit des Sehens habe, und daß es also Leute geben kann, die sie nicht haben?

88. Wenn der Psychologe uns lehrt »Es gibt Menschen, welche sehen«, so können wir ihn fragen: »Und was nennst Du ›Menschen, welche sehen‹?« Darauf müßte die Antwort sein: Menschen, die unter den und den Umständen sich so und so benehmen.

II

1. Man könnte von dem Farbeindruck einer Fläche reden, womit nicht die Farbe gemeint wäre, sondern das Zusammen der Farbtöne, das den Eindruck einer braunen Fläche (z.B.) ergibt.

2. Die Beimischung des Weiß nimmt der Farbe das *Farbige;* dagegen nicht die Beimischung von Gelb. – Ist das am Grunde des Satzes, daß es kein klar durchsichtiges Weiß geben kann?

3. Was aber ist das für ein Satz: daß die Beimischung des Weißen der Farbe das Farbige nimmt?

Wie ich es meine, kann's kein physikalischer Satz sein.

Hier ist die Versuchung sehr groß, an eine Phänomenologie, ein Mittelding zwischen Wissenschaft und Logik, zu glauben.

4. Was ist denn das Wesentliche des *Trüben*? Denn rotes, gelbes Durchsichtiges ist nicht trübe, weißes ist trübe.

5. Ist trüb das, was die Formen verschleiert, und verschleiert es die Formen, weil es Licht und Schatten verwischt?

6. Ist nicht weiß das, was die Dunkelheit aufhebt?

7. Man redet zwar von ›schwarzem Glas‹, aber wer durch rotes Glas eine weiße Fläche sieht, sieht sie rot, durch ›schwarzes‹ Glas nicht schwarz.

8. Man bedient sich, um klar zu sehen, oft gefärbter Brillengläser, aber nie trüber.

9. »Die Beimischung von Weiß verwischt den Unterschied zwischen Hell und Dunkel, Licht und Schatten«: bestimmt das die Begriffe näher? Ich glaube schon.

10. Wer das nicht fände, hätte nicht die entgegengesetzte Erfahrung; sondern wir würden ihn nicht verstehen.

11. In der Philosophie muß man immer fragen: »Wie muß man dieses Problem ansehen, daß es lösbar wird?«

12. Denn hier (wenn ich die Farben betrachte z.B.) ist da erst nur eine Unfähigkeit, irgendeine Ordnung in den Begriffen zu machen.
Wir stehen da, wie der Ochs vor der neu gestrichenen Stalltür.

13. Denk daran, wie ein Maler die Durchsicht durch ein rötlich gefärbtes Glas darstellen würde. Es ist ja ein *kompliziertes* Flächenbild, was sich da ergibt. D.h., das Bild wird nebeneinan-

der eine Menge von Abschattungen von Rot und andern Farben enthalten. Und analog, wenn man durch ein blaues Glas sähe.

Wie aber, wenn man ein Bild malte, in dem dort, wo früher etwas bläulich oder rötlich wurde, es weißlich wird?

14. Ist der ganze Unterschied hier, daß die Farben durch den rötlichen Schein nicht ihre Sattheit verlieren, wohl aber durch den weißlichen?

Ja, man spricht gar nicht von einem ›weißlichen Schein‹!

15. Wenn bei einer gewissen Beleuchtung alles weißlich aussähe, so würden wir nicht schließen, das Leuchtende müsse weiß ausschaun.

16. Die phänomenologische Analyse (wie sie z.B. Goethe wollte) ist eine Begriffsanalyse und kann der Physik weder beistimmen noch widersprechen.

17. Wie aber, wenn es irgendwo so wäre: das Licht eines weißglühenden Körpers ließe die Sachen hell, aber weißlich, also farbschwach, erscheinen, das Licht eines rotglühenden rötlich, etc.? (Nur eine unsichtbare, dem Auge nicht wahrnehmbare Quelle ließe sie in Farben leuchten.)

18. Ja, wie wenn die Dinge nur dann in ihren Farben leuchteten, wenn, in unserm Sinne, *kein* Licht auf sie fällt, wenn z.B. der Himmel *schwarz* wäre? Könnte man dann nicht sagen: nur bei schwarzem Licht erscheinen uns die vollen Farben?

19. Aber wäre hier nicht ein Widerspruch?

20. Ich *sehe* nicht, daß die Farben der Körper Licht in mein Auge reflektieren.

III

24. 3. 50

1. ? In einem Bild muß das Weiß die hellste Farbe sein.

2. In der Tricolore kann z. B. das Weiß nicht dunkler sein als Blau oder Rot.

3. Hier gibt es eine Art Farbmathematik.

26. 3

4. Aber auch das reine Gelb ist heller als das reine, satte Rot, oder Blau. Und ist dies ein Satz der Erfahrung? – Ich weiß z. B. nicht, ob Rot (d. h. das reine) heller oder dunkler ist als Blau; ich müßte sie sehen, um es sagen zu können. Und doch, wenn ich es gesehen hätte, so wüßte ich's nun ein für allemal, wie das Resultat einer Rechnung.

Wo trennen sich hier Logik und Erfahrung (Empirie)?

5. Das Wort, dessen Bedeutung nicht klar ist, ist »rein«, oder »satt«. Wie lernen wir diese Bedeutung? Wie zeigt es sich, daß Menschen das gleiche damit meinen? Ich nenne eine Farbe (z. B. Rot) »satt«, wenn sie weder Schwarz noch Weiß enthält, weder schwärzlich, noch weißlich ist.

Aber diese Erklärung dient nur einer vorläufigen Verständigung.

6. Welche *Wichtigkeit* hat der Begriff der satten Farbe?

7. Es ist hier offenbar eine Tatsache wichtig: daß nämlich Menschen einem Punkt im Farbkreis eine besondere Stellung einräumen. Daß sie sich diesen Punkt nicht mühsam merken müssen, sondern Alle immer leicht zu demselben Punkt finden.

8. Gibt es eine ›Naturgeschichte der Farben‹, und wieweit ist sie analog einer Naturgeschichte der Pflanzen? Ist diese nicht zeitlich, jene unzeitlich?

9. Wenn wir sagen, daß »Sattes Gelb ist heller als sattes Blau« kein Satz der Psychologie ist (denn nur *so* könnte er Naturgeschichte sein) – so heißt das: wir *verwenden* ihn nicht als naturgeschichtlichen Satz, und die Frage ist dann: wie sieht die andere, unzeitliche, *Verwendung* aus?

10. Denn nur so ließe sich der ›farbmathematische‹ Satz vom naturgeschichtlichen unterscheiden.

11. Oder auch: die Frage ist die: Kann man hier zwei Verwendungen (klar) unterscheiden?

12. Hast du dir zwei Farbtöne A und B eingeprägt, und A ist heller als B, und nennst du danach einen Farbton »A« und einen

andern »B«, dieser aber ist heller als jener: so hast du die Farbtöne falsch benannt. (Das ist Logik).

13. Der Begriff der ›satten‹ Farbe sei von solcher Art, daß das satte X nicht einmal heller, einmal dunkler sein kann als das satte Y; d.h., daß es keinen Sinn hat, zu sagen, es sei einmal heller, ein andermal dunkler. Dies ist eine Begriffsbestimmung und gehört wieder zur Logik.

Ob ein so bestimmter Begriff *nützlich* sei oder nicht, ist hier nicht entschieden.

14. Es könnte dieser Begriff nur eine *sehr* beschränkte Verwendung haben. Und zwar darum weil, was wir für gewöhnlich ein sattes X nennen, ein Farbeindruck innerhalb einer bestimmten Umgebung ist. Vergleichbar dem ›durchsichtigen‹ X.

15. Gib Beispiele von einfachen Sprachspielen mit dem Begriff der ›satten Farben‹!

16. Ich nehme an, gewisse chemische Verbindungen, z.B. die Salze einer bestimmten Säure, hätten satte Farben und könnten so erkannt werden.

17. Oder es ließe sich die Heimat gewisser Blumen nach der Sattheit ihrer Farben erraten. So daß man z.B. sagen könnte: »Das muß eine Alpenblume sein, weil ihre Farbe so intensiv ist.«

18. In so einem Fall könnte es aber helleres und dunkleres sattes Rot etc. geben.

19. Und muß ich nicht zugeben, daß Sätze oft an der Grenze von Logik und Empirie gebraucht werden, so daß ihr Sinn über die Grenze hin und her wechselt und sie bald Ausdruck einer Norm sind, bald Ausdruck der Erfahrung sind.

Denn es ist ja nicht der ›Gedanke‹ (eine psychische Begleiterscheinung), sondern die Verwendung (etwas, was ihn umgibt), die den logischen Satz vom Erfahrungssatz unterscheidet.

20. (Das falsche Bild verwirrt, das richtige Bild hilft.)

21. Die Frage wird z.B. sein: Läßt sich, was »sattes Grün« heißt, dadurch beibringen, daß man lehrt,* was sattes Rot oder Gelb oder Blau ist?

22. Der ›*Glanz*‹, das ›Glanzlicht‹ kann nicht schwarz sein. Ersetzte ich das Helle der Glanzlichter in einem Bild durch Schwärze, so wären's nun nicht schwarze Glanzlichter: und zwar nicht einfach darum, weil in der Natur das Glanzlicht nur so und nicht anders entsteht, sondern auch weil wir auf ein *Licht* an dieser Stelle in bestimmter Weise reagieren. Eine Flagge mag gelb und schwarz, eine andere gelb und weiß sein.

* Das MS hat ›leert‹. *Herausg.*

23. Durchsichtigkeit im Bild gemalt wirkt anders als Undurchsichtigkeit.

24. Warum ist ein durchsichtiges Weiß nicht möglich? – Mal einen durchsichtigen roten Körper, und dann ersetze Rot durch Weiß!

Schwarz und Weiß haben bei der Durchsichtigkeit einer Farbe schon ihre Hand im Spiele.

Ersetzt Du das Rot durch Weiß, so kommt der Eindruck der Durchsichtigkeit nicht mehr zustande; wie der Eindruck der Körperlichkeit nicht, wenn Du aus der Zeichnung  die Zeichnung machst.

27. 3

25. Warum ist eine satte Farbe nicht einfach: *diese*, oder *diese*, oder *diese*, oder *diese*? – Weil man sie auf andere Art wiederkennt oder bestimmt.

26. Was uns mißtrauisch machen kann, ist, daß manche drei Grundfarben zu erkennen glaubten, manche vier. Manche hielten dafür, daß Grün eine Zwischenfarbe von Blau und Gelb sei, und mir, z. B., kommt das falsch vor, auch abgesehen von jeder *Erfahrung*.

Blau und Gelb, sowie Rot und Grün, erscheinen mir als Gegensätze – aber das mag einfach daher rühren, daß ich gewöhnt bin, sie im Farbenkreis an entgegengesetzten Punkten zu sehen.

Ja, welche *Wichtigkeit* hat für mich (sozusagen psychologisch) die Frage nach der Zahl der Reinen Farben?

27. Ich scheine *ein* logisch Wichtiges zu sehen: Wenn man Grün eine Zwischenfarbe von Blau und Gelb nennt, dann muß man z. B. auch sagen können, was ein nur leicht bläuliches Gelb heißt oder ein nur etwas gelbliches Blau. Und diese Ausdrücke sagen mir gar nichts. Aber könnten sie nicht einem andern etwas sagen?

Wer mir also die Farbe einer Wand so beschriebe, »Sie war ein etwas rötliches Gelb«, den könnte ich so verstehen, daß ich aus einer Zahl von Mustern ein annähernd richtiges wählen könnte. Wer die Farbe aber *so* beschriebe, sie sei ein etwas bläuliches Gelb, dem könnte ich so ein Muster nicht zeigen. – Man pflegt hier zu sagen, man könne sich in einem Falle die Farbe vorstellen, im andern nicht, – aber dieser Ausdruck ist irreführend, denn man braucht hier gar nicht an das Auftauchen eines Bildes vor dem inneren Auge zu denken.

28. Wie es ein absolutes Gehör gibt und Leute, die es nicht besitzen, so könnte man sich doch denken, daß es mit Bezug auf das Farbensehen eine große Zahl verschiedener Veranlagungen gäbe.

Vergleiche z. B. den Begriff ›satte Farbe‹ mit ›warme Farbe‹. Müßten alle Leute ›warme‹ und ›kalte‹ Farben kennen? Es sei denn, daß man sie einfach lehrt, eine bestimmte Disjunktion von Farben so bzw. so zu nennen.

Könnte nicht z. B. ein *Maler* gar keinen Begriff von ›vier reinen Farben‹ haben, ja, es lächerlich finden, von solchen zu reden?

29. Oder auch so: Was ginge Menschen ab, denen dieser Begriff gar nicht natürlich ist?

30. Frage so: Weißt du, was »rötlich« bedeutet? Und wie zeigst du, daß du's weißt?

Sprachspiele: »Zeige ein rötliches Gelb (Weiß, Blau, Braun)!« – »Zeige ein noch rötlicheres!« – »Ein weniger rötliches!« etc. Beherrscht du nun diese Spiele, so werde verlangt, »Zeig ein etwas rötliches Grün!« Nimm nun zwei Fälle an: Der eine: Du zeigst daraufhin auf eine Farbe (und immer auf die gleiche), z. B. (etwa) auf ein Olivgrün – der andere: Du sagst, »Ich weiß nicht, was das heißt«, oder »Das gibt's nicht.«

Man könnte geneigt sein zu sagen, der eine habe einen andern Farbbegriff als der andre; oder einen andern Begriff von ›...lich‹.

31. Wir reden von »Farbenblindheit« und nennen sie einen *Defekt*. Aber es könnte leicht mehrere verschiedene Anlagen geben, von denen keine gegen die andre offenbar minderwertig ist. – Und denk auch daran, daß ein Mensch durch's Leben gehen kann, ohne daß seine Farbenblindheit bemerkt wird, bis eine seltene Gelegenheit sie zum Vorschein bringt.

32. So können also verschiedene Menschen verschiedene Farbbegriffe haben? – *Etwas* verschiedene. In einem oder dem andern Zug verschiedene. Und das wird ihre Verständigung mehr, oder weniger, oft beinahe gar nicht beeinträchtigen.

33. Hier möchte ich eine allgemeine Bemerkung über die Natur der philosophischen Probleme machen. Die philosophische Unklarheit ist quälend. Sie wird als beschämend empfunden. Man fühlt: man kennt sich nicht aus, wo man sich auskennen *sollte*. Und dabei *ist* es doch nicht so. Wir können sehr wohl leben ohne diese Unterscheidungen, auch ohne sich hier auszukennen.

34. Wie hängen Farbenmischung und ›Zwischenfarbe‹ zusammen? Man kann offenbar von Zwischenfarben in einem Sprachspiel reden, worin Farben gar nicht durch Mischung erzeugt werden, sondern nur vorhandene Farbtöne *gewählt* werden.

Und doch ist *ein* Gebrauch des Begriffes der Zwischenfarbe auch, die Farbenmischung zu erkennen, die einen Farbton erzeugt.

35. Lichtenberg sagt, nur wenige Menschen hätten je reines Weiß gesehen. So verwenden also die meisten das Wort falsch? Und wie hat *er* den richtigen Gebrauch gelernt? – Vielmehr: er hat aus dem tatsächlichen einen Idealgebrauch konstruiert. Wie man eine Geometrie konstruiert. Aber mit »Ideal« ist hier nicht etwas besonders Gutes, sondern nur etwas auf die Spitze Getriebenes gemeint.

36. Und freilich kann so ein erfundener uns wieder über den wirklichen Gebrauch belehren.

Und es könnte auch sein, daß wir, z.B. für wissenschaftliche Zwecke, einen neuen Begriff des ›reinen Weiß‹ *einführen*.

(Ein solcher neuer Begriff entspräche dann etwa dem chemischen Begriff eines ›Salzes‹.)

37. Inwiefern ist Weiß und Schwarz mit Gelb, Rot und Blau zu vergleichen, und inwiefern nicht?

Hätten wir eine gewürfelte Tapete aus roten, blauen, grünen, gelben, schwarzen und weißen Quadraten, so wären wir nicht geneigt zu sagen, sie sei aus *zweierlei* Bestandteilen zusammengesetzt, aus ›färbigen‹ und ›unfärbigen‹ etwa.

38. Denken wir uns nun, daß Menschen nicht farbige und schwarz-weiße Bilder kontrastierten, sondern farbige und blau-weiße Bilder. D.h.: könnte nicht auch Blau als keine *eigentliche* Farbe empfunden (und d.h. gebraucht) werden?

39. Meinem Gefühl nach löscht Blau das Gelb aus, – aber warum sollte ich nicht ein etwas grünliches Gelb ein »bläuliches Gelb« nennen und Grün eine Zwischenfarbe von Blau und Gelb, und ein stark bläuliches Grün ein etwas gelbliches Blau?

40. In einem grünlichen Gelb merke ich noch *nichts* Blaues. – Grün ist für mich eine besondere Station auf dem farbigen Wege von Blau nach Gelb, und Rot ist auch eine.

41. Was hätte einer vor mir voraus, der einen direkten Farbenweg zwischen Blau und Gelb kennte? Und wie zeigt es sich, daß ich so einen Weg nicht kenne? – Liegt alles an den mir möglichen Sprachspielen mit der Form »...lich«?

42. Man wird sich also fragen müssen: wie sähe es aus, wenn Menschen Farben kennten, die auch unsre Normalsichtigen nicht kennen? Diese Frage wird sich im allgemeinen nicht eindeutig beantworten lassen. Denn es ist nicht ohne weiteres klar, daß wir von solchen Abnormen sagen *müssen*, sie kennten andere *Farben*. Es gibt ja kein allgemein anerkanntes Kriterium dafür, was eine Farbe sei, es sei denn, daß es eine unsrer Farben ist.

Und doch ließen sich Umstände denken, unter welchen wir sagen würden, »Diese Leute sehen außer den unsern noch andere Farben«.

28. 3

43. Man muß in der Philosophie nicht nur in jedem Fall lernen, *was* über einen Gegenstand zu sagen ist, sondern *wie* man über ihn zu reden hat. Man muß immer wieder erst die Methode lernen, wie er anzugehen ist.

44. Oder auch: In jedem ernstern Problem reicht die Unsicherheit bis in die Wurzeln hinab.

45. Man muß immer gefaßt sein, etwas *gänzlich* Neues zu lernen.

46. In den Farben: Verwandtschaft, und Gegensatz. (Und das ist Logik).

47. Was heißt es, »Das Braun ist dem Gelb verwandt«?

48. Heißt es, daß ich die Aufgabe, ein etwas bräunliches Gelb zu wählen, ohne weiteres verstünde? (Oder ein etwas gelblicheres Braun.)

49. Die färbige Vermittlung zwischen zwei Farben.

50. »Gelb ist dem Rot verwandter als dem Blau.« –

51. Der Unterschied zwischen Schwarz-Rot-Gold und Schwarz-Rot-Gelb. – Gold gilt hier als Farbe.

52. Tatsache ist, daß wir imstande sind, uns über die Farben der Dinge mittels sechs Farbnamen zu verständigen. Auch, daß wir die Wörter »Rötlichgrün«, »Gelblichblau« etc. nicht verwenden.

53. Beschreibung eines Zusammenlegspiels durch die Beschreibung der Steine. Ich nehme an, daß diese nie eine räumliche Form erkennen lassen, sondern uns als flache ein- oder mehrfärbige Stückchen erscheinen. Erst zusammengesetzt wird etwas ein ›Schatten‹, ein ›Glanz‹, eine ›konkave oder konvexe einfärbige Fläche‹ etc.

54. Ich kann sagen: Dieser Mann unterscheidet nicht Rot und Grün. Kann ich aber sagen: Wir Normalen unterscheiden Rot und Grün? Wir könnten aber sagen: »Wir sehen *hier* zwei Farben, jener nur *eine*.«

55. Die Beschreibung der *Phänomene* der Farbenblindheit gehört zur Psychologie. Also auch die der Phänomene des normalen Farbensehens? Gewiß, – aber was setzt so eine Beschreibung voraus, und fur wen ist es eine Beschreibung, oder besser: welcher Hilfsmittel bedient sie sich? Wenn ich sage, »Was setzt sie voraus?« so heißt das, »Wie muß einer auf *sie* schon reagieren,

um sie zu *verstehen*?« Wer in einem Buch die Phänomene der Farbenblindheit beschreibt, beschreibt sie mit den Begriffen der Sehenden.

56. Dieses Papier ist an verschiedenen Stellen verschieden hell; aber kann ich sagen, es sei nur an gewissen Stellen weiß, an den andern aber grau?? – Ja, wenn ich es malte, würde ich allerdings für die dunklern Stellen ein Grau mischen.

Eine Flächenfarbe ist eine Qualität einer Fläche. Man könnte also versucht sein, sie keinen reinen Farbbegriff zu nennen. Aber was wäre dann ein *reiner*?!

57. Es ist nicht richtig, daß in einem *Bild* das Weiße stets die hellste Farbe sein muß. Wohl aber in einer flächenhaften Kombination von Farbflecken. Ein Bild könnte ein Buch weißen Papiers im Schatten darstellen und heller als dieses einen gelb, oder blau, oder rötlich leuchtenden Himmel. Beschreibe ich aber eine ebene Fläche, eine Tapete z.B.: sie bestehe aus rein gelben, roten, blauen, weißen und schwarzen Quadraten, so können die gelben nicht heller sein als die weißen, die roten nicht heller als die gelben.

Darum waren die Farben für Goethe Schatten.

58. Es scheint einen fundamentalern* Farbbegriff zu geben als den der Oberflächenfarbe. Er wäre, möchte man denken, darzustellen entweder durch kleine farbige Elemente des Gesichtsfeldes oder durch leuchtende Punkte nach Art der Sterne. Aus diesen Punktfarben oder kleinen Farbflecken setzten sich auch die größeren farbigen Ausdehnungen zusammen. So daß man also den Farbeindruck von einer Oberfläche beschreiben könnte,

* *Alternativen:* einfacheren, elementarern, reinern. *Herausg.*

indem man die vielen kleinen Farbflecken in ihren Lagen angäbe.

Aber wie soll man z. B. so ein kleines Farbmuster mit einem Stück der größeren Oberfläche vergleichen? Welche Umgebung soll das Farbmuster haben?

29.3

59. Wir sind im gewöhnlichen Leben beinahe von lauter unreinen Farben umgeben. Um so merkwürdiger, daß wir einen Begriff von *reinen* Farben gebildet haben.

60. Warum reden wir nicht von einem ›reinen‹ Braun? Ist der Grund davon bloß die Stellung des Braun zu den andern ›reinen‹ Farben, seine Verwandtschaft mit ihnen allen? – Braun ist vor allem nur Oberflächenfarbe. D. h.: es gibt kein *klares* Braun, sondern nur ein Trübes. Auch: Braun enthält Schwarz. – (?) – Wie müßte sich ein Mensch benehmen, daß man von ihm sagen könnte, er kenne ein *reines, primäres*, Braun?

61. Wir müssen uns immer wieder die Frage vorhalten: Wie lernt der Mensch die Bedeutung der Farbnamen?

62. Was heißt »Braun enthält Schwarz«? Es gibt mehr und weniger schwärzliches Braun. Gibt es eins, was gar nicht mehr schwärzlich ist? Es gibt gewiß nicht eins, welches gar nicht *gelblich* ist.*

* Im MS ist hier vielleicht ein Fragezeichen zu lesen. *Herausg.*

63. Wenn wir so weiter überlegen, so fallen uns nach und nach ›interne Eigenschaften‹ einer Farbe ein, an die wir anfangs nicht gedacht hatten. Und das kann uns den Gang einer philosophischen Untersuchung zeigen. Wir müssen immer gewärtig sein, daß eine neue, die wir nicht bedacht haben, uns einfällt.

64. Wir dürfen auch nicht vergessen, daß unsre Farbwörter den Eindruck einer Fläche charakterisieren, auf der unser Blick herumschweift. Dazu sind sie da.

65. »Braunes Licht«. Angenommen es werde vorgeschlagen, ein Lichtsignal auf der Straße sollte *braun* sein.

66. Es ist nur *zu erwarten*, daß wir Adjektive finden werden, die (wie ja z.B. »schillernd«) Farbcharakteristika einer ausgedehnten Fläche sind, oder auch einer kleinen Ausdehnung in einer *bestimmten Umgebung* (»schimmernd«, »flimmernd«, »glänzend«, »leuchtend«).

67. Ja, die reinen Farben haben nicht einmal besondere allgemein gebrauchte Namen, so wenig wichtig sind sie uns.

68. Denken wir uns, jemand malte jedes beliebige Stück der Natur, und zwar in den naturgetreuen Farben. Jeder Flächenteil so eines Gemäldes hat eine bestimmte Farbe. Welche Farbe? Wie bestimme ich ihren Namen? Soll sie den Namen des Pigments haben, das er aufgetragen hat, unter dem es z.B.

zu kaufen ist? Aber könnte nicht in der besondern Umgebung ein solches Pigment ganz anders aussehen als auf der Palette?

69. So kämen wir also vielleicht dazu, kleinen Farbstückchen auf einem schwarzen Grund (z.B.) besondere Namen zu geben.

Ich will damit eigentlich zeigen, daß es gar nicht a priori klar ist, welches die *einfachen* Farbbegriffe sind.

30.3

70. Es ist nicht wahr, daß eine dunklere Farbe zugleich eine schwärzlichere ist. Das ist ja klar. Ein sattes Gelb ist dunkler, aber nicht schwärzlicher als ein Weißlichgelb. Aber Amber ist auch nicht ein ›schwärzliches Gelb‹. (?) Und doch redet man auch von einem ›schwarzen‹ Glas oder Spiegel. – Liegt die Schwierigkeit darin, daß ich mit »Schwarz« wesentlich eine Oberflächenfarbe meine?

Ich würde von einem Rubin nicht sagen, er habe ein schwärzliches Rot, denn das würde auf *Trübe* deuten. (Andererseits erinnere dich, daß sich Trübe und Durchsichtigkeit *malen* lassen.)

71. Ich behandle die Farbbegriffe ähnlich wie die Begriffe der Sinnesempfindungen.

72. Die Farbbegriffe sind ähnlich zu behandeln wie die Begriffe der Sinnesempfindungen.

73. Es gibt nicht *den* reinen Farbbegriff.

74. Woher aber dann die Täuschung? Ist sie nicht eine vorschnelle Vereinfachung in der Logik wie jede andre?

75. D.h.: die verschiedenen Farbbegriffe sind wohl eng miteinander verwandt, die verschiedenen ›Farbwörter‹ haben einen verwandten Gebrauch, aber es sind mancherlei Unterschiede.

76. Runge sagt, es gebe durchsichtige und undurchsichtige Farben. Aber ein Stück grünes Glas wird in einem Bild darum nicht mit einem andern Grün gemalt als grünes Tuch.

77. Es ist ein eigentümlicher Schritt der Malerei, ein Glanzlicht durch eine Farbe darzustellen.

78. Die Unbestimmtheit im Begriff der Farbe liegt vor allem in der Unbestimmtheit des Begriffs der Farbengleichheit, also der Methode des Vergleichens der Farben.

79. Es gibt Goldfarbe, aber Rembrandt hat einen goldenen Helm nicht mit Goldfarbe dargestellt.

80. Was macht Grau zu einer neutralen Farbe? Ist es etwas Physiologisches, oder etwas Logisches?

Was macht die bunten Farben zu *bunten*? Liegt es im Begriff, oder in Ursache und Wirkung?

Warum nimmt man in den ›Farbenkreis‹ nicht Weiß und Schwarz auf? Nur weil das gegen ein Gefühl in uns streitet?

81. Es gibt kein leuchtendes Grau. Gehört das zum Begriff des Grau, oder zur Psychologie, also zur Naturgeschichte, des Grau? Und ist es nicht seltsam, daß ich das nicht weiß?

82. Daß die Farben ihre charakteristischen Ursachen und Wirkungen haben, das wissen wir.

83. Grau ist zwischen zwei Extremen (Schwarz und Weiß) und kann eine Tönung von jeder andern Farbe annehmen.

84. Wäre es denkbar, daß jemand alles, was wir weiß sehen, schwarz sähe, und umgekehrt?

85. In einem bunten Muster könnte Schwarzes und Weißes neben Rotem und Grünem etc. sein, ohne als andersartig sich abzusondern.

Nur im Farbenkreis fiele es heraus. Schon weil sich Schwarz und Weiß mit allen andern Farben mischen; besonders auch: beide mit ihrem Gegenpol.

86. Kann man sich nicht vorstellen, daß Menschen eine andere Farbengeometrie hätten als unsre normale? Und das heißt natürlich: kann man es beschreiben, kann man der Aufforderung es zu beschreiben ohne weiteres nachkommen, weiß man also *unzweideutig*, was von uns verlangt wird?

Die Schwierigkeit ist offenbar die: Zeigt uns nicht gerade die Farbengeometrie, wovon die Rede ist, daß nämlich von den Farben die Rede ist?

87. Die Schwierigkeit, es sich vorzustellen (oder es sich auszumalen), ist also eigentlich die, zu wissen, wann man sich *das* ausgemalt hat. D.h., die Unbestimmtheit der Aufforderung, es sich vorzustellen.

88. Die Schwierigkeit ist also, zu wissen, was hier als das Analogon eines uns Bekannten zu betrachten ist.

89. Eine Farbe, die als Farbe einer Wand ›schmutzig‹ wäre, ist es darum nicht in einem Gemälde.

90. Ich bezweifle, daß Goethes Bemerkungen über die Charaktere der Farben für einen Maler nützlich sein können. Kaum für einen Dekorateur.

91. Gäbe es eine Harmonielehre der Farben, so würde sie etwa mit einer Einteilung der Farben in verschiedene Gruppen anfangen und gewisse Mischungen oder Nachbarschaften verbieten, andere erlauben; und sie würde, wie die Harmonielehre, ihre Regeln nicht begründen.

92. Kann uns das kein Licht aufstecken über die *Art* jener Unterscheidungen zwischen den Farben?

93. [Wir sagen nicht, A wisse etwas, B das Gegenteil. Setzt man aber statt »wissen« »glauben«, so ist es ein Satz.]

94. Runge an Goethe: »Wenn man sich ein bläuliches Orange, ein rötliches Grün oder ein gelbliches Violett denken will, wird einem so zu Muthe wie bei einem südwestlichen Nordwinde.«

Ebendaselbst: »Weiß sowohl als Schwarz sind beide undurchsichtig oder körperlich ... Weißes Wasser wird man sich nicht denken können, was rein ist, so wenig wie klare Milch. Wenn das Schwarze bloß dunkel machte, so könnte es wohl klar sein; da es aber schmutzt, so kann es solches nicht.«

95. In meinem Zimmer um mich her sind verschieden gefärbte Gegenstände. Es ist leicht, ihre Farben anzugeben. Wenn ich aber gefragt würde, welche Farbe ich jetzt von hier aus, an *dieser* Stelle meines Tisches etwa, sehe, so könnte ich darauf nicht antworten; die Stelle ist weißlich (weil der braune Tisch hier von der hellen Wand aufgehellt wird), sie ist jedenfalls weit heller als das übrige des Tisches, aber ich könnte nicht aus Farbmustern eins auswählen, das die gleiche Färbung hätte wie diese Stelle des Tisches.

96. Daß es mir – oder allen – so scheint, daraus folgt nicht, daß es so *ist*.

Also: Daraus, daß uns allen dieser Tisch braun erscheint,

folgt nicht, daß er braun ist. Aber was heißt es nur: »Dieser Tisch ist am Ende doch nicht braun«? – So folgt also doch daraus, daß er uns braun erscheint, daß er braun ist?

97. *Nennen* wir nicht eben den Tisch braun, der dem Normalsichtigen unter gewissen Umständen braun erscheint? Wir könnten uns freilich jemand denken, dem die Dinge unabhängig von ihrer Farbe einmal so, einmal so gefärbt schienen.

98. Daß es den Menschen so scheint, ist ihr Kriterium dafür, daß es so *ist*.

99. So scheinen und so sein mag freilich in Ausnahmefällen voneinander unabhängig sein, aber das macht sie nicht logisch unabhängig; das Sprachspiel liegt nicht in der Ausnahme.

100. *Goldig* ist eine Oberflächenfarbe.

101. Wir haben *Vorurteile* die Verwendung der Wörter betreffend.

102. Auf die Frage »Was bedeutet ›rot‹, ›blau‹, ›schwarz‹, ›weiß‹?« können wir freilich gleich auf Dinge, die so gefärbt sind, zeigen, – aber das ist auch alles: weiter geht unsre Fähigkeit die Bedeutungen zu erklären nicht.

103. Im übrigen machen wir uns von ihnen keine oder eine ganz rohe, zum Teil falsche Vorstellung.

104. ›Dunkel‹ und ›schwärzlich‹ sind nicht der gleiche Begriff.

105. Runge sagt, das Schwarz ›schmutzt‹: was heißt das? Ist das eine Wirkung des Schwarzen auf's Gemüt? Ist hier eine *Wirkung* der Beimischung der schwarzen Farbe gemeint?

106. Worin liegt es, daß ein dunkles Gelb nicht als ›schwärzlich‹ empfunden werden muß, auch wenn wir es dunkel nennen?

Die Logik der Farbbegriffe ist eben viel komplizierter, als es scheinen möchte.

107. Die Begriffe ›matt‹ und ›glänzend‹. Wenn man sich unter ›Farbe‹ etwas denkt, was die Eigenschaft eines Punktes im Raum ist, dann haben die Begriffe matt und glänzend keinen Bezug auf diese Farbbegriffe.

108. Die erste ›Lösung‹ die uns für das Problem der Farben einfällt ist, daß die ›reinen‹ Farbbegriffe sich auf Punkte oder unteilbare kleine Flecken im Raum beziehen. Frage: Wie sind die Farben zweier solcher Punkte zu vergleichen? Einfach indem man den Blick von dem einen zum andern wendet? Oder durch den Transport eines farbigen Gegenstands? Wenn dieses, wie weiß man, daß dieser Gegenstand seine Farbe dabei nicht geän-

dert hat; wenn jenes, wie kann man die Farbpunkte miteinander vergleichen, ohne daß der Vergleich durch ihre Umgebung beeinflußt wird?

109. Ich könnte mir einen Logiker vorstellen, der erzählt, er sei jetzt dahin gelangt, daß er $2 \times 2 = 4$ *wirklich denken* könne.

110. Wenn du dir über die Rolle der Logik in den Farbbegriffen nicht klar bist, beginne mit dem einfachen Fall eines gelblichen Rot, z.B. Dies gibt es, daran zweifelt niemand. Wie lerne ich den Gebrauch des Wortes »gelblich«? Durch Sprachspiele des Ordnens z.B.

Ich kann also lernen, in Übereinstimmung mit andern, gelbliche und gelblichere Rot, Grün, Braun und Weiß zu erkennen.

Dabei mache ich selbständige Schritte wie in der Arithmetik. Die Aufgabe, ein gelbliches Blau zu finden, mag der eine durch ein Grünblau lösen, der andre nicht verstehen. Wovon hängt das ab?

111. *Ich* sage Grünblau enthält *kein* Gelb; wenn nun ein andrer sagt, doch, es enthält Gelb, wer hat recht? Wie ist es zu prüfen? Unterscheiden sich die beiden nur durch ihre Worte? – Wird nicht der eine ein reines Grün anerkennen, das weder zum Blauen noch zum Gelben neigt? Und was ist der Nutzen hiervon? In welchen Sprachspielen läßt sich das verwenden? – Er wird jedenfalls die Aufgabe lösen können, grüne Dinge auszusondern, die *nichts* Gelbliches haben, und solche, die *kein* Blau enthalten. Darin wird der Trennungspunkt ›Grün‹ bestehen, den der andre nicht kennt.

112. Der eine wird ein Sprachspiel erlernen können, das der andre nicht erlernen kann. Und *darin muß* ja auch alle Art der Farbenblindheit bestehen. Denn könnte der ›Farbenblinde‹ die Sprachspiele des Normalen lernen, warum sollte man ihn von gewissen Berufen ausschließen?

113. Hätte man also Runge auf diesen Unterschied von Grün und Orange aufmerksam gemacht, so hätte er vielleicht die Idee, es gäbe nur *drei* Grundfarben, aufgegeben.

114. Inwiefern nun gehört, ob einer ein Spiel erlernen oder nicht erlernen kann, der Logik und nicht der Psychologie an?

115. Ich sage: Wer *dies* Spiel nicht spielen kann, hat *diesen* Begriff nicht.

116. Wer hat den Begriff ›morgen‹? Von wem sagen wir, er hätte ihn?

117. Ich sah auf einer Photographie einen Buben mit glatt zurückgekämmtem blondem Haar und einer schmutzigen hellen Jacke und einen Mann mit dunklem Haar vor einer Maschine stehen, die zum Teil aus schwarz gestrichenen Gußteilen, teils aus bearbeiteten, glatten Wellen, Zahnrädern u.a. bestand, und daneben ein Gitter aus hellem verzinktem Draht. Das bearbeitete Eisen hatte Eisenfarbe, das Haar des Jungen war blond, die Gußteile schwarz, das Gitter zinkfarbig, ob-

gleich alles nur durch hellere und dunklere Töne des photographischen Papiers dargestellt war.

118. Es mag Geistesschwache geben, denen man den Begriff ›morgen‹ nicht beibringen kann, oder den Begriff ›ich‹, oder das Ablesen der Uhrzeit. Er würde den Gebrauch des Wortes »morgen« nicht erlernen etc.

119. Wem kann ich nun mitteilen, *was* dieser Geistesschwache nicht erlernen kann? Nicht nur dem, der es selbst erlernt hat? Kann ich einem nicht mitteilen, der und der könnte höhere Mathematik nicht erlernen, auch wenn jener sie nicht beherrscht? Und doch: weiß es, wer höhere Mathematik gelernt hat, nicht genauer? Versteht nicht der das Wort »Schach« anders, der das Spiel gelernt hat, als der es nicht kann? Was nennt man »eine Technik beschreiben«?

120. Oder so: Haben der Normalsehende und der Farbenblinde den gleichen Begriff der Farbenblindheit?

Und doch versteht der Farbenblinde die Aussage »Ich bin farbenblind« und auch die gegenteilige.

Ein Farbenblinder kann nicht nur unsre Farbnamen, sondern auch das Wort »farbenblind« nicht ganz so verwenden lernen wie ein Normaler. Er kann z.B. die Farbenblindheit nicht immer feststellen, wo der Normale es kann.

121. Und wem kann ich beschreiben, was *wir* Normalen alles erlernen können?

Auch das Verstehen der Beschreibung setzt schon voraus, daß er etwas gelernt hat.

122. Wie kann ich einem beschreiben, wie wir das Wort »morgen« gebrauchen? Ich kann ein Kind dies *lehren*; aber das heißt nicht, ihm den Gebrauch beschreiben.

Aber kann ich doch die Praxis von Leuten beschreiben, die einen Begriff haben, z.B. ›rötlichgrün‹, den wir nicht besitzen? – Ich kann diese Praxis doch jedenfalls niemand *lehren*.

123. Kann ich denn auch nur sagen: »Diese Leute nennen *dies* (ein Braun etwa) rötlichgrün«? Wäre es dann eben nur ein andres Wort für etwas, wofür auch ich eins habe? Wenn sie wirklich einen anderen Begriff haben als ich, so muß sich das darin zeigen, daß ich mich in ihrem Wortgebrauch nicht ganz auskenne.

124. Ich habe aber doch immer wieder gesagt, man könnte sich denken, daß unsre Begriffe anders wären, als sie sind. War das alles Unsinn?

11.4

125. Die Goethesche Lehre von der Entstehung des Spektrums ist nicht eine Theorie der Entstehung, eine, die sich als ungenügend erwiesen hat, sondern eigentlich gar keine Theorie. Es läßt sich durch sie *nichts* vorhersagen. Sie ist eher ein vages Denkschema nach Art derer, die wir in James' Psychologie finden. Es gibt für die Goethesche Farbenlehre kein experimentum crucis.

Wer mit Goethe übereinstimmt findet, daß Goethe die *Natur* der Farbe richtig erkannt hat. Und die ›Natur‹ ist hier nicht eine Summe von Erfahrungen, die Farben betreffend, sondern [liegt] im Begriff der Farbe.

126. Eins war Goethe klar: Aus Dunkelheiten kann sich kein Helles zusammensetzen – wie eben aus mehr und mehr Schatten nicht Licht entsteht. Das aber ließe sich so ausdrücken: Wenn man z. B. Lila ein »rötlich-weißlich-blau« nennt, oder Braun ein »rötlich-schwärzlich-gelb«, so kann man nun ein Weiß *kein* »gelblich-rötlich-grünlich-blau« (oder dergleichen) nennen. Und *das* wird auch von Newton nicht bewiesen. Weiß ist nicht in *diesem* Sinne eine Mischfarbe.

12.4

127. ›Die Farben‹, das sind nicht Dinge, die bestimmte Eigenschaften haben, so daß man ohne weiteres nach Farben suchen, sich Farben vorstellen könnte, die wir noch nicht kennen, oder uns jemand vorstellen können, der andere kennt als wir. Es ist schon möglich, daß wir unter gewissen Umständen sagen würden, Leute kennten Farben, die wir nicht kennen, aber gezwungen sind wir zu diesem Ausdruck nicht. Denn es ist nicht gesagt, was wir als ausreichende Analogien zu unsern Farben ansehen sollen, um das sagen zu können. Es ist hier ähnlich, wie wenn man von infrarotem ›*Licht*‹ spricht; es ist guter Grund dafür, es zu tun, aber man kann dies auch für einen Mißbrauch erklären.

Und ähnlich geht es mit meinem Begriffe: ›im Körper des andern Schmerzen haben‹.

128. Ein Stamm von lauter Farbenblinden könnte sehr wohl leben; aber hätten sie alle unsre Farbnamen entwickelt, und wie entspräche ihre Nomenklatur der unsern? Und wenn nicht, wie sähe hier die ihnen natürliche Sprache aus?? Wissen wir's? Hätten sie vielleicht drei Grundfarben: Blau, Gelb und ein Drittes, was die Stelle von Rot und Grün einnimmt? – Wie, wenn wir so einem Stamm begegneten und seine Sprache lernen wollten? Wir würden da auf gewisse Schwierigkeiten stoßen.

129. Könnte es nicht Menschen geben, die unsre Ausdrucksweise, daß Orange ein rötliches Gelb ist (etc.) nicht verstünden und die nur dort geneigt wären, so etwas zu sagen, wo ein Orange (z.B.) in einem wirklichen Farbübergang von Rot nach Gelb vorkommt? Und für solche könnte es auch leicht ein rötliches Grün geben.

Sie könnten also nicht ›die Mischfarbe analysieren‹, unsern Gebrauch von X-lich Y nicht erlernen. (Ähnlich Menschen ohne absolutes Gehör.)

130. Und wie wäre es mit den Menschen, die nur Farb-Form-Begriffe hätten? Soll ich von ihnen sagen, sie *sähen* nicht, daß ein grünes Blatt und ein grüner Tisch, wenn ich ihnen diese zeige, die gleiche Farbe haben oder: daß sie etwas gemein haben? Wie, wenn sie ›darauf nicht verfallen sind‹, verschieden geformte gleichfärbige Gegenstände miteinander zu vergleichen? Dieser Vergleich hatte, in Folge ihrer besonderen Umgebung, keine Wichtigkeit für sie oder nur ganz ausnahmsweise Wichtigkeit, so daß es zur Bildung eines Sprachinstruments nicht kam.

131. Ein Sprachspiel: Über die größere Helligkeit oder Dunkelheit von Körpern berichten. – Aber nun gibt es ein damit *verwandtes:* über das Verhältnis der Helligkeiten bestimmter *Farben* auszusagen. (Zu vergleichen: Verhältnis der Längen zwei bestimmter Stäbe – Verhältnis zwei bestimmter Zahlen.)

Die Form der Sätze in beiden ist die gleiche (»X heller als Y«). Aber im ersten Sprachspiel sind sie zeitlich, im zweiten unzeitlich.

132. In einer bestimmten Bedeutung von »weiß« ist Weiß die hellste aller Farben.

In einem Bild, in welchem ein Stück weißes Papier seine

Helligkeit vom blauen Himmel kriegt, ist dieser heller als das Weiße. Und doch ist, in anderm Sinne, Blau die dunklere, Weiß die hellere Farbe (Goethe). Von einem Weiß und einem Blau auf der Palette wäre dies heller als jenes. Auf der Palette ist das Weiß die hellste Farbe.

133. Ich mag mir ein bestimmtes Grau-Grün so einprägen, daß ich es ohne ein Muster immer richtig wiedererkenne. Das reine Rot (Blau etc.) aber kann ich mir sozusagen immer wieder konstruieren. Es ist eben ein Rot, welches weder auf die eine noch auf die andre Seite neigt, und ich erkenne es ohne ein Muster, ebenso leicht wie z. B. den rechten Winkel im Gegensatz zu einem beliebigen spitzen oder stumpfen.

134. In diesem Sinne gibt es nur vier (oder mit Weiß und Schwarz sechs) reine Farben.

135. Eine *Naturgeschichte* der Farben müßte über ihr Vorkommen in der Natur berichten, nicht über ihr *Wesen*. Ihre Sätze müßten zeitliche Sätze sein.

136. Nach Analogie mit den andern Farben müßte eine schwarze Zeichnung auf weißem Grunde, gesehen durch ein durchsichtiges *weißes* Glas, unverändert als schwarze Zeichnung auf weißem Grunde erscheinen. Denn Schwarz muß Schwarz bleiben und Weiß, da es auch die Farbe des durchsichtigen Körpers ist, bleibt unverändert.

137. Man könnte sich ein Glas denken, wodurch Schwarz als Schwarz, Weiß als Weiß und alle andern Farben als Töne von Grau gesehen werden; sodaß, dadurch gesehen, alles wie auf einer Photographie ausschaut.

Aber warum sollte ich das »weißes Glas« nennen?

138. Die Frage ist: Ist die Bildung ›ein durchsichtiger weißer Körper‹ wie die ›regelmäßiges Zweieck‹?

139. Ich kann einen Körper betrachten und etwa eine matte weiße Fläche *sehen*, d.h. den *Eindruck* so einer Fläche erhalten, oder den *Eindruck* der Durchsichtigkeit (ob sie nun vorhanden ist oder nicht). Dieser Eindruck mag durch die Verteilung der Farben hervorgebracht werden, und an ihm sind Weiß und die andern Farben nicht in *gleicher* Weise beteiligt.

(Ich habe eine grünlich angestrichene Blechkuppel für durchscheinendes grünliches Glas gehalten, ohne zur Zeit zu wissen, welche Besonderheit der Farbenverteilung diesen Schein hervorbrachte.)

140. Und in dem Gesichtseindruck eines durchsichtigen Körpers kann wohl Weiß vorkommen, z.B. als Spiegelung, als Glanzlicht. D.h.: Wenn der Eindruck als durchsichtig empfunden wird, wird das Weiß, was wir sehen, eben nicht als Weiß des Körpers *gedeutet*.

141. Ich schaue durch ein durchsichtiges Glas: folgt daraus, daß ich nicht Weiß sehe? Nein, aber ich sehe nicht das Glas als weiß. Aber wie geht das zu? Es kann auf verschiedene Weise zugehen. Ich mag das Weiß mit *beiden* Augen als dahinterliegend

sehen. Aber ich mag das Weiß auch einfach durch seine *Stellung* als Glanz sehen (auch wenn es vielleicht kein Glanz ist). Und doch handelt sich's hier um ein Sehen, nicht nur um ein Dafürhalten. Und es ist auch gar nicht zweiäugiges Sehen nötig, um etwas als *hinter* dem Glas liegend zu sehen.

142. Die verschiedenen ›Farben‹ haben mit dem *räumlichen* Sehen nicht alle den gleichen Zusammenhang.

143. Und es ist gleichgültig, ob man dies durch die in der Kindheit von uns gesammelte Erfahrung erklärt oder nicht.

144. Jener Zusammenhang ist wohl der zwischen Räumlichkeit und Licht und Schatten.

145. Man kann auch nicht sagen, Weiß sei wesentlich die Eigenschaft einer – visuellen – Oberfläche. Denn es wäre denkbar, daß Weiß nur als Glanzlicht vorkäme oder als Farbe einer Flamme.

146. Ja, es kann auch ein in Wirklichkeit durchsichtiger Körper uns weiß erscheinen; aber er kann uns nicht als weiß und durchsichtig erscheinen.

147. Das aber sollte man nicht so ausdrücken: Weiß sei keine durchsichtige Farbe.

148. ›Durchsichtig‹ ließe sich mit ›spiegelnd‹ vergleichen.

149. Ein Element des Gesichtsraums kann weiß oder rot sein, aber weder durchsichtig noch undurchsichtig.

150. Durchsichtigkeit und Spiegeln gibt es nur in der Tiefendimension eines Gesichtsbilds.

151. Warum kann eine visuell einfärbige Ebene im Gesichtsfeld nicht bernsteinfarbig (amber) sein? Dies Farbwort bezieht sich auf ein durchsichtiges Medium; wenn daher ein Maler ein Glas mit bernsteinfarbenem Wein malt, so könnte man etwa die Fläche des Bildes, die es darstellt, »bernsteinfarben« nennen, aber nicht ein einfärbiges Element dieser Fläche.

152. Könnten nicht auch glänzendes Schwarz und mattes Schwarz verschiedene Farbnamen haben?

153. Von etwas, was durchsichtig ausschaut, sagen wir nicht, es schaue weiß aus.

154. »Kann man sich nicht denken, daß Menschen eine andere Farbengeometrie hätten als wir?« – D.h. doch: Kann man sich nicht Menschen mit andern Farbbegriffen denken als den unsern; und das heißt wieder: Kann man sich nicht vorstellen, daß Menschen unsre Farbbegriffe *nicht* haben, und daß sie Begriffe

haben, die mit unsern Farbbegriffen in solcher Weise verwandt sind, daß wir sie auch »Farbbegriffe« nennen möchten?

155.* Wenn Menschen gewöhnt wären, immer nur grüne Quadrate und rote Kreise zu sehen, so könnten sie einen grünen Kreis mit Mißtrauen wie eine Mißgeburt betrachten und z. B. sogar sagen, es sei *eigentlich* ein Rotkreis, habe aber etwas von einem ...*

Wenn Menschen nur Formfarbbegriffe hätten, so hätten sie also ein eigenes Wort für rotes Quadrat und ein eigenes für roten Kreis und eins für grünen Kreis, etc. Sehen sie aber nun eine neue *grüne* Figur, soll ihnen da keine Ähnlichkeit mit dem grünen Kreis, etc., auffallen? Und soll ihnen keine Ähnlichkeit zwischen grünem und rotem Kreis auffallen? Aber wie will ich, daß es sich zeige, daß ihnen die Ähnlichkeit auffällt?

Sie könnten *z. B.* einen Begriff des ›Zusammenpassens‹ haben; und dennoch nicht darauf verfallen, Farbwörter zu gebrauchen.

Es gibt ja auch Stämme, die nur bis 5 zählen, und diese haben wahrscheinlich die Notwendigkeit nicht empfunden, zu beschreiben, was so nicht zu beschreiben ist.

156. Runge: »Schwarz schmutzt«. Das heißt, es nimmt der Farbe die *Buntheit*, aber was heißt das? Schwarz nimmt der Farbe die Leuchtkraft. Aber ist das etwas Logisches oder etwas Psychologisches? Es gibt ein leuchtendes Rot, ein leuchtendes Blau etc., aber kein leuchtendes Schwarz. Schwarz ist die dunkelste der Farben. Man sagt »tief schwarz«, aber nicht »tief weiß«. ›Ein leuchtendes Rot‹ heißt aber nicht ein *helles* Rot. Auch ein dunkles Rot kann leuchten. Aber eine Farbe leuchtet durch ihre *Umgebung*, in ihrer Umgebung.

Grau aber leuchtet nicht.

* Durchgestrichen. *Herausg.*

Nun scheint aber Schwarz eine Farbe zu trüben, Dunkelheit jedoch nicht. Ein Rubin also könnte danach immer dunkler werden, ohne doch je trüb zu werden, würde er aber schwarzrot, so würde er trüb. Nun, Schwarz ist eine Oberflächenfarbe. Das Dunkel nennt man keine Farbe. Im Gemälde *kann* das Dunkel auch durch Schwarz dargestellt werden.

Der Unterschied zwischen Schwarz und, etwa, einem dunklen Violett ist ähnlich dem zwischen dem Klang der großen Trommel und dem Klang einer Pauke. Vom ersten sagt man, es sei ein Geräusch, kein Ton. Es ist matt und ganz schwarz.

157. Sieh dein Zimmer am späten Abend an, wenn Farben kaum mehr zu unterscheiden sind; und nun mach Licht und male, was du im Dämmerlicht gesehen hast. Es gibt Bilder von Gegenden oder Räumen im Halbdunkel: Aber wie vergleicht man die Farben auf so einem Bild mit den im Halbdunkel gesehenen? Wie verschieden ist diese Vergleichung von der zweier Farbmuster, die ich zugleich vor mir habe und zum Vergleich aneinander lege!

158. Was läßt sich dafür sagen, daß Grün eine primäre Farbe ist und keine Mischfarbe von Blau und Gelb? Wäre diese Antwort richtig: »Man kann das nur direkt erkennen, indem man die Farben betrachtet«? Aber wie weiß ich, daß ich dasselbe mit den Worten »primäre Farbe« meine wie ein andrer, der auch geneigt ist, Grün eine primäre Farbe zu nennen? Nein, hier gibt es Sprachspiele, die diese Frage entscheiden.

Es gibt ein mehr oder weniger bläuliches (oder gelbliches) Grün und es gibt die Aufgabe, zu einem gegebenen Gelblichgrün (oder Blaugrün) ein weniger gelbliches (oder bläuliches) zu mischen oder aus einer Anzahl von Farbmustern auszuwählen. Ein weniger gelbliches ist aber kein bläulicheres Grün (u.u.), und es gibt auch die Aufgabe, ein Grün zu wählen – oder zu mischen – das weder gelblich noch bläulich ist. Und ich sage

»oder zu mischen«, weil ein Grün dadurch nicht zugleich gelblich und bläulich, weil es etwa durch ein Mischen von Gelb und Blau zustande kommt.

159. Denke daran, daß in einer glatten weißen Fläche Dinge sich *spiegeln* können, deren Spiegelbilder also hinter der Fläche zu liegen scheinen und in *gewissem* Sinn durch sie gesehen werden.

160. Wenn ich von einem Papier sage, es sei rein weiß, und es würde Schnee danebengehalten, und es sähe nun grau aus, so würde ich es in seiner normalen Umgebung und für die gewöhnlichen Zwecke weiß, nicht hellgrau nennen. Es könnte sein, daß ich, im Laboratorium etwa, einen andern in *gewissem* Sinn verfeinerten Begriff von Weiß verwendete. (Wie ich dort manchmal auch einen verfeinerten Begriff der ›genauen‹ Zeitbestimmung verwende.)

161. Die reinen satten Farben haben eine ihnen spezifische wesentliche relative Helligkeit. Gelb z.B. ist heller als Rot. Ist Rot heller als Blau? Ich weiß es nicht.

162. Wer den Begriff der Zwischenfarben erhalten hat, seine Technik beherrscht, wer also zu gegebenen Farbtönen weißlichere, gelblichere, bläulichere finden oder mischen kann, u.s.f., den fordere man nun auf, ein rötliches Grün zu wählen oder zu mischen.

163. Wem ein Rötlichgrün bekannt wäre, der sollte imstande sein, eine Farbenreihe herzustellen, die mit Rot anfinge, mit Grün endet und, auch für uns, etwa einen kontinuierlichen Übergang zwischen ihnen bildet. Es könnte sich dann zeigen, daß dort, wo wir etwa jedesmal den gleichen Ton von Braun sähen, er einmal Braun, einmal Rötlichgrün sähe. Daß er z. B. zwei chemische Verbindungen, die für uns die gleiche Farbe hätten, nach der Farbe unterscheiden könnte und die eine »ein Braun«, die andre ein »Rötlichgrün« nennte.

164. Um die Phänomene der Rotgrünblindheit zu beschreiben, brauche ich nur zu sagen, was der Rotgrünblinde *nicht* erlernen kann; um aber die ›Phänomene des normalen Sehens‹ zu beschreiben, müßte ich aufzählen, was wir tun *können*.

165. Wer die ›Phänomene der Farbenblindheit‹ beschreibt, beschreibt ja nur die *Abweichungen* des Farbenblinden vom Normalen, nicht auch sein ganzes übriges Sehen.

Aber könnten sie nicht auch die Abweichungen des normalen Sehens von totaler Blindheit beschreiben? Man könnte fragen: zu wessen Belehrung? Kann man mich davon unterrichten, daß ich einen Baum sehe?

Und was ist ein ›Baum‹ und was ›sehen‹?

166. Man kann z. B. sagen: *So* handelt der Mensch mit einer Binde vor den Augen, und *so* der Sehende ohne Binde. Mit einer Binde reagiert er so und so, ohne Binde geht er schnell auf der Gasse, begrüßt seine Bekannten, nickt diesem und jenem zu, vermeidet beim Überqueren leicht die Wagen und Zweiräder, usw., usw. Schon den Neugeborenen erkennt man als Sehenden daran, daß er Bewegungen mit den Augen folgt. Etc. etc. – Die Frage ist: Von wem soll die Beschreibung verstanden werden?

Nur vom Sehenden, oder auch vom Blinden? Es ist z. B. sinnvoll zu sagen »Der Sehende unterscheidet mit den Augen einen unreifen Apfel von einem reifen«. Aber *nicht*: »Der Sehende unterscheidet einen grünen von einem roten Apfel.« Denn was ist ›rot‹ und ›grün‹?

Randbemerkung: »Der Sehende unterscheidet einen Apfel, der ihm grün scheint, von einem, der ihm rot scheint.«

Aber kann ich nicht sagen, »*Ich* unterscheide einen *solchen Apfel* von einem *solchen*« (indem ich auf einen roten und grünen zeige)? Aber wie, wenn jemand auf zwei für mich ganz gleiche Äpfel zeigte und das sagte?! Anderseits könnte er mir sagen: »Für dich sehen diese beiden ganz gleich aus, du könntest sie daher verwechseln; aber ich sehe einen Unterschied, ich kann jeden jederzeit wiedererkennen.« *Das* kann durch einen Versuch bestätigt werden.

167. Welche Erfahrung lehrt mich, daß ich Rot und Grün unterscheide?

168. Die Psychologie beschreibt die Phänomene des Sehens. Wem macht sie die Beschreibung? Welche Unwissenheit kann diese Beschreibung beheben?

169. Wenn ein Sehender nie von einem Blinden gehört hätte, – könnte man ihm das Verhalten der Blinden nicht beschreiben?

170. Ich kann sagen: »Der Farbenblinde kann einen grünen Apfel von einem roten nicht unterscheiden«, und das läßt sich zeigen. Kann ich aber sagen: »Ich kann einen grünen Apfel von einem roten unterscheiden?« Nun, etwa: durch den Geschmack.

– Aber doch z. B.: »Ich kann einen Apfel, den ihr ›grün‹ nennt, von einem, den ihr ›rot‹ nennt, unterscheiden«, also »Ich bin nicht farbenblind«.

171. Dieses Papier ist an verschiedenen Stellen verschieden hell; aber sieht es mir, an den dunkleren Stellen, grau aus? Der Schlagschatten meiner Hand ist zum Teil grau. Wo sich das Papier vom Licht wegneigt aber, sehe ich es weiß, wenn auch dunkler, auch wenn ich, um es zu malen, ein Grau mischen müßte. Ist damit nicht ähnlich, daß man den entfernteren Gegenstand oft nur als entfernter, nicht aber kleiner sieht? Daß man also nicht sagen kann »Ich merke, daß er kleiner ausschaut und schließe daraus, daß er entfernter ist«, sondern ich merke, daß er entfernter ist, ohne sagen zu können, *wie* ich's merke.

172. Der Eindruck des (färbigen) durchsichtigen Mediums ist der, daß etwas hinter dem Medium liegt. Vollkommene Einfärbigkeit des Gesichtsbilds kann daher nicht durchsichtig sein.

173. Etwas Weißes hinter einem gefärbten durchsichtigen Medium erscheint in der Farbe des Mediums, etwas Schwarzes schwarz. Nach dieser Regel muß eine schwarze Zeichnung auf weißem Papier hinter einem weißen durchsichtigen Medium so erscheinen wie hinter einem farblosen.

Das* ist hier nicht ein Satz der Physik, sondern eine Regel der räumlichen Deutung unserer Gesichtserfahrung. Man könnte auch sagen, es sei eine Regel für den Maler: »Wenn du etwas Weißes hinter einem durchsichtigen Roten darstellen

* Im MS wird hier durch einen Pfeil auf den Satz »Etwas Weißes ...« hingewiesen. *Herausg.*

willst, so mußt du's rot malen.« Malst du's weiß, so sieht es nicht hinter dem Roten liegend aus.

174. Dort, wo das weiße Papier nur um ein weniges schwächer beleuchtet ist, erscheint es keineswegs grau, sondern immer weiß.

175. Die Frage ist: Wie muß unser Gesichtsbild beschaffen sein, wenn es uns ein durchsichtiges Medium zeigen soll? Wie muß z.B. die Farbe des Mediums zur Geltung kommen? Sprechen wir physikalisch – obwohl es uns hier nicht unmittelbar auf Gesetze der Physik ankommt –, so müßte durch ein rein grünes Glas alles mehr oder weniger dunkel Grün ausschauen. Der hellste Ton wäre der des Mediums. Was man dadurch sieht, hat also Ähnlichkeit mit einer Photographie. Überträgt man das aufs weiße Glas, so sollte alles wieder wie photographiert ausschauen, aber in Tönen zwischen Weiß und Schwarz. Und warum sollte man so ein Glas, – wenn es eins gäbe – nicht *weiß* nennen wollen? Spricht irgend etwas dagegen, bricht die Analogie mit anders gefärbten Gläsern irgendwo zusammen?

176. Ein grüner Glaswürfel sieht, wenn er vor uns liegt, grün aus: Der Gesamteindruck ist grün; so sollte also der des weißen Würfels weiß sein.

177. Wo muß der Würfel weiß erscheinen, damit wir ihn weiß und durchsichtig nennen können?

178. Gibt es *darum* kein Analogon mit Weiß zu einem durchsichtigen grünen Glas, weil die Verwandtschaften und Gegensätze zwischen Weiß und den übrigen Farben anders sind als zwischen Grün und ihnen?

179. Fällt Licht durch rotes Glas, so wirft es einen roten Schein; wie sieht nun ein weißer Schein aus? Soll Gelb im weißen Schein weißlich werden oder bloß hell? Und Schwarz grau, oder soll es Schwarz bleiben?

180. Wir kümmern uns hier nicht um die Tatsachen der Physik, außer insofern sie Gesetze des Augenscheins bestimmen.

181. Es ist nicht ohne weiteres klar, von welchem durchsichtigen Glas man sagen soll, es habe die ›gleiche Farbe‹ wie ein Stück grünes Papier.

182. Ist z.B. das Papier rosa, lila, himmelblau, so wird man sich das Glas etwa *trübe* denken, aber man könnte auch nur ein schwach rötliches etc. klares Glas meinen. Darum wird manchmal etwas Farbloses »weiß« genannt.

183. Die Farbe eines durchsichtigen Glases, könnte man sagen, sei die, in welcher eine weiße Lichtquelle, dadurch gesehen, erscheint.
Ungetrübt *weiß* aber erscheint diese durch ein *farbloses* Glas.

184. Im Kino ist es oft möglich, die Vorgänge im Film so zu sehen, als lägen sie hinter der Leinwandebene und diese sei durchsichtig wie eine Glastafel. Zugleich aber würde sie den Vorgängen ihre Farbe nehmen und nur Weiß, Grau und Schwarz durchlassen. Nun ist man aber nicht versucht, sie eine durchsichtige *weiße* Glastafel zu nennen.

Wie würde man denn Dinge durch eine grüne Glastafel sehen? *Ein* Unterschied wäre natürlich, daß diese den Unterschied zwischen hell und dunkel vermindern würde, während jene andre diesen Unterschied nicht berühren soll. Eine ›graue durchsichtige‹ Tafel würde ihn dann etwa vermindern.

185. Von einer grünen Glastafel würde man etwa sagen, sie gäbe den Dingen ihre Farbe. Tut das aber meine ›weiße‹ Tafel? – Gibt das grüne Medium den Dingen seine Farbe, dann vor allem den *weißen*.

186. Eine dünne Schicht eines gefärbten Mediums färbt die Dinge nur schwach: wie soll ein dünnes ›weißes‹ Glas sie färben? Soll es ihnen noch nicht alle Farbe entziehen?

187. »Weißes Wasser wird man sich nicht denken können, was rein ist, ...« Das heißt: man kann nicht beschreiben, wie etwas weißes Klares aussähe, und das heißt: man weiß nicht, welche Beschreibung von einem durch diese Worte gefordert wird.

188. Wir wollen keine Theorie der Farben finden (weder eine physiologische noch eine psychologische), sondern die Logik der Farbbegriffe. Und diese leistet, was man sich oft mit Unrecht von einer Theorie erwartet hat.

189. Damit daß einem die Farbwörter durch Hinweisen auf farbige Stücke Papier erklärt wurden, ist der Begriff der *Durchsichtigkeit* noch nicht berührt. Es ist dieser Begriff, der zu den verschiedenen Farbbegriffen ungleiche Beziehungen hat.

190. Wer also sagen wollte, daß man es doch den Farben gar nicht anmerkt, daß ihre Begriffe so verschieden seien, dem muß man antworten, daß er eben auf das Analoge (die Gleichheit) in diesen Begriffen sein Augenmerk gerichtet hat, die Verschiedenheiten aber in den Beziehungen zu andern Begriffen liegen. [Dazu eine bessere Bemerkung.]

191. Wenn die grüne Glastafel den Dingen hinter ihr grüne Farbe gibt, so macht sie Weiß zu Grün, Rot zu Schwarz, Gelb zu Grüngelb, Blau zu Grünlichblau. Die weiße Tafel sollte also alles weißlich machen, also alles *blaß*; und warum dann das Schwarz nicht zu Grau? – Auch ein gelbes Glas verdunkelt, soll ein weißes auch verdunkeln?

192. Jedes gefärbte Medium verdunkelt, was dadurch gesehen wird, es schluckt Licht: Soll nun mein weißes Glas auch verdunkeln? und je dicker es ist, desto mehr? Aber es soll ja Weiß weiß lassen: So wäre ja das ›weiße Glas‹ eigentlich ein dunkles Glas.

193. Wenn Grün dadurch weißlich wird, warum wird Grau nicht weißlicher und warum dann Schwarz nicht zu Grau?

194. Das gefärbte Glas darf doch die Dinge hinter ihm nicht aufhellen: was soll also z. B. mit etwas Grünem geschehen? Soll ich es als ein Graugrün sehen?* Wie soll also etwas Grünes dadurch gesehen werden? Weißlich grün?*

195. Würden alle Farben weißlich, so würde das Bild mehr und mehr an Tiefe verlieren.

196. Grau ist nicht schlecht beleuchtetes Weiß, Dunkelgrün nicht schlecht beleuchtetes Hellgrün.

Man sagt zwar »In der Nacht sind alle Katzen grau«, aber das heißt eigentlich: wir können ihre Farben nicht unterscheiden und sie *könnten* auch grau sein.

197. Worin liegt hier der entscheidende Unterschied zwischen Weiß und den andern Farben? Liegt er in der Asymmetrie der Verwandtschaften? Und das heißt eigentlich in der besondern Stellung im Farbenoktaeder? Oder ist es vielmehr die ungleiche Stellung der Farben gegen Dunkel und Hell?

198. Was soll der Maler malen, der die Wirkung eines weißdurchsichtigen Glases hervorrufen will?

Soll Rot und Grün (etc.) weißlich werden?

199. Ist der Unterschied nicht einfach, daß jedes gefärbte Glas das Weiß färben soll und meines es entweder unverändert lassen oder einfach verdunkeln muß?

* Verschiedene Versionen. *Herausg.*

200. Weiß durch ein gefärbtes Glas erscheint in der Farbe des Glases. Das ist eine Regel für den Schein der Durchsichtigkeit. So erscheint Weiß durch das weiße Glas weiß, also wie durch ein ungefärbtes.

201. Lichtenberg redet von ›reinem Weiß‹ und meint damit die *hellste* der Farben. Niemand könnte so von reinem Gelb reden.

202. Zu sagen, Weiß sei körperlich, ist seltsam, da ja auch Gelb und Rot die Farben von Oberflächen sein können und man sie als solche nicht kategorisch von Weiß unterscheidet.

203. Schaut man einen weißen Würfel mit verschieden hell beleuchteten Flächen durch ein gelbes Glas an, so erscheint er nun gelb und seine Flächen wieder verschieden stark beleuchtet. Wie soll er durch ein weißes Glas ausschauen? Und wie soll ein gelber Würfel durch ein weißes Glas ausschauen?

204. Soll es sein, als hätte man Weiß, oder als hätte man Grau zu seinen Farben gemischt?

205. Könnte nicht ein Glas Weiß, Schwarz und Grau unverändert lassen und die übrigen Farben weißlich färben? Und käme so eins nicht am nächsten dem Weißen und Durchsichtigen? Die Wirkung würde dann sein wie eine Photographie, welche eine Spur der natürlichen Farben noch beibehält. Der Dunkelheitsgrad jeder Farbe müßte aber gewahrt, und gewiß nicht *vermindert* werden.

206. Soviel kann ich verstehen, daß eine physikalische Theorie (wie die Newtons) die Probleme, die Goethe bewegten, nicht lösen kann, wenn auch er selbst sie nicht gelöst hat.

207. Wenn ich reines Rot durch das Glas ansehe und es sieht grau aus, ist hier wirklich der Graugehalt der Farbe durch das Glas gekommen? D.h.: *scheint* es auch nur so?

208. Warum fühle ich, daß ein weißes Glas das Schwarz färben müßte, wenn es irgend etwas färbt, während ich mir's gefallen lasse, daß das Gelb vom Schwarz verschluckt wird? Ist es nicht, weil das klare Gefärbte vor allem einmal das Weiß färben mußte, und tut es das nicht und ist Weiß, dann ist es trüb.

209. Wenn man stark blinzelnd in eine Gegend schaut, so werden die Farben undeutlich und alles nimmt mehr den Charakter des Schwarzweißen an; aber ist es mir da, als sähe ich durch eine so oder so gefärbte Scheibe?

210. Man spricht oft vom Weißen als unfärbig. Warum? (Man tut es auch, wenn man nicht an die Durchsichtigkeit denkt.)

211. Und es ist merkwürdig, daß das Weiße manchmal auf gleicher Stufe mit den andern reinen Farben erscheint (Flaggen), und manchmal wieder nicht.

Warum nennt man z.B. ein weißliches Grün oder Rot »nicht *satt*«? Warum *schwächt* das Weiß diese Farben, aber nicht das Gelb? Liegt das an der Psychologie (der Wirkung) der Farben oder an ihrer Logik? Nun, daß man gewisse Wörter wie »satt«, »schmutzig« etc. verwendet, beruht auf Psychologischem; daß man aber überhaupt eine scharfe Unterscheidung macht, deutet auf Begriffliches.

212. Hängt das damit zusammen, daß Weiß *alle* Gegensätze nach und nach aufhebt, während Rot das nicht tut?

213. Ein und dasselbe Thema hat in Moll einen andern Charakter als in Dur, aber von einem Charakter des Moll im allgemeinen zu sprechen, ist ganz falsch. (Bei Schubert klingt das Dur oft trauriger als das Moll.) Und so ist es, glaube ich, müßig und ohne Nutzen für das Verständnis der Malerei, von den Charakteren der einzelnen Farben zu reden. Man denkt eigentlich dabei nur an spezielle Verwendungen. Daß Grün als Farbe einer Tischdecke die, Rot jene Wirkung hat, läßt auf ihre Wirkung in einem Bild keinen Schluß zu.

214. Weiß löst alle Farben auf, – tut dies Rot auch?

215. Warum gibt es kein braunes Licht und kein graues? Gibt es auch kein weißes? Ein leuchtender Körper kann weiß erscheinen; aber weder braun noch grau.

216. Warum kann man sich keine Grauglut vorstellen? Warum kann man sie sich nicht als einen geringeren Grad der Weißglut denken?

217. Daß etwas, was zu leuchten scheint, nicht auch grau erscheinen kann, muß darauf deuten, daß das leuchtende Farblose immer »weiß« heißt, es lehrt uns also etwas über unsern Begriff des Weißen.

218. Ein schwaches weißes Licht ist nicht ein graues Licht.

219. Aber der Himmel, der alles, was wir sehen, beleuchtet, kann doch grau sein! Und wie weiß ich vom bloßen Augenschein, daß er nicht selbst leuchtet?

220. D.h. etwa: ›grau‹ oder ›weiß‹ ist etwas nur in einer bestimmten Umgebung.

221. Ich sage hier nicht, was die Gestaltpsychologen sagen: daß der *Eindruck des Weißen* so und so zustande komme. Sondern die Frage ist gerade: was der Eindruck des Weißen sei, was die Bedeutung dieses Ausdrucks, die Logik des Begriffes ›weiß‹ ist.

222. Denn, daß man sich etwas ›Grauglühendes‹ nicht denken kann, gehört nicht in die Psychologie der Farbe.

223. Denk dir, es würde uns gesagt, daß eine Substanz mit grauer Flamme brennt. Du kennst doch nicht die Farbe der

Flammen sämtlicher Stoffe: warum sollte das also nicht möglich sein? Und doch hieße es nichts. Wenn ich so etwas hörte, würde ich nur denken, die Flamme sei *schwach leuchtend*.

224. Was leuchtend *aussieht*, sieht nicht grau aus. Alles Graue *sieht* beleuchtet *aus*.

Daß aber etwas ›leuchtend aussehen‹ kann, das macht die Verteilung der Helligkeiten im Gesehenen, aber es gibt auch ein ›etwas *als* leuchtend sehen‹, man kann unter gewissen Umständen reflektiertes Licht für das Licht eines leuchtenden Körpers halten.

225. Ich könnte also etwas *jetzt* als schwach leuchtend, *jetzt* als grau sehen.

226. Was man als leuchtend sieht, sieht man nicht als grau. Wohl aber kann man es als weiß sehen.

227. Man redet von einem ›dunkelroten Schein‹, aber nicht von einem ›schwarzroten‹.

228. Es gibt einen *Eindruck* des Leuchtens.

229. Es ist nicht dasselbe zu sagen: der Eindruck des Weißen oder Grauen kommt nur unter diesen Bedingungen zustande (kausal), und daß er der Eindruck eines bestimmten Kontextes ist

(Definition). (Das erste ist Gestaltpsychologie, das zweite Logik.)

230. ›Urphänomen‹ ist z.B. was Freud an den einfachen Wunschträumen zu erkennen glaubte. Das Urphänomen ist eine vorgefaßte Idee, die von uns Besitz ergreift.

231. Erschiene mir in der Nacht ein Gespenst, so könnte es mit einem schwachen weißlichen Schein leuchten; sähe es aber grau aus, so müßte das Licht von woanders zu kommen scheinen.

232. Die Psychologie, wenn sie vom Schein spricht, verbindet Schein mit Sein. Wir aber können vom Schein allein sprechen, oder wir verbinden Schein und Schein.

233. Man könnte sagen, die Farbe des Gespenstes sei die, die ich auf der Palette mischen muß, um es genau abzumalen.

Wie aber bestimmt man, was das genaue Bild ist?

234. Die Psychologie verbindet das Erlebte mit etwas Physischem, wir aber das Erlebte mit Erlebtem.

235. Man könnte Halbdunkel im Halbdunkel malen. Und die ›richtige Beleuchtung‹ eines Bildes könnte das Halbdunkel sein (Bühnenmalerei.)

236. Eine glatte weiße Fläche kann spiegeln: Wie nun, wenn man sich irrte und das, was in einer solchen Fläche gespiegelt erscheint, wirklich hinter ihr wäre und durch sie gesehen würde? Wäre sie dann weiß-durchsichtig? Auch dann entspräche, was wir sehen, nicht dem färbigen Durchsichtigen.

237. Man spricht von einem ›schwarzen Spiegel‹. Aber wenn er spiegelt, *verdunkelt* er zwar, sieht aber nicht schwarz aus und sein Schwarz ›schmutzt‹ nicht.

238. Warum ertrinkt Grün im Schwarz, und Weiß nicht?

239. Es gibt Farbbegriffe, die sich nur auf die visuelle Erscheinung einer Fläche beziehen, und es könnte solche geben, die sich nur auf die Erscheinung durchsichtiger Medien, oder vielmehr den visuellen Eindruck solcher, beziehen. Man könnte auch ein weißes Glanzlicht auf Silber etwa nicht »weiß« nennen wollen und es von der weißen Farbe einer Oberfläche unterscheiden. Daher, glaube ich, das Reden von »durchsichtigem« Licht.

240. Wenn man einem Kind die Farbbegriffe so beibrächte, daß man auf gefärbte Flammen oder gefärbte durchsichtige Körper zeigte, so würde die Eigentümlichkeit von Weiß, Grau und Schwarz klarer zu Tage kommen.

241. Daß nicht alle Farbbegriffe logisch gleichartig sind, sieht man leicht. Man sieht leicht den Unterschied der Begriffe: ›Farbe des Goldes‹ oder ›Farbe des Silbers‹ und ›gelb‹ oder ›grau‹.

Daß aber ein einigermaßen verwandter Unterschied zwischen ›Weiß‹ und ›Rot‹ besteht, ist schwer zu sehen.

242. Milch ist nicht darum undurchsichtig, weil sie weiß ist, – als wäre das Weiß etwas Undurchsichtiges.

Wenn schon ›Weiß‹ ein Begriff ist, der sich nur auf eine visuelle Oberfläche bezieht, warum gibt es dann nicht einen dem ›Weiß‹ verwandten Farbbegriff, der sich auf Durchsichtiges bezieht?

243. Ein Medium, durch welches ein schwarz und weißes Muster (Schachbrett) unverändert erscheint, wird man nicht weiß gefärbt nennen wollen, auch wenn es die übrigen Farben ins Weißliche veränderte.

244. Grau und schwach erleuchtetes oder leuchtendes Weiß kann in *einem* Sinne die gleiche Farbe sein, denn wenn ich dieses *male*, muß ich vielleicht auf der Palette jenes mischen.

245. Ob ich etwas als grau oder als weiß sehe, kann davon abhängen, wie ich die Dinge um mich beleuchtet sehe. In einem Zusammenhang ist die Farbe für mich Weiß in schlechter Beleuchtung, im andern Grau in guter Beleuchtung.

246. Der Eimer, den ich vor mir sehe, ist glänzend weiß glasiert, ich könnte ihn unmöglich »grau« nennen oder sagen: »Ich sehe eigentlich Grau«. Aber er hat ein Glanzlicht, das weit heller ist als seine übrige Fläche, und, da er rund ist, geht er

vom Licht allmählich in den Schatten über, ohne doch anders gefärbt zu erscheinen.

247. Welches ist die Farbe des Eimers an *dieser* Stelle? Wie soll ich's entscheiden?

248. Es gibt zwar nicht Phänomenologie, wohl aber phänomenologische Probleme.

249. Man möchte sagen: Beimischung von Rot verdünnt die Farben nicht, Beimischung von Weiß verdünnt sie.

Andererseits empfindet man Rosa oder ein weißliches Blau nicht immer als verdünnt.

250. Kann man sagen: »Leuchtendes Grau ist Weiß«?

251. Die Schwierigkeiten, denen wir beim Nachdenken über das Wesen der Farben begegnen (mit denen sich Goethe durch die Farbenlehre auseinandersetzen wollte), liegen schon darin beschlossen, daß wir nicht nur *einen* Begriff der Farbengleichheit haben, sondern deren mehrere, miteinander verwandte.

252. Die Frage ist: Welcher Art muß das Gesichtsbild sein, wenn wir es das eines gefärbten durchsichtigen Mediums nennen sollen? Oder auch: Wie muß etwas ausschauen, damit es

uns als gefärbt und durchsichtig erscheint? Dies ist keine Frage der Physik, aber mit physikalischen Fragen verbunden.

253. Wie ist unser Gesichtsbild beschaffen, welches wir dasjenige eines farbigen durchsichtigen Mediums nennen?

254. Es gibt scheinbar, was man »Stoffarben« und was man »Oberflächenfarben« nennen kann.

255. Unsre Farbbegriffe beziehen sich manchmal auf Substanzen (Schnee ist weiß), manchmal auf Oberflächen (dieser Tisch ist braun), manchmal auf die Beleuchtung (im rötlichen Abendschein), manchmal auf durchsichtige Körper. Und gibt es nicht auch eine Anwendung auf eine Stelle im Gesichtsfeld logisch unabhängig von einem räumlichen Zusammenhang?

Kann ich nicht sagen: »Dort sehe ich weiß« (und es etwa malen), auch wenn ich das Gesichtsbild gar nicht räumlich deuten kann? (Fleckfarbe) (Ich denke an eine pointillistische Malweise.)

256. Eine Farbe allgemein benennen können, heißt noch nicht, sie genau kopieren können. Vielleicht kann ich sagen »Dort sehe ich eine rötliche Stelle« und kann doch nicht eine Farbe mischen, die ich als genau gleich anerkenne.

257. Male etwa, was du siehst, wenn du die Augen schließt! Und doch kannst du es *ungefähr* beschreiben.

258. Denke an die Farben von poliertem Silber, Nickel, Chrom etc. oder an die Farbe eines Ritzers in diesen Metallen.

259. Ich gebe einer Farbe den Namen »F« und sage, es sei die Farbe, die ich *dort* sehe. Oder vielleicht male ich mein Gesichtsbild und sage dann einfach »Ich sehe *dies*«. Nun, welche Farbe ist an *dieser* Stelle meines Bildes? Wie bestimme ich es? Ich führe etwa das Wort »Kobaltblau« ein: Wie fixiere ich, was ›K‹ ist? Ich könnte ein Papier als Paradigma dieser Farbe nehmen oder den Farbstoff in einem Topf. Wie bestimmte ich nun, daß eine Oberfläche (z. B.) diese Farbe habe? Alles kommt auf die Vergleichsmethode an.

260. Was man den »farbigen« Gesamteindruck einer Oberfläche nennen kann, ist nicht etwa eine Art arithmetisches Mittel aller Farben der Oberfläche.

261. [»Ich sehe (höre fühle etc.) X«
»Ich beobachte X«

X steht das erste- und zweitemal nicht für den gleichen Begriff, auch wenn beidemale der gleiche Ausdruck steht, z. B. »einen Schmerz«. Denn auf den ersten Satz könnte die Frage folgen »Was für einen Schmerz?« und dies könnte man beantworten, indem man den Fragenden mit einer Nadel sticht. Folgt aber die Frage »Was für einen Schmerz?« auf den zweiten Satz, so muß die Antwort von andrer Art sein, z. B. »Den Schmerz in meiner Hand.«]

262. Ich möchte sagen »An *dieser* Stelle in meinem Gesichtsfeld ist *diese* Farbe (ganz abgesehen von jeder Deutung)«. Aber

wozu gebrauche ich diesen Satz? »*Diese*« Farbe muß ja eine sein, die ich reproduzieren kann. Und es muß bestimmt sein, unter welchen Umständen ich von etwas sage, es habe diese Farbe.

263. Denk, jemand zeigte auf eine Stelle einer Iris in einem Rembrandtschen Gesicht und sagte »Die Wand in meinem Zimmer soll in dieser Farbe gemalt werden.«

264. Daß wir sagen können, »Diese Stelle in meinem Gesichtsfeld ist graugrün«, bedeutet nicht, daß wir wissen, was eine genaue Kopie dieses Farbtons zu nennen wäre.

265. Ich male die Aussicht von meinem Fenster; eine bestimmte Stelle, bestimmt durch ihre Lage in der Architektur eines Hauses, male ich mit Ocker. Ich sage »Diese Stelle sehe ich in dieser Farbe.«

Das bedeutet nicht, daß ich an dieser Stelle die Farbe Ocker sehe, denn der Farbstoff mag, so umgeben, mir viel heller oder dunkler oder rötlicher (etc.) als Ocker erscheinen.

Ich kann etwa sagen »So, wie ich sie hier (mit Ocker) gemalt habe, sehe ich diese Stelle; nämlich als ein stark rötliches Gelb.«

Wie aber, wenn man von mir verlangte, den *genauen* Farbton anzugeben, der mir hier erscheint? Wie soll ich ihn angeben und wie bestimmen? Man könnte z. B. von mir verlangen, daß ich ein Farbmuster, ein rechteckiges Stück Papier von dieser Farbe, herstelle. Ich sage nicht, daß so ein Vergleich ohne jedes Interesse ist, aber er zeigt, daß nicht von vornherein klar ist, wie Farbtöne zu vergleichen sind, und also: was hier »Farbengleichheit« bedeutet.

266. Denken wir uns ein Gemälde in kleine Stücke von annähernd gleichmäßiger Färbung zerschnitten und diese Stücke dann als Steine eines Zusammenlegspieles verwendet. Auch dort, wo ein solcher Stein nicht einfärbig ist, soll er keine räumliche Form andeuten, sondern als flacher Farbfleck erscheinen. Erst im Zusammenhang mit den andern wird er ein Stück Himmel, ein Schatten, ein Glanz, eine konkave oder konvexe Fläche etc.

267. Man könnte also sagen, dies Zusammenlegspiel zeige die eigentlichen Farben der Stellen des Bildes.

268. Man könnte geneigt sein, zu glauben, eine Analyse unsrer Farbbegriffe führe am Ende zu den Farben von Stellen unsres Gesichtsfelds, die von jeder räumlichen oder physikalischen Deutung unabhängig wären, denn hier gebe es weder Beleuchtung noch Schatten, noch Glanz, noch Durchsichtigkeit oder Undurchsichtigkeit, etc.

269. Was uns als einfärbiger heller Strich ohne Breite auf dunklem Grunde erscheint, kann weiß aussehen, aber nicht grau. (?) Ein Planet könnte nicht hellgrau aussehen.

270. Würde man aber nicht unter Umständen den Punkt oder den Strich als grau *deuten*? (Denke an eine Photographie.)

271. Sehe ich wirklich die Haare des Jungen auf der Photographie blond?! – Seh ich sie grau?

Schließe ich nur, daß, was auf dem Bild *so* ausschaut, in Wirklichkeit blond sein muß?

In *einem* Sinne *sehe* ich sie blond, in einem andern heller und dunkler grau.

272. ›Dunkelrot‹ und ›Schwarzrot‹ sind nicht gleichartige Begriffe. Ein Rubin kann in der Durchsicht dunkelrot erscheinen, aber, wenn er klar ist, nicht schwarzrot. Der Maler mag ihn durch einen schwarzroten Fleck darstellen, aber im Bild wird dieser Fleck nicht schwarzrot wirken. Er wird mit Tiefe gesehen, so wie das Flache dreidimensional erscheint.

273. Im Film, wie auf der Photographie, sehen Gesicht und Haare nicht *grau* aus, sie machen einen ganz natürlichen Eindruck; Speisen auf einer Schüssel dagegen sehen im Film oft grau und darum unappetitlich aus.

274. Was heißt es aber, Haar sehe auf der Photographie blond aus? Wie zeigt sich's, daß es so *aussieht* und auf die Farbe nicht nur *geschlossen* wird? Welche unsrer Reaktionen läßt uns das sagen? – Sieht denn ein Kopf in Stein oder Gips nicht weiß aus?

275. Wenn selbst das Wort »blond« blond *klingen* kann, wieviel eher können die photographierten Haare blond ausschauen!

276. Nun, ich würde die Photographie ganz natürlich mit den Worten beschreiben: »An einer Maschine steht ein Mann mit

dunklem und ein Junge mit zurückgekämmtem blondem Haar.« So würde ich die *Photographie* beschreiben, und wenn einer sagte, das beschreibe nicht sie, sondern die Objekte, die wahrscheinlich photographiert wurden, so könnte ich nur sagen, das Bild sieht so aus *als wären* die Haare von dieser Farbe gewesen.

277. Wenn ich aufgefordert würde, die Photographie zu beschreiben, würde ich es in jenen Worten tun.

278. Der Farbenblinde versteht die Aussage, er sei farbenblind. Der Blinde die, er sei blind. Aber sie können nicht alle Anwendungen dieser Sätze machen, die der Normale macht. Denn wie dieser Sprachspiele mit Farbworten z.B. beherrscht, die jene nicht erlernen können, so auch Sprachspiele mit den Worten »farbenblind« und »blind«.

279. Kann man dem Blinden beschreiben, wie das ist, wenn einer *sieht*? – Doch; ein Blinder lernt ja manches über den Unterschied zwischen ihm und dem Sehenden. Und doch möchte man auf jene Frage Nein antworten. – Ist sie aber nicht irreführend gestellt? Man kann einem, der nicht Fußball spielt, so wie einem, der es spielt, beschreiben, ›wie das ist, wenn einer Fußball spielt‹, dem letztern vielleicht, damit er die Beschreibung auf ihre Richtigkeit prüfe. Kann man denn dem Sehenden beschreiben, wie das ist, wenn einer sieht? Aber man *kann* ihm doch erklären, was Blindheit ist! D.h., man kann ihm das charakteristische Benehmen des Blinden beschreiben und man kann ihm die Augen verbinden. Andererseits kann man den Blinden nicht zeitweise sehend machen; wohl aber ihm das Benehmen des Sehenden beschreiben.

280. Kann man sagen, ›Farbenblindheit‹ (oder ›Blindheit‹) sei ein Phänomen, ›Sehen‹ nicht?

Das würde etwa heißen: »Ich sehe« ist eine Äußerung, »Ich bin blind« nicht. Aber das ist doch nicht wahr. Man hält mich auf der Straße oft für blind. Ich könnte einem, der es tut, sagen »Ich sehe«, d.h.: ich bin nicht blind.

281. Man könnte sagen: Es ist ein Phänomen, daß es Leute gibt, die das und das nicht erlernen können. Dies Phänomen ist die Farbenblindheit. – Sie wäre also eine Unfähigkeit; das Sehen aber die Fähigkeit.

282. Ich sage dem B, der nicht Schach spielen kann: »A kann Schach nicht erlernen«. B kann das verstehen. – Aber nun sage ich einem, der überhaupt nicht imstande ist, irgendein Spiel zu erlernen, der und der könne ein Spiel nicht erlernen. Was weiß jener vom Wesen eines Spiels? Kann er z.B. nicht einen gänzlich falschen Begriff von einem Spiel haben? Nun, er mag verstehen, man könne weder ihn noch den andern zu einer Unterhaltung einladen, weil sie keine Spiele spielen können.

283. Kommt alles, was ich hier sagen will, darauf hinaus, daß die Äußerung »Ich sehe einen roten Kreis« und die »Ich sehe, bin nicht blind« logisch verschieden sind? Wie prüft man einen Menschen, um zu finden, ob die erste Aussage wahr ist? wie, ob die zweite wahr ist? Die Psychologie lehrt Farbenblindheit zu konstatieren und eben dadurch auch normales Sehen. Aber *wer* kann dies erlernen?

284. Ich kann niemand ein Spiel lehren, das ich selbst nicht erlernen kann. Ein Farbenblinder kann den Normalsehenden nicht den normalen Gebrauch der Farbwörter lehren. Ist das wahr? Er kann ihm das Spiel, den Gebrauch nicht *vorführen*.

285. Könnte nicht der Angehörige eines farbenblinden Volkes auf den Gedanken kommen, sich fremdartige Menschen auszumalen (die wir »normalsehend« nennen würden)? Könnte er so einen normal Sehenden nicht z. B. auf dem Theater darstellen? Wie er auch einen darstellen kann, der die Gabe der Prophetie hat, ohne sie zu haben. Das ist zum mindesten denkbar.

286. Wären aber Farbenblinde je darauf verfallen, sich selbst »farbenblind« zu nennen? – Warum nicht?

Wie aber könnten ›normal Sehende‹ den ›normalen‹ Gebrauch der Farbwörter erlernen, wenn sie die Ausnahmen in einer farbenblinden Bevölkerung wären? – Ist es nicht möglich, daß sie eben Farbworte ›normal‹ gebrauchen, vielleicht, in den Augen der andern, gewisse Fehler machen, bis diese die ungewöhnlichen Fähigkeiten endlich schätzen lernten?

287. Ich kann mir vorstellen (ausmalen), wie es mir erscheinen wird, wenn ich so einen Menschen treffe.

288. Ich kann mir vorstellen, wie ein Mensch handeln würde, dem das unwichtig ist, was mir wichtig ist. Aber kann ich mir seinen *Zustand* vorstellen? – Was heißt das? – Kann ich mir den Zustand eines vorstellen, dem wichtig ist, was mir wichtig ist?

289. Ich könnte auch einen genau nachmachen, der eine Multiplikation rechnet, ohne selbst das Multiplizieren erlernen zu können.

Und ich könnte dann andre nicht multiplizieren lehren, obwohl es denkbar wäre, daß ich den Anstoß dazu gäbe, daß einer es erlernt.

290. Ein Farbenblinder kann offenbar die Prüfung schildern, bei der seine Farbenblindheit zutage kam. Und was er hernach schildern kann, das hätte er auch erfinden können.

291. Kann man einem höhere Mathematik beschreiben, außer indem man sie ihm beibringt? Oder auch: *Ist* dieser Unterricht eine *Beschreibung* der Rechnungsart? Einem das Tennisspiel beschreiben heißt *nicht*, es ihn lehren (u. u.). Andrerseits: wer nicht wüßte, was Tennis ist und es nun spielen lernt, der weiß es dann. (»Knowledge by description and knowledge by acquaintance.«)

292. Wer absolutes Gehör hat, kann ein Sprachspiel erlernen, welches ich nicht erlernen kann.

293. Man könnte sagen, die Begriffe der Menschen zeigen, worauf es ihnen ankommt und worauf nicht. Aber nicht als *erklärte* das die besondern Begriffe, die sie haben. Es soll nur die Auffassung ausschließen, als hätten wir richtige, andre Leute falsche Begriffe. (Es gibt einen Übergang von einem Rechenfehler zu einer andern Art des Rechnens.)

294. Wenn Blinde, wie sie es gern oft tun, vom blauen Himmel und anderen spezifisch visuellen Erscheinungen reden, sagt der Sehende oft »Wer weiß, was er sich darunter vorstellt«. Warum sagt er es aber nicht von jedem andern Sehenden? Es ist natürlich überhaupt ein falscher Ausdruck.

295. Das, worüber ich so langwierig schreibe, kann einem andern mit unverdorbenerem Verstande selbstverständlich sein.

296. Wir sagen: »Denken wir uns Menschen, welche *dieses* Sprachspiel nicht kennen.« Aber damit haben wir noch keine klare Vorstellung vom Leben dieser Menschen, wo es vom unsern abweicht. Wir wissen noch nicht, was wir uns vorzustellen haben; denn das Leben jener Menschen soll ja im übrigen dem unsern entsprechen, und es ist erst zu bestimmen, was wir unter den neuen Umständen ein dem unsern entsprechendes Leben nennen würden.

Ist es nicht, als sagte man: Es gibt Menschen, die ohne den König Schach spielen? Es treten sofort Fragen auf: Wer gewinnt nun, wer verliert, u.a. Du mußt *weitere* Entscheidungen treffen, die du in jener ersten Bestimmung noch nicht vorhersiehst. Wie du ja auch die ursprüngliche Technik nicht übersiehst, nur daß sie dir von Fall zu Fall geläufig ist.

297. Zur Verstellung gehört auch, daß man Verstellung beim andern für möglich halte.

298. Wenn Menschen sich so benehmen, daß wir Verstellung vermuten möchten, aber diese Menschen zeigen untereinander

kein Mißtrauen, dann ergeben sie doch nicht das Bild von Menschen, die sich verstellen.

299. ›Wir müssen uns immer wieder über diese Leute wundern.‹

300. Wir könnten gewisse Leute auf der Bühne darstellen und ihnen Selbstgespräche (asides) in ihren Mund legen, die sie natürlich im wirklichen Leben nicht aussprächen, die aber doch ihren Gedanken entsprächen. Fremdartige Menschen aber könnten wir so nicht darstellen. Selbst wenn wir ihre Handlungen voraussehen könnten, könnten wir ihnen keine passenden Selbstgespräche in den Mund legen.

Und doch ist auch in dieser Betrachtungsweise etwas Falsches. Denn einer könnte, während er handelt, wirklich etwas zu sich selbst sagen und dies könnte z. B. ganz konventionell sein.

301. Daß ich eines Menschen Freund sein kann beruht darauf, daß er die gleichen oder ähnliche *Möglichkeiten* hat wie ich selbst.

302. Wäre es richtig zu sagen, in unsern Begriffen spiegelt sich unser Leben?

Sie stehen mitten in ihm.

303. Die Regelmäßigkeit unsrer Sprache durchdringt unser Leben.

304. Von wem würden wir sagen, er habe unsern Begriff des Schmerzes nicht? Ich könnte annehmen, er kenne Schmerzen nicht, aber ich will annehmen, er kenne sie; er gibt also Schmerzäußerungen von sich und man könnte ihm die Worte »Ich habe Schmerzen« beibringen. Soll er auch fähig sein, sich seiner Schmerzen zu erinnern? – Soll er Schmerzäußerungen der andern als solche erkennen; und wie zeigt sich das? Soll er Mitleid zeigen? – soll er gespielten Schmerz *als solchen* verstehen?

305. »Ich weiß nicht, *wie* ärgerlich er war.« »Ich weiß nicht, ob er *wirklich* ärgerlich war.« – Weiß er's selbst? Nun fragt man ihn, und er sagt »Ja, ich war's.«

306. Was ist denn das: die *Unsicherheit* darüber, ob der andre ärgerlich war? Ist es ein Zustand der Seele des Unsichern? Warum soll der uns beschäftigen? Sie liegt in dem Gebrauch der Aussage »Er ist ärgerlich.«

307. Aber einer ist unsicher, der andre kann sicher sein: er ›kennt den Gesichtsausdruck‹ dieses Menschen, wenn er ärgerlich ist. Wie lernt er dieses Anzeichen des Ärgers als solches kennen? Das ist nicht leicht zu sagen.

308. Aber nicht nur: »Was heißt es, über den Zustand des andern unsicher sein?« – sondern auch: »Was heißt es ›*Wissen*, sicher sein, daß jener sich ärgert‹?«

309. Hier könnte man nun fragen, was ich denn eigentlich will, wieweit ich die Grammatik behandeln will.

310. Es ist etwas gemeinsam der Sicherheit, daß er mich besuchen wird, und der Sicherheit, daß er sich ärgert. Es ist auch etwas dem Tennisspiel und dem Schachspiel gemeinsam, aber niemand würde hier sagen: »Ganz einfach: sie spielen beide Male, nur eben etwas andres.« Man sieht in *diesem* Falle die Unähnlichkeit mit. »Er ißt einmal einen Apfel, ein andermal eine Birne«, während man sie in jenem Fall nicht so leicht sieht.

311. »Ich weiß, daß er gestern angekommen ist« – »Ich weiß, daß $2 \times 2 = 4$ ist.« – »Ich weiß, daß er Schmerzen hatte« – »Ich weiß, daß dort ein Tisch steht.«

312. Ich weiß jedesmal, nur immer etwas anderes? *Freilich*, – aber die Sprachspiele sind weit verschiedener, als es uns bei diesen Sätzen zu Bewußtsein kommt.

313. »Die Welt der physikalischen Gegenstände und die Welt des Bewußtseins.« Was weiß ich von *dieser*? Was mich meine Sinne lehren? Also, wie das ist, wenn man sieht, hört, fühlt etc. etc. – Aber lerne ich das wirklich? Oder lerne ich, wie das ist, wenn *ich jetzt* sehe, höre etc. und *glaube*, daß es auch früher so war?

314. Was ist eigentlich die ›*Welt*‹ des Bewußtseins? Da möchte ich sagen: »Was in meinem Geist vorgeht, jetzt in ihm

vorgeht, was ich sehe, höre, ...« Könnten wir das nicht vereinfachen und sagen: »Was ich jetzt sehe.« –

315. Die Frage ist offenbar: Wie vergleichen wir physikalische Gegenstände – wie Erlebnisse?

316. Was ist eigentlich die ›Welt des Bewußtseins‹? – Was in meinem Bewußtsein ist: was ich jetzt sehe, höre, fühle ... – Und was, z.B., sehe ich jetzt? Darauf kann die Antwort nicht sein: »Nun, *alles das*«, mit einer umfassenden Gebärde.

317. Wenn der an Gott Glaubende um sich sieht und fragt »Woher ist alles, was ich sehe?« »Woher das alles?« verlangt er *keine* (kausale) Erklärung; und der Witz seiner Frage ist, daß sie der Ausdruck dieses Verlangens ist. Er drückt also eine Einstellung zu allen Erklärungen aus. – Aber wie zeigt sich die in seinem Leben? Es ist die Einstellung, die eine bestimmte Sache ernst nimmt, sie aber dann an einem bestimmten *Punkte* doch nicht ernst nimmt, und erklärt, etwas anderes sei noch ernster.

So kann einer sagen, es ist sehr ernst, daß der und der gestorben ist, ehe er ein bestimmtes Werk vollenden konnte; und in anderem Sinne kommt's darauf gar nicht an. Hier gebraucht man die Worte »in einem tiefern Sinne«.

Eigentlich möchte ich sagen, daß es auch hier nicht auf die *Worte* ankommt, die man ausspricht, oder auf das, was man dabei denkt, sondern auf den Unterschied, den sie an verschiedenen Stellen im Leben machen. Wie weiß ich, daß zwei Menschen das gleiche meinen, wenn jeder sagt, er glaubte an Gott? Und ganz dasselbe kann man bezüglich der drei Personen sagen. Die Theologie, die auf den Gebrauch *gewisser* Worte und Phrasen dringt und andere verbannt, macht nichts klarer. (Karl Barth.) Sie fuchtelt sozusagen mit Worten herum, weil sie etwas sagen will und nicht weiß, wie man es ausdrücken kann. *Die Praxis* gibt den Worten ihren Sinn.

318. Ich beobachte diesen Fleck. »Jetzt ist er *so*« – dabei zeige ich etwa auf ein Bild. Ich mag ständig das gleiche *beobachten* und was ich *sehe*, mag dabei gleichbleiben oder sich ändern. Was ich beobachte und was ich sehe, hat nicht die gleiche Art der Identität. Denn die Worte »dieser Fleck« z.B. lassen die Art der Identität, die ich meine, nicht erkennen.

319. »Die Psychologie beschreibt die Phänomene der Farbenblindheit und auch des normalen Sehens.« Was sind die ›Phänomene der Farbenblindheit‹? Doch die Reaktionen des Farbenblinden, durch die er sich vom Normalen unterscheidet. Doch nicht *alle* Reaktionen des Farbenblinden, z.B. auch die, durch welche er sich vom Blinden unterscheidet. – Kann ich den Blinden lehren, was Sehen ist, oder kann ich den Sehenden dies lehren? Das heißt nichts. Was heißt es denn: das *Sehen* zu beschreiben? Aber ich kann Menschen die Bedeutung der Worte »blind« und »sehend« lehren, und zwar lernt sie der Sehende wie der Blinde. Weiß denn der Blinde, wie das ist, wenn man sieht? Aber weiß es der Sehende?! Weiß er auch, wie es ist, Bewußtsein zu haben?

Aber kann nicht der Psychologe den Unterschied zwischen dem Benehmen des Sehenden und des Blinden beobachten? (Der Meteorologe den Unterschied zwischen Regen und Trockenheit?) Man könnte doch z.B. den Unterschied des Benehmens beobachten von Ratten, denen man die Barthaare genommen hat, und von unverstümmelten. Und das könnte man nennen, die Rolle dieses Tastapparates zu beschreiben. – Das Leben der Blinden ist anders als das Leben der Sehenden.

320. Der Normale kann z. B. erlernen, nach Diktat zu schreiben. Was ist das? Nun, der eine spricht, der andre schreibt, was jener spricht. Sagt er also z. B. den Laut *a*, so schreibt der andre das Zeichen »a« etc. – Muß nun nicht, wer diese Erklärung *versteht*, das Spiel entweder schon gekannt haben, nur vielleicht nicht unter diesem Namen, – oder es durch die Beschreibung gelernt haben? Aber Karl der Große hat gewiß das Prinzip des Schreibens verstanden und doch nicht schreiben lernen können. So kann also auch der die Beschreibung der Technik verstehen, der diese nicht erlernen kann. Aber es gibt eben zwei Fälle des Nichterlernen-Könnens. Im einen erlangen wir bloß eine Fertigkeit nicht, im andern fehlt uns das Verständnis. Man kann einem ein Spiel *erklären:* Er mag diese Erklärung verstehen, aber das Spiel nicht erlernen können oder unfähig sein, eine Erklärung des Spiels zu verstehen. Es ist aber auch das Umgekehrte denkbar.

321. »Du siehst den Baum, der Blinde sieht ihn nicht.« Das müßte ich einem Sehenden sagen. Und also einem Blinden: »Du siehst den Baum nicht, wir sehen ihn«? Wie wäre das, wenn der Blinde zu sehen glaubte oder ich glaubte, ich könnte nicht sehen?

322. Ist es ein Phänomen, daß ich den Baum sehe? Es ist eins, daß ich dies richtig als Baum erkenne, daß ich nicht blind bin.

323. »Ich sehe einen Baum« als Äußerung des visuellen Eindrucks, ist es die Beschreibung eines Phänomens? *Welches* Phänomens? Wie kann ich einem dies erklären?

Und ist es nicht doch für den andern ein Phänomen, daß ich diesen Gesichtseindruck habe? Denn es ist etwas, was er beobachtet, aber nicht etwas, was ich beobachte.

Die Worte »Ich sehe einen Baum« sind nicht die Beschreibung

eines Phänomens. (Ich könnte z.B. nicht sagen »Ich sehe einen Baum! Wie merkwürdig!«, wohl aber: »Ich sehe einen Baum, obwohl keiner da ist. Wie merkwürdig!«)

324. Oder soll ich sagen: »Der Eindruck ist kein Phänomen; daß L.W. diesen Eindruck hat, ist eins«?

325. (Man könnte sich denken, daß einer den Eindruck gleichsam wie einen Traum vor sich hinspricht, ohne das Pronomen der ersten Person.)

326. Beobachten ist nicht das gleiche wie betrachten oder anblicken. »Betrachte diese Farbe und sag, woran sie dich erinnert.« Ändert sich die Farbe, so betrachtest du nicht mehr die, welche ich meinte.

Man beobachtet, um zu sehen, was man nicht sähe, wenn man nicht beobachtet[e].

327. Man sagt etwa: »Betrachte diese Farbe für einige Zeit.« Das tut man aber nicht, um mehr zu *sehen*, als man auf den ersten Blick gesehen hatte.

328. Könnte in einer »Psychologie« der Satz stehen: »Es gibt Menschen, welche *sehen*«?

Nun, wäre das falsch? – Aber wem wird hier etwas mitgeteilt? (Und ich meine nicht nur: Was mitgeteilt wird, sei schon längst bekannt.)

329. Ist mir bekannt, daß ich sehe?

330. Man könnte sagen wollen: Wenn es solche Menschen nicht gäbe, so auch den Begriff des *Sehens* nicht. – Aber könnten nicht Marsbewohner so etwas sagen? Sie haben etwa durch Zufall zuerst lauter Blinde bei uns kennengelernt.

331. Und wie kann es unsinnig sein, zu sagen »Es gibt Menschen, welche sehen«, wenn es nicht unsinnig ist, zu sagen, es gibt Menschen, welche blind sind?

Aber der Sinn des Satzes »Es gibt Menschen, welche sehen«, d.h. seine mögliche Verwendung, ist jedenfalls nicht sogleich klar.

332. Könnte das Sehen nicht *Ausnahme* sein? Aber beschreiben könnten es weder die Blinden noch die Sehenden, es sei denn als Fähigkeit das und das zu tun. Z.B. auch, gewisse Sprachspiele zu spielen; aber da muß man achtgeben, wie man diese Sprachspiele beschreibt.

333. Sagt man »Es gibt Menschen, welche sehen«, so folgt die Frage: »Und was *ist* ›sehen‹?« Und wie soll man sie beantworten? Indem man dem Fragenden den Gebrauch des Wortes »sehen« beibringt?

334. Wie wäre es mit dieser Erklärung: »Es gibt Menschen, die sich benehmen wie du und ich, und nicht wie dieser da, der Blinde«?

335. »Du kannst, mit offenen Augen, über die Straße gehen, ohne überfahren zu werden etc.«

Die Logik der *Mitteilung*.

336. Damit, daß ein Satz von der Form einer Mitteilung eine Verwendung hat, ist noch nichts über die *Art* seiner Verwendung gesagt.

337. Kann der Psychologe mir mitteilen, was Sehen ist? Was *nennt* man »mitteilen, was Sehen ist«?

Nicht der Psychologe lehrt mich den Gebrauch des Wortes »sehen«.

338. Wenn der Psychologe uns mitteilt »Es gibt Menschen, welche sehen«, so können wir ihn fragen »Und was nennst du Menschen, welche sehen?« Darauf wäre die Antwort von der Art »Menschen, die unter den und den Umständen so und so reagieren, sich so und so benehmen«. »Sehen« wäre ein Fachwort des Psychologen, das er uns erklärt. Sehen ist dann etwas, was er an den Menschen beobachtet hat.

339. Wir lernen die Ausdrücke »ich sehe...«, »er sieht...« etc. gebrauchen, ehe wir zwischen Sehen und Blindheit unterscheiden lernen.

340. »Es gibt Menschen, welche reden können.«, »Ich kann einen Satz sagen.«, »Ich kann das Wort ›Satz‹ aussprechen.«, »Wie Du siehst, bin ich wach.«, »Ich bin hier.«

341. Es gibt doch eine Belehrung darüber, unter welchen Umständen ein gewisser Satz eine Mitteilung sein kann. Wie soll ich diese Belehrung nennen?

342. Kann man sagen, ich habe *beobachtet*, daß ich und andre mit offenen Augen gehen können, ohne anzustoßen, und daß wir's mit geschlossenen Augen nicht können?

343. Wenn ich einem mitteile, ich sei nicht blind, ist das eine Beobachtung? Ich kann ihn jedenfalls durch mein Benehmen davon überzeugen.

344. Ein Blinder könnte leicht herausfinden, ob auch ich blind sei; indem er z.B. eine bestimmte Handbewegung macht und mich fragt, was er getan hat.

345. Können wir uns nicht einen blinden Volksstamm denken? Könnte er nicht unter besondern Bedingungen lebensfähig sein? Und könnte es nicht als Ausnahme Sehende geben?

346. Angenommen, ein Blinder sagte zu mir: »Du kannst gehen, ohne irgendwo anzustoßen, ich kann es nicht« – wäre der erste Teil des Satzes eine Mitteilung?

347. Nun, er sagt mir nichts Neues.

348. Es scheint Sätze zu geben, die den Charakter von Erfahrungssätzen haben, deren Wahrheit aber für mich unanfechtbar ist. D.h., wenn ich annehme, daß sie falsch sind, muß ich allen meinen Urteilen mißtrauen.

349. Es gibt jedenfalls Irrtümer, die ich als gewöhnlich hinnehme, und solche, die andern Charakter haben und von meinen übrigen Urteilen als eine vorübergehende *Verwirrung* abgekapselt werden müssen. Aber gibt es nicht auch Übergänge zwischen diesen beiden?

350. Wenn man den Begriff des Wissens in diese Untersuchung bringt, so nützt das nichts; denn Wissen ist nicht ein psychologischer Zustand, durch dessen Besonderheiten sich nun allerlei erklärt. Die besondere Logik des Begriffs ›wissen‹ ist vielmehr nicht die des psychologischen Zustands.

Über Gewißheit

Herausgegeben von G. E. M. Anscombe und G. H. von Wright

Vorwort

Was wir hier veröffentlichen, gehört in die letzten anderthalb Jahre von Wittgensteins Leben. Mitte 1949 besuchte er auf Norman Malcolms Einladung hin die Vereinigten Staaten; er wohnte in dessen Haus in Ithaca. Malcolm gab ihm neuen Antrieb, sich mit Moores ›defence of common sense‹ (Verteidigung des gesunden Menschenverstands) zu beschäftigen, d.h. mit seiner Behauptung, von einer Anzahl von Sätzen *wisse* er mit Sicherheit, daß sie wahr seien; z.B.: »Hier ist eine Hand – und hier eine zweite«, »Die Erde bestand lange Zeit vor meiner Geburt« und »Ich habe mich niemals weit von der Erdoberfläche entfernt«. Der erste dieser Sätze ist aus Moores ›Proof of the External World‹, die beiden andern aus seiner Schrift ›Defence of Common Sense‹; diese hatte Wittgenstein schon seit langem interessiert, und er hatte zu Moore gesagt, dies sei sein bester Aufsatz. Moore stimmte dem zu. Das Buch, das wir hier vorlegen, enthält alles, was Wittgenstein von jener Zeit bis zu seinem Tod zu diesem Thema schrieb. Es besteht ganz aus ersten Aufzeichnungen; er kam nicht mehr dazu, dieses Material zu sichten und zu überarbeiten.

Die Aufzeichnungen gliedern sich in vier Teile; wir haben die Aufteilung bei § 65 (S. 132), § 192 (S. 158) und § 299 (S. 178) angezeigt. Der unseres Erachtens früheste Teil stand – ohne Datenangabe – auf zwanzig losen Blättern linierten Kanzleipapiers. Diese hinterließ Wittgenstein in seinem Zimmer in G.E.M. Anscombes Haus in Oxford, wo er (abgesehen von einer Fahrt nach Norwegen im Herbst) von April 1950 bis Februar 1951 wohnte. Ich (G.E.M.A.) habe den Eindruck, daß er sie in Wien geschrieben hatte, wo er sich von Weihnachten 1949 bis zum folgenden März aufhielt; aber ich kann mich jetzt nicht daran erinnern, worauf dieser Eindruck zurückgeht. Das übrige fand sich in kleinen Notizbüchern und enthält Daten; gegen Ende ist das Datum der Niederschrift sogar immer angegeben. Die letzte Eintragung liegt zwei Tage vor seinem Tod am 29. April 1951. Wir haben die Daten ganz so belassen, wie sie in den

Manuskripten erscheinen. Die Numerierung der einzelnen Abschnitte jedoch rührt von den Herausgebern her.

Es schien angemessen, diese Arbeit für sich zu veröffentlichen. Sie ist keine Auswahl; in Wittgensteins Notizbüchern erscheint sie als gesondertes Thema, mit dem er sich anscheinend in vier voneinander getrennten Perioden während jener anderthalb Jahre befaßte. Die Arbeit stellt eine einzige zusammenhängende Behandlung ihres Gegenstandes dar.

G. E. M. Anscombe
G. H. von Wright

will's Dir zeigen" & ziehe meine Schuhe aus. ~~Könnte~~ Wenn er sich nun wunderte, daß ich es mit solcher Sicherheit wußte, obwohl ich meine Zehen nicht gesehen hatte. – Sollte ich da sagen: "Wir Menschen wissen, daß wir soviel Zehen haben, ob wir sie sehen oder nicht"?

26. 3. 51

"Ich weiß, daß dieses mein Zimmer auf dem zweiten Stock ist, daß hinter der Tür ein kurzer Gang zur Treppe führt, etc." Es ließen sich Fälle denken, wo ich diese Äußerung machen würde, aber es wären recht seltene Fälle. Andererseits aber zeige ich dieses Wissen tagtäglich durch meine Handlungen & auch in meinen Reden.

1. Wenn du weißt, daß hier eine Hand* ist, so geben wir dir alles übrige zu.

(Sagt man, der und der Satz lasse sich nicht beweisen, so heißt das natürlich nicht, daß er sich nicht aus andern herleiten läßt; jeder Satz läßt sich aus andern herleiten. Aber diese mögen nicht sicherer sein als er selbst.) (Dazu eine komische Bemerkung H. Newmans.)

2. Daß es mir – oder Allen – so *scheint*, daraus folgt nicht, daß es so *ist*.

Wohl aber läßt sich fragen, ob man dies sinnvoll bezweifeln kann.

3. Wenn z.B. jemand sagt »Ich weiß nicht, ob da eine Hand ist«, so könnte man ihm sagen »Schau näher hin«. – Diese Möglichkeit des Sichüberzeugens gehört zum Sprachspiel. Ist einer seiner wesentlichen Züge.

4. »Ich weiß, daß ich ein Mensch bin.« Um zu sehen, wie unklar der Sinn des Satzes ist, betrachte seine Negation. Am ehesten noch könnte man ihn so auffassen: »Ich weiß, daß ich die menschlichen Organe habe.« (Z.B. ein Gehirn, welches doch

* S. G.E. Moore, »Proof of an External World«, in *Proceedings of the British Academy* 1939; »A Defence of Common Sense« in *Contemporary British Philosophy, 2nd Series*; J.H. Muirhead Herausg. 1925. Beide Schriften sind auch zu finden in Moores *Philosophical Papers*, London, George Allen and Unwin 1959. *Herausg.*

noch niemand gesehen hat.) Aber wie ist es mit einem Satze wie »Ich weiß, daß ich ein Gehirn habe«? Kann ich ihn bezweifeln? Zum *Zweifeln* fehlen mir die Gründe! ›Es spricht alles dafür, und nichts dagegen.‹ Dennoch läßt sich vorstellen, daß bei einer Operation mein Schädel sich als leer erwiese.

5. Ob sich ein Satz im Nachhinein als falsch erweisen kann, das kommt auf die Bestimmungen an, die ich für diesen Satz gelten lasse.

6. Kann man nun (wie Moore) aufzählen, was man weiß? So ohne weiteres, glaube ich, nicht. – Es wird nämlich sonst das Wort »Ich weiß« gemißbraucht. Und durch diesen Mißbrauch scheint sich ein seltsamer und höchst wichtiger Geisteszustand zu zeigen.

7. Mein Leben zeigt, daß ich weiß oder sicher bin, daß dort ein Sessel steht, eine Tür ist usf. Ich sage meinem Freunde z.B. »Nimm den Sessel dort«, »Mach die Tür zu«, etc., etc.

8. Der Unterschied des Begriffs ›wissen‹ vom Begriff ›sicher sein‹ ist gar nicht von großer Wichtigkeit, außer da, wo »Ich weiß« heißen soll: Ich *kann* mich nicht irren. Im Gerichtssaal z.B. könnte in jeder Zeugenaussage statt »Ich weiß« »Ich bin sicher« gesagt werden. Ja, man könnte es sich denken, daß das »Ich weiß« dort verboten wäre. [Eine Stelle im *Wilhelm Meister*, wo »Du weißt« oder »Du wußtest« im Sinne »Du warst sicher« gebraucht wird, da es sich anders verhielt, als er wußte.]

9. Bewähre ich nun im Leben, daß ich weiß, daß da eine Hand (nämlich meine Hand) ist?

10. Ich weiß, daß hier ein kranker Mensch liegt? Unsinn! Ich sitze an seinem Bett, schaue aufmerksam in seine Züge. – So weiß ich also nicht, daß da ein Kranker liegt? – Es hat weder die Frage noch die Aussage Sinn. So wenig wie die: »Ich bin hier«, die ich doch jeden Moment gebrauchen könnte, wenn sich die passende Gelegenheit dazu ergäbe. – So ist also auch »2 × 2 = 4« Unsinn und kein wahrer arithmetischer Satz, außer bei bestimmten Gelegenheiten? »2 × 2 = 4« ist ein wahrer Satz der Arithmetik – nicht »bei bestimmten Gelegenheiten« noch »immer« – aber die Laut- oder Schriftzeichen »2 × 2 = 4« könnten im Chinesischen eine andere oder keine Bedeutung haben oder aufgelegter Unsinn sein, woraus man sieht: nur im Gebrauch hat der Satz Sinn. Und »Ich weiß, daß hier ein Kranker liegt«, in der unpassenden Situation gebraucht, erscheint nur darum nicht als Unsinn, vielmehr als Selbstverständlichkeit, weil man sich verhältnismäßig leicht eine für ihn passende Situation vorstellen kann und weil man meint, die Worte »Ich weiß, daß ...« seien überall am Platz, wo es keinen Zweifel gibt (also auch dort, wo der Ausdruck des Zweifels unverständlich wäre).

11. Man sieht eben nicht, wie sehr spezialisiert der Gebrauch von »Ich weiß« ist.

12. – Denn »Ich weiß ...« scheint einen Tatbestand zu beschreiben, der das Gewußte als Tatsache verbürgt. Man vergißt eben immer den Ausdruck »Ich glaubte, ich wüßte es«.

13. Es ist nämlich nicht so, daß man aus der Äußerung des Andern »Ich weiß, daß es so ist« den Satz »Es ist so« schließen könnte. Auch nicht aus der Äußerung und daraus, daß sie keine Lüge ist. – Aber kann ich nicht aus meiner Äußerung »Ich weiß etc.« schließen »Es ist so«? Doch, und aus dem Satz »Er weiß, daß dort eine Hand ist« folgt auch »Dort ist eine Hand«. Aber aus seiner Äußerung »Ich weiß ...« folgt nicht, er wisse es.

14. Es muß erst erwiesen werden, daß er's weiß.

15. Daß kein Irrtum möglich war, muß *erwiesen* werden. Die Versicherung »Ich weiß es« genügt nicht. Denn sie ist doch nur die Versicherung, daß ich mich (da) nicht irren kann, und daß ich mich *darin* nicht irre, muß *objektiv* feststellbar sein.

16. »Wenn ich etwas weiß, so weiß ich auch, daß ich's weiß, etc.«, kommt darauf hinaus, »Ich weiß das« heiße »Ich bin darin unfehlbar«. Ob ich aber das bin, muß sich objektiv feststellen lassen.

17. Angenommen nun, ich sage »Ich bin darin unfehlbar, daß das ein Buch ist« – ich zeige dabei auf einen Gegenstand. Wie sähe hier ein Irrtum aus? Und habe ich davon eine *klare* Vorstellung?

18. »Ich weiß es« heißt oft: Ich habe die richtigen Gründe für meine Aussage. Wenn also der Andre das Sprachspiel kennt, so würde er zugeben, daß ich das weiß. Der Andre muß sich, wenn

er das Sprachspiel kennt, vorstellen können, *wie* man so etwas wissen kann.

19. Die Aussage »Ich weiß, daß hier eine Hand ist« kann man also so fortsetzen, »es ist nämlich *meine* Hand, auf die ich schaue«. Dann wird ein vernünftiger Mensch nicht zweifeln, daß ich's weiß. – Auch der Idealist nicht; sondern er wird sagen, um den praktischen Zweifel, der beseitigt ist, habe es sich ihm nicht gehandelt, es gebe aber noch einen Zweifel *hinter* diesem. – Daß dies eine *Täuschung* ist, muß auf andre Weise gezeigt werden.

20. »Die Existenz der äußeren Welt bezweifeln« heißt ja nicht, z. B., die Existenz eines Planeten bezweifeln, welche später durch Beobachtung bewiesen wird. – Oder will Moore sagen, das Wissen, hier sei seine Hand, ist von andrer *Art* als das, es gebe den Planeten Saturn? Sonst könnte man den Zweifelnden auf die Entdeckung des Planeten Saturn hinweisen und sagen, seine Existenz sei nachgewiesen worden, also auch die Existenz der äußeren Welt.

21. Moores Ansicht läuft eigentlich darauf hinaus, der Begriff ›wissen‹ sei den Begriffen ›glauben‹, ›vermuten‹, ›zweifeln‹, ›überzeugt sein‹ darin analog, daß die Aussage »Ich weiß ...« kein Irrtum sein könne. Und *ist* es so, dann kann aus einer Äußerung auf die Wahrheit einer Behauptung geschlossen werden. Und hier wird die Form »Ich glaubte zu wissen« übersehen. – Soll aber diese nicht zugelassen werden, dann muß ein Irrtum auch in der *Behauptung* logisch unmöglich sein. Und dies muß einsehen, wer das Sprachspiel kennt; die Versicherung des Glaubwürdigen, er *wisse* es, kann ihm dabei nicht helfen.

22. Es wäre doch merkwürdig, wenn wir dem Glaubwürdigen glauben müßten, der sagt »Ich kann mich nicht irren«; oder dem, der sagt »Ich irre mich nicht«.

23. Wenn ich nicht weiß, ob Einer zwei Hände hat (z.B., ob sie ihm amputiert worden sind oder nicht), werde ich ihm die Versicherung, er habe zwei Hände, glauben, wenn er glaubwürdig ist. Und sagt er, er *wisse* es, so kann mir das nur bedeuten, er habe sich davon überzeugen können, seine Arme seien also z.B. nicht noch von Decken und Verbänden verhüllt, etc., etc. Daß ich dem Glaubwürdigen hier glaube, kommt daher, daß ich ihm die Möglichkeit, sich zu überzeugen, zugestehe. Wer aber sagt, es gäbe (vielleicht) keine physikalischen Gegenstände, tut das nicht.

24. Die Frage des Idealisten wäre etwa so: »Mit welchem Recht zweifle ich nicht an der Existenz meiner Hände?« (Und darauf kann die Antwort nicht sein: »Ich *weiß*, daß sie existieren.«) Wer aber so fragt, der übersieht, daß der Zweifel an einer Existenz nur in einem Sprachspiel wirkt. Daß man also erst fragen müsse: Wie sähe so ein Zweifel aus? und es nicht so ohne weiteres versteht.

25. Auch darin, »daß hier eine Hand ist«, kann man sich irren. Nur unter bestimmten Umständen nicht. – »Auch in einer Rechnung kann man sich irren – nur unter gewissen Umständen nicht.«

26. Aber kann man aus einer *Regel* ersehen, unter welchen Umständen ein Irrtum in der Verwendung der Rechenregeln logisch ausgeschlossen ist?

Was nützt uns so eine Regel? Könnten wir uns bei ihrer Anwendung nicht (wieder) irren?

27. Wollte man aber dafür etwas Regelartiges angeben, so würde darin der Ausdruck »unter normalen Umständen« vorkommen. Und die normalen Umstände erkennt man, aber man kann sie nicht genau beschreiben. Eher noch eine Reihe von abnormalen.

28. Was ist ›eine Regel lernen‹? – *Das.*
Was ist ›einen Fehler in ihrer Anwendung machen‹? – *Das.* Und auf was hier gewiesen wird, ist etwas Unbestimmtes.

29. Das Üben im Gebrauch der Regel zeigt auch, was ein Fehler in ihrer Verwendung ist.

30. Wenn Einer sich überzeugt hat, so sagt er dann: »Ja, die Rechnung stimmt«, aber er hat das nicht aus dem Zustand seiner Gewißheit gefolgert. Man schließt nicht auf den Tatbestand aus der eigenen Gewißheit.
Die Gewißheit ist *gleichsam* ein Ton, in dem man den Tatbestand feststellt, aber man schließt nicht aus dem Ton darauf, daß er berechtigt ist.

31. Die Sätze, zu denen man, wie gebannt, wieder und wieder zurückgelangt, möchte ich aus der philosophischen Sprache ausmerzen.

32. Es handelt sich nicht darum, daß *Moore* wisse, es sei da eine Hand, sondern darum, daß wir ihn nicht verstünden, wenn er sagte »Ich mag mich natürlich darin irren«. Wir würden fragen: »Wie sähe denn so ein Irrtum aus?« – z. B. die Entdekkung aus, daß es ein Irrtum war?

33. Wir merzen also die Sätze aus, die uns nicht weiterbringen.

34. Wem man das Rechnen beibringt, wird dem auch beigebracht, er könne sich auf eine Rechnung des Lehrers verlassen? Aber einmal müßten doch diese Erklärungen ein Ende haben. Wird ihm auch beigebracht, er könne sich auf seine Sinne verlassen – weil man ihm allerdings in manchen Fällen sagt, man könne sich in dem und dem besonderen Fall *nicht* auf sie verlassen? –

Regel und Ausnahme.

35. Aber kann man sich nicht vorstellen, es gäbe keine physikalischen Gegenstände? Ich weiß nicht. Und doch ist »Es gibt physikalische Gegenstände« Unsinn. Soll es ein Satz der Erfahrung sein? –

Und ist *das* ein Erfahrungssatz: »Es scheint physikalische Gegenstände zu geben«?

36. Die Belehrung »A ist ein physikalischer Gegenstand« geben wir nur dem, der entweder noch nicht versteht, was »A« bedeutet, oder was »physikalischer Gegenstand« bedeutet. Es ist also eine Belehrung über den Gebrauch von Worten und »physikalischer Gegenstand«, ein logischer Begriff. (Wie Farbe,

Maß, ...) Und darum läßt sich ein Satz »Es gibt physikalische Gegenstände« nicht bilden.

Solchen verunglückten Versuchen begegnen wir aber auf Schritt und Tritt.

37. Ist es aber eine genügende Antwort auf die Skepsis der Idealisten oder die Versicherungen der Realisten [zu sagen, daß der Satz] »Es gibt physikalische Gegenstände« Unsinn ist? Für sie ist es doch nicht Unsinn. Eine Antwort wäre aber: diese Behauptung, oder ihr Gegenteil, sei ein fehlgegangener Versuch (etwas) auszudrücken, was so nicht auszudrücken ist. Und daß er fehlgeht, läßt sich zeigen; damit ist aber ihre Sache noch nicht erledigt. Man muß eben zur Einsicht kommen, daß das, was sich uns als erster Ausdruck einer Schwierigkeit oder ihrer Beantwortung anbietet, noch ein ganz falscher Ausdruck sein mag. So wie der, welcher ein Bild mit Recht tadelt, zuerst oft da den Tadel anbringen wird, wo er nicht hingehört, und es eine *Untersuchung* braucht, um den richtigen Angriffspunkt des Tadels zu finden.

38. Das Wissen in der Mathematik. Man muß sich hier immer wieder an die Unwichtigkeit eines ›inneren Vorgangs‹ oder ›Zustands‹ erinnern und fragen »Warum soll er wichtig sein? Was geht er mich an?« Interessant ist es, wie wir die mathematischen Sätze *gebrauchen*.

39. *So* rechnet man, unter solchen Umständen *behandelt* man eine Rechnung als unbedingt zuverlässig, als gewiß richtig.

40. Auf »Ich weiß, daß dort meine Hand ist« kann die Frage folgen »Wie weißt du es?«, und die Antwort darauf setzt voraus, daß *dies so* gewußt werden kann. Statt »Ich weiß, daß dort meine Hand ist« könnte man also sagen »Dort ist meine Hand« und hinzufügen, *wie* man es weiß.

41. »Ich weiß, wo ich den Schmerz empfinde«, »Ich weiß, daß ich ihn *da* empfinde« ist so falsch wie: »Ich weiß, daß ich Schmerzen habe.« Richtig aber: »Ich weiß, wo du meinen Arm berührt hast.«

42. Man kann sagen »Er glaubt es, aber es ist nicht so«, nicht aber »Er weiß es, aber es ist nicht so«. Kommt dies von der Verschiedenheit der Seelenzustände des Glaubens und des Wissens? Nein. – »Seelenzustand« kann man etwa nennen, was sich im Ton der Rede, in der Gebärde etc. ausdrückt. Es wäre also *möglich*, von einem seelischen Zustand der Überzeugtheit zu reden; und der kann der gleiche sein, ob gewußt oder fälschlich geglaubt wird. Zu meinen, den Worten »glauben« und »wissen« müßten verschiedene Zustände entsprechen, wäre so, als glaubte man, dem Worte »ich« und dem Namen »Ludwig« müßten verschiedene Menschen entsprechen, weil die Begriffe verschieden sind.

43. Was für ein Satz ist dies: »Wir *können* uns in 12 × 12 = 144 nicht verrechnet haben«? Es muß doch ein Satz der Logik sein. – Aber ist er nun nicht derselbe, oder kommt [er] auf das gleiche hinaus, wie die Feststellung 12 × 12 = 144?

44. Forderst du eine Regel, aus der hervorgeht, daß man sich hier nicht könne verrechnet haben, so ist die Antwort, daß wir dies nicht durch eine Regel gelernt haben, sondern dadurch, daß wir rechnen lernten.

45. Das *Wesen* des Rechnens haben wir beim Rechnenlernen kennengelernt.

46. Aber läßt sich denn nicht beschreiben, wie wir uns von der Verläßlichkeit einer Rechnung überzeugen? O doch! Aber eine Regel kommt dabei eben nicht zum Vorschein. – Das wichtigste aber ist: Es braucht die Regel nicht. Es geht uns nichts ab. Wir rechnen nach einer Regel, das ist genug.

47. *So* rechnet man. Und Rechnen ist *dies*. Das, was wir z. B. in der Schule lernen. Vergiß diese transzendente Sicherheit, die mit deinem Begriff des Geistes zusammenhängt.

48. Man könnte aber doch aus einer Menge von Rechnungen gewisse als ein für allemal zuverlässig, andre als noch nicht feststehend bezeichnen. Und ist das nun eine *logische* Unterscheidung?

49. Aber bedenk: auch wenn mir die Rechnung feststeht, ist es nur eine Entscheidung zu einem praktischen Zweck.

50. Wann sagt man, »Ich weiß, daß ...×...=...«? Wenn man die Rechnung geprüft hat.

51. Was ist das für ein Satz: »Wie sähe denn hier ein Fehler aus!«? Es müßte ein logischer Satz sein. Aber es ist eine Logik, die nicht gebraucht wird, weil, was sie lehrt, nicht durch Sätze gelehrt wird. – Es ist ein logischer Satz, denn er beschreibt ja die begriffliche (sprachliche) Situation.

52. Diese Situation ist also nicht dieselbe für einen Satz wie »In dieser Entfernung von der Sonne existiert ein Planet« und »Hier ist eine Hand« (nämlich die meine). Man kann den zweiten keine Hypothese nennen. Aber es gibt keine scharfe Grenze zwischen ihnen.

53. Man könnte also Moore recht geben, wenn man ihn so deutet, daß ein Satz, der sagt, da sei ein physikalischer Gegenstand, eine ähnliche logische Stellung haben kann wie einer, der sagt, da sei ein roter Fleck.

54. Es ist nämlich nicht wahr, daß der Irrtum vom Planeten zu meiner eigenen Hand nur immer unwahrscheinlicher werde. Sondern er ist an einer Stelle auch nicht mehr denkbar.

Darauf deutet schon, daß es sonst auch denkbar sein müßte, daß wir uns in *jeder* Aussage über physikalische Gegenstände irrten, daß alle, die wir je machen, falsch sind.

55. Ist also die *Hypothese* möglich, daß es alle die Dinge in unserer Umgebung nicht gibt? Wäre sie nicht wie die, daß wir uns in allen Rechnungen verrechnet haben?

56. Wenn man sagt »Vielleicht gibt es diesen Planeten nicht und die Lichterscheinung kommt anders zustande«, so braucht man doch ein Beispiel eines Gegenstandes, *den* es gibt. Es gibt ihn nicht, – wie z. *B.* ...

Oder soll man sagen, daß die *Sicherheit* nur ein konstruierter Punkt ist, dem sich manches mehr, manches weniger nähert? Nein. Der Zweifel verliert nach und nach seinen Sinn. So *ist* eben dieses Sprachspiel.

Und zur Logik gehört alles, was ein Sprachspiel beschreibt.

57. Könnte nun »Ich *weiß*, ich vermute nicht nur, daß hier meine Hand ist«, könnte das nicht als grammatischer Satz aufgefaßt werden? Also *nicht* temporal. –

Aber ist er dann nicht wie *der*: »Ich weiß, ich vermute nicht nur, daß ich Rot sehe«?

Und ist die Konsequenz »Also gibt es physikalische Gegenstände« nicht wie die »Also gibt es Farben«?

58. Wird »Ich weiß etc.« als grammatischer Satz aufgefaßt, so kann natürlich das »Ich« nicht wichtig sein. Und es heißt eigentlich »Es gibt in diesem Falle keinen Zweifel« oder »Das Wort ›Ich weiß nicht‹ hat in diesem Falle keinen Sinn«. Und daraus folgt freilich auch, daß »Ich *weiß*« keinen hat.

59. »Ich weiß« ist hier eine logische Einsicht. Nur läßt sich der Realismus nicht durch sie beweisen.

60. Es ist falsch zu sagen, daß die ›Hypothese‹, *dies* sei ein Stück Papier, durch spätere Erfahrung bestätigt oder entkräftet würde, und daß, in »Ich weiß, daß das ein Stück Papier ist«, das »Ich weiß« sich entweder auf eine solche Hypothese bezieht oder auf eine logische Bestimmung.

61. ... Eine Bedeutung eines Wortes ist eine Art seiner Verwendung.

Denn sie ist das, was wir erlernen, wenn das Wort zuerst unserer Sprache einverleibt wird.

62. Darum besteht eine Entsprechung zwischen den Begriffen ›Bedeutung‹ und ›Regel‹.

63. Stellen wir uns die Tatsachen anders vor als sie sind, so verlieren gewisse Sprachspiele an Wichtigkeit, andere werden wichtig. Und so ändert sich, und zwar allmählich, der Gebrauch des Vokabulars der Sprache.

64. Die Bedeutung eines Worts vergleiche mit der ›Funktion‹ eines Beamten. Und ›verschiedene Bedeutungen‹ mit ›verschiedenen Funktionen‹.

65. Wenn sich die Sprachspiele ändern, ändern sich die Begriffe, und mit den Begriffen die Bedeutungen der Wörter.

---

66. Ich mache Behauptungen die Wirklichkeit betreffend mit verschiedenen Graden der Sicherheit. Wie zeigt sich der Grad der Sicherheit? Welche Konsequenzen hat er?

Es kann sich z.B. um Sicherheit des Gedächtnisses oder der Wahrnehmung handeln. Ich mag meiner Sache sicher sein, aber wissen, welche Prüfung mich eines Irrtums überweisen könnte. Ich bin z.B. der Jahreszahl einer Schlacht ganz sicher, sollte ich aber in einem bekannten Geschichtswerk eine andere Jahreszahl finden, so würde ich meine Ansicht ändern und würde dadurch nicht an allem Urteilen irre werden.

67. Könnten wir uns einen Menschen vorstellen, der sich dort immer wieder irrt, wo wir einen Irrtum für ausgeschlossen halten und ihm auch nicht begegnen?

Er sagt z.B. mit derselben Sicherheit (und allen ihrer Zeichen) wie ich, er wohne dort und dort, sei soundso alt, komme von der und der Stadt, etc., irrt sich aber.

Wie aber verhält er sich dann zu diesem Irrtum? Was soll ich annehmen?

68. Die Frage ist: Was soll der Logiker hier sagen?

69. Ich möchte sagen: »Wenn ich mich *darin* irre, so habe ich *keine* Gewähr, daß irgend etwas, was ich sage, wahr ist.« Aber ein Andrer wird das darum nicht von mir sagen, noch ich von einem Andern.

70. Ich habe seit Monaten an der Adresse A gewohnt, den Straßennamen und die Hausnummer unzählige Male gelesen, unzählige Briefe hier erhalten und unzähligen Leuten die

Adresse gegeben. Irre ich mich darin, so ist dieser Irrtum kaum geringer, als wenn ich (fälschlich) glaubte, ich schriebe Chinesisch und nicht Deutsch.

71. Wenn mein Freund sich eines Tages einbildete, seit langem da und da gelebt zu haben, etc. etc., so würde ich das keinen *Irrtum* nennen, sondern eine, vielleicht vorübergehende, Geistesstörung.

72. Nicht jeder fälschliche Glaube dieser Art ist ein Irrtum.

73. Was aber ist der Unterschied zwischen Irrtum und Geistesstörung? Oder wie unterscheidet es sich, wenn ich etwas als Irrtum und als Geistesstörung behandle?

74. Kann man sagen: Ein *Irrtum* hat nicht nur eine Ursache, sondern auch einen Grund? D.h. ungefähr: er läßt sich in das richtige Wissen des Irrenden einordnen.

75. Wäre dies richtig: Wenn ich bloß fälschlich glaubte, daß hier vor mir ein Tisch steht, so könnte das noch ein Irrtum sein; wenn ich aber fälschlich glaube, daß ich diesen oder einen solchen Tisch seit mehreren Monaten täglich gesehen und ständig benützt habe, so ist das kein Irrtum?

76. Mein Ziel muß es natürlich sein, anzugeben, welche Aussagen man hier machen möchte, aber nicht sinnvoll machen kann.

77. Ich werde eine Multiplikation zur Sicherheit vielleicht zweimal rechnen, vielleicht sie von einem Andern nachrechnen lassen. Aber werde ich sie zwanzigmal nachrechnen oder sie von zwanzig Leuten nachrechnen lassen? Und ist das eine gewisse Fahrlässigkeit? Wäre die Sicherheit bei zwanzigfacher Nachprüfung wirklich größer?!

78. Und kann ich dafür einen *Grund* angeben, daß sie's nicht ist?

79. Daß ich ein Mann und keine Frau bin, kann verifiziert werden, aber wenn ich sagte, ich sei eine Frau, und den Irrtum damit erklären wollte, daß ich die Aussage nicht geprüft habe, würde man die Erklärung nicht gelten lassen.

80. Man prüft an der *Wahrheit* meiner Aussagen mein *Verständnis* dieser Aussagen.

81. D.h.: wenn ich gewisse falsche Aussagen mache, wird es dadurch unsicher, ob ich sie verstehe.

82. Was als ausreichende Prüfung einer Aussage gilt, – gehört zur Logik. Es gehört zur Beschreibung des Sprachspiels.

83. Die *Wahrheit* gewisser Erfahrungssätze gehört zu unserm Bezugssystem.

84. Moore sagt, er *wisse*, daß die Erde lange vor seiner Geburt existiert habe. Und so ausgedrückt scheint es eine Aussage über seine Person zu sein, wenn es auch außerdem eine Aussage über die physikalische Welt ist. Es ist nun philosophisch uninteressant, ob Moore dies oder jenes weiß, aber interessant, daß und wie es gewußt werden kann. Hätte Moore uns mitgeteilt, er wisse die Entfernung gewisser Sterne voneinander, so könnten wir daraus schließen, daß er besondere Untersuchungen angestellt habe, und wir werden nun erfahren wollen, welche Untersuchungen. Aber Moore wählt gerade einen Fall, in dem wir Alle zu wissen scheinen, was er weiß, und ohne sagen zu können, wie. Ich glaube z.B. ebensoviel von dieser Sache (der Existenz der Erde) zu wissen wie Moore, und wenn er weiß, daß es sich so verhält, wie er sagt, so weiß *ich's* auch. Denn es ist auch nicht so, als hätte er seinen Satz auf einem Gedankenweg erreicht, der mir zwar zugänglich, aber von mir nicht begangen worden ist.

85. Und was gehört nun dazu, daß Einer dies wisse? Kenntnis der Geschichte etwa? Er muß wissen, was es heißt: die Erde habe schon soundso lange existiert. Denn das muß nicht jeder Erwachsene und Gescheite wissen. Wir sehen Menschen Häuser bauen und zerstören und werden zu der Frage geleitet »Wie lange steht dieses Haus schon?«. Aber wie kommt man darauf, dies von einem Berg, z.B., zu fragen? Und haben denn alle Menschen den Begriff ›die Erde‹ als einen *Körper*, der entstehen und vergehen kann? Warum soll ich mir nicht die Erde als flach, aber in

jeder Richtung (auch der Tiefe) ohne Ende denken? Aber dann könnte man immerhin sagen »Ich weiß, daß dieser Berg lange vor meiner Geburt existiert hat.« – Wie aber, wenn ich einen Menschen träfe, der dies nicht glaubt?

86. Wie, wenn man in Moores Sätzen »Ich weiß« durch »Ich bin der unerschütterlichen Überzeugung« ersetzte?

87. Kann ein Behauptungssatz, der als Hypothese funktionieren könnte, nicht auch als ein Grundsatz des Forschens und Handelns gebraucht werden? D.h. kann er nicht einfach dem Zweifel entzogen sein, wenn auch nicht einer ausgesprochenen Regel gemäß? Er wird einfach als eine Selbstverständlichkeit hingenommen, nie in Frage gezogen, ja vielleicht nie ausgesprochen.

88. Es kann z.B. sein, daß *unser ganzes Forschen* so eingestellt ist, daß dadurch gewisse Sätze, wenn sie je ausgesprochen werden, abseits allen Zweifels stehen. Sie liegen abseits von der Straße, auf der sich das Forschen bewegt.

89. Man möchte sagen: »Alles spricht dafür und nichts dagegen, daß die Erde lange vor meiner Geburt ...«

Aber könnte ich nicht doch das Gegenteil glauben? Aber die Frage ist: wie würde sich dieser Glaube praktisch betätigen? – Vielleicht sagt Einer: »Darauf kommt's nicht an. Ein Glaube ist, was er ist, ob er sich praktisch betätigt oder nicht.« Man denkt sich: Er ist allemal die gleiche Einstellung des menschlichen Geistes.

90. »Ich weiß« hat eine primitive Bedeutung, ähnlich und verwandt der von »Ich sehe«. (»Wissen«, »videre«.) Und »Ich wußte, daß er im Zimmer war, aber er war nicht im Zimmer« ist ähnlich wie »Ich sah ihn im Zimmer, aber er war nicht da«. »Ich weiß« soll eine Beziehung ausdrücken, nicht zwischen mir und einem Satzsinn (wie »Ich glaube«), sondern zwischen mir und einer Tatsache. So daß die *Tatsache* in mein Bewußtsein aufgenommen wird. (Hier ist auch der Grund, warum man sagen will, man *wisse* eigentlich nicht, was in der Außenwelt, sondern nur, was im Reich der sogenannten Sinnesdaten geschieht.) Ein Bild des Wissens wäre dann das Wahrnehmen eines äußern Vorgangs durch Sehstrahlen, die ihn, wie er ist, ins Auge und Bewußtsein projizieren. Nur ist sofort die Frage, ob man denn dieser Projektion auch sicher sein könne. Und dieses Bild zeigt zwar die *Vorstellung*, die wir uns vom Wissen machen, aber nicht eigentlich, was ihr zugrunde liegt.

91. Wenn Moore sagt, er wisse, daß die Erde existiert habe etc., so werden ihm die meisten von uns darin recht geben, daß sie so lange existiert hat, und ihm auch glauben, daß er davon überzeugt ist. Aber hat er auch den richtigen *Grund* zu seiner Überzeugung? Denn, wenn nicht, so *weiß* er es doch nicht (Russell).

92. Man kann aber fragen: »Kann Einer einen triftigen Grund haben zu glauben, die Erde existiere erst seit kurzem, etwa erst seit seiner Geburt?« – Angenommen, es wäre ihm immer so gesagt worden, – hätte er einen guten Grund, es zu bezweifeln? Menschen haben geglaubt, sie könnten Regen machen; warum sollte ein König nicht in dem Glauben erzogen werden, mit ihm habe die Welt begonnen? Und wenn nun Moore und dieser König zusammenkämen und diskutierten, könnte Moore wirklich seinen Glauben als den richtigen erweisen? Ich sage nicht, daß Moore den König nicht zu seiner Anschauung bekehren

könnte, aber es wäre eine Bekehrung besonderer Art: der König würde dazu gebracht, die Welt anders zu betrachten.

Bedenke, daß man von der *Richtigkeit* einer Anschauung manchmal durch ihre *Einfachheit* oder *Symmetrie* überzeugt wird, d.h.: dazu gebracht wird, zu dieser Anschauung überzugehen. Man sagt dann etwa einfach: »*So* muß es sein.«

93. Die Sätze, die darstellen, was Moore *›weiß‹*, sind alle solcher Art, daß man sich schwer vorstellen kann, *warum* Einer das Gegenteil glauben sollte. Z.B. der Satz, daß Moore sein ganzes Leben in geringer Entfernung von der Erde verbracht hat. – Wieder kann ich hier von mir selber statt von Moore reden. Was könnte mich dazu bringen, das Gegenteil davon zu glauben? Entweder eine Erinnerung, oder daß es mir gesagt wurde. – Alles, was ich gesehen oder gehört habe, macht mich der Überzeugung, daß kein Mensch sich je weit von der Erde entfernt hat. Nichts spricht in meinem Weltbild für das Gegenteil.

94. Aber mein Weltbild habe ich nicht, weil ich mich von seiner Richtigkeit überzeugt habe; auch nicht, weil ich von seiner Richtigkeit überzeugt bin. Sondern es ist der überkommene Hintergrund, auf welchem ich zwischen wahr und falsch unterscheide.

95. Die Sätze, die dies Weltbild beschreiben, könnten zu einer Art Mythologie gehören. Und ihre Rolle ist ähnlich der von Spielregeln, und das Spiel kann man auch rein praktisch, ohne ausgesprochene Regeln, lernen.

96. Man könnte sich vorstellen, daß gewisse Sätze von der Form der Erfahrungssätze erstarrt wären und als Leitung für die nicht erstarrten, flüssigen Erfahrungssätze funktionierten; und daß sich dies Verhältnis mit der Zeit änderte, indem flüssige Sätze erstarrten und feste flüssig würden.

97. Die Mythologie kann wieder in Fluß geraten, das Flußbett der Gedanken sich verschieben. Aber ich unterscheide zwischen der Bewegung des Wassers im Flußbett und der Verschiebung dieses; obwohl es eine scharfe Trennung der beiden nicht gibt.

98. Wenn aber Einer sagte »Also ist auch die Logik eine Erfahrungswissenschaft«, so hätte er unrecht. Aber dies ist richtig, daß der gleiche Satz einmal als von der Erfahrung zu prüfen, einmal als Regel der Prüfung behandelt werden kann.

99. Ja, das Ufer jenes Flusses besteht zum Teil aus hartem Gestein, das keiner oder einer unmerkbaren Änderung unterliegt, und teils aus Sand, der bald hier bald dort weg- und angeschwemmt wird.

100. Die Wahrheiten, von denen Moore sagt, er wisse sie, sind solche, die, beiläufig gesprochen, wir Alle wissen, wenn er sie weiß.

101. So ein Satz könnte z. B. sein: »Mein Körper ist nie verschwunden und nach einiger Zeit wieder aufgetaucht.«

102. Könnte ich nicht glauben, daß ich einmal, ohne es zu wissen, etwa im bewußtlosen Zustand, weit von der Erde entfernt war, ja, daß Andre dies wissen, es mir aber nicht sagen? Aber dies würde gar nicht zu meinen übrigen Überzeugungen passen. Nicht, als ob ich das System dieser Überzeugungen beschreiben könnte. Aber meine Überzeugungen bilden ein System, ein Gebäude.

103. Und wenn ich nun sagte »Es ist meine unerschütterliche Überzeugung, daß etc.«, so heißt das in unserm Falle auch, daß ich nicht bewußt durch bestimmte Gedankengänge zu der Überzeugung gelangt bin, sondern, daß sie solchermaßen in allen meinen *Fragen und Antworten* verankert ist, daß ich nicht an sie rühren kann.

104. Ich bin z.B. auch davon überzeugt, daß die Sonne kein Loch im Himmelsgewölbe ist.

105. Alle Prüfung, alles Bekräften und Entkräften einer Annahme geschieht schon innerhalb eines Systems. Und zwar ist dies System nicht ein mehr oder weniger willkürlicher und zweifelhafter Anfangspunkt aller unsrer Argumente, sondern es gehört zum Wesen dessen, was wir ein Argument nennen. Das System ist nicht so sehr der Ausgangspunkt, als das Lebenselement der Argumente.

106. Ein Erwachsener hätte einem Kind erzählt, er wäre auf dem Mond gewesen. Das Kind erzählt mir das, und ich sage, es sei nur ein Scherz gewesen, Soundso sei nicht auf dem Mond gewesen; niemand sei auf dem Mond gewesen; der Mond sei

weit, weit von uns entfernt, und man könnte nicht hinaufsteigen oder hinfliegen. – Wenn nun das Kind darauf beharrte: es gebe vielleicht doch eine Art, wie man hinkommen könne, und sie sei mir nur nicht bekannt, etc. – was könnte ich erwidern? Was könnte ich Erwachsenen eines Volksstamms erwidern, die glauben, Leute kämen manchmal auf den Mond (vielleicht deuten sie ihre Träume so), und die allerdings zugeben, man könnte nicht mit gewöhnlichen Mitteln hinaufsteigen oder hinfliegen? – Ein Kind wird aber für gewöhnlich nicht an so einem Glauben festhalten und bald von dem überzeugt werden, was wir ihm im Ernst sagen.

107. Ist dies nicht ganz so, wie man einem Kind den Glauben an einen Gott, oder daß es keinen Gott gibt, beibringen kann, und es je nachdem für das eine oder andere triftig scheinende Gründe wird vorbringen können?

108. »Aber gibt es denn da keine objektive Wahrheit? Ist es nicht wahr, oder aber falsch, daß jemand auf dem Mond war?« Wenn wir in unserm System denken, so ist es gewiß, daß kein Mensch je auf dem Mond war. Nicht nur ist uns so etwas nie im Ernst von vernünftigen Leuten berichtet worden, sondern unser ganzes System der Physik verbietet uns, es zu glauben. Denn dies verlangt Antworten auf die Fragen: »Wie hat er die Schwerkraft überwunden?«, »Wie konnte er ohne Atmosphäre leben?« und tausend andere, die nicht zu beantworten wären. Wie aber, wenn uns statt allen diesen Antworten entgegnet würde: »Wir wissen nicht, *wie* man auf den Mond kommt, aber die dorthin kommen, erkennen sofort, daß sie dort sind; und auch du kannst ja nicht alles erklären.« Von Einem, der dies sagte, würden wir uns geistig sehr entfernt fühlen.

109. »Ein Erfahrungssatz läßt sich *prüfen*« (sagen wir). Aber wie? und wodurch?

110. Was *gilt* als seine Prüfung? – »Aber ist dies eine ausreichende Prüfung? Und, wenn ja, muß sie nicht in der Logik als solche erkannt werden?« – Als ob die Begründung nicht einmal zu Ende käme. Aber das Ende ist nicht die unbegründete Voraussetzung, sondern die unbegründete Handlungsweise.

111. »Ich *weiß*, daß ich nie auf dem Mond war.« – Das klingt ganz anders unter den tatsächlichen Umständen, als es klänge, wenn manche Menschen auf dem Mond gewesen wären und vielleicht mancher, ohne es selbst zu wissen. In *diesem* Falle könnte man Gründe für dies Wissen angeben. Ist hier nicht ein ähnliches Verhältnis, wie zwischen der allgemeinen Regel des Multiplizierens und gewissen ausgeführten Multiplikationen?

Ich will sagen: Daß ich nicht auf dem Mond gewesen bin, steht für mich *ebenso* fest, wie irgendeine Begründung dafür feststehen kann.

112. Und ist [es] nicht das, was Moore sagen will, wenn er sagt, er *wisse* alle jene Dinge? – Aber handelt sich's wirklich darum, daß er's weiß, und nicht darum, daß gewisse dieser Sätze für uns feststehen müssen?

113. Wenn Einer uns Mathematik lehren will, wird er nicht damit anfangen, uns zu versichern, er *wisse*, daß a + b = b + a ist.

114. Wer keiner Tatsache gewiß ist, der kann auch des Sinnes seiner Worte nicht gewiß sein.

115. Wer an allem zweifeln wollte, der würde auch nicht bis zum Zweifel kommen. Das Spiel des Zweifelns selbst setzt schon die Gewißheit voraus.

116. Hatte Moore, statt »Ich weiß...«, nicht sagen können »Es steht für mich fest, daß...«? Ja auch: »Es steht für mich und viele Andre fest...«

117. Warum ist es mir nicht möglich, daran zu zweifeln, daß ich nie auf dem Mond war? Und wie könnte ich versuchen, es zu tun?

Vor allem schiene mir die Annahme, vielleicht sei ich doch dort gewesen, *müßig*. Nichts würde daraus folgen, dadurch erklärt werden. Sie hinge mit nichts in meinem Leben zusammen.

Wenn ich sage »Nichts spricht dafür und alles dagegen«, so setzt dies schon ein Prinzip des Dafür- und Dagegensprechens voraus. D.h. ich muß sagen können, was dafür *spräche*.

118. Wäre es nun richtig zu sagen: Niemand hat bisher meinen Schädel geöffnet, um zu sehen, ob ein Gehirn drin ist; aber alles spricht dafür und nichts dagegen, daß man eins drin finden würde?

119. Kann man aber auch sagen: Nichts spricht dagegen und alles dafür, daß der Tisch dort auch dann vorhanden ist, wenn niemand ihn sieht? Was spricht denn dafür?

120. Wenn aber nun Einer es bezweifelte, wie würde sich sein Zweifel praktisch zeigen? Und könnten wir ihn nicht ruhig zweifeln lassen, da es ja gar keinen Unterschied macht?

121. Kann man sagen: »Wo kein Zweifel, da auch kein Wissen«?

122. Braucht man zum Zweifel nicht Gründe?

123. Wohin ich schaue, ich finde keinen Grund, daran zu zweifeln, daß ...

124. Ich will sagen: Wir verwenden Urteile als Prinzip(ien) des Urteilens.

125. Wenn mich ein Blinder fragte »Hast du zwei Hände?«, so würde ich mich nicht durch Hinschauen davon vergewissern. Ja, ich weiß nicht, warum ich meinen Augen trauen sollte, wenn ich überhaupt dran zweifelte. Ja, warum soll ich nicht meine *Augen* damit prüfen, daß ich schaue, ob ich beide Hände sehe? *Was* ist *wodurch* zu prüfen?! (Wer entscheidet darüber, *was* feststeht?)

Und was bedeutet die Aussage, das und das stehe fest?

126. Ich bin der Bedeutung meiner Worte nicht gewisser als bestimmter Urteile. Kann ich zweifeln, daß diese Farbe »blau« heißt?

(Meine) Zweifel bilden ein System.

127. Denn wie weiß ich, daß Einer zweifelt? Wie weiß ich, daß er die Worte »Ich zweifle daran« so gebraucht wie ich?

128. Ich habe von Kind auf so urteilen gelernt. *Das ist* Urteilen.

129. So habe ich urteilen gelernt; *das* als Urteil kennengelernt.

130. Aber ist es nicht die Erfahrung, die uns lehrt, *so* zu urteilen, d.h., daß es richtig ist, so zu urteilen? Aber wie *lehrt's* uns die Erfahrung? *Wir* mögen es aus ihr entnehmen, aber die Erfahrung rät uns nicht, etwas aus ihr zu entnehmen. Ist sie der *Grund*, daß wir so urteilen (und nicht bloß die Ursache), so haben wir nicht wieder einen Grund dafür, dies als Grund anzusehen.

131. Nein, die Erfahrung ist nicht der Grund für unser Urteilsspiel. Und auch nicht sein ausgezeichneter Erfolg.

132. Menschen haben geurteilt, ein König könne Regen machen; *wir* sagen, dies widerspreche aller Erfahrung. Heute urteilt man, Aeroplan, Radio etc. seien Mittel zur Annäherung der Völker und Ausbreitung von Kultur.

133. Unter gewöhnlichen Umständen überzeuge ich mich nicht durch den Augenschein, ob ich zwei Hände habe. *Warum* nicht? Hat Erfahrung es als unnötig erwiesen? Oder (auch): Haben wir, auf irgendeine Weise, ein allgemeines Gesetz der Induktion gelernt und vertrauen ihm nun auch hier? – Aber warum sollen wir erst *ein allgemeines* Gesetz gelernt haben und nicht gleich das spezielle?

134. Wenn ich ein Buch in eine Lade lege, so nehme ich nun an, es sei darin, es sei denn ... »Die Erfahrung gibt mir immer recht. Es ist noch kein gut beglaubigter Fall vorgekommen, daß ein Buch (einfach) verschwunden wäre.« Es ist *oft* vorgekommen, daß sich ein Buch nie mehr gefunden hat, obwohl wir sicher zu wissen glaubten, wo es war. – Aber die Erfahrung lehrt doch wirklich, daß ein Buch, z.B., nicht verschwindet. (Z.B. nicht nach und nach verdunstet.) – Aber ist es diese Erfahrung mit Büchern etc., die uns annehmen läßt, das Buch sei nicht verschwunden? Nun, angenommen, wir fänden, daß unter bestimmten neuen Umständen Bücher verschwänden – würden wir nicht unsre Annahme ändern? Kann man die Wirkung der Erfahrung auf unser System von Annahmen leugnen?

135. Aber folgen wir nicht einfach dem Prinzip, daß, was *immer* geschehen ist, auch wieder geschehen wird (oder etwas ähnlichem)? – Was heißt es, diesem Prinzip folgen? Bringen wir es wirklich in unser Raisonnement? Oder ist es nur das *Natur-*

gesetz, dem scheinbar unser Schließen folgt? Das letztere mag es sein. Ein Glied in unsrer Überlegung ist es nicht.

136. Wenn Moore sagt, er *wisse* das und das, so zählt er wirklich lauter Erfahrungssätze auf, die wir ohne besondere Prüfung bejahen, also Sätze, die im System unsrer Erfahrungssätze eine eigentümliche logische Rolle spielen.

137. Auch wenn der Glaubwürdigste mir versichert, er *wisse*, es sei so und so, so kann dies allein mich nicht davon überzeugen, daß er es weiß. Nur, daß er es zu wissen glaubt. Darum kann Moores Versicherung, er wisse..., uns nicht interessieren. Die Sätze aber, welche Moore als Beispiele solcher gewissen Wahrheiten aufzählt, sind allerdings interessant. Nicht weil jemand ihre Wahrheit weiß, oder sie zu wissen glaubt, sondern weil sie alle im System unsrer empirischen Urteile eine *ähnliche* Rolle spielen.

138. Z.B. gelangen wir zu keinem von ihnen durch eine Untersuchung.

Es gibt z.B. historische Untersuchungen und Untersuchungen über die Gestalt und auch (über) das Alter der Erde, aber nicht darüber, ob die Erde in den letzten 100 Jahren existiert habe. Freilich, viele von uns hören Berichte über diesen Zeitraum von ihren Eltern und Großeltern; aber können sich die nicht irren? – »Unsinn« wird man sagen, »Wie sollen sich denn alle diese Menschen irren!« Aber ist das ein Argument? Ist es nicht einfach die Zurückweisung einer Idee? Und etwa eine Begriffsbestimmung? Denn rede ich hier von einem möglichen Irrtum, so ändert das die Rolle, die »Irrtum« und »Wahrheit« in unserm Leben spielen.

139. Um eine Praxis festzulegen, genügen nicht Regeln, sondern man braucht auch Beispiele. Unsre Regeln lassen Hintertüren offen, und die Praxis muß für sich selbst sprechen.

140. Wir lernen die Praxis des empirischen Urteilens nicht, indem wir Regeln lernen; es werden uns *Urteile* beigebracht und ihr Zusammenhang mit andern Urteilen. *Ein Ganzes* von Urteilen wird uns plausibel gemacht.

141. Wenn wir anfangen, etwas zu *glauben*, so nicht einen einzelnen Satz, sondern ein ganzes System von Sätzen. (Das Licht geht nach und nach über das Ganze auf.)

142. Nicht einzelne Axiome leuchten mir ein, sondern ein System, worin sich Folgen und Prämissen *gegenseitig* stützen.

143. Es wird mir z. B. erzählt, jemand sei vor vielen Jahren auf diesen Berg gestiegen. Untersuche ich nun immer die Glaubwürdigkeit des Erzählers und ob dieser Berg vor Jahren existiert habe? Ein Kind lernt viel später, daß es glaubwürdige und unglaubwürdige Erzähler gibt, als es Fakten lernt, die ihm erzählt werden. Es lernt, daß jener Berg schon lange existiert habe, *gar nicht*; d.h. die Frage, ob es so sei, kommt gar nicht auf. Es schluckt, sozusagen, diese Folgerung mit dem hinunter, *was* es lernt.

144. Das Kind lernt eine Menge Dinge glauben. D.h. es lernt z.B. nach diesem Glauben handeln. Es bildet sich nach und nach

ein System von Geglaubtem heraus, und darin steht manches unverrückbar fest, manches ist mehr oder weniger beweglich. Was feststeht, tut dies nicht, weil es an sich offenbar oder einleuchtend ist, sondern es wird von dem, was darum herumliegt, festgehalten.

145. Man will sagen »*Alle* meine Erfahrungen zeigen, daß es so ist«. Aber wie tun sie das? Denn jener Satz, auf den sie zeigen, gehört auch zu ihrer besonderen Interpretation.

»Daß ich diesen Satz als sicher wahr betrachte, kennzeichnet auch meine Interpretation der Erfahrung.«

146. Wir machen uns von der Erde *das Bild* einer Kugel, die frei im Raume schwebt und sich in 100 Jahren nicht wesentlich ändert. Ich sagte »Wir machen uns das *Bild* etc.«, und dies Bild hilft uns nun zum Beurteilen verschiedener Sachverhalte.

Ich kann die Dimensionen einer Brücke allerdings berechnen, manchmal auch berechnen, daß hier eine Brücke günstiger ist als eine Fähre etc. etc. – aber irgendwas muß ich mit einer Annahme oder Entscheidung anfangen.

147. Das Bild der Erde als Kugel ist ein *gutes* Bild, es bewährt sich überall, es ist auch ein einfaches Bild – kurz, wir arbeiten damit, ohne es anzuzweifeln.

148. Warum überzeuge ich mich nicht davon, daß ich noch zwei Füße habe, wenn ich mich von dem Sessel erheben will? Es gibt kein warum. Ich tue es einfach nicht. So handle ich.

149. Meine Urteile selbst charakterisieren die Art und Weise, wie ich urteile, das Wesen des Urteilens.

150. Wie beurteilt Einer, welches seine rechte und welches seine linke Hand ist? Wie weiß ich, daß mein Urteil mit dem der Andern übereinstimmen wird? Wie weiß ich, daß diese Farbe Blau ist? Wenn ich hier *mir* nicht traue, warum soll ich dem Urteil der Andern trauen? Gibt es ein Warum? Muß ich nicht irgendwo anfangen zu trauen? D.h. ich muß irgendwo mit dem Nichtzweifeln anfangen; und das ist nicht, sozusagen, vorschnell aber verzeihlich, sondern es gehört zum Urteilen.

151. Ich möchte sagen: Moore *weiß* nicht, was er zu wissen behauptet, aber es steht für ihn fest, so wie auch für mich; es als feststehend zu betrachten, gehört zur *Methode* unseres Zweifelns und Untersuchens.

152. Die Sätze, die für mich feststehen, lerne ich nicht ausdrücklich. Ich kann sie nachträglich *finden* wie die Rotationsachse eines sich drehenden Körpers. Diese Achse steht nicht fest in dem Sinne, daß sie festgehalten wird, aber die Bewegung um sie herum bestimmt sie als unbewegt.

153. Niemand hat mich gelehrt, daß meine Hände nicht verschwinden, wenn ich auf sie nicht aufpasse. Noch kann man sagen, ich setze die Wahrheit dieses Satzes bei meinen Behauptungen etc. voraus (als ruhten sie auf ihm), während er erst durch unser anderweitiges Behaupten Sinn erhält.

154. Es gibt Fälle solcher Art, daß, wenn Einer dort Zeichen des Zweifels gibt, wo wir nicht zweifeln, wir seine Zeichen nicht mit Sicherheit als Zeichen des Zweifels verstehen können.

D.h.: Damit wir seine Zeichen des Zweifels als solche verstehen, darf er sie nur in bestimmten Fällen geben und nicht in andern.

155. Der Mensch kann sich unter gewissen Umständen nicht *irren*. (»Kann« ist hier logisch gebraucht, und der Satz sagt nicht, daß unter diesen Umständen der Mensch nichts Falsches sagen kann.) Wenn Moore das Gegenteil von jenen Sätzen aussagte, die er für gewiß erklärt, würden wir nicht nur nicht seiner Meinung sein, sondern ihn für geistesgestört halten.

156. Damit der Mensch sich irre, muß er schon mit der Menschheit konform urteilen.

157. Wie, wenn ein Mensch sich nicht erinnern könnte, ob er immer fünf Finger oder zwei Hände gehabt hat? Würden wir ihn verstehen? Könnten wir sicher sein, daß wir ihn verstehen?

158. Kann ich mich z.B. darin irren, daß die einfachen Worte, die diesen Satz bilden, deutsche Wörter sind, deren Bedeutung ich kenne?

159. Wir lernen als Kinder Fakten, z.B. daß jeder Mensch ein Gehirn hat, und wir nehmen sie gläubig hin. Ich glaube, daß es eine Insel, Australien, gibt von der und der Gestalt usw. usw.,

ich glaube, daß ich Urgroßeltern gehabt habe, daß die Menschen, die sich für meine Eltern ausgaben, wirklich meine Eltern waren, etc. Dieser Glaube mag nie ausgesprochen, ja, der Gedanke, daß es so ist, nie gedacht werden.

160. Das Kind lernt, indem es dem Erwachsenen glaubt. Der Zweifel kommt *nach* dem Glauben.

161. Ich habe eine Unmenge gelernt und es auf die Autorität von Menschen angenommen, und dann manches durch eigene Erfahrung bestätigt oder entkräftet gefunden.

162. Was in Lehrbüchern, der Geographie z. B., steht, halte ich im allgemeinen für wahr. Warum? Ich sage: Alle diese Fakten sind hundertmal bestätigt worden. Aber wie weiß ich das? Was ist meine Evidenz dafür? Ich habe ein Weltbild. Ist es wahr oder falsch? Es ist vor allem das Substrat alles meines Forschens und Behauptens. Die Sätze, die es beschreiben, unterliegen nicht alle gleichermaßen der Prüfung.

163. Prüft jemand je, ob dieser Tisch hier stehenbleibt, wenn niemand auf ihn achtgibt?

Wir prüfen die Geschichte Napoleons, aber nicht, ob alle Berichte über ihn auf Sinnestrug, Schwindel u. dergl. beruhen. Ja, wenn wir überhaupt prüfen, setzen wir damit schon etwas voraus, was nicht geprüft wird. Soll ich nun sagen, das Experiment, das ich etwa zur Prüfung eines Satzes mache, setze die Wahrheit des Satzes voraus, daß hier wirklich der Apparat steht, welchen ich zu sehen glaube (u. dergl.)?

164. Hat das Prüfen nicht ein Ende?

165. Ein Kind könnte zu einem andern sagen »Ich weiß, daß die Erde schon viele hundert Jahre alt ist«, und das hieße: Ich habe es gelernt.

166. Die Schwierigkeit ist, die Grundlosigkeit unseres Glaubens einzusehen.

167. Daß unsre Erfahrungsaussagen nicht alle gleichen Status haben, ist klar, da man so einen Satz festlegen und ihn vom Erfahrungssatz zu einer Norm der Beschreibung machen kann.

Denk an chemische Untersuchungen. Lavoisier macht Experimente mit Stoffen in seinem Laboratorium und schließt nun, daß bei der Verbrennung dies und jenes geschehe. Er sagt nicht, daß es ja ein andermal anders zugehen könne. Er ergreift ein bestimmtes Weltbild, ja, er hat es natürlich nicht erfunden, sondern als Kind gelernt. Ich sage Weltbild und nicht Hypothese, weil es die selbstverständliche Grundlage seiner Forschung ist und als solche auch nicht ausgesprochen wird.

168. Aber welche Rolle spielt nun die Voraussetzung, daß ein Stoff A auf einen Stoff B unter gleichen Umständen immer gleich reagiert? Oder gehört das zur Definition eines Stoffs?

169. Man könnte meinen, es gäbe Sätze, welche aussprechen, daß eine Chemie *möglich* ist. Und das wären Sätze einer Natur-

wissenschaft. Denn worauf sollen sie sich stützen, wenn nicht auf Erfahrung?

170. Ich glaube, was mir Menschen in einer gewissen Weise übermitteln. So glaube ich geographische, chemische, geschichtliche Tatsachen etc. So *lerne* ich die Wissenschaften. Ja, lernen beruht natürlich auf glauben.

Wer gelernt hat, der Mont Blanc sei 4000 m hoch, wer es auf der Karte nachgesehen hat, sagt nun, er *wisse* es.

Und kann man nun sagen: Wir messen unser Vertrauen so zu, weil es sich so bewährt hat?

171. Ein Hauptgrund für Moore anzunehmen, daß er nicht auf dem Mond war, ist der, daß niemand auf dem Mond war und hinkommen *konnte*; und das glauben wir auf Grund dessen, was wir lernen.

172. Vielleicht sagt man »Es muß doch ein Prinzip diesem Vertrauen zugrunde liegen«, aber was kann so ein Prinzip leisten? Ist es mehr als ein Naturgesetz des ›Fürwahrhaltens‹?

173. Liegt es denn in meiner Macht, was ich glaube? oder was ich unerschütterlich glaube?

Ich glaube, daß dort ein Sessel steht. Kann ich mich nicht irren? Aber kann ich glauben, daß ich mich irre? Ja, kann ich es überhaupt in Betracht ziehen? – Und *könnte* ich nicht auch an meinem Glauben festhalten, was immer ich später erfahre?! Aber ist nun mein Glaube *begründet*?

174. Ich handle mit *voller* Gewißheit. Aber diese Gewißheit ist meine eigene.

175. »Ich weiß es«, sage ich dem Andern; und hier gibt es eine Rechtfertigung. Aber für meinen Glauben gibt es keine.

176. Statt »Ich weiß es« kann man in manchen Fällen sagen »Es ist so; verlaß dich drauf«. In manchen Fällen aber: »Das habe ich schon vor Jahren gelernt«; und manchmal: »Ich bin sicher, daß es so ist.«

177. Was ich weiß, das glaube ich.

178. Der falsche Gebrauch, den Moore von dem Satz »Ich weiß...« macht, liegt darin, daß er ihn als eine Äußerung betrachtet, die so wenig anzuzweifeln ist wie etwa »Ich habe Schmerzen«. Und da aus »Ich weiß, daß es so ist« folgt »Es ist so«, so kann also auch dies nicht angezweifelt werden.

179. Es wäre richtig zu sagen: »Ich glaube...« hat subjektive Wahrheit; aber »Ich weiß...« nicht.

180. Oder auch: »Ich glaube...« ist eine Äußerung, nicht aber »Ich weiß...«.

181. Wie, wenn Moore statt »Ich weiß...« gesagt hätte »Ich schwöre...«?

182. Die primitivere Vorstellung ist, daß die Erde *nie* einen Anfang genommen hat. Kein Kind hat Grund, sich zu fragen, wie lange es die *Erde* schon gegeben hat, weil aller Wandel *auf* ihr vor sich geht. Wenn das, was man die Erde nennt, wirklich einmal entstanden ist, was schwer genug vorzustellen ist, so nimmt man den Anfang natürlich in unvordenklicher Zeit an.

183. »Es ist sicher, daß Napoleon nach der Schlacht bei Austerlitz ... Nun, dann ist es doch auch sicher, daß die Erde damals existiert hat.«

184. »Es ist sicher, daß wir nicht vor 100 Jahren von einem andern Planeten auf diesen herabgekommen sind.« Nun, so sicher, als eben solche Sachen sind.

185. Es käme mir lächerlich vor, die Existenz Napoleons bezweifeln zu wollen; aber wenn Einer die Existenz der Erde vor 150 Jahren bezweifelte, wäre ich vielleicht eher bereit aufzuhorchen, denn nun bezweifelt er unser ganzes System der Evidenz. Es kommt mir nicht vor, als sei dies System sicherer als eine Sicherheit in ihm.

186. »Ich könnte annehmen, daß Napoleon nie existiert hat und eine Fabel ist, aber nicht, daß die *Erde* vor 150 Jahren nicht existiert hat.«

187. »*Weißt* du, daß die Erde damals existiert hat?« – »Freilich weiß ich's. Ich habe es von jemandem, der sich genau auskennt.«

188. Es kommt mir vor, als müßte der, welcher an der Existenz der Erde zu jener Zeit zweifelt, das Wesen aller historischen Evidenz antasten. Und von dieser kann ich nicht sagen, sie sei bestimmt *richtig*.

189. Einmal muß man von der Erklärung auf die bloße Beschreibung kommen.

190. Was wir historische Evidenz nennen, deutet darauf hin, die Erde habe schon lange vor meiner Geburt existiert; – die entgegengesetzte Hypothese hat *nichts* für sich.

191. Wenn nun alles für eine Hypothese, nichts gegen sie spricht – ist sie dann gewiß wahr? Man kann sie so bezeichnen. – Aber stimmt sie gewiß mit der Wirklichkeit, den Tatsachen, überein? – Mit dieser Frage bewegst du dich schon im Kreise.

192. Es gibt freilich Rechtfertigung; aber die Rechtfertigung hat ein Ende.

---

193. Was heißt es: die Wahrheit eines Satzes sei *gewiß*?

194. Mit dem Wort »gewiß« drücken wir die völlige Überzeugung, die Abwesenheit jedes Zweifels aus, und wir suchen damit den Andern zu überzeugen. Das ist *subjektive* Gewißheit.

Wann aber ist etwas objektiv gewiß? – Wenn ein Irrtum nicht möglich ist. Aber was für eine Möglichkeit ist das? Muß der Irrtum nicht *logisch* ausgeschlossen sein?

195. Wenn ich glaube, in meinem Zimmer zu sitzen, und es ist nicht so, dann wird man nicht sagen, ich habe mich *geirrt*: Aber was ist der wesentliche Unterschied eines Irrtums von diesem Fall?

196. Sichere Evidenz ist die, die wir als unbedingt sicher *annehmen*, nach der wir mit Sicherheit ohne Zweifel *handeln*.

Was wir »Irrtum« nennen, spielt eine ganz bestimmte Rolle in unsern Sprachspielen, und was wir als sichere Evidenz betrachten, auch.

197. Unsinn aber wäre es zu sagen, wir betrachten etwas als sichere Evidenz, weil es gewiß wahr ist.

198. Wir müssen vielmehr die Rolle der Entscheidung für und gegen einen Satz erst bestimmen.

199. Der Gebrauch von »wahr oder falsch« hat darum etwas Irreführendes, weil es ist, als sagte man »es stimmt mit den Tatsachen überein oder nicht«, und es sich doch gerade frägt, was »Übereinstimmung« hier ist.

200. »Der Satz ist wahr oder falsch« heißt eigentlich nur, es müsse eine Entscheidung für oder gegen ihn möglich sein. Aber das sagt nicht, wie der Grund zu so einer Entscheidung ausschaut.

201. Denk, jemand fragte: »Ist es wirklich richtig, daß wir uns auf die Evidenz unsres Gedächtnisses (oder unsrer Sinne) verlassen, wie wir es tun?«

202. Moores gewisse Sätze sagen beinahe aus, wir hätten ein Recht, uns auf diese Evidenz zu verlassen.

203. [Alles*, was wir als Evidenz betrachten, deutet darauf hin, die Erde habe schon lange vor meiner Geburt existiert. Die entgegengesetzte Hypothese hat *keinerlei* Bekräftigung.

Wenn nun alles *für* eine Hypothese, nichts gegen sie spricht, – ist sie objektiv dann gewiß wahr? Man kann sie so *nennen*. Aber stimmt sie *unbedingt* mit der Welt der Tatsachen überein? Sie zeigt uns bestenfalls, was »übereinstimmen« heißt. Wir finden es schwierig, sie uns (als) falsch vorzustellen, aber auch schwierig, eine Anwendung von ihr zu machen.**]

Worin besteht denn diese Übereinstimmung, wenn nicht darin, daß, was in diesen Sprachspielen Evidenz ist, für unseren Satz spricht? *(Log. Phil. Abh.)*

204. Die Begründung aber, die Rechtfertigung der Evidenz kommt zu einem Ende; – das Ende aber ist nicht, daß uns gewisse

* Durchgestrichene Stelle. *Herausg.*

** *Zusatz:* ––– Mit dieser Frage bewegst du dich schon im Kreise.

Sätze unmittelbar als wahr einleuchten, also eine Art *Sehen* unsrerseits, sondern unser *Handeln*, welches am Grunde des Sprachspiels liegt.

205. Wenn das Wahre das Begründete ist, dann ist der Grund nicht *wahr*, noch falsch.

206. Wenn Einer uns fragte »Aber ist das *wahr*?«, könnten wir ihm sagen »Ja«; und wenn er Gründe verlangte, so könnten wir sagen »Ich kann dir keine Gründe geben, aber wenn du mehr lernst, wirst du auch dieser Meinung sein«.

Käme es nun nicht dahin, so hieße das, daß er, z.B., Geschichte nicht lernen kann.

207. »Seltsamer Zufall, daß alle die Menschen, deren Schädel man geöffnet hat, ein Gehirn hatten!«

208. Ich habe ein Telephongespräch mit New York. Mein Freund teilt mir mit, daß seine Bäumchen die und die Knospen tragen. Ich bin nun überzeugt, das Bäumchen sei ... Bin ich auch überzeugt, die Erde existiere?

209. Daß die Erde existiert, ist vielmehr ein Teil des ganzen *Bildes*, das den Ausgangspunkt meines Glaubens bildet.

210. Bekräftigt mein Telephongespräch mit N.Y. meine Überzeugung, daß die Erde existiert?

Manches scheint uns festzustehen, und es scheidet aus dem Verkehr aus. Es wird sozusagen auf ein totes Geleise verschoben.

211. Es gibt nun unsern Betrachtungen, unsern Forschungen ihre Form. Es war vielleicht einmal umstritten. Vielleicht aber hat es seit unvordenklichen Zeiten zum *Gerüst* aller unsrer Betrachtungen gehört. (Jeder Mensch hat Eltern.)

212. Wir betrachten z.B. eine Rechnung unter gewissen Umständen als genügend kontrolliert. Was gibt uns dazu ein Recht? Die Erfahrung? Konnte sie uns nicht täuschen? Wir müssen irgendwo mit dem Rechtfertigen Schluß machen, und dann bleibt der Satz: daß wir *so* rechnen.

213. Unsre ›Erfahrungssätze‹ bilden nicht eine homogene Masse.

214. Was hindert mich anzunehmen, daß dieser Tisch, wenn ihn niemand betrachtet, entweder verschwindet oder seine Form und Farbe verändert und nun, wenn ihn wieder jemand ansieht, in seinen alten Zustand zurückkehrt? – »Wer wird aber auch so etwas annehmen!« – möchte man sagen.

215. Hier sehen wir, daß die Idee von der ›Übereinstimmung mit der Wirklichkeit‹ keine klare Anwendung hat.

216. Der Satz »Es ist geschrieben«.

217. Wer annähme, daß *alle* unsre Rechnungen unsicher seien und daß wir uns auf keine verlassen können (mit der Rechtfertigung, daß Fehler überall möglich sind), würden wir vielleicht für verrückt erklären. Aber können wir sagen, er sei im Irrtum? Reagiert er nicht einfach anders: wir verlassen uns darauf, er nicht; wir sind sicher, er nicht.

218. Kann ich für einen Augenblick glauben, ich sei je in der Stratosphäre gewesen? Nein. So *weiß* ich das Gegenteil, – wie Moore?

219. Es kann für mich, als vernünftigen Menschen, kein Zweifel darüber bestehen. – Das ist es eben. –

220. Der vernünftige Mensch hat gewisse Zweifel *nicht*.

221. Kann ich zweifeln, woran ich zweifeln *will*?

222. Ich kann, daß ich nie in der Stratosphäre war, unmöglich bezweifeln. Weiß ich es darum, ist es darum wahr?

223. Könnte ich nicht eben verrückt sein und das nicht bezweifeln, was ich unbedingt bezweifeln sollte.

224. »Ich *weiß*, daß es nie geschehen ist, denn wäre es geschehen, so hätte ich es unmöglich vergessen können.«
Aber, angenommen, es wäre geschehen, so hättest du's eben doch vergessen. Und wie weißt du, daß du's unmöglich hättest vergessen können? Nicht bloß aus früherer Erfahrung?

225. Das, woran ich festhalte, ist nicht *ein* Satz, sondern ein Nest von Sätzen.

226. Kann ich die Annahme, ich sei einmal auf dem Mond gewesen, überhaupt einer ernsten Betrachtung würdigen?

227. »Ist denn das etwas, was man vergessen kann?!«

228. »Unter solchen Umständen sagen die Menschen nicht: ›Vielleicht haben wir's alle vergessen‹ und dergleichen, sondern sie nehmen an...«

229. Unsre Rede erhält durch unsre übrigen Handlungen ihren Sinn.

230. Wir fragen uns: Was machen wir mit einer Aussage »Ich *weiß*...«? Denn uns handelt sich's nicht um Vorgänge oder Zustände des Geistes.

Und *so* muß man entscheiden, ob etwas ein Wissen ist oder keines.

231. Wenn einer bezweifelte, ob die Erde vor 100 Jahren existiert hat, so verstünde ich das *darum* nicht, weil ich nicht wüßte, was dieser noch als Evidenz gelten ließe und was nicht.

232. »Jedes einzelne dieser Fakten könnten wir bezweifeln, aber *alle* können wir nicht bezweifeln.«

Wäre es nicht richtiger zu sagen: »*alle* bezweifeln wir nicht.«

Daß wir sie nicht alle bezweifeln, ist eben die Art und Weise, wie wir urteilen, also handeln.

233. Wenn ein Kind mich fragte, ob es die Erde schon vor meiner Geburt gegeben hat, so würde ich ihm nicht antworten, die Erde existiere erst seit meiner Geburt, sondern sie habe schon lang, lang vorher existiert. Und dabei hätte ich das Gefühl, etwas Komisches zu sagen. Etwa, wie wenn das Kind gefragt hätte, ob der und der Berg höher sei als ein sehr hohes Haus, das es gesehen hat. Ich könnte nur dem jene Frage beantworten, dem ich ein Weltbild erst beibrächte.

Wenn ich nun die Frage mit Sicherheit so beantworte, was gibt mir diese Sicherheit?

234. Ich glaube, daß ich Ahnen habe und daß jeder Mensch sie hat. Ich glaube, daß es verschiedene Städte gibt, und überhaupt an die Hauptdaten der Geographie und der Geschichte. Ich glaube, daß die Erde ein Körper ist, auf dessen Oberfläche wir uns bewegen, und daß er sowenig plötzlich verschwindet oder dergl. wie irgendein andrer fester Körper: dieser Tisch, dieses Haus, dieser Baum etc. Wenn ich an der Existenz der Erde lang vor meiner Geburt zweifeln wollte, müßte ich alles mögliche bezweifeln, was mir feststeht.

235. Und daß mir etwas feststeht, hat seinen Grund nicht in meiner Dummheit oder Leichtgläubigkeit.

236. Wenn Einer sagte »Die Erde hat nicht schon lange ...« – was würde er damit antasten? Weiß ich's?

Müßte es ein sozusagen wissenschaftlicher Glaube sein? Könnte es kein mystischer sein? Muß er damit unbedingt geschichtlichen Tatsachen widersprechen? Ja, selbst geographischen?

237. Wenn ich sage »Dieser Tisch hat vor einer Stunde noch nicht existiert«, so meine ich wahrscheinlich, er sei erst später hergestellt worden.

Sage ich »Dieser Berg hat damals noch nicht existiert«, so meine ich wohl, er habe sich erst später – vielleicht vulkanisch – gebildet.

Sage ich »Dieser Berg hat vor einer halben Stunde noch nicht existiert«, so ist das eine so seltsame Aussage, daß nicht klar ist, was ich meine. Ob ich z. B. etwas Falsches, aber Wissenschaftliches meine. Vielleicht meint man, die Aussage, der Berg habe damals noch nicht existiert, sei ganz klar, wie immer man sich den Zusammenhang denke. Aber denke, jemand sagte »Dieser

Berg hat vor einer Minute noch nicht existiert, sondern ein genau gleicher«. Nur die gewohnte Umgebung läßt es klar erscheinen, was gemeint ist.

238. Ich könnte also den, der sagt, die Erde habe vor seiner Geburt noch nicht existiert, weiter fragen, um herauszufinden, mit welchen meiner Überzeugungen er im Widerspruch ist. Und da *könnte* es sein, daß er meinen Grundanschauungen widerspricht. Und wäre es so, so müßte ich's dabei bewenden lassen.

Ähnlich geht es, wenn er sagt, er sei einmal auf dem Mond gewesen.

239. Ja, ich glaube, daß jeder Mensch zwei menschliche Eltern hat; aber die Katholiken glauben, daß Jesus nur eine menschliche Mutter hatte. Und Andre könnten glauben, es gebe Menschen, die keine Eltern haben, und die aller gegenteiligen Evidenz keinen Glauben schenken. Die Katholiken glauben auch, daß eine Oblate unter gewissen Umständen ihr Wesen gänzlich ändert, und zugleich, daß alle Evidenz das Gegenteil beweist. Wenn also Moore sagte »Ich weiß, daß dies Wein und nicht Blut ist«, so würden Katholiken ihm widersprechen.

240. Worauf gründet sich der Glaube, daß alle Menschen Eltern haben? Auf Erfahrung. Und wie kann ich auf meine Erfahrung diesen sichern Glauben gründen? Nun, ich gründe ihn nicht nur darauf, daß ich die Eltern gewisser Menschen kannte, sondern auf alles, was ich über das Geschlechtsleben von Menschen und ihre Anatomie und Physiologie gelernt habe; auch darauf, was ich von Tieren gehört und gesehen habe. Aber ist das denn wirklich ein Beweis?

241. Ist hier nicht eine Hypothese, die, wie ich *glaube*, sich immer wieder vollkommen bestätigt?

242. Müssen wir nicht auf Schritt und Tritt sagen: »Ich *glaube* dies mit Bestimmtheit«?

243. »Ich weiß ...« sagt man, wenn man bereit ist, zwingende Gründe zu geben. »Ich weiß« bezieht sich auf eine Möglichkeit des Dartuns der Wahrheit. Ob Einer etwas weiß, läßt sich zeigen, angenommen, daß er davon überzeugt ist.

Ist aber was er glaubt von solcher Art, daß die Gründe, die er geben kann, nicht sicherer sind als seine Behauptung, so kann er nicht sagen, er wisse, was er glaubt.

244. Wenn Einer sagt »Ich habe einen Körper«, so kann man ihn fragen »Wer spricht hier mit diesem Munde?«

245. Zu wem sagt Einer, er wisse etwas? Zu sich selbst oder zu einem Andern. Wenn er's zu sich selbst sagt, wie unterscheidet es sich von der Feststellung, er sei *gewiß*, es verhalte sich so? Es gibt keine subjektive Sicherheit, daß ich etwas weiß. Subjektiv ist die Gewißheit, aber nicht das Wissen. Wenn ich mir also sage »Ich weiß, daß ich zwei Hände habe«, und das soll nicht nur meine subjektive Gewißheit zum Ausdruck bringen, so muß ich mich davon überzeugen können, daß ich recht habe. Aber das kann ich nicht; denn daß ich zwei Hände habe ist nicht weniger gewiß, ehe ich sie angeschaut habe als nachher. Ich könnte aber sagen: »Daß ich zwei Hände habe ist ein unumstößlicher Glaube.« Das würde ausdrücken, ich sei nicht bereit, irgend etwas als Gegenbeweis dieses Satzes gelten zu lassen.

246. »Hier bin ich auf einer Grundlage alles meines Glaubens angelangt.« »Diese Stellung werde ich *halten*!« Aber ist das nicht eben nur, weil ich davon vollkommen *überzeugt* bin? – Wie ist das: ›Vollkommen überzeugt sein‹?

247. Wie wäre es, jetzt daran zu zweifeln, daß ich zwei Hände habe? Warum kann ich's mir gar nicht vorstellen? Was würde ich glauben, wenn ich das nicht glaubte? Ich habe noch gar kein System, worin es diesen Zweifel geben könnte.

248. Ich bin auf dem Boden meiner Überzeugungen angelangt.

Und von dieser Grundmauer könnte man beinahe sagen, sie werde vom ganzen Haus getragen.

249. Man macht sich ein falsches Bild vom *Zweifel*.

250. Daß ich zwei Hände habe, ist unter normalen Umständen so sicher wie irgend etwas, was ich als Evidenz dafür anführen könnte.

Ich bin darum außerstande, den Anblick meiner Hand als Evidenz dafür aufzufassen.

251. Heißt das nicht: ich werde unbedingt nach diesem Glauben handeln und mich durch nichts beirren lassen?

252. Aber es ist doch nicht nur, daß *ich* in dieser Weise glaube, daß ich zwei Hände habe, sondern daß jeder Vernünftige das tut.

253. Am Grunde des begründeten Glaubens liegt der unbegründete Glaube.

254. Jeder ›vernünftige‹ Mensch handelt *so*.

255. Das Zweifeln hat gewisse charakteristische Äußerungen, aber sie sind für ihn nur unter gewissen Umständen charakteristisch. Wenn Einer sagte, er zweifle an der Existenz seiner Hände, sie immer wieder von allen Seiten betrachtete, sich zu überzeugen suchte, daß keine Spiegelung oder dergl. vorläge, so wären wir nicht sicher, ob wir das ein Zweifeln nennen sollten. Wir könnten seine Handlungsweise als eine der zweifelnden ähnliche beschreiben, aber sein Spiel wäre nicht das unsre.

256. Anderseits ändert sich das Sprachspiel mit der Zeit.

257. Wenn Einer mir sagte, er zweifle daran, ob er einen Körper habe, würde ich ihn für einen Halbnarren halten. Ich wüßte aber nicht, was es hieße, ihn davon zu überzeugen, daß er einen habe. Und hätte ich etwas gesagt und das hätte nun den Zweifel behoben, so wüßte ich nicht wie und warum.

258. Ich weiß nicht, wie der Satz »Ich habe einen Körper« zu gebrauchen ist.

Das gilt nicht unbedingt von dem Satz, daß ich immer auf oder nahe der Erde war.

259. Wer dran zweifelte, daß die Erde seit 100 Jahren existiert hat, könnte einen wissenschaftlichen oder aber einen philosophischen Zweifel haben.

260. Ich möchte den Ausdruck »Ich weiß« für die Fälle reservieren, in denen er im normalen Sprachverkehr gebraucht wird.

261. Einen vernünftigen Zweifel an der Existenz der Erde während der letzten 100 Jahre kann ich mir jetzt nicht vorstellen.

262. Ich kann mir einen Menschen vorstellen, der unter ganz besonderen Umständen aufgewachsen ist und dem man beigebracht hat, die Erde sei vor 50 Jahren entstanden, und dieses deshalb auch glaubt. Diesen könnten wir belehren: die Erde habe schon lange etc. – Wir würden trachten, ihm unser Weltbild zu geben.

Dies geschähe durch eine Art *Überredung*.

263. Der Schüler *glaubt* seinen Lehrern und den Schulbüchern.

264. Ich könnte mir den Fall denken, daß Moore von einem wilden Volksstamm gefangen wird und die den Verdacht aussprechen, er sei von irgendwo zwischen Erde und Mond gekommen. Moore sagt ihnen, er wisse, ..., kann ihnen aber die Gründe für seine Sicherheit nicht geben, weil sie phantastische Ideen vom Flugvermögen eines Menschen haben und von Physik nichts wissen. Dies wäre eine Gelegenheit, jene Aussage zu machen.

265. Aber was sagt sie mehr, als »Ich bin nie dort und dort gewesen und habe zwingende Gründe das zu glauben«?

266. Und hier müßte man noch sagen, was zwingende Gründe sind.

267. »Ich habe nicht nur den visuellen Eindruck eines Baumes, sondern ich *weiß*, daß es ein Baum ist.«

268. »Ich weiß, daß das eine Hand ist.« – Und was ist eine Hand? – »Nun, *das* z. B.«

269. Bin ich gewisser, daß ich nie auf dem Mond als daß ich nie in Bulgarien war? Warum bin ich so sicher? Nun, ich weiß, daß ich auch nirgends in der Nähe, z. B. nie auf dem Balkan, war.

270. »Ich habe für meine Sicherheit zwingende Gründe.« Diese Gründe machen die Sicherheit objektiv.

271. Was ein triftiger Grund für etwas sei, entscheide nicht ich.

272. Ich weiß = Es ist mir als gewiß bekannt.

273. Wann aber sagt man von etwas, es sei gewiß?

Denn darüber, ob etwas gewiß *ist*, läßt sich streiten; wenn nämlich etwas *objektiv* gewiß ist.

Es gibt eine Unzahl allgemeiner Erfahrungssätze, die uns als gewiß gelten.

274. Daß Einem, dem man den Arm abgehackt, er nicht wieder wächst, ist ein solcher. Daß Einer, dem man den Kopf abgehauen hat, tot ist und nie wieder lebendig wird, ein andrer.

Man kann sagen, daß Erfahrung uns diese Sätze lehrt. Sie lehrt sie uns aber nicht isoliert, sondern sie lehrt uns eine Menge zusammenhängender Sätze. Wären sie isoliert, so könnte ich etwa an ihnen zweifeln, denn ich habe keine sie betreffende Erfahrung.

275. Ist die Erfahrung der Grund dieser unserer Gewißheit, so ist es natürlich die vergangene Erfahrung.

Und es ist nicht etwa bloß *meine* Erfahrung, sondern die der Anderen, von der ich Erkenntnis erhalte.

Nun könnte man sagen, daß es wiederum Erfahrung ist, was uns den Andern Glauben schenken läßt. Aber welche Erfahrung macht mich glauben, daß die Anatomie- und Physiologiebücher nicht Falsches enthalten? Es ist wohl wahr, daß dieses Vertrauen auch durch meine eigene Erfahrung *gestützt* wird.

276. Wir glauben, sozusagen, daß dieses große Gebäude da ist, und nun sehen wir einmal da ein Eckchen, einmal dort ein Eckchen.

277. »Ich kann nicht umhin zu glauben....«

278. »Ich bin beruhigt, daß es so ist.«

279. Es ist ganz sicher, daß Automobile nicht aus der Erde wachsen. – Wir fühlen, daß, wenn Einer das Gegenteil glauben könnte, er *allem* Glauben schenken könne, was wir für unmöglich erklären, und alles bestreiten könnte, was wir für sicher halten.

Wie aber hängt dieser *eine* Glaube mit allen andern zusammen? Wir möchten sagen, daß wer jenes glauben kann das ganze System unsrer Verifikation nicht annimmt.

Dies System ist etwas, was der Mensch durch Beobachtung und Unterricht aufnimmt. Ich sage absichtlich nicht »lernt«.

280. Nachdem er das und das gesehen und das und das gehört hat, ist er außerstande zu bezweifeln, daß ...

281. *Ich*, L.W., glaube, bin sicher, daß mein Freund nicht Sägespäne im Leib oder im Kopf hat, obwohl ich dafür keine direkte Evidenz der Sinne habe. Ich bin sicher, auf Grund dessen, was mir gesagt wurde, was ich gelesen habe, und meiner Erfahrungen. Daran zu zweifeln erscheint mir als Wahnsinn, freilich wieder in Übereinstimmung mit Anderen; aber *ich* stimme mit ihnen überein.

282. Ich kann nicht sagen, daß ich gute Gründe habe zur Ansicht, daß Katzen nicht auf Bäumen wachsen oder daß ich einen Vater und eine Mutter gehabt habe.

Wenn Einer daran zweifelt – wie soll es geschehen sein? Soll er von Anfang an nie geglaubt haben, er habe Eltern gehabt? Aber ist denn das denkbar, es sei denn, daß man ihn dies gelehrt hat?

283. Denn wie kann das Kind an dem gleich zweifeln, was man ihm beibringt? Das könnte nur bedeuten, daß es gewisse Sprachspiele nicht erlernen könnte.

284. Die Menschen haben seit den ältesten Zeiten Tiere getötet, ihr Fell, ihre Knochen etc. etc. zu gewissen Zwecken gebraucht; sie haben mit Bestimmtheit drauf gerechnet, in jedem ähnlichen Tier ähnliche Teile zu finden.

Sie haben immer aus der Erfahrung gelernt, und aus ihren Handlungen kann man ersehen, daß sie Gewisses mit Bestimmtheit glauben, ob sie diesen Glauben aussprechen oder nicht. Damit will ich natürlich nicht sagen, daß der Mensch so handeln *solle*, sondern nur, daß er so handelt.

285. Wenn Einer etwas sucht und wühlt etwa an einem bestimmten Platz die Erde auf, so zeigt er damit, daß er glaubt, das, was er sucht, sei dort.

286. Woran wir glauben, hängt von dem ab, was wir lernen. Wir alle glauben, es sei unmöglich, auf den Mond zu kommen; aber es könnte Leute geben, die glauben, es sei möglich und geschehe manchmal. Wir sagen: diese wissen Vieles nicht, was wir wissen. Und sie mögen ihrer Sache noch so sicher sein – sie sind im Irrtum, und wir wissen es.

Wenn wir unser System des Wissens mit ihrem vergleichen, so zeigt sich ihres als das weit ärmere.

23. 9. 50

287. Das Eichhörnchen schließt nicht durch Induktion, daß es auch im nächsten Winter Vorräte brauchen wird. Und ebensowenig brauchen wir ein Gesetz der Induktion, um unsre Handlungen oder Vorhersagen zu rechtfertigen.

288. Ich weiß nicht nur, daß die Erde lange vor meiner Geburt existiert hat, sondern auch, daß sie ein großer Körper ist, daß man das festgestellt hat, daß ich und die andern Menschen viele Ahnen haben, daß es Bücher über das alles gibt, daß solche Bücher nicht lügen, etc. etc. etc. Und das alles weiß ich? Ich glaube es. Dieser Wissenskörper wurde mir überliefert, und ich habe keinen Grund, an ihm zu zweifeln, sondern vielerlei Bestätigungen.

Und warum soll ich nicht sagen, ich wisse das alles? Sagt man nicht eben dies?

Aber nicht nur ich weiß oder glaube alles das, sondern die Andern auch. Oder vielmehr, ich *glaube*, daß sie es glauben.

289. Ich bin fest überzeugt, daß die Andern glauben, zu wissen glauben, daß es sich alles so verhält.

290. Ich habe selbst in meinem Buch geschrieben, das Kind lerne ein Wort so und so verstehen: Weiß ich das, oder glaube ich das? Warum schreibe ich in so einem Falle nicht »Ich glaube ...«, sondern einfach den Behauptungssatz?

291. Wir wissen, daß die Erde rund ist. Wir haben uns endgültig davon überzeugt, daß sie rund ist.

Bei dieser Ansicht werden wir verharren, es sei denn, daß sich unsere ganze Naturanschauung ändert. »Wie weißt du das?« – Ich glaube es.

292. Weitere Versuche können die früheren nicht *Lügen strafen*, höchstens unsere ganze Betrachtung ändern.

293. Ähnlich der Satz »Das Wasser siedet bei 100° C.«

294. *So* überzeugen wir uns, *das* nennt man »mit Recht davon überzeugt sein«.

295. Hat man also nicht, in diesem Sinne, einen *Beweis* des Satzes? Aber es ist kein Beweis dafür, daß dasselbe wieder geschehen ist; aber wir sagen, es gibt uns ein Recht, dies anzunehmen.

296. Dies *nennen* wir »Erfahrungsmäßige Begründung« unsrer Annahmen.

297. Wir lernen eben nicht nur, daß die und die Versuche so und so ausgegangen sind, sondern auch den Schlußsatz. Und daran ist natürlich nichts Falsches. Denn dieser Satz ist ein Instrument für bestimmten Gebrauch.

298. Wir sind dessen ganz sicher, heißt nicht nur, daß jeder Einzelne dessen gewiß ist, sondern, daß wir zu einer Gemeinschaft gehören, die durch die Wissenschaft und Erziehung verbunden ist.

299. We are satisfied that the earth is round.

---

10. 3. 51

300. Nicht alle Korrekturen unsrer Ansichten stehen auf der gleichen Stufe.

301. Angenommen, es sei nicht wahr, daß die Erde schon lange vor meiner Geburt existiert hat, wie hat man sich die Entdeckung dieses Fehlers vorzustellen?

302. Es ist nichts nutz zu sagen »Vielleicht irren wir uns«, wenn, wenn *keiner* Evidenz zu trauen ist, im Fall der gegenwärtigen Evidenz nicht zu trauen ist.

303. Wenn wir uns z.B. immer verrechnet haben und 12 × 12 nicht 144 ist, warum sollten wir dann irgendeiner anderen Rechnung trauen? Und das ist natürlich falsch ausgedrückt.

304. Aber auch ich *irre* mich in dieser Formel des Einmaleins nicht. Ich mag später einmal sagen, ich sei jetzt verwirrt gewesen, aber nicht, ich hätte mich geirrt.

305. Hier ist *wieder* ein Schritt nötig ähnlich dem der Relativitätstheorie.

306. »Ich weiß nicht, ob das eine Hand ist.« Weißt du aber, was das Wort »Hand« bedeutet? Und sag nicht »Ich weiß, was es jetzt für mich bedeutet«. Und ist das nicht eine Erfahrungstatsache, daß *dies* Wort *so* gebraucht wird?

307. Und hier ist es nun sonderbar, daß, wenn ich auch des Gebrauchs der Wörter ganz sicher bin, keinen Zweifel darüber habe, ich doch keine *Gründe* für meine Handlungsweise angeben kann. Versuchte ich's, so könnte ich 1000 geben, aber keinen, der so sicher wäre, wie eben das, was sie begründen sollen.

308. ›Wissen‹ und ›Sicherheit‹ gehören zu verschiedenen *Kategorien*. Es sind nicht zwei ›Seelenzustände‹ wie etwa ›Vermuten‹ und ›Sichersein‹. (Hier nehme ich an, daß es für mich sinnvoll sei zu sagen »Ich weiß, was das Wort ›Zweifel‹ (z.B.) bedeutet« und daß dieser Satz dem Wort »Zweifel« eine logische Rolle anweist.) Was uns nun interessiert ist nicht das Sichersein,

sondern das Wissen. D.h. uns interessiert, daß es über gewisse Erfahrungssätze keinen Zweifel geben kann, wenn ein Urteil überhaupt möglich sein soll. Oder auch: Ich bin geneigt zu glauben, daß nicht alles, was die Form eines Erfahrungssatzes hat, ein Erfahrungssatz ist.

309. Ist es, daß Regel und Erfahrungssatz ineinander übergehen?

310. Ein Schüler und ein Lehrer. Der Schüler läßt sich nichts erklären, denn er unterbricht (den Lehrer) fortwährend mit Zweifeln, z.B. an der Existenz der Dinge, der Bedeutung der Wörter, etc. Der Lehrer sagt: »Unterbrich nicht mehr und tu, was ich dir sage; deine Zweifel haben jetzt noch gar keinen Sinn.«

311. Oder denk dir, der Schüler bezweifelte die Geschichte (und alles, was mit ihr zusammenhängt), ja auch, ob die Erde vor 100 Jahren überhaupt existiert habe.

312. Da ist es mir, als wäre dieser Zweifel hohl. Aber ist es dann nicht auch der *Glaube* an die Geschichte? Nein; dieser hängt mit so vielem zusammen.

313. So ist *das* also, was uns einen Satz glauben macht? Nun, es hängt eben die Grammatik von »glauben« mit der des geglaubten Satzes zusammen.

314. Denk dir, der Schüler fragte wirklich: »Und ist ein Tisch auch da, wenn ich mich umdrehe; und auch, wenn ihn *niemand* sieht?« Soll da der Lehrer ihn beruhigen? und sagen »Freilich ist er da!« –

Vielleicht wird der Lehrer ein bißchen ungeduldig werden, sich aber denken, der Schüler werde sich solche Fragen schon abgewöhnen.

315. D.h. der Lehrer wird empfinden, dies sei eigentlich keine berechtigte Frage.

Und gleichermaßen, wenn der Schüler die Gesetzlichkeit der Natur, also die Berechtigung zu Induktionsschlüssen, anzweifelte. – Der Lehrer würde empfinden, daß das ihn und den Schüler nur aufhält, daß er dadurch im Lernen nur steckenbliebe und nicht weiterkäme. – Und er hätte recht. Es wäre, als sollte jemand nach einem Gegenstand im Zimmer suchen; er öffnet eine Lade und sieht ihn nicht darin; da schließt er sie wieder, wartet und öffnet sie wieder, um zu sehen, ob er jetzt nicht etwa darin sei, und so fährt er fort. Er hat noch nicht suchen gelernt. Und so hat jener Schüler noch nicht fragen gelernt. Nicht *das* Spiel gelernt, das wir ihn lehren wollen.

316. Und ist es nicht dasselbe, wie wenn der Schüler den Geschichtsunterricht aufhielte durch Zweifel darüber, ob die Erde wirklich ...?

317. Dieser Zweifel gehört nicht zu den Zweifeln unsers Spiels. (Nicht aber, als ob wir uns dieses Spiel aussuchten!)

12. 3. 51

318. ›Die Frage kommt gar nicht auf.‹ Ihre Antwort würde eine *Methode* charakterisieren. Es ist aber keine scharfe Grenze zwischen methodologischen Sätzen und Sätzen innerhalb einer Methode.

319. Aber müßte man dann nicht sagen, daß es keine scharfe Grenze gibt zwischen Sätzen der Logik und Erfahrungssätzen? Die Unschärfe ist eben die der Grenze zwischen *Regel* und Erfahrungssatz.

320. Hier muß man, glaube ich, daran denken, daß der Begriff ›Satz‹ selbst nicht scharf ist.

321. Ich sage doch: Jeder Erfahrungssatz kann umgewandelt werden in ein Postulat – und wird dann eine Norm der Darstellung. Aber auch dagegen habe ich ein Mißtrauen. Der Satz ist zu allgemein. Man möchte fast sagen »Jeder Erfahrungssatz kann, theoretisch, umgewandelt werden …«, aber was heißt hier »theoretisch«? Es klingt eben zu sehr nach der *Log. Phil. Abh.*

322. Wie, wenn der Schüler nicht glauben wollte, daß dieser Berg seit Menschengedenken immer dagestanden ist?

Wir würden sagen, er habe ja gar keinen *Grund* zu diesem Mißtrauen.

323. Also muß vernünftiges Mißtrauen einen Grund haben?

Wir könnten auch sagen: »Der Vernünftige glaubt dies.«

324. Wir würden also den nicht vernünftig nennen, der etwas, wissenschaftlicher Evidenz zum Trotz, glaubt.

325. Wenn wir sagen, wir *wissen*, daß ..., so meinen wir, daß jeder Vernünftige in unserer Lage es auch wüßte, daß es Unvernunft wäre, es zu bezweifeln. So will auch Moore nicht nur sagen, *er* wisse, daß er etc. etc., sondern auch, daß jeder Vernunftbegabte in seiner Lage es ebenso wüßte.

326. Wer sagt uns aber, was in *dieser* Lage vernünftig ist zu glauben?

327. Man könnte also sagen: »Der vernünftige Mensch glaubt: daß die Erde längst vor seiner Geburt existiert hat, daß sein Leben sich auf der Erdoberfläche oder nicht weit von ihr abgespielt hat, daß er z.B. nie auf dem Mond war, daß er ein Nervensystem besitzt und verschiedene Innereien wie alle anderen Menschen etc. etc.«

328. »Ich weiß es *so*, wie ich weiß, daß ich L.W. heiße.«

329. »Wenn er *das* bezweifelt – was immer hier ›bezweifeln‹ heißt –, dann wird er dieses Spiel nie erlernen.«

330. Der Satz »Ich weiß ...« drückt also hier die Bereitschaft aus, gewisse Dinge zu glauben.

13. 3.
331. Wenn wir überhaupt auf den Glauben hin mit Sicherheit handeln, sollen wir uns dann wundern, daß wir an Vielem nicht zweifeln können?

332. Denk dir, jemand würde, ohne *philosophieren* zu wollen, sagen: »Ich weiß nicht, ob ich je auf dem Mond gewesen bin; ich *erinnere* mich nicht, jemals dort gewesen zu sein.« (Warum wäre dieser Mensch von uns so grundverschieden?)

Vor allem: Wie wüßte er denn, daß er auf dem Mond ist? Wie stellt er sich das vor? Vergleiche: »Ich weiß nicht, ob ich je im Dorfe X war.« Aber ich könnte auch das nicht sagen, wenn X in der Türkei läge, denn ich weiß, daß ich nie in der Türkei war.

333. Ich frage jemand: »Warst du jemals in China?« Er antwortet: »Ich weiß nicht.« Da würde man doch sagen: »Du *weißt* es nicht? Hast du irgendeinen Grund zu glauben, du wärest vielleicht einmal dort gewesen? Warst du z.B. einmal in der Nähe der chinesischen Grenze? Oder waren deine Eltern dort zur Zeit, da du geboren wurdest?« – Normalerweise wissen Europäer doch, ob sie in China waren oder nicht.

334. D.h.: der Vernünftige zweifelt *daran* nur unter den und den Umständen.

335. Das Verfahren in einem Gerichtssaal beruht darauf, daß Umstände Aussagen eine gewisse Wahrscheinlichkeit geben. Die Aussage z.B., jemand sei ohne Eltern auf die Welt gekommen, würde dort nie in Erwägung gezogen werden.

336. Aber was Menschen vernünftig oder unvernünftig erscheint, ändert sich. Zu gewissen Zeiten scheint Menschen etwas vernünftig, was zu andern Zeiten unvernünftig schien. U.u.

Aber gibt es hier nicht ein objektives Merkmal?

Sehr gescheite und gebildete Leute glauben an die Schöpfungsgeschichte der Bibel, und andere halten sie für erwiesenermaßen falsch, und diese Gründe sind jenen bekannt.

337. Man kann nicht experimentieren, wenn man nicht manches nicht bezweifelt. Das heißt aber nicht, daß man dann gewisse Voraussetzungen auf guten Glauben hinnimmt. Wenn ich einen Brief schreibe und aufgebe, so nehme ich an, daß er ankommen wird, das erwarte ich.

Wenn ich experimentiere, so zweifle ich nicht an der Existenz des Apparates, den ich vor den Augen habe. Ich habe eine Menge Zweifel, aber nicht *den*. Wenn ich eine Rechnung mache, so glaube ich, ohne Zweifel, daß sich die Ziffern auf dem Papier nicht von selbst vertauschen, auch vertraue ich fortwährend meinem Gedächtnis und vertraue ihm unbedingt. Es ist hier dieselbe Sicherheit wie, daß ich nie auf dem Mond war.

338. Denken wir uns aber Leute, die dieser Sachen nie ganz sicher wären, aber wohl sagten, es sei *sehr* wahrscheinlich so und es lohne sich nicht, daran zu zweifeln. So einer würde also, wenn er in meiner Lage wäre, sagen: »Es ist höchst unwahrscheinlich, daß ich je auf dem Mond war«, etc. etc. *Wie* würde sich das

Leben dieser Leute von unserem unterscheiden? Es gibt ja Leute, die sagen, es sei nur höchst wahrscheinlich, daß das Wasser im Kessel, der überm Feuer steht, kochen und nicht gefrieren wird, es sei also strenggenommen, was wir als unmöglich ansehen, nur unwahrscheinlich. Welchen Unterschied macht dies in ihrem Leben? Ist es nicht nur, daß sie über gewisse Dinge etwas mehr reden als die Andern?

339. Denk dir einen Menschen, der seinen Freund vom Bahnhof abholen soll und nun nicht einfach im Fahrplan nachsieht und zur gewissen Zeit auf den Bahnhof geht, sondern er sagt: »Ich glaube *nicht*, daß der Zug wirklich ankommen wird, aber ich werde dennoch zur Bahn gehen.« Er tut alles, was der gewöhnliche Mensch tut, begleitet es aber mit Zweifeln oder Unwillen über sich selbst etc.

340. Mit derselben Gewißheit, mit der wir *irgend*einen mathematischen Satz glauben, wissen wir auch, wie die Buchstaben »A« und »B« auszusprechen sind, wie die Farbe des menschlichen Bluts heißt, daß andre Menschen Blut haben und es »Blut« nennen.

341. D.h. die *Fragen*, die wir stellen, und unsre *Zweifel* beruhen darauf, daß gewisse Sätze vom Zweifel ausgenommen sind, gleichsam die Angeln, in welchen jene sich bewegen.

342. D.h. es gehört zur Logik unsrer wissenschaftlichen Untersuchungen, daß Gewisses *in der Tat* nicht angezweifelt wird.

343. Es ist aber damit nicht so, daß wir eben nicht alles untersuchen *können* und uns daher notgedrungen mit der Annahme zufriedenstellen müssen. Wenn ich will, daß die Türe sich drehe, müssen die Angeln feststehen.

344. Mein *Leben* besteht darin, daß ich mich mit manchem zufriedengebe.

345. Wenn ich frage »Welche Farbe siehst du jetzt?«, um nämlich zu erfahren, welche Farbe jetzt dort ist, so kann ich nicht zu gleicher Zeit auch bezweifeln, ob der Angeredete Deutsch versteht, ob er mich hintergehen will, ob mein eigenes Gedächtnis, die Bedeutung der Farbnamen betreffend, mich nicht im Stich läßt, etc.

346. Wenn ich Einen im Schach matt zu setzen suche, kann ich nicht zweifeln, ob die Figuren nicht etwa von selbst ihre Stellungen wechseln und zugleich mein Gedächtnis mir einen Streich spielt, daß ich's nicht merke.

15. 3. 51

347. »I know that that's a tree.« Warum kommt mir vor, ich verstünde den Satz nicht? obwohl er doch ein höchst einfacher Satz von der gewöhnlichsten Art ist? Es ist, als könnte ich meinen Geist nicht auf irgendeine Bedeutung einstellen. Weil ich nämlich die Einstellung nicht in dem Bereiche suche, wo sie ist. Sowie ich aus der philosophischen an eine alltägliche Anwendung des Satzes denke, wird sein Sinn klar und gewöhnlich.

348. So wie die Worte »Ich bin hier« nur in gewissen Zusammenhängen Sinn haben, nicht aber, wenn ich sie Einem sage, der mir gegenüber sitzt und mich klar sieht, – und zwar nicht darum, weil sie dann überflüssig sind, sondern, weil ihr Sinn durch die Situation nicht *bestimmt* ist, aber so eine Bestimmung braucht.

349. »Ich weiß, daß das ein Baum ist« – dies kann alles mögliche bedeuten: Ich schaue auf eine Pflanze, die ich für eine junge Buche, der Andre für eine Ribiselpflanze hält. Er sagt »Das ist ein Strauch«, ich, es sei ein Baum. – Wir sehen im Nebel etwas, was einer von uns für einen Menschen hält, der Andre sagt »Ich weiß, daß das ein Baum ist«. Jemand will meine Augen prüfen etc. etc. – etc. etc. Jedesmal ist das ›das‹, was ich für einen Baum erkläre, von andrer Art.

Wie aber, wenn wir uns bestimmter ausdrückten? also z.B.: »Ich weiß, daß das dort ein Baum ist, ich sehe es klar genug.« – Nehmen wir sogar an, ich hätte im Zusammenhang eines Gesprächs diese Bemerkung gemacht (die also damals relevant war); und nun, außer allem Zusammenhang, wiederhole ich sie, indem ich den Baum ansehe, und ich setze hinzu »Ich meine diese Worte so wie vor 5 Minuten«. – Wenn ich z.B. dazu sagte, ich hätte wieder an meine schlechten Augen gedacht und es sei eine Art Seufzer gewesen, so wäre nichts Rätselhaftes an der Äußerung.

Wie der Satz *gemeint* ist, kann ja durch eine Ergänzung des Satzes ausgedrückt werden und läßt sich also mit ihm vereinigen.

350. »Ich weiß, daß das ein Baum ist«, sagt ein Philosoph etwa, um sich selbst oder einem Andern vor Augen zu führen, er *wisse* etwas, was keine mathematische oder logische Wahrheit sei. Ähnlich könnte jemand, der mit dem Gedanken umgeht, er sei zu nichts mehr zu brauchen, sich immer wieder sagen »Ich

kann noch immer das und das und das tun«. Gingen solche Gedanken öfter in seinem Kopf herum, so würde man sich nicht darüber wundern, wenn er, scheinbar außer allem Zusammenhang, so einen Satz vor sich hinspräche. (Ich habe aber hier bereits einen Hintergrund, eine Umgebung für diese Äußerungen eingezeichnet, ihnen also einen Zusammenhang gegeben.) Wenn Einer dagegen, unter ganz heterogenen Umständen, mit der überzeugendsten Mimik ausriefe »Nieder mit ihm!«, so könnte man von diesen Worten (und ihrem Tone) sagen, sie seien eine Figur, die allerdings wohlbekannte Anwendungen habe, hier aber sei es nicht einmal klar, welche *Sprache* der Betreffende rede. Ich könnte mit meiner Hand die Bewegung machen, die zu machen wäre, wenn ich einen Fuchsschwanz in der Hand hätte und ein Brett durchsägte; aber hätte man ein Recht, diese Bewegung außer allem Zusammenhang ein *Sägen* zu nennen? (Sie könnte ja auch etwas ganz anderes sein!)

351. Ist nicht die Frage »Haben diese Worte Sinn?« ähnlich der: »Ist das ein Werkzeug?«, indem man, sagen wir, einen Hammer herzeigt. Ich sage »Ja, das ist ein Hammer«. Aber wie, wenn das, was jeder von uns für einen Hammer hielte, woanders z.B. ein Wurfgeschoß oder Dirigentenstock wäre. Mache die Anwendung nun selbst!

352. Sagt nun jemand »Ich weiß, daß das ein Baum ist«, so kann ich antworten: »Ja, das ist ein Satz. Ein deutscher Satz. Und was soll's damit?« Wie, wenn er nun antwortet: »Ich wollte mich nur daran erinnern, daß ich so etwas *weiß*«? –

353. Wie aber, wenn er sagte: »Ich will eine logische Bemerkung machen«? – Wenn der Förster mit seinen Arbeitern in den Wald geht und nun sagt »*Dieser* Baum ist umzuhauen, und *dieser*

und *dieser«* – wie, wenn er da die Bemerkung macht »Ich *weiß*, daß das ein Baum ist«? – Könnte aber nicht ich vom Förster sagen »Er *weiß*, daß das ein Baum ist, er untersucht es nicht, befiehlt seinen Leuten nicht, es zu untersuchen«?

354. Zweifelndes und nichtzweifelndes Benehmen. Es gibt das erste nur, wenn es das zweite gibt.

355. Der Irrenarzt etwa könnte mich fragen »Weißt du, was das ist?«, und ich antworten: »Ich weiß, daß das ein Sessel ist; ich kenne ihn, er ist immer schon in meinem Zimmer gestanden.« Er prüft da vielleicht nicht meine Augen, sondern mein Vermögen, Dinge wiederzuerkennen, ihren Namen und ihre Funktion zu wissen. Es handelt sich da um ein Sichauskennen. Es wäre nun für mich falsch zu sagen »Ich glaube, daß das ein Sessel ist«, weil dadurch die Bereitschaft zur Prüfung der Aussage ausgedrückt wäre. Während »Ich weiß, daß das ...« impliziert, daß *Verblüffung* einträte, wenn die Bestätigung nicht einträte.

356. Mein »Seelenzustand«, das »Wissen«, steht mir nicht gut für das, was geschehen wird. Er besteht aber darin, daß ich nicht verstünde, wo ein Zweifel ansetzen könnte, wo eine Überprüfung möglich wäre.

357. Man könnte sagen: »›Ich weiß‹ drückt die *beruhigte* Sicherheit aus, nicht die noch kämpfende.«

358. Ich möchte nun diese Sicherheit nicht als etwas der Vorschnellheit oder Oberflächlichkeit Verwandtes ansehen, sondern als (eine) Lebensform. (Das ist sehr schlecht ausgedrückt und wohl auch schlecht gedacht.)

359. Das heißt doch, ich will sie als etwas auffassen, was jenseits von berechtigt und unberechtigt liegt; also gleichsam als etwas Animalisches.

360. Ich WEISS, daß dies mein Fuß ist. Ich könnte keine Erfahrung als Beweis des Gegenteils anerkennen. – Das kann ein Ausruf sein; aber was *folgt* daraus? Jedenfalls, daß ich mit einer Sicherheit, die den Zweifel nicht kennt, meinem Glauben gemäß handeln werde.

361. Ich könnte aber auch sagen: Es ist mir von Gott geoffenbart, daß das so ist. Gott hat mich gelehrt, daß das mein Fuß ist. Und geschähe also etwas, was dieser Erkenntnis zu widerstreiten scheint, so müßte ich *das* als Trug ansehen.

362. Aber zeigt sich hier nicht, daß das Wissen mit einer Entscheidung verwandt ist?

363. Und es ist hier schwer, den Übergang von dem, was man ausrufen möchte, zu den Folgen in der Handlungsweise zu finden.

364. Man könnte auch so fragen: »Wenn du weißt, daß das dein Fuß ist, – weißt du da auch, oder glaubst du nur, daß keine zukünftige Erfahrung deinem Wissen widersprechen zu scheinen wird (d.h., daß sie *dir selbst* nicht so scheinen wird)?«

365. Wenn nun Einer antwortete: »Ich weiß auch, daß es mir nie so *scheinen* wird, als widerspräche etwas jener Erkenntnis«, – was können wir daraus entnehmen, als daß er selbst nicht zweifelte, es werde das nie geschehen? –

366. Wie, wenn es verboten wäre zu sagen »Ich weiß« und erlaubt nur zu sagen »Ich glaube zu wissen«?

367. Ist nicht der Zweck, ein Wort wie »wissen« analog mit »glauben« zu konstruieren, daß dann der Aussage »Ich weiß« ein Opprobrium anhaftet, wenn, wer es sagt, sich geirrt hat.

Ein Irrtum wird dadurch zu etwas Unerlaubtem.

368. Wenn Einer sagt, er werde keine Erfahrung als Beweis des Gegenteils anerkennen, so ist das doch eine *Entscheidung*. Es ist möglich, daß er ihr zuwiderhandeln wird.

16. 3. 51

369. Wenn ich zweifeln wollte, daß dies meine Hand ist, wie könnte ich da umhin zu zweifeln, daß das Wort »Hand« irgendeine Bedeutung hat? Das scheine ich also doch zu *wissen*.

370. Richtiger aber: Daß ich ohne Skrupel das Wort »Hand« und alle übrigen Wörter meines Satzes gebrauche, ja, daß ich vor dem Nichts stünde, sowie ich auch nur versuchen wollte zu zweifeln – zeigt, daß die Zweifellosigkeit zum Wesen des Sprachspiels gehört, daß die Frage »Wie weiß ich ...« das Sprachspiel hinauszieht oder aufhebt.

371. Heißt nicht »Ich weiß, daß das eine Hand ist« in Moores Sinn das gleiche oder etwas Ähnliches wie: ich könnte Aussagen wie »Ich habe Schmerzen in dieser Hand« oder »Diese Hand ist schwächer als die andre« oder »Ich habe mir einmal diese Hand gebrochen« und unzählige andere in Sprachspielen gebrauchen, in welche ein Zweifel an der Existenz dieser Hand nicht eintritt.

372. Nur in gewissen Fällen ist eine Untersuchung »Ist das wirklich eine Hand?« (oder »meine Hand«) möglich. Denn der Satz »Ich zweifle daran, ob das wirklich meine (oder eine) Hand ist« hat ohne nähere Bestimmung noch keinen Sinn. Es ist aus diesen Worten allein noch nicht zu ersehen, ob überhaupt und was für ein Zweifel gemeint ist.

373. Warum soll es möglich sein, einen Grund zum *Glauben* zu haben, wenn es nicht möglich ist, sicher zu sein?

374. Wir lehren das Kind »Das ist deine Hand«, nicht »Das ist vielleicht (oder »wahrscheinlich«) deine Hand«. So lernt das Kind die unzähligen Sprachspiele, die sich mit seiner Hand beschäftigen. Eine Untersuchung oder Frage, ›ob dies wirklich eine Hand sei‹ kommt ihm gar nicht unter. Anderseits lernt es auch nicht: es *wisse*, daß dies eine Hand sei.

375. Man muß hier einsehen, daß die vollkommene Zweifellosigkeit in einem Punkt, sogar dort wo, wie wir sagen würden, ›berechtigte‹ Zweifel bestehen können, ein Sprachspiel nicht falsifizieren muß. Es gibt eben auch so etwas wie eine *andere* Arithmetik.

Dieses Eingeständnis muß, glaube ich, am Grunde alles Verständnisses der Logik liegen.

17. 3.

376. Ich kann mich mit Leidenschaft dafür erklären, daß ich weiß, daß das (z. B.) mein Fuß ist.

377. Aber diese Leidenschaft ist doch etwas (sehr) Seltenes, und es ist von ihr keine Spur, wenn ich für gewöhnlich von diesem Fuß rede.

378. Das Wissen gründet sich am Schluß auf der Anerkennung.

379. Ich sage mit Leidenschaft »Ich *weiß*, daß das ein Fuß ist« – aber was *bedeutet* es?

380. Ich könnte fortfahren: »Nichts auf der Welt wird mich vom Gegenteil überzeugen!« Das Faktum ist für mich am Grunde aller Erkenntnis. Ich werde anderes aufgeben, aber nicht das.

381. Dieses »Nichts auf der Welt...« ist offenbar eine Einstellung, die man nicht gegenüber alledem hat, was man glaubt oder dessen man sicher ist.

382. Es ist damit nicht gesagt, daß wirklich nichts auf der Welt imstande sein wird, mich eines andern zu überzeugen.

383. Das Argument »Vielleicht träume ich« ist darum sinnlos, weil dann eben auch diese Äußerung geträumt ist, ja auch *das*, daß diese Worte eine Bedeutung haben.

384. Welcher Art ist nun der Satz »Nichts auf der Welt...«?

385. Er hat die Form einer Vorhersage, ist aber (natürlich) nicht eine, die auf Erfahrung beruht.

386. Wer, wie Moore, sagt, er *wisse*, daß ... – gibt den Grad der Gewißheit an, den etwas für ihn hat. Und es ist wichtig, daß es für diesen Grad ein Maximum gibt.

387. Man könnte mich fragen: »Wie sicher bist du: daß das dort ein Baum ist; daß du Geld in der Tasche hast; daß das dein Fuß ist?« Und die Antwort könnte in einem Fall sein »nicht sicher«, in einem andern »so gut wie sicher«, im dritten »Ich kann nicht zweifeln«. Und diese Antworten hätten Sinn auch

ohne alle Gründe. Ich brauchte z.B. nicht zu sagen: »Ich kann nicht sicher sein, ob das ein Baum ist, weil meine Augen nicht scharf genug sind.« Ich will sagen: es hatte Sinn für Moore zu sagen »Ich *weiß*, daß das ein Baum ist«, wenn er damit etwas ganz Bestimmtes sagen wollte.

[Ich glaube, einen Philosophen, einen der selbst denken kann, könnte es interessieren, meine Noten zu lesen. Denn wenn ich auch nur selten ins Schwarze getroffen habe, so würde er doch erkennen, nach welchen Zielen ich unablässig geschossen habe.]

388. Jeder von uns gebraucht oft einen solchen Satz, und es ist nicht fraglich, ob er Sinn hat. Läßt sich damit aber auch ein philosophischer Aufschluß geben? Ist es mehr ein Beweis der Existenz der äußern Dinge, daß ich weiß, daß das eine Hand ist, als daß ich nicht weiß, ob das Gold oder Messing ist?

18. 3.

389. Moore wollte ein Beispiel dafür geben, daß man Sätze über physikalische Gegenstände wirklich wissen könne. Wenn es streitig wäre, ob man an der und der bestimmten Stelle des Körpers Schmerzen haben kann, dann könnte Einer, der gerade dort Schmerzen hat, sagen: »Ich versichere dich, ich habe jetzt da Schmerzen.« Es klänge aber seltsam, wenn Moore gesagt hätte: »Ich versichere dich, ich weiß, daß das ein Baum ist.« Es hat eben hier nicht ein persönliches Erlebnis für uns Interesse.

390. Wichtig ist nur, daß es Sinn hat zu sagen, man wisse so etwas; und daher kann die Versicherung, man wisse es, hier nichts ausrichten.

391. Denk dir ein Sprachspiel »Wenn ich dich rufe, komm zur Tür herein«. In allen gewöhnlichen Fällen wird ein Zweifel, ob wirklich eine Tür da ist, unmöglich sein.

392. Was ich zeigen muß, ist, daß ein Zweifel nicht notwendig ist, auch wenn er möglich ist. Daß die Möglichkeit des Sprachspiels nicht davon abhängt, daß alles bezweifelt werde, was bezweifelt werden kann. (Das hängt mit der Rolle des Widerspruchs in der Mathematik zusammen.)

393. Der Satz »Ich weiß, daß das ein Baum ist« könnte, wenn er außerhalb seines Sprachspiels gesagt wird, auch ein Zitat (aus einer deutschen Sprachlehre etwa) sein. – »Aber wenn ich ihn nun *meine*, während ich ihn spreche?« Das alte Mißverständnis, den Begriff ›meinen‹ betreffend.

394. »Dies gehört zu den Dingen, an denen ich nicht zweifeln kann.«

395. »Ich weiß das alles.« Und das wird sich darin zeigen, wie ich handle und über die Dinge spreche.

396. Im Sprachspiel (2),* kann er sagen, er wisse, daß das Bausteine sind? – »Nein, aber er *weiß* es.«

* *Philosophische Untersuchungen* I § 2. *(Herausg.)*

397. Habe ich mich nicht geirrt und hat nicht Moore vollkommen recht? Habe ich nicht den elementaren Fehler gemacht, zu verwechseln was man denkt mit dem, was man weiß? Freilich denke ich nicht »Die Erde hat einige Zeit vor meiner Geburt schon existiert«, aber *weiß* ich's drum nicht? Zeige ich nicht, daß ich's weiß, indem ich immer die Konsequenzen draus ziehe?

398. Weiß ich nicht auch, daß von diesem Haus keine Stiege sechs Stock tief in die Erde führt, obgleich ich noch nie dran gedacht habe?

399. Aber zeigt, daß ich die Konsequenzen draus ziehe, nicht nur, daß ich diese Hypothese annehme?

19. 3.
400. Ich bin hier geneigt, gegen Windmühlen zu kämpfen, weil ich das noch nicht sagen kann, was ich eigentlich sagen will.

401. Ich will sagen: Sätze von der Form der Erfahrungssätze und nicht nur Sätze der Logik gehören zum Fundament alles Operierens mit Gedanken (mit der Sprache). – Diese Feststellung ist nicht von der Form »Ich weiß, ...«. »Ich weiß, ...« sagt aus, was *ich* weiß, und das ist nicht von logischem Interesse.

402. In dieser Bemerkung ist schon der Ausdruck »Sätze von der Form der Erfahrungssätze« ganz schlecht; es handelt sich um Aussagen über Gegenstände. Und sie dienen nicht als Fundamente wie Hypothesen, die, wenn sie sich als falsch erweisen, durch andere ersetzt werden.

... und schreib getrost
»Im Anfang war die Tat.«*

403. Vom Menschen, in Moores Sinne, zu sagen, er *wisse* etwas; was er sage sei also unbedingt die Wahrheit, scheint mir falsch. – Es ist die Wahrheit nur insofern, als es eine unwankende Grundlage seiner Sprachspiele ist.

404. Ich will sagen: Es ist nicht so, daß der Mensch in gewissen Punkten mit vollkommener Sicherheit die Wahrheit weiß. Sondern die vollkommene Sicherheit bezieht sich nur auf seine Einstellung.

405. Aber auch hier ist natürlich noch ein Fehler.

406. Das, worauf ich abziele, liegt auch in dem Unterschied zwischen der beiläufigen Feststellung »Ich weiß, daß das ...«, wie sie im gewöhnlichen Leben gebraucht wird, und dieser Äußerung, wenn der Philosoph sie macht.

* Goethe, *Faust* 1 *(Herausg.)*

407. Denn wenn Moore sagt »Ich weiß, daß das ... ist«, möchte ich antworten: »Du *weißt* gar nichts!« Und doch würde ich das dem nicht antworten, der ohne philosophische Absicht so spricht. Ich fühle also (ob mit Recht?), daß diese zwei Verschiedenes sagen wollen.

408. Denn sagt Einer, er *wisse* das und das, und das gehört zu seiner Philosophie – so ist sie falsch, wenn er in jener Aussage fehlgegangen ist.

409. Wenn ich sage »Ich weiß, daß das ein Fuß ist« – was sage ich eigentlich? Ist nicht der ganze Witz, daß ich der Konsequenzen sicher bin, daß, wenn ein Andrer gezweifelt hätte, ich ihm sagen könnte »Siehst du, ich hab dir's gesagt«? Wäre mein Wissen noch etwas wert, wenn es als Richtschnur des Handelns versagte? Und *kann* es nicht versagen?

20. 3.
410. Unser Wissen bildet ein großes System. Und nur in diesem System hat das Einzelne den Wert, den wir ihm beilegen.

411. Wenn ich sage »*Wir nehmen an*, daß die Erde schon viele Jahre existiert habe« (oder dergl.), so klingt es freilich sonderbar, daß wir so etwas *annehmen* sollten. Aber im ganzen System unsrer Sprachspiele gehört es zum Fundament. Die Annahme, kann man sagen, bildet die Grundlage des Handelns und also natürlich auch des Denkens.

412. Wer nicht imstande ist, sich einen Fall vorzustellen, in dem man sagen könnte »Ich weiß, daß das meine Hand ist« (und solche Fälle sind ja selten), der könnte sagen, diese Worte wären Unsinn. Er könnte freilich auch sagen: »Freilich weiß ich's, wie könnte ich's nicht wissen?« – aber da würde er vielleicht den Satz »Das ist meine Hand« als *Erklärung* der Worte »meine Hand« verstehen.

413. Denn nimm an, du führtest einem Blinden die Hand und sagtest, indem du sie deiner Hand entlang führst, »Das ist meine Hand«; wenn er dich nun fragte »Bist du sicher?« oder »Weißt du das?«, so würde das nur unter sehr besondern Umständen Sinn haben.

414. Aber anderseits: Woher *weiß* ich, daß das meine Hand ist? Ja, weiß ich auch nur genau, was es bedeutet zu sagen, es sei meine Hand? – Wenn ich sage »Woher weiß ich's?«, so meine ich nicht, daß ich im mindesten daran *zweifle*. Es ist hier eine Grundlage meines ganzen Handelns. Aber mir scheint, sie ist falsch ausgedrückt durch die Worte »Ich weiß ...«

415. Ja, ist nicht der Gebrauch des Wortes Wissen, als eines ausgezeichneten philosophischen Worts, überhaupt ganz falsch? Wenn »wissen« dieses Interesse hat, warum nicht »sicher sein«? Offenbar, weil es zu subjektiv wäre. Aber ist wissen nicht *ebenso* subjektiv? Ist man nicht nur durch die grammatische Eigentümlichkeit getäuscht, daß aus »ich weiß p« »p« folgt?

»Ich glaube es zu wissen«, müßte keinen mindern Grad der Gewißheit ausdrücken. – Ja, aber man will nicht subjektive Sicherheit ausdrücken, auch nicht die größte, sondern dies, daß gewisse Sätze am Grunde aller Fragen und alles Denkens zu liegen scheinen.

416. Ist nun so ein Satz z.B., daß ich in diesem Zimmer wochenlang gelebt habe, daß mich mein Gedächtnis darin nicht täuscht?

– »certain beyond all reasonable doubt« –

21. 3.

417. »Ich weiß, daß ich im letzten Monat täglich gebadet habe.« Woran erinnre ich mich? An jeden Tag und das Bad an jedem Morgen? Nein. Ich *weiß*, daß ich jeden Tag gebadet habe, und ich entnehme das nicht aus einem andern unmittelbaren Datum. Ähnlich sage ich »Ich habe einen Stich im Arm empfunden«, ohne daß diese Lokalität mir auf eine andre Weise (durch ein Bild etwa) zum Bewußtsein käme.

418. Ist mein Verständnis nur Blindheit gegen mein eigenes Unverständnis? Oft scheint es mir so.

419. Wenn ich sage »Ich war nie in Kleinasien«, woher kommt mir dieses Wissen? Ich habe es nicht berechnet, niemand hat es mir gesagt; mein Gedächtnis sagt es mir. – So kann ich mich also darin nicht irren? Ist hier eine Wahrheit, die ich *weiß*? – Ich kann von diesem Urteil nicht abgehen, ohne alle andern Urteile mitzureißen.

420. Auch ein Satz wie der, daß ich jetzt in England lebe, hat diese zwei Seiten: Ein *Irrtum* ist er nicht – aber anderseits: was weiß ich von England? Kann ich nicht ganz in meinem Urteilen fehlgehen?

Wäre es nicht möglich, daß Menschen zu mir ins Zimmer kämen, die Alle das Gegenteil aussagten, ja, mir ›Beweise‹ dafür gäben, so daß ich plötzlich wie ein Wahnsinniger unter lauter Normalen, oder ein Normaler unter Verrückten, allein dastünde? Könnten mir da nicht Zweifel an dem kommen, was mir jetzt das Unzweifelhafteste ist?

421. Ich bin in England. – Alles um mich herum sagt es mir, sowie ich meine Gedanken schweifen lasse und wohin immer, so bestätigen sie mir's. – Könnte ich aber nicht irre werden, wenn Dinge geschähen, die ich mir jetzt nicht träumen lasse?

422. Ich will also etwas sagen, was wie Pragmatismus klingt.

Mir kommt hier eine Art Weltanschauung in die Quere.

423. Warum sag ich also mit Moore nicht einfach »Ich *weiß*, daß ich in England bin«? Dies zu sagen, hat *unter bestimmten Umständen*, die ich mir vorstellen kann, Sinn. Wenn ich aber, nicht in diesen Umständen, den Satz ausspreche als Beispiel dafür, daß Wahrheiten dieser Art von mir mit Gewißheit zu erkennen sind, dann wird er mir sofort verdächtig. – Ob mit Recht??

424. Ich sage »Ich weiß p«, entweder um zu versichern, daß auch mir die Wahrheit p bekannt sei, oder einfach als eine Verstärkung von $\vdash$p. Man sagt auch »Ich *glaube* es nicht, ich *weiß* es«. Und das könnte man auch so ausdrücken (z.B.): »Das ist ein Baum. Und das ist keine bloße Vermutung.«

Aber wie ist es damit: »Wenn ich jemand mitteilte, daß das ein Baum ist, so wäre es keine bloße Vermutung.« Ist nicht dies, was Moore sagen wollte?

425. Es wäre keine Vermutung, und ich könnte es dem Andern mit absoluter Sicherheit mitteilen, als etwas, woran nicht zu zweifeln ist. Heißt das aber, daß es unbedingt die Wahrheit ist? Kann sich das, was ich mit der vollsten Bestimmtheit als den Baum erkenne, den ich mein Leben lang hier gesehen habe, kann sich das nicht als etwas andres entpuppen? Kann es mich nicht verblüffen?

Und dennoch war es richtig unter den Umständen, die diesem Satz Sinn verleihen, zu sagen »Ich weiß (ich vermute nicht nur), daß das ein Baum ist«. Zu sagen, in Wahrheit glaube ich es nur, wäre falsch. Es wäre gänzlich *irreführend* zu sagen: ich glaube, ich heiße L. W. Und es ist auch richtig: ich kann mich darin nicht *irren*. Aber das heißt nicht, ich sei darin unfehlbar.

21. 3. 51

426. Wie aber ist es Einem zu *zeigen*, daß wir nicht nur Wahrheiten über Sinnesdaten, sondern auch solche über Dinge *wissen*? Denn es kann doch nicht genug sein, daß jemand uns versichert, *er* wisse dies.

Wovon muß man denn ausgehen, um das zu zeigen?

22. 3.

427. Man muß zeigen, daß, auch wenn er nie die Worte gebraucht »Ich weiß, ...«, sein Gebaren das zeigt, worauf es uns ankommt.

428. Denn wie, wenn ein normal handelnder Mensch uns versicherte: er *glaube* nur, er heiße soundso, er *glaube* seine ständigen Hausgenossen zu erkennen, er glaube Hände und Füße zu haben, wenn er sie nicht gerade sieht, usw. Können wir ihm aus seinen Handlungen (und Reden) zeigen, daß es nicht so ist?

23. 3. 51

429. Welchen Grund habe ich jetzt, da ich meine Zehen nicht sehe, anzunehmen, daß ich fünf Zehen an jedem Fuß habe?

Ist es richtig zu sagen, der Grund sei der, daß frühere Erfahrung mich immer das gelehrt hat? Bin ich früherer Erfahrung sicherer als dessen, daß ich zehn Zehen habe?

Jene frühere Erfahrung mag wohl die *Ursache* meiner gegenwärtigen Sicherheit sein; aber ist sie ihr Grund?

430. Ich treffe einen Marsbewohner, und er fragt mich »Wieviel Zehen haben die Menschen?« – Ich sage: »Zehn. Ich will's dir zeigen«, und ziehe meine Schuhe aus. Wenn er sich nun wunderte, daß ich es mit solcher Sicherheit wußte, obwohl ich meine Zehen nicht gesehen hatte. – Sollte ich da sagen: »Wir Menschen wissen, daß wir soviel Zehen haben, ob wir sie sehen oder nicht«?

26. 3. 51

431. »Ich weiß, daß dieses Zimmer auf dem zweiten Stock ist, daß hinter der Tür ein kurzer Gang zur Treppe führt, etc.« Es ließen sich Fälle denken, wo ich diese Äußerung machen würde, aber es wären recht seltene Fälle. Anderseits aber zeige ich dieses Wissen tagtäglich durch meine Handlungen und auch in meinem Reden.

Was entnimmt nun der Andre aus diesen meinen Handlungen und Reden? Nicht nur, daß ich meiner Sache sicher bin? – Daraus, daß ich hier seit vielen Wochen gewohnt habe und täglich treppauf und -ab gegangen bin, wird er entnehmen, daß ich *weiß*, wo mein Zimmer gelegen ist. – Die Versicherung »Ich weiß ...« werde ich gebrauchen, wenn er das noch *nicht* weiß, woraus er mein Wissen unbedingt schließen müßte.

432. Die Äußerung »Ich weiß...« kann nur in Verbindung mit der übrigen Evidenz des ›Wissens‹ ihre Bedeutung haben.

433. Wenn ich also jemandem sage »Ich weiß, daß das ein Baum ist«, so ist es, wie wenn ich ihm sagte: »Das ist ein Baum; du kannst dich absolut drauf verlassen; es ist kein Zweifel.« Und das könnte der Philosoph nur dazu gebrauchen, um zu zeigen, daß man diese Form der Rede wirklich gebraucht. Wenn das aber nicht bloß eine Bemerkung der deutschen Grammatik sein soll, so muß er die Umstände angeben, in denen dieser Ausdruck funktioniert.

434. Lehrt uns nun *Erfahrung*, daß Menschen unter den und den Umständen das und das wissen? Erfahrung zeigt uns gewiß, daß für gewöhnlich ein Mensch nach soundso viel Tagen sich in einem Haus, das er bewohnt, auskennt. Oder auch: Erfahrung lehrt uns, daß eines Menschen Urteil nach der und der Lehrdauer zu trauen ist. Er muß, erfahrungsgemäß, soundso lang gelernt haben, um eine richtige Vorhersage machen zu können. Aber---.

27. 3.

435. Man wird oft von einem Wort behext. Z.B. vom Wort »wissen«.

436. Ist Gott durch unser Wissen gebunden? *Können* manche unsrer Aussagen nicht falsch sein? Denn das ist es, was wir sagen wollen.

437. Ich bin geneigt zu sagen: »Das *kann* nicht falsch sein.« Das ist interessant; aber welche Folgen hat es?

438. Es wäre nicht genug, zu versichern, ich wisse, was dort und dort vorgeht – ohne Gründe anzugeben, die (den Andern) davon überzeugen, ich sei in der Lage, es zu wissen.

439. Auch die Aussage »Ich weiß, daß hinter dieser Tür ein Gang und die Stiege ins Erdgeschoß ist« klingt nur so überzeugend, weil jeder annimmt, daß ich's weiß.

440. Es ist hier etwas Allgemeines; nicht nur etwas Persönliches.

441. Im Gerichtssaal würde die bloße Versicherung des Zeugen »Ich weiß ...« niemand überzeugen. Es muß gezeigt werden, daß der Zeuge in der Lage war zu wissen.

Auch die Versicherung »Ich weiß, daß das eine Hand ist«, wobei man die eigene Hand ansieht, wäre nicht glaubhaft, wenn wir die Umstände der Aussage nicht kennten. Und kennen wir sie, so scheint sie zu versichern, daß der Sprechende in dieser Beziehung normal ist.

442. Kann es denn nicht sein, daß ich mir *einbilde*, etwas zu *wissen*?

443. Denke, es gäbe in einer Sprache kein Wort, das unserm »wissen« entspricht. – Sie sprechen einfach die Behauptung aus. »Das ist ein Baum« etc. Es kann natürlich vorkommen, daß sie sich irren. Und da fügen sie nun dem Satz ein Zeichen hinzu, das anzeigt, für wie wahrscheinlich sie einen Irrtum halten – oder soll ich sagen: wie wahrscheinlich ein Irrtum in diesem Falle ist? Dies letztere kann man auch durch die Angabe gewisser Umstände anzeigen. Z.B. »A sagte dem B. ... Ich stand ganz nahe bei ihnen, und meine Ohren sind gut« oder »A war gestern dort und dort. Ich habe ihn von weitem gesehen. Meine Augen sind nicht sehr gut« oder »Dort steht ein Baum. Ich sehe ihn deutlich und habe ihn unzählige Male gesehen«.

444. »Der Zug geht um 2 Uhr. Prüf zur Sicherheit noch einmal nach« oder »Der Zug geht um 2 Uhr. Ich habe gerade in einem neuen Fahrplan nachgeschaut«. Man kann auch hinzufügen »Ich bin in solchen Sachen verläßlich«. Die Nützlichkeit solcher Zusätze ist offenbar.

445. Wenn ich aber sage »Ich habe zwei Hände« – was kann ich hinzufügen, um die Verläßlichkeit anzuzeigen? Höchstens, daß die Umstände die gewöhnlichen sind.

446. Warum bin ich denn so sicher, daß das meine Hand ist? Beruht nicht auf dieser Art Sicherheit das ganze Sprachspiel?

Oder: Ist in dem Sprachspiel diese ›Sicherheit‹ nicht (schon) vorausgesetzt? Dadurch nämlich, daß *der* es nicht spielt, oder falsch spielt, der Gegenstände nicht mit Sicherheit erkennt.

28. 3.

447. Vergleiche damit $12 \times 12 = 144$. Auch hier sagen wir nicht »vielleicht«. Denn sofern dieser Satz darauf beruht, daß wir uns nicht verzählen oder verrechnen, daß uns unsre Sinne beim Rechnen nicht trügen, sind die beiden, der arithmetische und der physische Satz, auf der gleichen Stufe.

Ich will sagen: Das physische Spiel ist ebenso sicher wie das arithmetische. Aber das kann mißverstanden werden. Meine Bemerkung ist eine logische, nicht eine psychologische.

448. Ich will sagen: Wenn man sich nicht darüber wundert, daß die arithmetischen Sätze (z.B. das Einmaleins) ›absolut gewiß‹ sind, warum sollte man darüber erstaunt sein, daß der Satz »Dies ist meine Hand« es ebenso ist?

449. Es muß uns etwas als Grundlage gelehrt werden.

450. Ich will sagen: Unser Lernen hat die Form »Das ist ein Veilchen«, »Das ist ein Tisch«. Das Kind könnte allerdings das Wort »Veilchen« zum erstenmal in dem Satz hören »Das ist vielleicht ein Veilchen«; dann aber könnte es fragen »Was ist ein Veilchen?« Nun könnte dies freilich dadurch beantwortet werden, daß man ihm ein *Bild* zeigt. Aber wie wäre es, wenn man nur beim Vorzeigen eines Bilds sagte »Das ist ein ...«, sonst aber immer nur: »Das ist vielleicht ein ...«? – Welche praktischen Folgen soll es haben?

Ein Zweifel, der an allem zweifelte, wäre kein Zweifel.

451. Mein Einwurf gegen Moore, daß der Sinn des isolierten Satzes »Das ist ein Baum« unbestimmt sei, da nicht bestimmt ist,

was das ›*Das*‹ ist, wovon man aussagt, es sei ein Baum – gilt nicht; denn man kann den Sinn bestimmter machen, indem man z. B. sagt: »Der Gegenstand dort, der ausschaut wie ein Baum, ist nicht die künstliche Imitation eines Baumes, sondern ein wirklicher Baum.«

452. Es wäre nicht vernünftig, zu zweifeln, ob das ein wirklicher Baum oder ... sei.

Daß es mir (als) zweifellos erscheint, darauf kommt's nicht an. Wenn es unvernünftig wäre, hier zu zweifeln, so kann das nicht aus meinem Dafürhalten ersehen werden. Es müßte also eine Regel geben, die den Zweifel hier für unvernünftig erklärt. Die aber gibt es auch nicht.

453. Ich sage allerdings: »Hier würde kein vernünftiger Mensch zweifeln.« – Könnte man sich denken, daß gelehrte Richter befragt würden, ob ein Zweifel vernünftig oder unvernünftig sei?

454. Es gibt Fälle, in denen der Zweifel unvernünftig ist, andre aber, in denen er logisch unmöglich scheint. Und zwischen ihnen scheint es keine klare Grenze zu geben.

29. 3.

455. Alles Sprachspiel beruht darauf, daß Wörter und Gegenstände wiedererkannt werden. Wir lernen mit der gleichen Unerbittlichkeit, daß dies ein Sessel ist, wie daß $2 \times 2 = 4$ ist.

456. Wenn ich also zweifle, oder unsicher bin darüber, daß das meine Hand ist (in welchem Sinn immer), warum dann nicht auch über die Bedeutung dieser Worte?

457. Will ich also sagen, daß die Sicherheit im Wesen des Sprachspiels liegt?

458. Man zweifelt aus bestimmten Gründen. Es handelt sich darum: Wie wird der Zweifel ins Sprachspiel eingeführt?

459. Wenn der Kaufmann jeden seiner Äpfel ohne Grund untersuchen wollte, um ja recht sicherzugehen, warum muß er (dann) nicht die Untersuchung untersuchen? Und kann man nun hier von Glauben reden (ich meine, im Sinne von religiösem Glauben, nicht von Vermutung)? Alle psychologischen Wörter führen hier nur von der Hauptsache ab.

460. Ich gehe zum Arzt, zeige ihm meine Hand und sage »Das ist eine Hand, nicht ...; ich habe sie mir verletzt etc. etc.« Mache ich da nur eine überflüssige Mitteilung? Könnte man z.B. nicht sagen: Angenommen die Worte »Das ist eine Hand« seien eine Mitteilung – wie konntest du dann darauf rechnen, daß er die Mitteilung versteht? Ja, wenn es einem Zweifel unterliegt, ›daß das eine Hand ist‹, warum unterliegt es nicht auch einem Zweifel, daß ich ein Mensch bin, der dem Arzt dies mitteilt? – Anderseits kann man sich aber – wenn auch sehr seltsame – Fälle vorstellen, wo so eine Erklärung nicht überflüssig ist, oder nur überflüssig, aber nicht absurd ist.

461. Angenommen, ich wäre der Arzt, und ein Patient kommt zu mir, zeigt mir seine Hand und sagt: »Was hier wie eine Hand ausschaut, ist nicht eine ausgezeichnete Imitation, sondern wirklich eine Hand.« Worauf er von seiner Verletzung redet. – Würde ich dies wirklich als eine Mitteilung, wenn auch eine überflüssige, ansehen? Würde ich es nicht vielmehr für Unsinn halten, der allerdings die Form einer Mitteilung hat? Denn, würde ich sagen, wenn diese Mitteilung wirklich Sinn hätte, wie kann er seiner Sache sicher sein? Es fehlt der Mitteilung der Hintergrund.

30. 3.
462. Warum gibt Moore unter den Dingen, die er weiß, nicht z.B. an, es gebe in dem und dem Teil von England ein Dorf, das soundso heiße? Mit andern Worten: Warum erwähnt er nicht eine Tatsache, die ihm, und nicht *jedem* von uns, bekannt ist?

31. 3.
463. Gewiß ist doch, daß die Mitteilung »Das ist ein Baum«, wenn niemand daran zweifeln könnte, eine Art Witz sein könnte und als solcher Sinn hätte. Ein Witz dieser Art ist wirklich einmal von Renan gemacht worden.

3. 4. 51
464. Meine Schwierigkeit läßt sich auch so demonstrieren: Ich sitze mit einem Freund im Gespräch. Plötzlich sage ich: »Ich habe schon die ganze Zeit gewußt, daß du der N.N. bist.« Ist dies wirklich nur eine überflüssige, wenn auch wahre, Bemerkung?

Es kommt mir vor, als wären diese Worte ähnlich einem »Grüß Gott«, wenn man es mitten im Gespräch dem Andern sagte.

465. Wie wäre es mit den Worten »Man weiß heute, daß es über ... Arten von Insekten gibt«, statt der Worte »Ich weiß, daß das ein Baum ist«? Wenn Einer jenen Satz plötzlich außer allem Zusammenhang ausspräche, so könnte man meinen, er habe inzwischen an etwas anderes gedacht und spreche nun einen Satz seines Gedankenganges laut aus. Oder auch: er sei in einer Trance und rede, ohne seine Worte zu verstehen.

466. Es scheint mir also, ich habe etwas schon die ganze Zeit gewußt, und doch habe es keinen Sinn, dies zu sagen, diese Wahrheit auszusprechen.

467. Ich sitze mit einem Philosophen im Garten; er sagt zu wiederholten Malen »Ich weiß, daß das ein Baum ist«, wobei er auf einen Baum in unsrer Nähe zeigt. Ein Dritter kommt daher und hört das, und ich sage ihm: »Dieser Mensch ist nicht verrückt: Wir philosophieren nur.«

4. 4.

468. Jemand sagt irrelevant »Das ist ein Baum«. Er könnte den Satz sagen, weil er sich erinnert, ihn in einer ähnlichen Situation gehört zu haben; oder er wurde plötzlich von der Schönheit dieses Baumes getroffen, und der Satz war ein Ausruf; oder er sagte sich den Satz als grammatisches Beispiel vor. (Etc.) Ich frage ihn nun: »Wie hast du das gemeint?«, und er antwortet: »Es war eine Mitteilung, an dich gerichtet.« Stünde mir da nicht frei, anzunehmen, er wisse nicht, was er sage, wenn er verrückt genug ist, mir diese Mitteilung machen zu wollen?

469. Jemand sagt im Gespräch zu mir zusammenhangslos »Ich wünsch dir alles Gute«. Ich bin erstaunt; aber später sehe ich ein, daß diese Worte in einem Zusammenhang mit seinen Gedanken über mich stehen. Und nun erscheinen sie mir nicht mehr sinnlos.

470. Warum ist kein Zweifel, daß ich L.W. heiße? Es scheint durchaus nichts, das man ohne weiteres zweifelfrei feststellen könnte. Man sollte nicht meinen, daß das eine der unzweifelhaften Wahrheiten ist.

5. 4.
[Hier ist noch eine große Lücke in meinem Denken. Und ich zweifle, ob sie noch ausgefüllt werden wird.]

471. Es ist so schwer, den *Anfang* zu finden. Oder besser: Es ist schwer, am Anfang anzufangen. Und nicht zu versuchen, weiter zurückzugehen.

472. Wenn das Kind die Sprache lernt, lernt es zugleich, was zu untersuchen und was nicht zu untersuchen ist. Wenn es lernt, daß im Zimmer ein Schrank ist, so lehrt man es nicht zweifeln, ob, was es später sieht, noch immer ein Schrank oder nur eine Art Kulisse ist.

473. Wie man beim Schreiben eine bestimmte Grundform lernt und diese später dann variiert, so lernt man zuerst die Beständigkeit der Dinge als Norm, die dann Änderungen unterliegt.

474. Dieses Spiel bewährt sich. Das mag die Ursache sein, weshalb es gespielt wird, aber es ist nicht der Grund.

475. Ich will den Menschen hier als Tier betrachten; als ein primitives Wesen, dem man zwar Instinkt, aber nicht Raisonnement zutraut. Als ein Wesen in einem primitiven Zustande. Denn welche Logik für ein primitives Verständigungsmittel genügt, deren brauchen wir uns auch nicht zu schämen. Die Sprache ist nicht aus einem Raisonnement hervorgegangen.

6. 4.

476. Das Kind lernt nicht, daß es Bücher gibt, daß es Sessel gibt, etc. etc., sondern es lernt Bücher holen, sich auf Sessel (zu) setzen, etc.

Es kommen freilich später auch Fragen nach der Existenz auf: »Gibt es ein Einhorn?« usw. Aber so eine Frage ist nur möglich, weil in der Regel keine ihr entsprechende auftritt. Denn wie weiß man, wie man sich von der Existenz des Einhorns zu überzeugen hat? Wie hat man die Methode gelernt zu bestimmen, ob etwas existiere oder nicht?

477. »So muß man also wissen, daß die Gegenstände existieren, deren Namen man durch eine hinweisende Erklärung einem Kind beibringt.« – Warum muß man's wissen? Ist es nicht genug, daß Erfahrung später nicht das Gegenteil erweise?

Warum soll denn das Sprachspiel auf einem Wissen ruhen?

7. 4.

478. Glaubt das Kind, daß es Milch gibt? Oder weiß es, daß es Milch gibt? Weiß die Katze, daß es eine Maus gibt?

479. Sollen wir sagen, daß die Erkenntnis, es gebe physikalische Gegenstände, eine sehr frühe oder eine sehr späte sei?

8. 4.

480. Das Kind, das das Wort »Baum« gebrauchen lernt. Man steht mit ihm vor einem Baum und sagt »*Schöner* Baum!«. Daß kein Zweifel an der Existenz des Baums in das Sprachspiel eintritt, ist klar. Aber kann man sagen, das Kind *wisse*: daß es einen Baum gibt? Es ist allerdings wahr, daß ›etwas wissen‹ nicht in sich beschließt: daran *denken* – aber muß nicht, wer etwas weiß, eines Zweifels fähig sein? Und zweifeln heißt denken.

481. Wenn man Moore sagen hört »Ich *weiß*, daß das ein Baum ist«, so versteht man plötzlich die, welche finden, das sei gar nicht ausgemacht.

Die Sache kommt einem auf einmal unklar und verschwommen vor. Es ist, als hätte Moore das falsche Licht drauf fallen lassen.

Es ist, als sähe ich ein Gemälde (vielleicht eine Bühnenmalerei) und erkenne von weitem sofort und ohne den geringsten Zweifel, was es darstellt. Nun trete ich aber näher: und da sehe ich eine Menge Flecke verschiedener Farben, die alle höchst vieldeutig sind und durchaus keine Gewißheit geben.

482. Es ist, als ob das »Ich weiß« keine metaphysische Betonung vertrüge.

483. Richtige Verwendung des Wortes »Ich weiß«. Ein Schwachsichtiger fragt mich: »Glaubst du, daß das, was wir dort sehen, ein Baum ist?« – Ich antworte: »Ich *weiß* es; ich sehe ihn

genau und kenne ihn gut.« A: »Ist N. N. zu Hause?« – Ich: »Ich glaube ja«. – A: »War er gestern zu Hause?« – Ich: »Gestern war er zu Hause, das weiß ich, ich habe mit ihm gesprochen.« – A: »Weißt du, oder glaubst du nur, daß dieser Teil des Hauses neu dazugebaut ist?« – Ich: »Ich *weiß* es; ich habe mich beim ... erkundigt.«

484. Hier sagt man also »Ich weiß« und gibt den Grund des Wissens an, oder man kann ihn doch angeben.

485. Man kann sich auch einen Fall denken, in welchem Einer eine Liste von Sätzen durchgeht und sich dabei immer wieder fragt »Weiß ich das, oder glaube ich es nur?« Er will die Sicherheit jedes einzelnen Satzes überprüfen. Es könnte sich um eine Zeugenaussage vor Gericht handeln.

9. 4.

486. »Weißt du, oder glaubst du nur, daß du L. W. heißt?« Ist das eine sinnvolle Frage?

Weißt du, oder glaubst du nur, daß, was du hier hinschreibst, deutsche Worte sind? Glaubst du nur, daß »glauben« *diese* Bedeutung hat? *Welche* Bedeutung?

487. Was ist der Beweis dafür, daß ich etwas *weiß*? Doch gewiß nicht, daß ich sage, ich wisse es.

488. Wenn also Autoren aufzählen, was sie alles *wissen*, so beweist das gar nichts.

Daß man also etwas über physikalische Dinge wissen kann, kann nicht durch die Beteuerungen derer erwiesen werden, die es zu wissen glauben.

489. Denn was antwortet man dem, der sagt: »Ich glaube, es kommt dir nur so vor, als wüßtest du's«?

490. Wenn ich nun frage »Weiß ich, oder glaube ich nur, daß ich ... heiße?«, so nützt es nichts, daß ich in mich hineinsehe.

Ich könnte aber sagen: Nicht nur zweifle ich nie im mindesten, daß ich so heiße, sondern ich könnte keines Urteils sicher sein, wenn sich darüber ein Zweifel erhöbe.

10. 4.

491. »Weiß ich, oder glaub ich nur, daß ich L.W. heiße?« – Ja, wenn die Frage hieße »Bin ich sicher, oder vermute ich nur, daß ich...?«, da könnte man sich auf meine Antwort verlassen. –

492. »Weiß ich, oder glaube ich nur, ...?« könnte man auch so ausdrücken: Wie, wenn es sich herauszustellen *schiene*, daß, was mir bisher dem Zweifel nicht zugänglich schien, eine falsche Annahme war? Würde ich da reagieren, wie wenn ein Glauben sich als falsch erwiesen hat? oder würde das den Boden meines Urteilens auszuschlagen scheinen? – Aber ich will hier natürlich nicht eine *Prophezeiung*.

Würde ich einfach sagen »Das hätte ich nie gedacht!« – oder aber mich weigern (müssen), mein Urteil zu revidieren, weil nämlich eine solche ›Revision‹ einer Vernichtung aller Maßstäbe gleichkäme?

493. Ist es also so, daß ich gewisse Autoritäten anerkennen muß, um überhaupt urteilen zu können?

494. »An diesem Satz kann ich nicht zweifeln, ohne alles Urteilen aufzugeben.«

Aber was für ein Satz ist das? (Er erinnert an das, was Frege über das Gesetz der Identität gesagt hat.*)

Er ist sicher kein Erfahrungssatz. Er gehört nicht in die Psychologie. Er hat eher den Charakter einer Regel.

495. Man könnte Einem, der gegen die zweifellosen Sätze Einwände machen wollte, einfach sagen »Ach Unsinn!«. Also nicht ihm antworten, sondern ihn zurechtweisen.

496. Es ist hier ein ähnlicher Fall wie wenn man zeigt, daß es keinen Sinn hat zu sagen, ein Spiel sei immer falsch gespielt worden.

497. Wenn Einer Zweifel in mir immer aufrufen wollte und spräche: da täuscht dich dein Gedächtnis, dort bist du betrogen worden, dort wieder hast du dich nicht gründlich genug überzeugt, etc., und ich ließe mich nicht erschüttern und bliebe bei meiner Gewißheit – dann kann das schon darum nicht falsch sein, weil es erst ein Spiel definiert.

* *Grundgesetze der Arithmetik* I xviii *(Herausg.)*

11. 4.

498. Das Seltsame ist, daß, wenn schon ich es ganz richtig finde, daß Einer den Versuch, ihn mit Zweifeln in dem Fundamente irrezumachen, mit dem Wort »Unsinn!« abweist, ich es für unrichtig halte, wenn er sich verteidigen will, wobei er etwa die Worte »Ich weiß« gebraucht.

499. Ich könnte auch so sagen: Das ›Gesetz der Induktion‹ läßt sich ebensowenig *begründen* als gewisse partikulare Sätze, das Erfahrungsmaterial betreffend.

500. Aber es schiene mir auch Unsinn zu sein, zu sagen »Ich weiß, daß das Gesetz der Induktion wahr ist«.

Denk dir so eine Aussage in einem Gerichtshof gemacht. Richtiger wäre noch »Ich glaube an das Gesetz ...«, wo ›glauben‹ nichts mit *vermuten* zu tun hat.

501. Komme ich nicht immer mehr und mehr dahin zu sagen, daß die Logik sich am Schluß nicht beschreiben lasse? Du mußt die Praxis der Sprache ansehen, dann siehst du sie.

502. Könnte man sagen »Ich weiß mit geschlossenen Augen die Lage meiner Hände«, wenn meine Angabe immer oder meistens dem Zeugnis der Andern widerspräche?

503. Ich schaue einen Gegenstand an und sage »Das ist ein Baum« oder »Ich weiß, daß das ...« – Gehe ich nun in die Nähe und es stellt sich anders heraus, so kann ich sagen »Es war doch

kein Baum«; oder ich sage »Es *war* ein Baum, ist es aber jetzt nicht mehr«. Wenn nun aber alle Andern mit mir in Widerspruch wären und sagten, es wäre nie ein Baum gewesen, und wenn alle andern Zeugnisse gegen mich sprächen – was *nützte* es mir dann noch, auf meinem »Ich weiß ...« zu beharren?

504. Ob ich etwas *weiß*, hängt davon ab, ob die Evidenz mir recht gibt oder mir widerspricht. Denn zu sagen, man wisse, daß man Schmerzen habe, heißt nichts.

505. Es ist immer von Gnaden der Natur, wenn man etwas weiß.

506. »Wenn mich mein Gedächtnis hier täuscht, so kann es mich überall täuschen.«

Wenn ich *das* nicht weiß, wie weiß ich dann, ob meine Worte das bedeuten, was ich glaube, daß sie bedeuten?

507. »Wenn mich dies täuscht, was heißt ›täuschen‹ dann noch?«

508. Worauf kann ich mich verlassen?

509. Ich will eigentlich sagen, daß ein Sprachspiel nur möglich ist, wenn man sich auf etwas verläßt. (Ich habe nicht gesagt »auf etwas verlassen kann«.)

510. Wenn ich sage »Natürlich weiß ich, daß das ein Handtuch ist«, so mache ich eine *Äußerung*. Ich denke nicht an eine Verifikation. Es ist für mich eine unmittelbare Äußerung.

Ich denke nicht an Vergangenheit oder Zukunft. (Und so geht es natürlich auch Moore.)

Ganz so wie ein unmittelbares Zugreifen; wie ich ohne zu zweifeln nach dem Handtuch greife.

511. Aber dieses unmittelbare Zugreifen entspricht doch einer *Sicherheit*, keinem Wissen.

Aber greif ich so nicht auch zum Namen eines Dinges?

12. 4.

512. Die Frage ist doch die: »Wie, wenn du auch in diesen fundamentalsten Dingen deine Meinung ändern müßtest?« Und darauf scheint mir die Antwort zu sein: »Du *mußt* sie nicht ändern. Gerade darin liegt es, daß sie ›fundamental‹ sind.«

513. Wie, wenn etwas *wirklich Unerhörtes* geschähe? wenn ich etwa sähe, wie Häuser sich nach und nach ohne offenbare Ursache in Dampf verwandelten; wenn das Vieh auf der Wiese auf den Köpfen stünde, lachte und verständliche Worte redete; wenn Bäume sich nach und nach in Menschen und Menschen in Bäume verwandelten. Hatte ich nun recht, als ich vor allen diesen Geschehnissen sagte »Ich weiß, daß das ein Haus ist« etc., oder einfach »Das ist ein Haus« etc.?

514. Diese Aussage erschien mir als fundamental; wenn das falsch ist, was ist noch ›wahr‹ und ›falsch‹?!

515. Wenn mein Name *nicht* L.W. ist, wie kann ich mich darauf verlassen, was unter »wahr« und »falsch« zu verstehen ist?

516. Wenn etwas geschähe (wenn z.B. jemand mir etwas sagte), was dazu angetan wäre, mir Zweifel daran zu erwecken, so gäbe es gewiß auch etwas, was die Gründe solcher Zweifel selbst zweifelhaft erscheinen ließe, und ich könnte mich also dafür entscheiden, meinen alten Glauben beizubehalten.

517. Wäre es aber nicht möglich, daß etwas geschähe, was mich ganz aus dem Geleise würfe? Evidenz, die mir das Sicherste unannehmbar machte? oder doch bewirkte, daß ich meine fundamentalsten Urteile umstoße? (Ob mit Recht oder mit Unrecht, ist hier ganz gleich.)

518. Könnte ich mir denken, daß ich dies in einem andern Menschen beobachtete?

519. Wenn du einen Befehl befolgst »Bring mir ein Buch«, so ist es allerdings möglich, daß du untersuchen mußt, ob, was du dort siehst, wirklich ein Buch ist, aber du weißt dann doch, was man unter »Buch« versteht; und weißt du das nicht, so kannst du etwa nachschlagen, – aber dann mußt du doch wissen, was ein anderes Wort bedeutet. Und, daß ein Wort das und das bedeutet, so und so gebraucht wird, ist wieder eine Erfahrungstatsache wie die, daß jener Gegenstand ein Buch ist.

Um also einen Befehl befolgen zu können, mußt du über eine Erfahrungstatsache außer Zweifel sein. Ja, der Zweifel beruht nur auf dem, was außer Zweifel ist.

Da aber ein Sprachspiel etwas ist, was in wiederholten Spielhandlungen in der Zeit besteht, so scheint es, man könne in keinem *einzelnen* Falle sagen, das und das müsse außer Zweifel stehen, wenn es ein Sprachspiel geben solle, wohl aber, daß, *in der Regel*, irgendwelche Erfahrungsurteile außer Zweifel stehen müssen.

13. 4.
520. Moore hat ein gutes Recht zu sagen, er wisse, daß vor ihm ein Baum steht. Natürlich kann er sich darin irren. (Denn es ist ja hier nicht wie mit der Äußerung »Ich glaube, dort steht ein Baum«.) Aber, ob er in diesem Fall recht hat oder sich irrt, ist philosophisch nicht von Belang. Wenn Moore die bekämpft, die sagen, so etwas könne man nicht eigentlich wissen, so kann er es nicht tun, indem er versichert: *Er* wisse das und das. Denn das braucht man ihm nicht zu glauben. Hätten seine Gegner behauptet, man könne das und das nicht *glauben*, so hätte er ihnen antworten können »*Ich* glaube es«.

14. 4.
521. Moores Fehler liegt darin, auf die Behauptung, man könne das nicht wissen, zu entgegnen »Ich weiß es«.

522. Wir sagen: Wenn das Kind die Sprache – und also ihre Anwendung – beherrscht, muß es die Bedeutungen der Worte wissen. Es muß z. B. einem weißen, schwarzen, roten, blauen Dinge seinen Farbnamen, in der Abwesenheit jedes Zweifels, beilegen können.

523. Ja, hier vermißt auch niemand den Zweifel; wundert sich niemand, daß wir die Bedeutung der Worte nicht nur *vermuten*.

15.4.

524. Ist es für unsre Sprachspiele (›Befehlen und Gehorchen‹, z.B.) wesentlich, daß ein Zweifel an gewissen Stellen nicht eintritt, oder genügt es, wenn das Gefühl der Sicherheit besteht, wenn auch mit einem leichten Anhauch des Zweifels?

Genügt es also, wenn ich zwar nicht wie jetzt, *ohne weiteres*, ohne die Dazwischenkunft irgendeines Zweifels, etwas ›schwarz‹, ›grün‹, ›rot‹ nenne – aber statt dessen doch sage »Ich bin sicher, daß das rot ist«, wie man etwa sagt »Ich bin sicher, daß er heute kommen wird« (also mit dem ›Gefühl der Sicherheit‹)?

Das begleitende Gefühl ist uns natürlich gleichgültig, und ebensowenig brauchen wir uns um die Worte »Ich bin sicher, daß« bekümmern. – Wichtig ist, ob ein Unterschied in der *Praxis* der Sprache damit zusammengeht.

Man könnte fragen, ob er überall dort, wo wir, z.B., mit Sicherheit eine Meldung machen (bei einem Versuch z.B. schauen wir in eine Röhre und melden die Farbe, die wir durch sie beobachten), ob er bei dieser Gelegenheit sagt »Ich bin sicher«. Tut er dies, so wird man zuerst geneigt sein, seine Angabe zu überprüfen. Zeigt sich aber, daß er ganz zuverlässig ist, so wird man erklären, seine Redeweise sei nur eine Verschrobenheit, die die Sache nicht berührt. Man könnte z.B. annehmen, daß er skeptische Philosophen gelesen habe, überzeugt worden sei, man könne nichts wissen, und darum diese Redeweise angenommen habe. Wenn wir erst einmal an sie gewöhnt sind, so tut sie der Praxis keinen Eintrag.

525. Wie sieht also der Fall aus, wo Einer wirklich zu den Farbnamen, z.B., eine andere Beziehung hat als wir? Wo näm-

lich ein leiser Zweifel, oder die Möglichkeit eines Zweifels, in ihrem Gebrauch bestehenbleibt.

16. 4.

526. Wer beim Anblick eines englischen Postkastens sagte »Ich bin sicher, er ist rot«, den müßten wir für farbenblind halten oder glauben, er beherrschte das Deutsche nicht und wüßte den richtigen Farbnamen in einer andern Sprache.

Wäre keines von beiden der Fall, so würden wir ihn nicht recht verstehen.

527. Ein Deutscher, der diese Farbe »rot« nennt, ist nicht »sicher, sie heiße im Deutschen ›rot‹«. Das Kind, welches die Verwendung des Wortes beherrscht, ist nicht ›sicher, diese Farbe heiße in seiner Sprache *so*‹. Man kann auch nicht von ihm sagen, es lerne, wenn es sprechen lernt, daß die Farbe auf deutsch so heißt, oder auch: es *wisse* dies, wenn es den Gebrauch des Worts erlernt hat.

528. Und dennoch: wenn jemand mich fragte, wie die Farbe auf deutsch heiße, und ich sag es ihm, und er fragt mich »Bist du sicher?«, so werde ich antworten: »Ich *weiß* es; Deutsch ist meine Muttersprache.«

529. Auch wird z.B. ein Kind vom andern sagen, oder von sich selbst, es wisse schon, wie das und das heißt.

530. Ich kann jemandem sagen »Diese Farbe heißt auf deutsch ›rot‹« (Wenn ich ihn z.B. im Deutschen unterrichte). Ich würde

in diesem Falle nicht sagen »Ich weiß, daß diese Farbe ...« – das würde ich etwa sagen, wenn ich es soeben selbst gelernt hätte, oder im Gegensatz zu einer andern Farbe, deren deutschen Namen ich nicht kenne.

531. Ist es nun aber nicht richtig, meinen gegenwärtigen Zustand *so* zu beschreiben: ich *wisse*, wie diese Farbe auf deutsch heißt? Und wenn das richtig ist, warum soll ich dann nicht meinen Zustand mit den entsprechenden Worten »Ich weiß etc.« beschreiben?

532. Moore also, wenn er, vor dem Baum sitzend, sagte »Ich weiß, daß das ein ...«, sprach einfach die Wahrheit über seinen damaligen Zustand aus.

[Ich philosophiere jetzt wie eine alte Frau, die fortwährend etwas verlegt und es wieder suchen muß; einmal die Brille, einmal den Schlüsselbund.]

533. Nun, wenn es richtig war, außer dem Zusammenhange seinen Zustand zu beschreiben, dann war es ebenso richtig, außer dem Zusammenhange die Worte »Das ist ein Baum« auszusprechen.

534. Ist es aber falsch zu sagen: »Das Kind, welches ein Sprachspiel beherrscht, muß Gewisses *wissen*«?

Wenn man statt dessen sagte »muß Gewisses *können*«, so wäre das ein Pleonasmus, und doch ist es gerade *das*, welches ich auf den ersten Satz erwidern möchte. – Aber: »Das Kind erwirbt sich ein naturgeschichtliches Wissen.« Das setzt voraus, daß das Kind fragen könne, wie die und die Pflanze heißt.

535. Das Kind weiß, wie etwas heißt, wenn es auf die Frage »Wie heißt das?« richtig antworten kann.

536. Das Kind, welches anfängt, die Sprache zu lernen, hat natürlich den Begriff des *Heißens* noch gar nicht.

537. Kann man von Einem, der diesen Begriff nicht besitzt, sagen, er *wisse*, wie das und das heiße?

538. Das Kind, möchte ich sagen, lernt so und so reagieren; und wenn es das nun tut, so weiß es damit noch nichts. Das Wissen beginnt erst auf einer späteren Stufe.

539. Ist es mit dem Wissen wie mit dem Sammeln?

540. Ein Hund könnte lernen, auf den Ruf »N« zu N zu laufen und auf den Ruf »M« zu M, – wüßte er aber darum, wie die Leute heißen?

541. »Er weiß erst, wie Dieser heißt, noch nicht, wie Jener heißt.« Das kann man strenggenommen nicht von Einem sagen, der den Begriff davon noch gar nicht hat, daß Menschen Namen haben.

542. »Ich kann diese Blume nicht beschreiben, wenn ich nicht weiß, daß diese Farbe ›rot‹ heißt.«

543. Das Kind kann die Namen von Personen gebrauchen, lang ehe es in irgendeiner Form sagen kann: »Ich weiß, wie Dieser heißt; ich weiß noch nicht, wie Jener heißt.«

544. Ich kann freilich wahrheitsgemäß sagen »Ich weiß, wie diese Farbe auf deutsch heißt«, indem ich z. B. auf die Farbe des frischen Blutes deute. Aber ---

17. 4.
545. »Das Kind weiß, welche Farbe das Wort ›blau‹ bedeutet.« Was es da weiß, ist gar nicht so einfach.

546. »Ich weiß, wie diese Farbe heißt«, würde ich z. B. sagen, wenn es sich um Farbtöne handelt, deren Namen nicht jeder kennt.

547. Man kann einem Kind, das grade erst anfängt zu sprechen und die Wörter »rot« und »blau« gebrauchen kann, noch nicht sagen: »Nicht wahr, du weißt, wie diese Farbe heißt.«

548. Das Kind muß die Verwendung von Farbnamen lernen, ehe es nach dem Namen einer Farbe fragen kann.

549. Es wäre falsch zu sagen, ich könne nur dann sagen »Ich weiß, daß dort ein Sessel steht«, wenn ein Sessel dort steht. Freilich ist es nur dann *wahr*, aber ich habe ein Recht, es zu sagen, wenn ich *sicher* bin, es stehe einer dort, auch wenn ich unrecht habe.

[Die Prätensionen sind eine Hypothek, die die Denkkraft des Philosophen belastet.]

18. 4.

550. Wenn Einer etwas glaubt, so muß man nicht immer die Frage beantworten können, ›warum er es glaubt‹; weiß er aber etwas, so muß die Frage »Wie weiß er es?« beantwortet werden können.

551. Und beantwortet man diese Frage, so muß es nach allgemein anerkannten Grundsätzen geschehen. *So* läßt sich so etwas wissen.

552. Weiß ich, daß ich jetzt in einem Sessel sitze? – Weiß ich es nicht?! Es wird niemand, unter den gegenwärtigen Umständen, sagen, ich wisse das, aber ebensowenig z. B., ich sei bei Bewußtsein. Man wird das auch gewöhnlich nicht von den Passanten auf der Straße sagen.

Aber wenn man's nun auch nicht sagt, *ist* es darum nicht so??

553. Es ist seltsam: Wenn ich, ohne besondern Anlaß, sage »Ich weiß«, z. B. »Ich weiß, daß ich jetzt auf einem Sessel sitze«, so erscheint mir die Aussage ungerechtfertigt und anmaßend. Mache ich aber die gleiche Aussage, wo ein Bedürfnis nach ihr

vorhanden ist, so scheint sie mir, obgleich ich ihrer Wahrheit nicht um ein Haar sicherer bin, als vollkommen gerechtfertigt und alltäglich.

554. In ihrem Sprachspiel ist sie nicht anmaßend. Sie steht dort nicht höher als eben das menschliche Sprachspiel. Denn da hat sie ihre eingeschränkte Anwendung.

Wie ich aber den Satz außerhalb seines Zusammenhangs sage, so erscheint er in einem falschen Lichte. Denn dann ist es, als wollte ich versichern, daß es Dinge gibt, die ich *weiß*. Worüber Gott selber mir nichts erzählen könnte.

19. 4.

555. Wir sagen, wir wissen, daß das Wasser kocht, wenn es ans Feuer gestellt wird. Wie wissen wir's? Erfahrung hat es uns gelehrt. – Ich sage »Ich weiß, daß ich heute früh gefrühstückt habe«; Erfahrung hat mich das nicht gelehrt. Man sagt auch »Ich weiß, daß er Schmerzen hat«. Jedesmal ist das Sprachspiel anders, jedesmal sind wir *sicher*, und jedesmal wird man mit uns übereinstimmen, daß wir *in der Lage sind* zu wissen. Daher finden sich ja auch die Lehrsätze der Physik in Lehrbüchern für jedermann.

Wenn jemand sagt, er *wisse* etwas, so muß es etwas sein, was er, dem allgemeinen Urteil nach, in der Lage ist zu wissen.

556. Man sagt nicht: Er ist in der Lage, das zu glauben.

Wohl aber: »Es ist vernünftig, in dieser Lage das anzunehmen« (oder »zu glauben«).

557. Ein Kriegsgericht mag zu beurteilen haben, ob es in der und der Lage vernünftig war, das und das mit Sicherheit (wenn auch fälschlich) anzunehmen.

558. Wir sagen, wir wissen, daß das Wasser unter den und den Umständen kocht und nicht gefriert. Ist es denkbar, daß wir uns darin irren? Würde nicht ein Irrtum alles Urteil mit sich reißen? Ich meine: Was könnte aufrecht stehen, wenn das fiele? Könnte Einer etwas finden, und wir nun sagen: »Es war ein Irrtum«?

Was immer in Zukunft geschehen mag, wie immer sich Wasser in Zukunft verhalten mag, – wir *wissen*, daß es sich bis jetzt in unzähligen Fällen *so* verhalten hat.

Diese Tatsache ist in das Fundament unseres Sprachspiels eingegossen.

559. Du mußt bedenken, daß das Sprachspiel sozusagen etwas Unvorhersehbares ist. Ich meine: Es ist nicht begründet. Nicht vernünftig (oder unvernünftig).

Es steht da – wie unser Leben.

560. Und der Begriff des Wissens ist mit dem des Sprachspiels verkuppelt.

561. »Ich weiß« und »Du kannst dich drauf verlassen«. Aber man kann nicht immer für das erste das zweite setzen.

562. Immerhin ist es wichtig, sich eine Sprache vorzustellen, in der es *unsern* Begriff ›wissen‹ nicht gibt.

563. Man sagt »Ich *weiß*, daß er Schmerzen hat«, obwohl man keinen überzeugenden Grund dafür angeben kann. – Ist das dasselbe wie »Ich bin sicher, daß er ...«? – Nein. »Ich bin sicher« gibt dir die subjektive Sicherheit. »Ich weiß« heißt, daß zwischen mir, der es weiß, und dem, der's nicht weiß, ein Unterschied des Verständnisses liegt. (Etwa gegründet auf einem Unterschied des Grads der Erfahrung.)

Sage ich in der Mathematik »Ich weiß«, so ist die Rechtfertigung dafür ein Beweis.

Wenn man in diesen beiden Fällen statt »Ich weiß« »Du kannst dich drauf verlassen« sagt, so ist die Begründung jedesmal von andrer Art.

Und die Begründung hat ein Ende.

564. Ein Sprachspiel: Bringen der Bausteine, Melden der Anzahl vorhandener Steine. Manchmal wird die Anzahl geschätzt, manchmal durch Zählen festgestellt. Es kommt dann die Frage vor »Glaubst du, es sind so viele Steine?« und die Antwort »Ich weiß es, ich hab sie gerade gezählt«. Aber hier könnte das »Ich weiß« wegbleiben. Wenn es aber mehrere Arten der sichern Konstatierung gibt, wie zählen, wägen, messen des Stoßes etc., dann kann statt der Angabe, *wie* man's weiß, die Aussage »Ich weiß« treten.

565. Aber hier ist von einem ›Wissen‹, daß dies »Platte«, *dies* »Säule« etc. heißt, noch gar nicht die Rede.

566. Ja, das Kind, das mein Sprachspiel (No. 2)* lernt, lernt nicht sagen »Ich weiß, daß dies ›Platte‹ heißt«.

Es gibt nun freilich ein Sprachspiel, in welchem das Kind

* *Philosophische Untersuchungen* § 2 *(Herausg.)*

diesen Satz gebraucht. Dies setzt voraus, daß das Kind, sowie ihm der Name gegeben ist, ihn auch schon gebrauchen kann. Wie wenn mir jemand sagte »Diese Farbe heißt ›...‹« – Wenn also das Kind ein Sprachspiel mit Bausteinen gelernt hat, so kann man ihm nun etwa sagen »Und dieser Stein heißt ›...‹«, und man hat dadurch das ursprüngliche Sprachspiel *erweitert.*

567. Und ist nun mein Wissen, daß ich L. W. heiße, von der gleichen Art wie das, daß Wasser bei 100° C siedet? Diese Frage ist natürlich falsch gestellt.

568. Wenn einer meiner Namen nur ganz selten gebraucht würde, so könnte es sein, daß ich ihn nicht wüßte. Daß ich meinen Namen weiß, ist nur darum selbstverständlich, weil ich ihn, wie jeder Andre, unzählige Male verwende.

569. Ein innres Erlebnis kann es mir nicht zeigen, daß ich etwas *weiß.*

Wenn ich daher trotzdem sage »Ich weiß, daß ich ... heiße« und es doch offenbar nicht ein Erfahrungssatz ist, ---

570. »Ich weiß, daß ich so heiße; bei uns weiß es jeder Erwachsene, wie er heißt.«

571. »Ich heiße ..., du kannst dich drauf verlassen. Wenn es sich als falsch erweist, so brauchst du mir in Zukunft nie mehr zu glauben.«

572. Ich scheine doch zu wissen, daß ich mich, in meinem eigenen Namen z. B., nicht irren kann!

Das drückt sich in den Worten aus: »Wenn das falsch ist, dann bin ich verrückt.« Nun gut, aber das sind Worte; aber welchen Einfluß hat es auf die Anwendung der Sprache?

573. Dadurch, daß ich durch nichts vom Gegenteil zu überzeugen bin?

574. Die Frage ist: Welche *Art* Satz ist das: »Ich weiß, daß ich mich darin nicht irren kann«, oder auch: »Ich kann mich darin nicht irren«?

Das »Ich weiß« scheint hier alle Gründe abzuschneiden. Ich *weiß* es eben. Aber wenn hier überhaupt von Irrtum die Rede sein kann, dann muß sich prüfen lassen, ob ich's weiß.

575. Das Wort »Ich weiß« könnte also den Zweck haben anzuzeigen, wo ich zuverlässig bin, wobei aber die Brauchbarkeit dieses Zeichens aus der *Erfahrung* hervorgehen muß.

576. Man könnte sagen »Wie weiß ich, daß ich mich in meinem Namen nicht irre?« – und wenn darauf geantwortet würde »Weil ich ihn so oft verwendet habe«, so könnte man weiterfragen: »Wie weiß ich, daß ich mich *darin* nicht irre?!« Und hier kann das »Wie weiß ich« keine Bedeutung mehr haben.

577. »Ich weiß meinen Namen mit voller Bestimmtheit.«
Ich würde mich weigern, irgendein Argument in Betracht zu ziehen, welches das Gegenteil zeigen wollte!
Und was heißt »Ich *würde* mich weigern«? Ist es der Ausdruck einer Absicht?

578. Aber könnte nicht eine höhere Autorität mir versichern, daß ich nicht die Wahrheit weiß? So daß ich sagen müßte »Lehre mich!« Aber dann müßten mir die Augen aufgetan werden.

579. Es gehört zu dem Sprachspiel mit den Personennamen, daß jeder seinen Namen mit der größten Sicherheit weiß.

20. 4.
580. Es könnte doch sein, daß, wenn immer ich sagte »Ich weiß es«, es sich als falsch herausstellte. (Aufzeigen.)

581. Ich könnte mir aber vielleicht dennoch nicht helfen und würde weiter versichern »Ich weiß ...«. Aber wie hat denn das Kind den Ausdruck gelernt?

582. »Ich weiß es« kann heißen: Es ist mir schon bekannt – aber auch: Es ist gewiß so.

583. »Ich weiß, daß das auf ... ›...‹ heißt.« – Wie weißt du das? – »Ich habe ... gelernt.«

Könnte ich hier statt »Ich weiß, daß etc.« setzen »Auf ... heißt dies ›...‹«?

584. Wäre es möglich, das Verbum »wissen« nur in der Frage »Wie weißt du das?« zu benützen, die auf eine einfache Behauptung folgt? – Statt »Das weiß ich schon« sagt man »Das ist mir bekannt«; und dies folgt nur auf die Mitteilung der Tatsache. Aber* was sagt man statt »Ich weiß, was das ist«?

585. Aber sagt nicht »Ich weiß, daß das ein Baum ist« etwas anderes als »Das ist ein Baum«?

586. Statt »Ich weiß, was das ist« könnte man sagen »Ich kann sagen, was das ist«. Und wenn man diese Ausdrucksweise annähme, was würde dann aus »Ich weiß, daß das ... ist«?

587. Zurück zur Frage, ob »Ich weiß, daß das ein ... ist« etwas andres sagt als »Das ist ein ...«. – Im ersten Satz wird eine Person erwähnt, im zweiten nicht. Aber das zeigt nicht, daß sie verschiedenen Sinn haben. Man ersetzt jedenfalls oft die erste Form durch die zweite und gibt dieser dann oft eine besondere Intonation. Denn man spricht anders, wenn man eine unwidersprochene Feststellung macht, und wenn man sie gegen einen Widerspruch aufrechterhält.

* *Der letzte Satz ist ein Nachtrag. (Herausg.)*

588. Aber sage ich nicht durch die Worte »Ich weiß, daß ...«, daß ich in einem bestimmten Zustand mich befinde, während das die bloße Behauptung »Das ist ein ...« nicht sagt? Und doch antwortet man auf so eine Behauptung oft »Wie weißt du das?« – »Aber doch nur, weil die Tatsache, daß ich dies behaupte, zu erkennen gibt, ich glaube es zu wissen.« – Man könnte das so ausdrücken: In einem zoologischen Garten könnte die Aufschrift stehen »Das ist ein Zebra«; aber doch nicht »Ich weiß, daß das ein Zebra ist«.

»Ich weiß« hat nur Sinn, wenn eine Person es äußert. *Dann* aber ist es gleichgültig, ob die Äußerung ist »Ich weiß ...« oder »Das ist ...«.

589. Wie lernt denn Einer seinen Zustand des Wissens erkennen?

590. Von dem Erkennen eines Zustandes könnte man eher noch reden, wo es heißt »Ich weiß, was das ist«. Man kann sich hier davon überzeugen, daß man dieses Wissen wirklich besitzt.

591. »Ich weiß, was das für ein Baum ist. – Es ist eine Kastanie.«

»Ich weiß, was das für ein Baum ist. Ich weiß, daß es eine Kastanie ist.«

Die erste Aussage klingt natürlicher als die zweite. Man wird nur dann zum zweitenmal »Ich weiß« sagen, wenn man die Gewißheit besonders betonen will; etwa um einem Widerspruch zuvorzukommen. Das erste »Ich weiß« heißt ungefähr: Ich kann sagen.

In einem andern Fall aber könnte man mit der Konstatierung »Das ist ein ...« beginnen, und dann, auf einen Widerspruch, entgegnen: »Ich weiß, was das für ein Baum ist« und damit die Sicherheit betonen.

592. »Ich kann sagen, was das für ein ..., und zwar mit Sicherheit.«

593. Auch wenn man »Ich weiß, daß es so ist« durch »Es ist so« ersetzen kann, kann man doch nicht die Negation des einen durch die Negation des andern ersetzen.

Mit »Ich weiß nicht, ...« tritt ein neues Element in die Sprachspiele ein.

21. 4.

594. »L. W.« ist mein Name. Und wenn es jemand bestritte, würde ich sofort unzählige Verbindungen schlagen, die ihn sichern.

595. »Aber ich kann mir doch einen Menschen vorstellen, der alle diese Verbindungen macht, wovon keine mit der Wirklichkeit übereinstimmt. Warum soll ich mich nicht in einem ähnlichen Falle befinden?«

Wenn ich mir jenen Menschen vorstelle, so stelle ich mir auch eine Realität vor, eine Welt, die ihn umgibt; und ihn, wie er dieser Welt zuwider denkt (und spricht).

596. Wenn Einer mir mitteilt, sein Name sei N. N., so hat es Sinn für mich, ihn zu fragen »Kannst du dich darin irren?« Das ist eine regelrechte Frage im Sprachspiel. Und es hat darauf die

Antwort Ja und Nein Sinn. – Nun ist freilich auch diese Antwort nicht unfehlbar, d.h. sie kann sich einmal als falsch erweisen, aber das nimmt der Frage »Kannst du dich ...« und der Antwort »Nein« nicht ihren Sinn.

597. Die Antwort auf die Frage »Kannst du dich darin irren« gibt der Aussage ein bestimmtes Gewicht. Die Antwort kann auch sein: »Ich *glaube* nicht.«

598. Aber könnte man nicht auf die Frage »Kannst du ...« antworten: »Ich will dir den Fall beschreiben, und du kannst dann selbst beurteilen, ob ich mich irren kann«?

Z.B., wenn es sich um den Namen der Person handelt, könnte der Fall so stehen, daß die Person diesen Namen nie gebraucht hat, sich aber entsinnt, ihn auf einem Dokument gelesen zu haben, – und anderseits könnte die Antwort sein: »Ich habe diesen Namen mein ganzes Leben lang geführt, bin von allen Menschen so genannt worden.« Wenn *das* nicht der Antwort »Ich kann mich darin nicht irren« gleichkommt, so hat sie überhaupt keinen Sinn. Und ganz offenbar wird doch damit auf einen sehr wichtigen Unterschied gedeutet.

599. Man könnte z.B. die Sicherheit des Satzes, daß Wasser bei ca. 100° C kocht, beschreiben. Es ist das z.B. nicht ein Satz, den ich einmal gehört habe wie etwa den und jenen, die ich nennen könnte. Ich habe das Experiment selber in der Schule gemacht. Der Satz ist ein sehr elementarer unserer Lehrbücher, denen in solchen Dingen zu trauen ist, weil ... – Man kann nun allem dem Beispiele entgegenhalten, die zeigen, daß Menschen dies und jenes für gewiß gehalten haben, was sich später, unsrer Meinung nach, für falsch erwiesen hat. Aber dieses Argument ist

wertlos.* Zu sagen: wir können am Ende nur solche Gründe anführen, die *wir* für Gründe halten, sagt gar nichts.

Ich glaube, es liegt hier ein Mißverständnis des Wesens unserer Sprachspiele zugrunde.

600. Was für einen Grund habe ich, Lehrbüchern der Experimentalphysik zu trauen?

Ich habe keinen Grund, ihnen nicht zu trauen. Und ich traue ihnen. Ich weiß, wie solche Bücher entstehen – oder vielmehr, ich glaube es zu wissen. Ich habe einige Evidenz, aber sie reicht nicht weit und ist von sehr zerstreuter Art. Ich habe Dinge gehört, gesehen, gelesen.

22. 4.

601. Es ist immer die Gefahr, die Bedeutung durch Betrachtung des Ausdrucks und der Stimmung, in welcher man ihn gebraucht, erkennen zu wollen, statt immer an die Praxis zu denken. Darum sagt man sich den Ausdruck so oft vor, weil es ist, als müßte man in ihm und in dem Gefühl, das man hat, das Gesuchte sehen.

23. 4.

602. Soll ich sagen »Ich glaube an die Physik«, oder »Ich weiß, daß die Physik wahr ist«?

* *Randbemerkung:* Kann es denn nicht auch geschehen, daß man heute einen Irrtum früherer Zeiten zu erkennen glaubt und später darauf kommt, daß die erste Ansicht richtig war? etc.

603. Man lehrt mich, daß unter *solchen* Umständen *dies* geschieht. Man hat es herausgefunden, indem man den Versuch ein paarmal gemacht hat. Das alles würde uns freilich nichts beweisen, wenn nicht rund um diese Erfahrung andere lägen, die mit ihr ein System bilden. So hat man nicht nur Fallversuche gemacht, sondern auch Versuche über den Luftwiderstand, u.a.m.

Am Ende aber verlasse ich mich auf diese Erfahrungen oder auf die Berichte von ihnen, richte meine eigenen Handlungen ohne jede Skrupel danach. Aber hat sich dieses Vertrauen nicht auch bewährt? Soweit ich es beurteilen kann – ja.

604. In einem Gerichtssaal würde die Aussage eines Physikers, daß Wasser bei ca. 100° C koche, unbedingt als Wahrheit angenommen.

Wenn ich dieser Aussage nun mißtraute, was könnte ich tun, um sie zu entkräften? Selbst Versuche anstellen? Was würden die beweisen?

605. Aber wie, wenn die Aussage des Physikers Aberglaube wäre und es ebenso absurd wäre, daß das Urteil sich nach ihr, wie daß es sich nach einer Feuerprobe richtet?

606. Daß ein Andrer sich meiner Meinung nach geirrt hat, ist kein Grund anzunehmen, daß ich mich jetzt irre. – Aber ist es nicht ein Grund anzunehmen, daß ich mich irren *könne*? Es ist *kein* Grund zu irgendeiner *Unsicherheit* in meinem Urteil oder Handeln.

607. Der Richter könnte ja sagen »Das ist die Wahrheit – soweit ein Mensch sie erkennen kann«. – Aber was würde dieser Zusatz leisten? (»beyond all reasonable doubt«).

608. Ist es falsch, daß ich mich in meinem Handeln nach dem Satze der Physik richte? Soll ich sagen, ich habe keinen guten Grund dazu? Ist [es] nicht eben das, was wir einen ›guten Grund‹ nennen?

609. Angenommen, wir träfen Leute, die das nicht als triftigen Grund betrachteten. Nun, wie stellen wir uns das vor? Sie befragen statt des Physikers etwa ein Orakel. (Und wir halten sie darum für primitiv.) Ist es falsch, daß sie ein Orakel befragen und sich nach ihm richten? – Wenn wir dies »falsch« nennen, gehen wir nicht schon von unserm Sprachspiel aus und *bekämpfen* das ihre?

610. Und haben wir recht oder unrecht darin, daß wir's bekämpfen? Man wird freilich unser Vorgehen mit allerlei Schlagworten (slogans) aufstützen.

611. Wo sich wirklich zwei Prinzipien treffen, die sich nicht miteinander aussöhnen können, da erklärt jeder den Andern für einen Narren und Ketzer.

612. Ich sagte, ich würde den Andern ›bekämpfen‹, – aber würde ich ihm denn nicht *Gründe* geben? Doch; aber wie weit reichen die? Am Ende der Gründe steht die *Überredung*. (Denke

daran, was geschieht, wenn Missionäre die Eingeborenen bekehren.)

613. Wenn ich nun sage »Ich weiß, daß das Wasser im Kessel auf der Gasflamme nicht gefrieren, sondern kochen wird«, so scheine ich zu diesem »Ich weiß«, so berechtigt wie zu *irgend*einem. ›Wenn ich etwas weiß, so weiß ich *das*.‹ – Oder weiß ich, daß der Mensch mir gegenüber mein alter Freund Soundso ist, mit noch *größerer* Gewißheit? Und wie vergleicht sich das mit dem Satz, daß ich aus zwei *Augen* schaue und sie sehen werde, wenn ich in den Spiegel schaue? – Ich weiß nicht mit Sicherheit, was ich da antworten soll. – Aber es ist doch ein Unterschied zwischen den Fällen. Wenn das Wasser auf der Flamme gefriert, werde ich freilich im höchsten Maße erstaunt sein, aber einen mir noch unbekannten Einfluß annehmen und etwa Physikern die Sache zur Beurteilung überlassen. – Was aber könnte mich daran zweifeln machen, daß dieser Mensch N.N. ist, den ich seit Jahren kenne? Hier schiene ein Zweifel alles nach sich zu ziehen und in ein Chaos zu stürzen.

614. D.h.: Wenn mir von allen Seiten widersprochen würde: Jener heiße nicht, wie ich es immer wußte (und ich gebrauche hier »wußte« absichtlich), dann würde mir in diesem Fall die Grundlage alles Urteilens entzogen.

615. Heißt das nun: »Ich kann überhaupt nur urteilen, weil sich die Dinge so und so (gleichsam gutmütig) benehmen?«

616. Aber wäre es denn *undenkbar*, daß ich im Sattel bliebe, auch wenn die Tatsachen noch so sehr bockten?

617. Ich würde durch gewisse Ereignisse in eine Lage versetzt, in der ich das alte Spiel nicht mehr fortsetzen könnte. In der ich aus der *Sicherheit* des Spiels herausgerissen würde.

Ja, ist es nicht selbstverständlich, daß die Möglichkeit eines Sprachspiels durch gewisse Tatsachen bedingt ist?

618. Es schiene dann, als müßte das Sprachspiel die Tatsachen, die es ermöglichen, ›*zeigen*‹. (Aber so ist es nicht.)

Kann man denn sagen, daß nur eine gewisse Regelmäßigkeit in den Geschehnissen die Induktion möglich macht? Das ›möglich‹ müßte natürlich ›*logisch möglich*‹ sein.

619. Soll ich sagen: Wenn auch plötzlich eine Unregelmäßigkeit im Naturgeschehen einträte, so *müßte* das mich nicht aus dem Sattel heben. Ich könnte, nach wie vor, Schlüsse machen – aber ob man das nun »Induktion« nennen würde, ist eine andre Frage.

620. Unter bestimmten Umständen sagt man »Du kannst dich drauf verlassen«; und diese Versicherung kann in der Alltagssprache berechtigt oder unberechtigt sein, und sie kann auch dann als berechtigt gelten, wenn das nicht zutrifft, was vorhergesagt wurde. *Es gibt ein Sprachspiel*, worin die Versicherung verwendet wird.

24. 4.

621. Wenn von Anatomie die Rede wäre, würde ich sagen: »Ich weiß, daß vom Gehirn 12 Nervenpaare ausgehen.« Ich habe diese Nerven nie gesehen, und auch ein Fachmann hat sie nur an wenigen Specimina beobachtet. – So wird eben hier das Wort »Ich weiß« richtig gebraucht.

622. Nun ist es aber auch richtig, »Ich weiß« in den Verbindungen zu gebrauchen, die Moore erwähnt, wenigstens *unter bestimmten Umständen*. (Was »I know that I am a human being« heißt, weiß ich allerdings nicht. Aber auch dem könnte man einen Sinn geben.)

Ich kann mir zu jedem dieser Sätze Umstände vorstellen, die ihn zum Zug in einem unserer Sprachspiele machen, wodurch er alles philosophisch Erstaunliche verliert.

623. Das Seltsame ist, daß ich in so einem Falle immer sagen möchte (obwohl es falsch ist): »Ich weiß das – soweit man so etwas wissen kann.« Das ist unrichtig, aber es steckt etwas Richtiges dahinter.

624. Kannst du dich darin irren, daß diese Farbe auf deutsch ›grün‹ heißt? Meine Antwort darauf kann nur »Nein« sein. Sagte ich »Ja, – denn eine Verblendung ist immer möglich«, so hieße das gar nichts.

Ist denn der Nachsatz etwas dem Andern Unbekanntes? Und wie ist er mir bekannt?

625. Heißt das aber, daß es undenkbar wäre, daß das Wort »grün« hier aus einer Art von Versprechen oder momentaner Verwirrung entspringt? Kennen wir solche Fälle nicht? – Man kann einem auch sagen: »Du hast dich nicht vielleicht versprochen?« Das heißt etwa: »Überleg dir's noch einmal.« –

Aber diese Vorsichtsmaßregeln haben nur Sinn, wenn sie einmal zu einem Ende kommen.

Ein Zweifel ohne Ende ist nicht einmal ein Zweifel.

626. Es heißt auch nichts, zu sagen: »Der deutsche Name dieser Farbe ist *gewiß* ›grün‹, – es sei denn, ich verspreche mich jetzt oder bin irgendwie verwirrt.«

627. Müßte man diese Klausel nicht in *alle* Sprachspiele einschieben? (Wodurch sich ihre Sinnlosigkeit zeigt.)

628. Wenn man sagt »Gewisse Sätze müssen vom Zweifel ausgeschlossen werden«, dann scheint es, als sollte ich diese Sätze, z.B. daß ich L.W. heiße, in ein Buch der Logik aufnehmen. Denn wenn es zur Beschreibung des Sprachspiels gehört, so gehört es zur Logik. Aber daß ich L.W. heiße, gehört nicht zu so einer Beschreibung. Das Sprachspiel, das mit Personennamen operiert, kann wohl bestehen, wenn ich mich in meinem Namen irre, – aber es setzt voraus, daß es unsinnig ist zu sagen, die Mehrzahl der Menschen irre sich in ihren Namen.

629. Anderseits aber ist es richtig, wenn ich von mir aussage »Ich kann mich in meinem Namen nicht irren«, und falsch, wenn ich sage »Vielleicht irre ich mich«. Aber das bedeutet nicht, daß es für Andre sinnlos ist anzuzweifeln, was ich für sicher erkläre.

630. Sich in der Muttersprache über die Bezeichnung gewisser Dinge nicht irren können ist einfach der gewöhnliche Fall.

631. »Ich kann mich darin nicht irren« kennzeichnet einfach eine Art der Behauptung.

632. Sichere und unsichere Erinnerung. Wäre die sichere Erinnerung nicht im allgemeinen zuverlässiger, d.h. würde sie nicht öfter durch andere Verifikationen bestätigt als die unsichere, dann würde der Ausdruck der Sicherheit und Unsicherheit nicht seine gegenwärtige Funktion in der Sprache haben.

633. »Ich kann mich darin nicht irren« – aber wie, wenn ich mich dann doch geirrt habe? Ist denn das nicht möglich? Aber macht es den Ausdruck »Ich kann mich etc.« zum Unsinn? Oder wäre es besser, statt dessen zu sagen »Ich kann mich darin schwerlich irren«? Nein; denn dies heißt etwas andres.

634. »Ich kann mich darin nicht irren; und schlimmstenfalls mache ich aus meinem Satze eine Norm.«

635. »Ich kann mich darin nicht irren: ich bin heute bei ihm gewesen.«

636. »Ich kann mich darin nicht irren; sollte aber doch etwas gegen meinen Satz zu sprechen scheinen, so werde ich, gegen den Schein, an ihm festhalten.«

637. »Ich kann mich etc.« weist meiner Behauptung ihren Platz im Spiel an. Aber es bezieht sich wesentlich auf *mich*, nicht auf das Spiel im allgemeinen.

Wenn ich mich in meiner Behauptung irre, so nimmt das dem Sprachspiel nicht seinen Nutzen.

25.4.

638. »Ich kann mich darin nicht irren« ist ein gewöhnlicher Satz, der dazu dient, den Gewißheitswert einer Aussage anzugeben. Und nur in seinem alltäglichen Gebrauch ist er berechtigt.

639. Aber was zum Teufel hilft er, wenn ich mich – zugegebenermaßen – in ihm irren kann und also auch in dem Satz, den er stützen sollte?

640. Oder soll ich sagen, der Satz schließe eine bestimmte *Art* des Fehlers aus?

641. »Er hat mir das heute gesagt – darin kann ich mich nicht irren.« – Wenn es sich aber doch als falsch erwiese?! – Muß man da nicht einen Unterschied machen in der Art und Weise, wie sich etwas ›als falsch erweist‹? – Wie kann es denn *erwiesen* werden, daß meine Aussage falsch war? Hier steht doch Evidenz gegen Evidenz, und es muß *entschieden* werden, welche weichen soll.

642. Wenn man aber mit dem Bedenken kommt: Wie, wenn ich plötzlich sozusagen aufwachte und sagte »Jetzt hab ich mir eingebildet, ich heiße L.W.!« – wer sagt denn, daß ich nicht noch einmal aufwache und nun *dies* als sonderbare Einbildung erkläre, usf.

643. Man kann sich freilich einen Fall vorstellen, und es gibt Fälle, wo man nach dem ›Aufwachen‹ nie mehr daran zweifelt, was Einbildung und was Wirklichkeit war. Aber so ein Fall, oder seine Möglichkeit, diskreditiert den Satz »Ich kann mich darin nicht irren« nicht.

644. Würde denn sonst nicht alle Behauptung so diskreditiert?

645. Ich kann mich darin nicht irren, – aber ich mag wohl einmal, mit Recht oder mit Unrecht, einzusehen glauben, ich sei nicht urteilsfähig gewesen.

646. Wenn das immer oder oft vorkäme, würde es allerdings den Charakter des Sprachspiels gänzlich verändern.

647. Es ist ein Unterschied zwischen einem Irrtum, für den, sozusagen, ein Platz im Spiel vorgesehen ist, und einer vollkommenen Regelwidrigkeit, die ausnahmsweise vorkommt.

648. Ich kann auch den Andern davon überzeugen, daß ich mich ›darin nicht irren kann‹.

Ich sage Einem: »Der und der war heute vormittag bei mir und hat mir das und das erzählt.« Wenn es erstaunlich ist, so fragt er mich vielleicht: »Du kannst dich nicht darin irren?« Das mag heißen: »Ist das auch gewiß *heute vormittag* geschehen?«, oder aber: »Hast du ihn auch gewiß recht verstanden?« – Es ist leicht zu sehen, durch welche Ausführungen ich zeigen könnte, daß ich mich in der Zeit nicht geirrt habe, und ebenso, daß ich die Erzählung nicht mißverstanden habe. Aber alles das kann *nicht* zeigen, daß ich die ganze Sache nicht geträumt oder sie mir traumhaft eingebildet habe. Es kann auch nicht zeigen, daß ich mich nicht vielleicht durchgehend *versprochen* habe. (So etwas kommt vor.)

649. (Ich sagte einmal jemandem – auf englisch –, die Form eines bestimmten Zweiges sei charakteristisch für den Zweig einer Ulme [elm], was der Andre bestritt. Wir kamen dann an Eschen vorbei, und ich sagte »Siehst du, hier sind die Zweige, von denen ich gesprochen habe«. Worauf er: »But that's an ash« – und ich: »I always meant ash when I said elm.«)

650. Das heißt doch: die Möglichkeit eines *Irrtums* läßt sich in gewissen (und häufigen) Fällen eliminieren. – So eliminiert man (ja auch) Rechnungsfehler. Denn wenn eine Rechnung unzählige Male nachgerechnet worden ist, so kann man nun nicht sagen: »Ihre Richtigkeit ist dennoch nur *sehr wahrscheinlich*, – da sich immer noch ein Fehler eingeschlichen haben kann.« Denn angenommen, es schiene nun einmal, daß ein Fehler entdeckt worden sei – warum sollen wir nicht *hier* einen Fehler vermuten?

651. Ich kann mich nicht darin irren, daß $12 \times 12 = 144$ ist. Und man kann nun nicht *mathematische* Sicherheit der relativen Unsicherheit von Erfahrungssätzen entgegenstellen. Denn der mathematische Satz wurde durch eine Reihe von Handlungen erhalten, die sich in keiner Weise von Handlungen des übrigen Lebens unterscheiden und die gleichermaßen dem Vergessen, Übersehen, der Täuschung ausgesetzt sind.

652. Kann ich nun prophezeien, daß Menschen die heutigen Rechensätze nie umstürzen werden, nie sagen werden, jetzt wüßten sie erst, wie es sich verhalte? Aber würde das einen Zweifel unsrerseits rechtfertigen?

653. Wenn der Satz 12 × 12 = 144 vom Zweifel ausgenommen ist, dann müssen's auch nicht-mathematische Sätze sein.

26. 4. 51
654. Aber darauf kann man manches einwenden. – Erstens ist eben »12 × 12 etc.« ein *mathematischer* Satz, und daraus kann man folgern, daß nur solche Sätze in dieser Lage sind. Und wenn diese Folgerung nicht berechtigt ist, so sollte es einen ebenso sichern Satz geben, der vom Vorgang jener Rechnung handelt, aber nicht mathematisch ist. – Ich denke an einen Satz etwa dieser Art: »Die Rechnung ›12 × 12‹ wird, wenn Rechenkundige sie ausführen, in der großen Mehrzahl der Fälle ›144‹ ergeben.« Diesen Satz wird niemand bestreiten, und er ist natürlich kein mathematischer. Aber hat er die Gewißheit des mathematischen?

655. Dem mathematischen Satz ist gleichsam offiziell der Stempel der Unbestreitbarkeit aufgedrückt worden. D.h.: »Streitet euch um andre Dinge; *das* steht fest, ist eine Angel, um die sich euer Streit drehen kann.«

656. Und das kann man *nicht* vom Satz sagen, daß *ich* L.W. heiße. Auch nicht von dem Satze, daß die und die Menschen die und die Rechnung richtig gerechnet haben.

657. Die Sätze der Mathematik, könnte man sagen, sind Petrefakten. – Der Satz »Ich heiße ...« ist dies nicht. Aber von denen, die, wie ich, die überwältigende Evidenz haben, wird auch er als *unumstößlich* betrachtet. Und das nicht aus Gedankenlosigkeit. Denn, daß die Evidenz überwältigend ist, besteht eben darin, daß wir uns vor keiner entgegenstehenden Evidenz beugen *müssen*. Wir haben also hier einen Widerhalt ähnlich wie den, der die Sätze der Mathematik unumstößlich macht.

658. Die Frage »Aber könntest du nicht jetzt in einem Wahn befangen sein und vielleicht später herausfinden, daß du's warst?« könnte man auch auf jeden Satz des Einmaleins einwerfen.

659. »Ich kann mich darin nicht irren, daß ich jetzt gerade zu Mittag gegessen habe.«

Ja, wenn ich Einem sage »Ich habe gerade zu Mittag gegessen«, mag er glauben, daß ich lüge oder jetzt nicht bei Sinnen bin, aber er wird nicht glauben, ich *irre* mich. Ja, die Annahme, ich könnte mich irren, hat hier keinen Sinn.

Aber das stimmt nicht. Ich könnte z.B. gleich nach Tisch, ohne es zu wissen, eingenickt sein und eine Stunde geschlafen haben und nun glauben, ich hätte gerade gegessen.

Aber ich unterscheide hier immerhin zwischen verschiedenen Arten des Irrtums.

660. Ich könnte fragen: »*Wie* könnte ich mich darin irren, daß ich L.W. heiße?« Und ich kann sagen: Ich sehe nicht, wie es möglich wäre.

661. Wie könnte ich mich in der Annahme irren, daß ich nie auf dem Mond war?

662. Wenn ich sagte »Ich bin nicht auf dem Mond gewesen – aber ich kann mich irren«, so wäre das blödsinnig.

Denn selbst der Gedanke, ich hätte ja, durch unbekannte Mittel, im Schlaf dorthin transportiert worden sein können, *gäbe mir kein Recht*, hier von einem möglichen Irrtum zu reden. Ich spiele das Spiel *falsch*, wenn ich es tue.

663. Ich habe ein Recht zu sagen »Ich kann mich hier nicht irren«, auch wenn ich im Irrtum bin.

664. Es ist ein Unterschied: ob man in der Schule lernt, was in der Mathematik richtig und falsch ist, oder ob ich selbst erkläre, ich könne mich in einem Satz nicht irren.

665. Ich setze hier dem, was allgemein festgelegt ist, Besonderes hinzu.

666. Aber wie ist es z.B. mit der Anatomie (oder einem großen Teil derselben)? Ist nicht auch, was sie beschreibt, von allem Zweifel ausgenommen?

667. Auch wenn ich zu einem Volk käme, das glaubt, die Menschen würden im Traum auf den Mond versetzt, könnte ich

ihnen nicht sagen: »Ich war nie auf dem Mond. – Natürlich kann ich mich irren.« Und auf ihre Frage »Kannst du dich nicht irren?« müßte ich antworten: Nein.

668. Welche praktischen Folgen hat es, wenn ich eine Mitteilung mache und dazusetze, ich könne mich darin nicht irren?

(Ich könnte statt dessen auch hinzusetzen: »Ich kann mich darin sowenig irren, wie darin, daß ich L. W. heiße.«)

Der Andre könnte dennoch an meiner Aussage zweifeln. Aber nicht nur wird er, wenn er mir traut, sich von mir belehren lassen, sondern er wird auch bestimmte Schlüsse aus meiner Überzeugung auf mein Verhalten ziehen.

669. Der Satz »Ich kann mich darin nicht irren« wird sicher in der Praxis gebraucht. Man kann aber bezweifeln, ob er dann in ganz strengem Sinne zu verstehen ist, oder ob er eher eine Übertreibung ist, die vielleicht nur zum Zweck der Überredung gebraucht wird.

27. 4.

670. Man könnte von Grundprinzipien der menschlichen Forschung reden.

671. Ich fliege von hier nach einem Weltteil, wo die Menschen nur unbestimmte oder wo sie gar keine Nachricht von der Möglichkeit des Fliegens haben. Ich sage ihnen, ich sei soeben von ... zu ihnen geflogen. Sie fragen mich, ob ich mich irren könnte. – Sie haben offenbar eine falsche Vorstellung davon, wie die Sache vor sich geht. (Wenn ich in eine Kiste gepackt würde, wäre es möglich, daß ich mich über die Art des Transportes irrte.) Sage

ich ihnen einfach, ich könne mich nicht irren, so wird sie das vielleicht nicht überzeugen; wohl aber, wenn ich ihnen den Vorgang beschreibe. Sie werden darin die Möglichkeit eines *Irrtums* gewiß nicht in Frage ziehen. Dabei könnten sie aber – auch wenn sie mir trauen – glauben, ich habe geträumt oder ein *Zauber* habe mir das eingebildet.

672. ›Wenn ich *der* Evidenz nicht traue, warum soll ich dann irgendeiner Evidenz trauen?‹

673. Ist es nicht schwer zu unterscheiden zwischen den Fällen, in denen ich mich *nicht*, und solchen, worin ich mich *schwerlich* irren kann? Ist es immer klar, zu welcher Art ein Fall gehört? Ich glaube nicht.

674. Es gibt nun aber bestimmte Typen von Fällen, in denen ich mit Recht sage, ich könne mich nicht irren, und Moore hat ein paar Beispiele solcher Fälle gegeben.

Ich kann verschiedene typische Fälle aufzählen, aber keine allgemeine Charakteristik angeben. (N.N. kann sich darin nicht irren, daß er vor wenigen Tagen von Amerika nach England geflogen ist. Nur wenn er närrisch ist, kann er etwas andres für möglich halten.)

675. Wenn Einer glaubt, vor wenigen Tagen von Amerika nach England geflogen zu sein, so glaube ich, daß er sich darin nicht *irren* kann.

Ebenso, wenn Einer sagt, er sitze jetzt am Tisch und schreibe.

676. »Aber wenn ich mich auch in solchen Fällen nicht irren kann, – ist es nicht möglich, daß ich in der Narkose bin?« Wenn ich es bin und wenn die Narkose mir das Bewußtsein raubt, dann rede und denke ich jetzt nicht wirklich. Ich kann nicht im Ernst annehmen, ich träume jetzt. Wer träumend sagt »Ich träume«, auch wenn er dabei hörbar redete, hat sowenig recht, wie wenn er im Traum sagt »Es regnet«, während es tatsächlich regnet. Auch wenn sein Traum wirklich mit dem Geräusch des Regens zusammenhängt.

Zettel

Herausgegeben von G. E. M. Anscombe und G. H. von Wright

Vorwort

Die hier veröffentlichte Sammlung geht auf Wittgenstein selbst zurück. Er hatte die verschiedenen Stücke aus längeren Maschinenschriften herausgeschnitten und in einer Schachtel mit der Aufschrift »Zettel« aufbewahrt. Die meisten der ursprünglichen, umfangreichen Ausführungen sind noch in Durchschriften vorhanden. Einige dieser Ausschnitte stammen jedoch aus Maschinenschriften, die sich nicht mehr nachweisen ließen, wahrscheinlich, weil Wittgenstein sie, bis auf die aufbewahrten »Zettel«, vernichtet hat. Es befinden sich in der Schachtel auch einige handschriftliche Stücke, offenbar Zusätze zu bestimmten, auf anderen Zetteln behandelten Themen.

Das früheste dieser Fragmente fällt, soweit wir es beurteilen können, in das Jahr 1929. Das späteste datierbare Stück wurde im August 1948 geschrieben. Die überwiegende Anzahl der Zettel stammt aus Maschinenschriften, die in den Jahren 1945-1948 diktiert wurden.

Fragmente über ein und denselben Gegenstand waren oft zusammengeklammert, eine große Anzahl der Zettel aber lag lose in der Schachtel. Vor einigen Jahren ordnete Peter Geach dieses Material. Er ließ beisammen, was zusammengeklammert war, und gruppierte im übrigen die Stücke, so gut er konnte, ihrem Gegenstand entsprechend. Wir haben diese Anordnung bis auf einige geringe Änderungen beibehalten und möchten ihm an dieser Stelle für seine mühsame und schwierige Arbeit danken. Obwohl die Anordnung der Fragmente dem Charakter nach sehr verschieden ist von derjenigen, welche Wittgenstein selbst bei seinen ›Bemerkungen‹ anwandte, fanden wir, daß sich eine sehr lesbare und aufschlußreiche Zusammenstellung ergeben hat.

Zuerst konnten wir uns natürlich nicht erklären, was es mit dieser Schachtel auf sich hatte: Enthielt sie überschüssiges Material von anderen Arbeiten? War sie ein Behälter für gelegentlich aufgezeichnete Einfälle? Sollten wir die umfangreichen Arbeiten, die sich dann als Quellen erwiesen, veröffentlichen und die

›Zettel‹ beiseite lassen? Eine dieser Arbeiten war eine Neufassung der *Untersuchungen* (unter Hinzufügung anderen Materials), eine andere wiederum war eine außerordentlich lange, frühe Abhandlung, die uns wegen der vielen inhaltlichen Wiederholungen vor große Editionsprobleme gestellt hätte. Eine dritte – aus der allerdings nur wenige Ausschnitte stammten – war bereits unter dem Titel *Philosophische Bemerkungen* veröffentlicht worden.

Nachdem die Quellen der meisten maschinegeschriebenen Fragmente gefunden waren, zeigte der Vergleich mit diesen ursprünglichen Fassungen, sowie gewisse äußere Merkmale, deutlich, daß Wittgenstein diese Zettel nicht nur aufbewahrte, sondern daß er an den Bruchstücken arbeitete, daß er an ihnen änderte und feilte. Das läßt vermuten, daß die einzelnen Stücke mit einer bestimmten Absicht der Sammlung beigefügt worden waren. Das Ganze hatte einen völlig anderen Charakter als die verschiedenen Bündel mehr oder weniger ›loser‹ Papiere, welche sich sonst in seinem Nachlaß befanden.

Wir kamen daher zu der Überzeugung, daß diese Schachtel Bemerkungen enthielt, die Wittgenstein als besonders brauchbar betrachtete und die er in der Absicht aufhob, sie an passender Stelle in abgeschlossene Arbeiten einzuweben. Nun wissen wir aber, daß seine Arbeitsweise zum Teil daraus bestand, aus der großen Menge dessen, was er schrieb, kurze, unabhängige Stücke als relativ befriedigend auszuwählen und sie in Gruppen zusammenzuordnen.

Nicht alle die hier veröffentlichten Bemerkungen sind von dieser Art; einige der Bruchstücke waren grammatisch unvollständig, so daß es aussah, als ob sie um eines Einfalls oder eines Ausdrucks willen, den sie enthielten, aufgehoben worden waren. In diesen Fällen haben wir, wo wir konnten, die fehlenden Wörter aus den Originalabschriften hinzugefügt. Einmal mußten wir die letzten Wörter selbst ergänzen. In ganz seltenen Fällen fand sich ein Fürwort oder dergleichen, das zur Erklärung eine Beziehung auf etwas Vorausgegangenes fordert. An einer Stelle fügten wir die betreffenden Wörter aus der Originalschrift hinzu, und in einigen wenigen Fällen machten wir eine passende Ergänzung. Eckige Klammern wurden von den Herausgebern verwendet; Wittgensteins eigene Randnotizen zu seinem Text wurden in eckigen Klammern hinter dem Wort »Randbemerkung« gedruckt. Sonst sind alle in eckigen Klammern gedruckten Wörter von uns hinzugefügt.

G.E.M. Anscombe
G.H. von Wright

Vorwort zur revidierten Ausgabe

Bei einem genauen Vergleich des gedruckten Textes mit den originalen Zetteln ergab sich, daß die erste Edition mit vielen Ungenauigkeiten und auch einigen Mißverständnissen des Urtextes behaftet war (vgl. z.B. § 671). Die Herausgeber sind Herrn Heikki Nyman für seine mühevolle und gewissenhafte Arbeit bei der Herstellung eines den Quellen getreuen Drucktextes dankbar.

1979

G.E.M. Anscombe
G.H. von Wright

1. W. James: der Gedanke sei schon am Anfang des Satzes fertig. Wie kann man das wissen? – Aber die *Absicht*, ihn auszusprechen, kann schon bestehen, ehe das erste Wort gesagt ist. Denn fragt man Einen »weißt du, was du sagen willst?«, so wird er es oft bejahen.

2. Ich sage Einem »Ich werde dir jetzt das Thema ... vorpfeifen«, ich habe die Absicht, es zu pfeifen, und ich weiß schon, was ich pfeifen werde.

Ich habe die Absicht, dieses Thema zu pfeifen: habe ich es damit in irgendeinem Sinne, etwa in Gedanken, schon gepfiffen?

3. »Ich *sage* das nicht nur, ich meine etwas damit.« – Soll man darauf fragen »Was?« – dann kommt wieder ein Satz zur Antwort. – Oder kann man nicht so fragen, da der Satz etwa sagte »Ich *sage* das nicht nur, sondern es bewegt mich auch.«

4. (Eine der irreführendsten Redeweisen ist die Frage »Was meine ich damit?« – Man könnte in den meisten Fällen darauf antworten: »Gar nichts – ich *sage* ...«.)

5. Kann ich denn nicht mit Worten meinen, was ich will? – Schau auf die Tür deines Zimmers, sage dabei eine Reihe beliebiger Laute, und meine damit eine Beschreibung dieser Tür!

6. »Sag ›a b c d‹ und meine damit: Das Wetter ist schön.« – Soll ich also sagen, daß das Aussprechen eines Satzes einer uns geläufigen Sprache ein ganz anderes Erlebnis ist, als das Aussprechen von Lauten, die uns nicht als Satz geläufig sind? Wenn ich also die Sprache erlernte, in welcher »abcd« jenen Sinn hat, – würde ich nach und nach das uns bekannte Erlebnis beim Aussprechen dieser Buchstaben kriegen? Ja und nein. – Eine Hauptverschiedenheit der beiden Fälle liegt darin, daß ich mich im ersten *nicht bewegen kann*. Es ist da, als wäre eines meiner Gelenke in Schienen und ich noch nicht an sie gewöhnt und hätte die möglichen Bewegungen noch nicht inne, stieße also sozusagen in einem fort an.

7. Wenn ich zwei Freunde gleichen Namens habe, und ich schreibe einem von ihnen einen Brief; worin liegt es, daß ich ihn nicht dem andern schreibe? Am Inhalt? Aber der könnte für beide passen. (Die Adresse habe ich noch nicht geschrieben.) Nun, die Verbindung kann in der Vorgeschichte liegen. Dann aber auch in dem, was dem Schreiben *folgt*. Wenn mich nun jemand fragt »An welchen der beiden schreibst du?« und ich antworte ihm, schließe ich die Antwort aus der Vorgeschichte? Gebe ich sie nicht beinahe, wie ich sage »Ich habe Zahnschmerzen«? – Könnte ich im Zweifel darüber sein, welchem von beiden ich schreibe? Und wie sieht so ein Zweifelsfall aus? – Ja, wäre nicht auch der Fall einer Täuschung möglich: ich glaube dem Einen zu schreiben und schreibe dem Andern? Und wie sähe der Fall einer solchen Täuschung aus?

8. (Man sagt manchmal: »Was wollte ich nur in dieser Lade suchen? – Ach ja, die Photographie!« Und wenn uns dies einfällt, erinnern wir uns wieder an den Zusammenhang unsrer Handlung mit dem, was vorherging. Es könnte aber auch den Fall geben: Ich öffne die Lade und krame in ihr; endlich komme ich gleichsam zur Besinnung und frage mich »Warum suche ich in

dieser Lade herum?« Und dann kommt die Antwort »Ich will die Photographie des ... sehen«. »Ich *will*«, nicht »Ich *wollte*«. Das Öffnen der Lade, etc. geschah sozusagen automatisch und erhielt *nachträglich* eine Interpretation.)

9. »Ich wollte mit dieser Bemerkung *ihn* treffen.« Wenn ich das höre, so kann ich mir dazu eine Situation und ihre Geschichte vorstellen. Ich könnte sie auf dem Theater darstellen, mich in den Seelenzustand versetzen, in dem ich ›ihn treffen‹ will. – Aber wie ist dieser Seelenzustand zu beschreiben? also zu identifizieren? – Ich denke mich in die Situation hinein, nehme eine gewisse Miene und Stimme an, etc. Was verbindet meine Worte mit ihm? Die Situation und meine Gedanken. Und meine Gedanken nicht anders, als Worte, die ich ausspreche.

10. Angenommen, ich wollte auf einmal alle Wörter meiner Sprache durch andere ersetzen; wie könnte *ich* wissen, an welcher Stelle eines der neuen Wörter steht? Sind es die Vorstellungen, die die Plätze der Wörter halten?

11. Ich bin geneigt zu sagen: Ich ›zeige‹ *in verschiedenem Sinne* auf diesen Körper, auf seine Gestalt, auf seine Farbe, etc. – Was heißt das?

Was heißt es: Ich ›höre‹ *in anderem Sinne*: das Klavier, seinen Klang, das Musikstück, den Klavierspieler, seine Geläufigkeit? Ich ›heirate‹, in einem Sinne, eine Frau, in einem andern, ihr Geld.

12. Das Meinen stellt man sich hier als eine Art geistiges Zeigen, Hinweisen, vor.

13. In manchen spiritistischen Handlungen ist es wesentlich, daß man an eine bestimmte Person *denke*. Und wir haben hier den Eindruck, also wäre ›an ihn denken‹ gleichsam, ihn mit meinen Gedanken aufspießen. Oder es ist, als stäche ich immer wieder mit den Gedanken nach ihm hin. Denn sie schweifen etwa immer wieder ein wenig von ihm ab.

14. »Ich mußte plötzlich an ihn denken.« Sein Bild schwebte mir etwa plötzlich vor. Wußte ich, daß es sein, des N., Bild war? Ich sagte es mir nicht. Worin lag es also, daß es das seine war? Vielleicht in dem, was ich später sagte, oder tat.

15. Wenn Max sagt »Der Fürst trägt Vatersorge für die Truppen«, so meint er Wallenstein.* – Angenommen, jemand sagte: Wir wissen nicht, ob er Wallenstein meint; er könne in diesem Satz auch einen andern Fürsten meinen.

16. »Daß du das Klavierspiel meintest, bestand darin, daß du ans Klavierspiel *dachtest*.«

»Daß du in diesem Brief diesen Menschen mit dem Wort ›du‹ meintest, bestand darin, daß du an *ihn* schriebst.«

Der Irrtum ist zu sagen, Meinen bestehe in etwas.

17. »Als ich das sagte, wollte ich nur ihm einen Wink geben.« – Wie kann ich wissen, daß ich es nur sagte, um ihm einen Wink zu geben? Nun, die Worte »Als ich es sagte etc.« beschreiben eine bestimmte uns verständliche Situation. Wie schaut die Situa-

* Schiller, *Wallenstein. Die Piccolomini*, I, 2. Die zitierten Worte werden allerdings von Illo – und *nicht* von Max – gesprochen. Hrsg.

tion aus? Um sie zu beschreiben, muß ich einen Zusammenhang beschreiben.

18. Wie tritt *er* in diese Vorgänge ein:

ich stach nach ihm,
ich sprach zu ihm,
ich rief ihn,
ich sprach von ihm,
ich stellte mir ihn vor,
ich achte ihn?

19. Es ist falsch zu sagen: Ich meinte ihn, *indem* ich auf ihn sah. »Meinen« bezeichnet nicht: eine Tätigkeit, die ganz oder teilweise in den ›Äußerungen‹ des Meinens besteht.

20. Es wäre daher dumm, Meinen eine ›geistige Tätigkeit‹ zu nennen. Weil man damit eine falsche Vorstellung von der Funktion des Wortes begünstigt.

21. Ich sage »Komm her!« und zeige in der Richtung des A. B, der neben ihm steht, macht einen Schritt auf mich zu. Ich sage: »Nein; A soll kommen.« Wird man das nun als eine Mitteilung über meine Seelenvorgänge auffassen? Gewiß nicht. – Und könnte man nicht doch daraus Schlüsse auf Vorgänge ziehen, die in mir beim Aussprechen des Befehls »Komm her!« stattgefunden haben?

Aber auf was für Vorgänge? Könnte man nicht mutmaßen, ich habe bei meinem Befehl auf A geschaut; mein Gedankengang habe mich zu ihm geleitet? Aber vielleicht kenne ich den B überhaupt nicht, stehe nur mit A in Verbindung. Dann hätte also, wer meine seelischen Vorgänge mutmaßte, ganz irregehen können, und hätte dennoch verstanden, daß ich den A und nicht den B gemeint habe.

22. Ich zeige mit der Hand und sage »Komm her!«. A fragt »Hast du mich gemeint?« Ich sage »Nein; den B.« – Was ging da vor, als ich den B meinte (da doch mein Zeigen es zweifelhaft ließ, welchen ich meinte)? – Ich sagte diese Worte, machte diese Handbewegung. Mußte noch mehr vorgehen, daß das Sprachspiel vor sich gehen konnte? Aber wußte ich nicht schon während des Zeigens, wen ich meinte? Wußte? Freilich, – nach den gewöhnlichen Kriterien des Wissens.

23. »Ich wollte in meiner Erklärung auf ... lossteuern.« Mir schwebte dieses Ziel vor. Ich sah im Geist die Stelle des Buchs, auf die ich hinzielte.

Die Absicht beschreiben, heißt, was vorging, unter einem bestimmten Gesichtspunkte, für einen bestimmten Zweck, beschreiben. Ich male ein bestimmtes Porträt der Vorgänge.

24. Statt »Ich habe *ihn* gemeint« kann man auch sagen »Ich habe von *ihm* gesprochen«. Und wie macht man das: mit diesen Worten von *ihm* sprechen? Warum klingt es falsch, zu sagen »ich habe von ihm gesprochen, *indem* ich bei diesen Worten auf ihn zeigte«?

»Ihn meinen« heißt etwa: von ihm reden. Nicht: auf ihn zeigen. Und wenn ich *von ihm* rede, besteht freilich eine Verbindung zwischen meiner Rede und ihm, aber diese Verbindung liegt in der Anwendung der Rede, nicht in einem Akt des Zeigens. Das Zeigen ist selbst nur ein Zeichen, und es kann im Sprachspiel die Anwendung der Sätze regeln, also, was gemeint ist, anzeigen.

25. Wenn ich sage »Ich habe in diesem Zimmer einen Sessel gesehen«, so kann ich mich meistens nur sehr beiläufig an das besondere Gesichtsbild erinnern, und es hat in den meisten Fällen auch gar keine Bedeutung. Der Gebrauch, der von dem Satz gemacht wird, geht an dieser Besonderheit vorbei. Ist es nun so auch, wenn ich sage »Ich habe den N gemeint«? Geht dieser Satz in der gleichen Weise an den Besonderheiten des Vorgangs vorbei?

26. Wenn ich mit einer Bemerkung auf N anspiele, so mag sich dies – wenn bestimmte Umstände gegeben sind – aus meinem Blick, Gesichtsausdruck, etc. ersehen lassen.

Daß du den Ausdruck »auf N anspielen« verstehst, kannst du dadurch zeigen, daß du Beispiele des Anspielens beschreibst. Was wirst du nun alles beschreiben? Vor allem Umstände. Dann, was Einer sagt. Etwa auch seinen Blick etc. Dann, was der Anspielende tun will.

Und teile ich jemand dazu noch meine Gefühle, Vorstellungen, etc., während ich die Bemerkung machte, mit, so mögen diese das typische Bild des Anspielens (oder *ein* solches Bild) vervollständigen. Aber daraus folgt nicht, daß der Ausdruck »auf N anspielen« bedeute: sich so benehmen, dies fühlen, sich dies vorstellen, etc. Und hier wird Mancher sagen: »Freilich nicht! Das haben wir immer schon gesehen. Und es muß sich eben ein roter Faden durch alle diese Erscheinungen ziehen. Er ist mit ihnen sozusagen umsponnen, und daher schwer auffindbar.« – Und das ist auch nicht wahr.

Aber es wäre auch falsch, zu sagen, »anspielen« bezeichne eine Familie von geistigen und anderen Vorgängen. – Denn man kann zwar fragen »Welches war deine Anspielung auf N?«, »Wie hast du den Andern zu verstehen gegeben, daß du N meintest?«; aber nicht: »Wie hast du diese Äußerung als Anspielung auf N gemeint?«

»Ich habe in meiner Rede auf ihn angespielt.« – »Mit welchen Worten?« – »Ich habe auf ihn angespielt, als ich von einem Mann redete, der ...«.

»Ich habe auf ihn angespielt« heißt ungefähr: Ich *wollte*, daß jemand bei diesen Worten an ihn denken solle. Aber »Ich wollte« ist nicht die Beschreibung eines Seelenzustandes, und »verstehen, daß N gemeint war« ist dies auch nicht. [*Randbemerkung*: Man fragt aber: »Mit welcher Bemerkung hast du auf ihn angespielt«, »Mit welcher Bemerkung hast du ihn gemeint«.]

27. Wenn die Situation zweideutig ist; ist es dann zweifelhaft, ob ich ihn meine? Bei meiner Aussage, ich habe ihn, oder habe ihn nicht gemeint, urteile ich nicht nach der Situation. Und wenn ich nun nicht nach der Situation urteile, wonach urteile ich? Scheinbar nach gar nichts. Denn ich erinnere mich wohl an die Situation, aber *deute* sie. Ich kann z. B. meinen Seitenblick auf ihn *jetzt nachahmen*, aber das Meinen erscheint als eine ganz ungreifbare, feine Atmosphäre des Sprechens und Handelns. (Ein verdächtiges Bild!)

28. Im Laufe eines Gesprächs will ich auf etwas zeigen; ich habe bereits den Anfang einer Zeigebewegung gemacht; führe sie aber nicht aus. Später sage ich: »Ich wollte damals darauf zeigen. Ich erinnere mich noch deutlich, daß ich schon den Finger aufgehoben hatte.« In dem Strom dieser Vorgänge, Gedanken und Empfindungen war dies der Anfang einer Gebärde des Zeigens.

Ja, wenn ich die ganze Gebärde machte und sagte »Er liegt dort drüben«, so wäre das kein Zeigen, wenn nicht diese Worte zu einer Sprache gehörten.

29. »Du hast mit der Hand eine Bewegung gemacht; hast du etwas damit gemeint? – Ich dachte, du meintest, ich solle zu dir kommen.«

Also er konnte etwas meinen, oder auch nichts meinen. Und

wenn das erstere: dann eben seine Handbewegung, – oder etwas Anderes? Hat er mit seinem Ausdruck etwas Anderes, als diesen, gemeint, oder hat er nur seinen Ausdruck – *gemeint*?

30. Könnte man auch antworten: »Ich habe etwas mit dieser Bewegung gemeint, was ich nur durch diese Bewegung ausdrücken kann«? (Musik, musikalischer Gedanke.)

31. »Freilich dachte ich an ihn: ich hab ihn vor mir gesehen!« – aber nicht nach seinem Bild *erkannt*.

32. Stell dir einen deiner Bekannten vor! – Nun sag, wer es war! – Manchmal kommt das Bild zuerst und der Name danach. Aber errate ich den Namen nach der Ähnlichkeit des Bildes? – Und wenn nun der Name dem Bild erst nachfolgt, – war die Vorstellung jenes Menschen schon mit dem Bild da, oder war sie erst mit dem Namen vollständig? Ich habe ja auf den Namen nicht aus dem Bild geschlossen; und eben darum kann ich sagen, die Vorstellung von ihm sei schon mit dem Bild gekommen.

33. Es ist, wie wenn man eine *Tendenz*, eine Bereitschaft erlebte (James). Und warum soll ich es nicht so nennen? (Und Manche würden auch, was da geschieht, durch Innervationen von Muskeln, Ansätze zu Bewegungen, oder gar Vorstellungen von ihnen erklären.) Nur mußt du das Erlebnis einer Tendenz nicht unter dem Bild eines nicht ganz fertigen Erlebnisses ansehen.

Es scheint uns oft, als mache der Geist beim Verstehen der Bedeutung kleine rudimentäre Bewegungen, wie ein Unschlüssiger, der nicht weiß, welchen Weg er gehen soll – gehe also das Gebiet der möglichen Anwendungen ab.

34. Denk dir Menschen, die von Kind auf mit großer Schnelligkeit kritzeln, während sie reden: was sie reden, gleichsam illustrieren.

Muß ich annehmen, daß, wer aus der Vorstellung, oder Erinnerung, etwas zeichnet, oder beschreibt, oder nachahmt, seine Darstellung von irgend etwas *abliest*?! – Was spricht dafür?

35. Gedanken erraten. Spielkarten liegen auf einem Tisch. Ich will, daß der Andre eine von ihnen berühren soll. Ich schließe die Augen und denke an eine dieser Karten; der Andre soll erraten, welche ich meine. – Er läßt sich darauf etwa eine Karte einfallen und wünscht dabei, meine Meinung zu treffen. Er berührt die Karte, und ich sage »Ja, die war's«, oder sie war's nicht. Eine Variante dieses Spiels wäre es, daß ich auf eine bestimmte Karte *schaue*, so zwar, daß der Andre die Richtung meines Blicks nicht sieht, und daß er nun die Karte erraten muß, auf die ich schaue. Daß dies eine Variante des ersten Spiels ist, ist wichtig. Es kann hier wichtig sein, *wie* ich an die Karte denke, weil es sich zeigen könnte, daß davon die Zuverlässigkeit des Erratens abhängt. Sage ich aber im gewöhnlichen Leben »Ich dachte soeben an N«, so fragt man mich nicht »*Wie* hast du an ihn gedacht?«.

36. Man möchte fragen: »Hätte Einer, der in dein Inneres zu sehen im Stande wäre, dort sehen können, daß du *das* sagen *wolltest*?«

Angenommen, ich hätte mir meinen Vorsatz auf einem Zettel notiert, so hätte ein Andrer meinen Vorsatz dort lesen können. Und kann ich mir denken, daß er ihn auf irgendeinem Wege hätte *sicherer* erfahren können, als so? Gewiß nicht.

37. (Über einem Musikstück steht, vom Komponisten drübergeschrieben, ♩ = 88, aber um es heute richtig zu spielen, muß es ♩ = 94 gespielt werden: welches ist *das vom Komponisten gemeinte Tempo*?)

38. Unterbrich einen Menschen im gänzlich unvorbereiteten und fließenden Reden. Dann frag ihn, was er sagen wollte; und er wird in vielen Fällen den angefangenen Satz fortführen können. – »Dazu mußte ihm schon vorgeschwebt haben, was er sagen wollte.« – Ist nicht vielleicht jenes Phänomen der Grund, warum wir sagen, die Fortsetzung hätte ihm vorgeschwebt?

39. Ist es aber nicht sonderbar, daß es so eine Reaktion, so ein Geständnis der Intention gibt? Ist es nicht ein höchst merkwürdiges Sprachinstrument? Was ist eigentlich merkwürdig daran? Nun, – es ist schwer vorstellbar, wie der Mensch diesen Wortgebrauch lernt. Er ist gar so subtil.

40. Aber ist er wirklich subtiler, als der der Worte »Ich habe mir ihn vorgestellt«, z.B.? Ja, merkwürdig, sonderbar, ist jede solche Sprachverwendung, wenn man nur auf die Betrachtung der Beschreibungen physikalischer Gegenstände eingestellt ist.

41. Sage ich »Ich wollte damals das und das tun« und beruht diese Aussage auf den Gedanken, Vorstellungen, etc., an die ich mich erinnere, so muß ein Andrer, dem ich nur diese Gedanken, Vorstellungen, etc. mitteile, daraus mit ebensolcher Sicherheit schließen können, ich hätte damals das und das tun wollen. – Er könnte das aber oft nicht. Ja, schlösse ich selbst nun aus dieser

Evidenz auf meine Absicht, so würde der Andre mit Recht sagen, dieser Schluß sei sehr unsicher.

42. Und wie lernt [das Kind] den Ausdruck gebrauchen »Ich war damals im Begriffe zu werfen«? Und wie weiß man, daß es damals wirklich in jenem Seelenzustand war, den *ich* »im Begriffe sein ...« nenne?

43. Wie nun, wenn ein Mensch den Ausdruck »Ich war damals im Begriffe ...«, oder »Ich wollte damals ...« nie gebrauchte und seinen Gebrauch nicht erlernen könnte? Der Mensch kann doch viel denken, ohne *das* zu denken. Er kann ein großes Gebiet der Sprachspiele beherrschen, ohne dieses zu beherrschen.

Ist es aber dann nicht sonderbar, daß wir in dieser Art defektiven Menschen nicht begegnen, bei aller der Verschiedenheit der Menschen? Oder finden sich eben diese Leute unter den Geistesschwachen, und es wird nur nicht genügend beobachtet, welcher Sprachverwendungen solche fähig sind und welcher nicht?

44. »Ich hatte die Absicht ...« drückt nicht die Erinnerung an ein Erlebnis aus. (So wenig wie: »Ich war im Begriffe, ...«)

45. Absicht (Intention) ist weder Gemütsbewegung, Stimmung, noch Empfindung, oder Vorstellung. Sie ist kein Bewußtseinszustand. Sie hat nicht echte Dauer.

46. »Ich habe die Absicht, morgen zu verreisen.« – Wann hast du die Absicht? Die ganze Zeit; oder intermittierend?

47. Schau in die Lade, in der du sie zu finden glaubst. Die Lade ist leer. – Ich glaube, du hast sie unter den Empfindungen gesucht.

Überlege, was das eigentlich heißen würde »eine Absicht intermittierend haben«. Es hieße etwa: die Absicht haben, sie fallen lassen, sie wieder aufnehmen, u. s. f.

48. Unter was für Umständen sagt man »Diese Vorrichtung ist eine Bremse, funktioniert aber nicht«? Das heißt doch: sie erfüllt ihren Zweck nicht. Worin liegt es, daß sie diesen Zweck hat? Man könnte auch sagen: »Es war die *Absicht*, daß dies als Bremse wirken sollte.« Wessen Absicht? Hier entschwindet uns die Absicht als Zustand der Seele gänzlich.

Könnte man sich nicht auch das denken, daß mehrere Leute eine Absicht hätten, ausführten, ohne daß einer von ihnen sie hat? So kann eine Regierung eine Absicht haben, die kein *Mensch* hat.

49. Es könnte ein Verbum geben, welches bedeutet: die Absicht durch Worte, oder andere Zeichen, laut, oder in Gedanken, aussprechen. Dies Zeitwort wäre nicht gleichbedeutend unserem »beabsichtigen«.

Es könnte ein Verbum geben, welches bedeutet: einer Absicht gemäß handeln; und dieses wäre auch nicht gleichbedeutend unserm »beabsichtigen«.

Wieder ein anderes könnte bedeuten: über eine Absicht brüten; oder, sie im Kopfe hin und her wälzen.

50. Man kann Einen im Denken stören, – aber im Beabsichtigen? – Im Planen wohl. Auch im Festhalten einer Absicht, nämlich im Denken oder Handeln.

51. Anwendung des Imperativs. Vergleiche die Befehle:

Heb den Arm!
Stell dir ..... vor!
Rechne ..... im Kopf!
Überlege dir .....!
Konzentrier deine Aufmerksamkeit auf .....!
Sieh diese Figur als Würfel an!

mit diesen: Beabsichtige .....!

Meine mit diesen Worten .....!
Vermute, daß es sich so verhält!
Glaube, daß es so ist!
Sei der festen Überzeugung .....!
Erinnere dich daran, daß dies geschehen ist!
Zweifle daran, ob es geschehen ist!
Hoffe auf seine Wiederkehr!

Ist *das* der Unterschied, daß die ersten willkürliche, die zweiten unwillkürliche Bewegungen des Geistes sind? Eher kann ich sagen, die Verben der zweiten Gruppe bezeichnen keine Handlungen. (Vergleiche damit den Befehl: »Lache herzlich über diesen Witz!«)

52. Kann man jemand befehlen, einen Satz zu verstehen? Warum kann man Einem nicht befehlen: »Versteh das!«? Könnte ich nicht den Befehl »Versteh diesen griechischen Satz!« dadurch befolgen, daß ich Griechisch lernte? – Ähnlich: Man kann sagen »Rufe dir Schmerzen hervor!«, aber nicht »Habe Schmerzen!« Man sagt: »Versetz dich in diesen Zustand!«, aber nicht: »Sei in diesem Zustand!«

53. Ich erwarte jeden Augenblick eine Explosion. Ich bin nicht im Stande, einer andern Sache meine volle Aufmerksamkeit zu schenken; schaue in ein Buch, aber ohne zu lesen. Auf die Frage, warum ich zerstreut, oder nervös scheine, sage ich, ich erwarte jeden Augenblick die Explosion. – Wie war es nun: Beschrieb dieser Satz eben jenes Verhalten? Aber wie unterscheidet sich dann der Vorgang des Erwartens der Explosion vom Vorgang des Erwartens eines ganz andern Ereignisses, z.B. eines bestimmten Signals? Und wie unterscheidet sich die Erwartung *eines* Signals von der Erwartung eines um weniges verschiedenen Signals? Oder war meine Handlungsweise nur Nebenerscheinung der eigentlichen Erwartung, und diese ein besonderer geistiger Vorgang? Und war dieser Vorgang homogen, oder gegliedert wie ein Satz (mit *internem* Anfang und Ende)? – Wie weiß aber der, in dem er vorgeht, welches Ereignisses Erwartung der Vorgang ist? Er scheint nämlich nicht darüber im Ungewissen. Es ist nicht, als konstatierte er einen seelischen oder andern Zustand und machte eine Vermutung über dessen Ursache. Er mag wohl sagen »Ich weiß nicht, ist es nur diese Erwartung, die mich heute so unruhig macht«; aber er wird nicht sagen: »Ich weiß nicht, ist dieser Seelenzustand, in dem ich jetzt bin, die Erwartung einer Explosion, oder von etwas anderm.«

Die Aussage »Ich erwarte jeden Moment einen Knall« ist eine *Äußerung* der Erwartung. Diese Wortreaktion ist der Ausschlag des Zeigers, der den Gegenstand der Erwartung anzeigt.

54. Es scheint: die Erwartung und die Tatsache, die die Erwartung befriedigt, passen doch irgendwie zusammen. Man möge nun eine Erwartung beschreiben und eine Tatsache, die zusammenpassen, damit man sieht, worin diese Übereinstimmung besteht. Da denkt man sofort an das Passen einer Vollform in eine entsprechende Hohlform. Aber wenn man diese beiden beschreiben will, so sieht man, daß, soweit sie passen, *eine* Beschreibung für beide gilt. (Vergleiche dagegen, was es heißt »Diese Hose paßt nicht zu diesem Rock«.)

55. Wie alles Metaphysische ist die Harmonie zwischen Gedanken und Wirklichkeit in der Grammatik der Sprache aufzufinden.

56. Mein Gedanke ist hier: Wenn Einer die Erwartung selbst sehen könnte – er müßte sehen, *was* erwartet wird. (So aber, daß es nicht noch einer Projektionsmethode, Vergleichsmethode, bedürfte, um von dem, was er sieht, zu der Tatsache zu kommen, die erwartet wird.)

Aber so ist es ja auch: Wer den Ausdruck der Erwartung sieht, sieht, ›was erwartet wird‹.

57. Der Gedanke, daß uns erst das Finden zeigt, was wir gesucht, erst die Erfüllung des Wunsches, was wir gewünscht haben, heißt, den Vorgang so beurteilen, wie die Symptome der Erwartung oder des Suchens bei einem Andern. Ich sehe ihn unruhig in seinem Zimmer auf und ab gehen; da kommt jemand zur Tür herein, und er wird ruhig und gibt Zeichen der Befriedigung. Und nun sage ich »Er hat offenbar diesen Menschen erwartet«.

58. Wir sagen, der Ausdruck der Erwartung ›beschreibe‹ die erwartete Tatsache, und denken an sie wie an einen Gegenstand oder Komplex, der als Erfüllung der Erwartung in die Erscheinung tritt. – Aber der Erwartete ist nicht die Erfüllung, sondern: daß er kommt.

Der Fehler ist tief in unserer Sprache verankert: Wir sagen »ich erwarte ihn« und »Ich erwarte sein Kommen« und »ich erwarte, daß er kommt«.

59. Es ist uns schwer, von dem Vergleich loszukommen: Der Mensch tritt ein – das Ereignis tritt ein. Als wäre das Ereignis schon vorgebildet vor der Tür der Wirklichkeit und würde nun in diese (wie in ein Zimmer) eintreten.

60. Die Realität ist keine Eigenschaft, die dem Erwarteten noch fehlt, und die nun hinzutritt, wenn die Erwartung eintritt. – Die Realität ist auch nicht wie das Tageslicht, das den Dingen erst Farbe gibt, wenn sie im Dunkeln schon, gleichsam farblos, vorhanden sind.

61. Man kann vom Träger eines Namens sagen, daß er nicht existiert; und das ist natürlich keine Tätigkeit, obwohl man es mit einer vergleichen könnte, und sagen: er müsse doch dabei sein, wenn er nicht existiert. (Und das ist von einem Philosophen bestimmt schon einmal geschrieben worden.)

62. Das schattenhafte Antizipieren der Tatsache besteht darin, daß wir jetzt denken können, daß *das* eintreffen wird, was erst eintreffen *wird*. Oder, wie es irreführenderweise heißt: daß wir jetzt *das* (oder, an das) denken können, was erst eintreffen *wird*.

63. Mancher wird vielleicht sagen wollen »Die Erwartung ist ein Gedanke.« Das entspricht offenbar einem Gebrauch des Wortes »erwarten«. Und wir wollen uns nur erinnern, daß der Vorgang des Gedankens *sehr verschiedenerlei* sein kann.

64. Ich pfeife, und jemand fragt mich, warum ich guter Dinge bin. Ich antworte »Ich hoffe, N wird heute kommen.« – Aber während ich pfiff, dachte ich nicht an ihn. Und doch wäre es falsch zu sagen: ich hätte aufgehört zu hoffen, als ich zu pfeifen anfing.

65. Wenn ich sage »Ich erwarte ...« – ist das die Feststellung: die Situation, meine Handlungen, Gedanken, etc. seien die des Erwartens dieses Ereignisses; oder gehören die Worte »Ich erwarte ...« zum Vorgang des Erwartens?

Unter gewissen Umständen werden diese Worte heißen (ersetzt werden können durch) »Ich glaube, das und das wird eintreten«. Manchmal auch: »Mach dich darauf gefaßt, daß ...«.

66. Die psychologischen – trivialen – Erörterungen über Erwartung, Assoziation, u.s.w., lassen immer das eigentlich Merkwürdige aus, und man merkt ihnen an, daß sie herumreden, ohne den springenden Punkt zu berühren.*

67. Eine Erwartung ist in einer Situation eingebettet, aus der sie entspringt. Die Erwartung einer Explosion kann z.B. aus einer Situation entspringen, in der eine Explosion *zu erwarten ist*. Der sie erwartet, hatte zwei Leute flüstern hören: »Morgen um zehn Uhr wird die Lunte angebrannt«. Dann denkt er: vielleicht will jemand hier ein Haus in die Luft sprengen. Gegen zehn Uhr wird er unruhig, fährt bei jedem Lärm zusammen, und endlich antwortet er auf die Frage, warum er nervös sei: »Ich erwarte ...«. Diese Antwort wird z.B. sein Benehmen verständ-

* S. *Philosophische Bemerkungen* § 31. Hrsg.

lich machen. Sie wird uns auch in den Stand setzen, uns seine Gedanken und Gefühle auszumalen.*

68. Die Erfüllung der Erwartung besteht nicht darin, daß ein Drittes geschieht, das man, außer eben als »die Erfüllung dieser Erwartung« auch noch anders beschreiben könnte, also z. B. als ein Gefühl der Befriedigung, oder der Freude, oder wie immer. Die Erwartung, daß etwas der Fall sein wird, ist das gleiche wie die Erwartung der Erfüllung jener Erwartung. [*Randbemerkung:* Erwartung dessen was nicht ist.]**

69. Sokrates zu Theaitetos: »Und wer vorstellt, sollte nicht *etwas* vorstellen?« – Th.: »Notwendig.« – Sok.: »Und wer etwas vorstellt, nichts Wirkliches?« – Th.: »So scheint es.«***

Setzen wir in diesem Argument statt des Wortes »vorstellen« etwa das Wort »töten«, so gibt es eine Regel für den Gebrauch dieses Worts; es hat keinen Sinn zu sagen »Ich töte etwas, was nicht existiert«. Ich kann mir einen Hirsch auf dieser Wiese vorstellen, der nicht da ist, aber keinen töten, der nicht da ist. Und »sich einen Hirsch auf dieser Wiese vorstellen« heißt: sich vorstellen, daß ein Hirsch da ist. Einen Hirsch töten aber heißt nicht: töten, daß etc. Wenn aber jemand sagt »Damit ich mir einen Hirsch vorstellen kann, muß es ihn doch in einem gewissen Sinne geben« – so ist die Antwort: nein, es muß ihn dazu in keinem Sinne geben. Und wenn geantwortet würde: »Aber die braune Farbe z. B. muß es doch geben, damit ich sie mir vorstellen kann«, – so ist zu sagen: »es gibt die braune Farbe« heißt überhaupt nichts; außer etwa, daß sie da oder dort als Färbung eines Gegenstands vorhanden ist; und das ist nicht nötig, damit ich mir einen braunen Hirsch vorstellen kann.

* S. *Philosophische Untersuchungen* § 581. Hrsg.
** S. *Philosophische Bemerkungen* § 25. Hrsg.
*** *Theaitetos* 189a. Hrsg.

70. Etwas tun können, erscheint wie ein Schatten des wirklichen Tuns, gerade wie der Sinn des Satzes als Schatten einer Tatsache, oder das Verstehen des Befehls als Schatten seiner Ausführung. Im Befehl wirft die Tatsache gleichsam »ihren Schatten schon voraus«. Dieser Schatten aber, was immer er wäre, ist nicht das Ereignis.

71. Vergleiche die Anwendungen von:
»Ich habe seit gestern Schmerzen.«
»Ich habe ihn seit gestern erwartet.«
»Ich wußte seit gestern.«
»Ich kann seit gestern integrieren.«

72. Der gemeinsame Unterschied aller Bewußtseinszustände von den Dispositionen scheint mir zu sein, daß man sich nicht durch Stichproben überzeugen kann, ob sie noch andauern.

73. Man muß manchen Satz öfter lesen, um ihn als Satz zu verstehen.

74. Ein Satz sei mir in einer Chiffre gegeben und auch ihr Schlüssel; dann ist mir natürlich in einer Beziehung alles zum Verständnis des Satzes gegeben. Und doch würde ich auf die Frage »Verstehst du diesen Satz?« antworten: Nein, noch nicht; ich muß ihn erst entziffern. Und erst, wenn ich ihn, z.B., ins Deutsche übertragen hätte, würde ich sagen »Jetzt verstehe ich ihn«.

Wenn man nun die Frage stellt »In welchem Moment der Übertragung *verstehe* ich nun den Satz?«, würde man einen Einblick in das Wesen dessen erhalten, was wir »verstehen« nennen.

75. Ich kann auf den Verlauf meiner Schmerzen achten; aber nicht ebenso auf den meines Glaubens, meiner Übersetzung, oder meines Wissens.

76. Man kann die Fortdauer einer Erscheinung durch ununterbrochene Beobachtung feststellen, oder durch Proben. Das Beobachten der Dauer kann ununterbrochen, oder unterbrochen sein.

77. Wie beobachte ich mein Wissen, meine Meinungen? Und andererseits, ein Nachbild, einen Schmerz? Gibt es ein ununterbrochenes Beobachten meiner Fähigkeit, die Multiplikation ... auszuführen?

78. Ist »Ich hoffe ...« eine Beschreibung eines Seelenzustandes? Ein Seelenzustand hat eine Dauer. »Ich habe den ganzen Tag gehofft ...« ist also so eine Beschreibung. Sage ich aber Einem »Ich hoffe, du kommst« – wie, wenn er mich fragte »Wie lange hoffst du es«? Ist die Antwort: »Ich hoffe, während ich's sage«? Angenommen ich hätte auf diese Frage irgendeine Antwort, wäre sie nicht für den Zweck der Worte »Ich hoffe, du wirst kommen« ganz irrelevant?

79. Man sagt »Ich hoffe, du wirst kommen«, aber nicht »Ich glaube: ich hoffe, du wirst kommen«; wohl aber wäre es möglich zu sagen: »Ich glaube, ich hoffe noch immer, er werde kommen«.

80. Was ist die Vergangenheitsform von »Nicht wahr, du kommst!«?

81. Wo es echte Dauer gibt, da kann man Einem sagen: »Merk auf und gib mir ein Zeichen, wenn das Erlebte (das Bild, das Geräusch, etc.) sich ändert.«

Es gibt da überhaupt ein Aufmerken. Während man nicht das Vergessen des Gewußten, u. dergl., mit der Aufmerksamkeit verfolgen kann. (Stimmt nicht, denn man kann auch die eigenen Vorstellungen nicht mit der Aufmerksamkeit verfolgen.)

82. Denk an das Sprachspiel: Bestimm mit der Stoppuhr, wie lange der Eindruck dauert. Man könnte so nicht die Dauer des Wissens, Könnens, Verstehens bestimmen.

83. »Aber die Verschiedenheit von Wissen und Hören liegt doch nicht einfach in so einem Merkmal, wie die Art ihrer Dauer. Sie sind doch ganz und gar grundverschieden!« Freilich. Aber man kann eben nicht sagen: »*Wisse* und *höre*, und du wirst den Unterschied merken!«

84. »Schmerz ist ein Bewußtseinszustand, Verstehen nicht.« – »Nun, ich *fühle* eben das Verstehen nicht.« – Aber diese Erklärung taugt nicht. Es wäre auch keine Erklärung zu sagen: Was man in irgendeinem Sinne *fühlt*, ist ein Bewußtseinszustand. Das hieße ja nur: Bewußtseinszustand = Gefühl. (Man hätte nur ein Wort durch ein anderes ersetzt.)

85. Man sagt wohl überhaupt kaum, man habe etwas seit gestern »ununterbrochen« geglaubt, verstanden, beabsichtigt. Eine Unterbrechung des Glaubens wäre eine Zeit des Unglaubens, nicht z.B. die Abwendung der Aufmerksamkeit von dem Geglaubten, z.B. der Schlaf.
(Unterschied zwischen ›knowing‹ und ›being aware of‹.)

86. Das Wichtigste ist hier dies: es besteht ein Unterschied; man merkt den Unterschied, ›der ein kategorischer ist‹ – ohne sagen zu können, worin er besteht. Das ist der Fall, in dem man gewöhnlich sagt, man erkenne den Unterschied eben durch Introspektion.

87. Das ist wohl der Punkt, an dem man sagt, man könne dem *Andern* eben nur die Form mitteilen, nicht aber den Inhalt. – So redet man also zu sich selbst *über den Inhalt*! – (Wie ›beziehen‹ sich aber meine Worte auf den mir bewußten Inhalt? und zu welchem Zweck?)

88. Es ist sehr merkwürdig, daß die *Vorgänge* beim Denken uns so gut wie nie interessieren. Es ist merkwürdig, aber nicht seltsam.

89. ((Gedanken, gleichsam nur Winke.))*
Ist es hier nicht wie beim Kunstrechner? – Er hat richtig gerechnet, wenn das Richtige herauskam. Was in ihm vorging, kann er vielleicht selbst nicht sagen. Und hörten wir's, so

* Im Original steht dieser Satz in eckigen Klammern. Diese wurden hier wie auch sonst durch doppelte Klammern ersetzt. Hrsg.

erschiene es vielleicht wie ein seltsames *Zerrbild* einer Rechnung.

90. Was weiß ich von den inneren Vorgängen Eines, der mit Aufmerksamkeit einen Satz liest? Und kann er mir sie beschreiben, nachdem er's getan hat; und ist, was er etwa beschreibt, eben der charakteristische Vorgang der Aufmerksamkeit?

91. Frage: Welche Wirkung will ich erzielen, wenn ich Einem sage »Lies aufmerksam!«? Etwa, daß ihm das und jenes auffällt, er davon berichten kann. – Wieder könnte man, glaube ich, sagen, daß, wer einen Satz mit Aufmerksamkeit liest, oft von Vorgängen in seinem Geist, Vorstellungen etwa, wird berichten können. Aber das heißt nicht, daß diese Vorgänge »Aufmerksamkeit« hießen.

92. »Hast du den Satz denkend gelesen?« – »Ja, ich habe ihn denkend gelesen; jedes Wort war mir wichtig.«
Das ist nicht das gewöhnliche Erlebnis.* Man hört sich für gewöhnlich nicht halb erstaunt etwas reden; folgt der eigenen Rede nicht mit der Aufmerksamkeit; denn man redet für gewöhnlich eben willkürlich, nicht unwillkürlich.

93. Wenn ein sonst normaler Mensch unter normalen Umständen ein normales Gespräch führt, und ich gefragt würde, wie sich in so einem Falle der Denkende vom Nichtdenkenden unterschiede, – ich wüßte nicht zu antworten. Und ich könnte *gewiß nicht* sagen, daß der Unterschied in etwas liegt,

* »Erlebnis« im Typoskript durchgestrichen. Hrsg.

was während des Sprechens vor sich ginge, oder nicht vor sich ginge.

94. Die Grenzlinie zwischen ›denken‹ und ›nicht denken‹, die hier gezogen würde, liefe zwischen zwei Zuständen, die sich durch nichts einem Spiel der Vorstellungen auch nur Ähnliches unterschieden. (Denn das Spiel der Vorstellungen ist ja doch das Vorbild, wonach man sich das Denken denken möchte.)

95. Nur unter ganz speziellen Umständen tritt die Frage auf, ob *denkend* geredet wurde, oder nicht.

96. Ja, wenn man von einer Erfahrung des Denkens spricht, so ist die Erfahrung des Redens so gut wie jede andere. Aber der Begriff ›denken‹ ist kein Erfahrungsbegriff. Denn man vergleicht Gedanken nicht, wie man Erfahrungen vergleicht.

97. Was man nachmacht, ist etwa der Ton der Rede, die Miene, und dergl., und das genügt uns. Das beweist, daß *hier* die wichtigen Begleitphänomene der Rede liegen.

98. Sagen wir, es denke *jeder*, der sinnvoll spricht? Z. B. der Bauende im Sprachspiel No. 2?* Könnten wir uns nicht das Bauen und Rufen der Wörter, etc., in einer Umgebung denken, in der wir es mit einem Denken nicht im entferntesten in Zusammenhang brächten?

* *Philosophische Untersuchungen* § 2. Hrsg.

99. (Zum Sprachspiel No. 2)* »Du setzt eben stillschweigend schon voraus, daß diese Menschen *denken*; daß sie in *dieser* Beziehung den uns bekannten Menschen gleichen; daß sie jenes Sprachspiel nicht rein mechanisch betreiben. Denn stelltest du dir vor, sie täten's, so würdest du's selbst nicht den Gebrauch einer rudimentären Sprache nennen.«

Was soll ich nun dem antworten? Es ist natürlich wahr, das Leben jener Menschen muß dem unsern in vieler Beziehung gleichen, und ich habe über diese Ähnlichkeiten nichts gesagt. Das Wichtige aber ist, daß ihre Sprache, wie auch ihr Denken, rudimentär sein kann, daß es ein ›primitives Denken‹ gibt, welches durch ein primitives *Verhalten* zu beschreiben ist. Die Umgebung ist nicht die ›Denkbegleitung‹ des Sprechens.

100. Denken wir uns, daß Einer eine Arbeit verrichtet, in der es ein Vergleichen, Versuchen, Wählen gibt. Er stellt etwa einen Gebrauchsgegenstand aus gewissen Materialstücken mit gegebenen Werkzeugen her. Immer wieder entsteht das Problem »Soll ich *dies* Stück dazu nehmen?« – Das Stück wird verworfen, ein anderes versucht. Stücke werden versuchsweise zusammengestellt, auseinandergenommen; es wird nach einem passenden gesucht, etc., etc. Ich denke mir nun diesen ganzen Hergang gefilmt. Der Arbeitende gibt etwa auch Laute von sich, wie »Hm« oder »Ha!« Sozusagen Laute des Zögerns, des plötzlichen Findens, des Entschlusses, der Zufriedenheit, der Unzufriedenheit. Aber kein Wort wird geredet. Jene Laute mögen im Film aufgenommen werden. Der Film wird mir vorgeführt, und ich erfinde nun ein Selbstgespräch des Arbeitenden, welches zu seiner Arbeitsweise, dem Rhythmus seiner Arbeit, seinem Mienenspiel, seinen Gebärden und Naturlauten paßt, welches all dem entspricht. Ich lasse ihn also manchmal sagen »Nein, das Stück ist zu lang, vielleicht paßt ein anderes besser.« – Oder »Was soll ich jetzt tun?« – »Ich hab's!« – Oder »Das ist ganz gut« etc.

* *Philosophische Untersuchungen* § 2. Hrsg.

Wenn der Arbeitende reden kann, – wäre es eine Verfälschung des wirklichen Vorgangs, wenn er ihn genau beschriebe und etwa sagte: »Dann dachte ich: Nein, das geht nicht; ich muß es anders versuchen.« usw. – obwohl er während der Arbeit nicht gesprochen, und sich auch diese Worte nicht vorgestellt hatte?

Ich will sagen: Kann er nicht seine wortlosen Gedanken später in Worten wiedergeben? So zwar, daß wir, die den Arbeitsvorgang sähen, mit dieser Wiedergabe einverstanden sein könnten? – Umsomehr, wenn wir dem Mann nicht nur einmal, sondern öfters bei der Arbeit zugesehen hätten?

101. Wir könnten natürlich sein ›Denken‹ von der Tätigkeit nicht trennen. Das Denken ist eben keine Begleitung der Arbeit; so wenig, wie der denkenden Rede.

102. Wenn wir Wesen bei der Arbeit sähen, deren Arbeits*rhythmus*, deren Mienenspiel, etc., dem unsern ähnlich wäre, nur daß sie nicht *sprächen*, dann würden wir vielleicht sagen, sie dächten, überlegten, machten Entscheidungen. Es wäre eben da viel, was dem Tun des gewöhnlichen Menschen entspricht. Und es ist nicht zu entscheiden, wie genau die Entsprechung sein muß, damit wir den Begriff ›denken‹ auch bei ihnen anzuwenden ein Recht haben.

103. Und wozu sollen wir auch diese Entscheidung fällen?

Wir werden einen wichtigen Unterschied machen zwischen Wesen, die eine Arbeit, selbst eine komplizierte, ›mechanisch‹ zu verrichten lernen können, und solchen, die bei der Arbeit probieren, vergleichen. – Was aber »probieren« und »vergleichen« zu nennen ist, kann ich nur wieder an Beispielen erklären, und diese Beispiele werden unserm Leben, oder einem, das dem unsern ähnlich ist, entnommen sein.

104. Hat er, etwa spielend, oder durch Zufall eine Kombination gemacht, und verwendet sie nun als Methode, das und jenes zu tun, so werden wir sagen, er denke. – Beim *Überlegen* würde er Mittel und Wege an seinem geistigen Auge vorbeiziehen lassen. Aber dazu muß er schon welche im Vorrat haben. Das Denken gibt ihm die Möglichkeit zur *Vervollkommnung* seiner Methoden. Oder vielmehr: Er ›denkt‹, wenn er in bestimmter Art und Weise seine Methode vervollkommnet. [*Randbemerkung:* Wie schaut denn das Forschen aus?]

105. Man könnte auch sagen: Einer denkt, wenn er in bestimmter Weise *lernt*.

106. Und auch dies (könnte man sagen): Wer bei der Arbeit *denkt*, der wird oft *Hilfstätigkeiten* in sie einschalten. Das Wort »denken« nun bezeichnet nicht diese Hilfstätigkeiten, wie Denken ja auch nicht Reden ist. Obwohl der Begriff ›denken‹ nach Art einer imaginären Hilfstätigkeit gebildet ist. (So wie man sagen könnte, der Begriff des Differentialquotienten sei nach Art eines idealen Quotienten gebildet.)

107. Diese Hilfstätigkeiten sind nicht das Denken; aber man stellt sich das Denken vor als den Strom, der unter der Oberfläche dieser Hilfsmittel fließen muß, wenn sie nicht doch nur mechanische Handlungen sein sollen.

108. Nimm an, es handle sich um Wesen (menschenähnliche Tiere), die wir als Sklaven benützen, kaufen und verkaufen. Sie können nicht sprechen lernen, wohl aber kann man die begabtern unter ihnen zu, oft recht komplizierten, Arbeiten erziehen;

und manche von diesen arbeiten ›denkend‹, andre bloß mechanisch. Für einen Denkenden zahlen wir mehr, als für einen bloß mechanisch Geschickten.

109. Wenn es nur ganz wenige Menschen gäbe, die die Antwort auf eine Rechenaufgabe finden könnten, ohne zu sprechen, oder zu schreiben, könnte man diese nicht zum Zeugnis anführen dafür, daß man auch ohne Zeichen rechnen könne. Weil es nämlich nicht klar wäre, daß diese Leute überhaupt ›rechnen‹. Ebenso kann auch das Zeugnis des Ballard* (bei James) einen nicht davon überzeugen, daß man denken könne ohne Sprache.

Ja, warum soll man, wo keine Sprache gebraucht wird, vom ›denken‹ reden? Tut man's, so zeigt das eben etwas über den *Begriff* des Denkens.

110. ›Denken‹, ein weit verzweigter Begriff. Ein Begriff, der viele Lebensäußerungen in sich verbindet. Die Denk*phänomene* liegen weit auseinander.

111. Wir sind auf die Aufgabe gar nicht *gefaßt*, den Gebrauch des Wortes »denken«, z.B., zu beschreiben. (Und warum sollten wir's sein? Wozu ist so eine Beschreibung nütze?)

Und die naive Vorstellung, die man sich von ihm macht, entspricht gar nicht der Wirklichkeit. Wir erwarten uns eine glatte, regelmäßige Kontur, und kriegen eine zerfetzte zu sehen. Hier könnte man wirklich sagen, wir hätten uns ein falsches Bild gemacht. [*Randbemerkung:* Bemerkung über Fragment.]

* Im Original fälschlich »Barnard«. Hrsg.

112. Es ist von diesem Wort nicht zu erwarten, daß es eine einheitliche Verwendung habe; es ist vielmehr das Gegenteil zu erwarten.

113. Woher nehmen wir den Begriff ›denken‹, den wir hier betrachten wollen? Aus der Alltagssprache. Was unsrer Aufmerksamkeit zuerst ihre Richtung gibt, ist das Wort »denken«. Aber der Gebrauch dieses Worts ist verworren. Und wir können es nicht anders erwarten. Und das läßt sich natürlich von allen psychologischen Verben sagen. Ihre Verwendung ist nicht so klar, und so leicht zu übersehen, wie die der Wörter der Mechanik z.B.

114. Man lernt das Wort »denken«, d.i. seinen Gebrauch, unter gewissen Umständen, die man aber nicht beschreiben lernt.

115. Aber ich *kann* einen Menschen den Gebrauch des Wortes *lehren*! denn dazu ist ein Beschreiben jener Umstände nicht nötig.

116. Ich lehre ihn eben das Wort *unter bestimmten Umständen*.

117. Man lernt es etwa nur vom Menschen sagen, es von ihm behaupten, oder leugnen. Die Frage »Denkt ein Fisch?« muß unter seinen Sprachanwendungen nicht existieren, *nicht gestellt werden*. (Was kann natürlicher sein, als so ein Zustand; so eine Sprachverwendung?)

118. »An *diesen* Fall hat niemand gedacht« – kann man sagen. Ich kann zwar nicht die Bedingungen aufzählen, unter denen das Wort »denken« zu gebrauchen ist, – aber, wenn ein Umstand den Gebrauch zweifelhaft macht, so kann ich's sagen, und auch, *wie* die Lage von der gewöhnlichen abweicht.

119. Wenn ich in einem bestimmten Zimmer eine bestimmte Tätigkeit auszuführen gelernt habe (das Aufräumen des Zimmers etwa) und diese Technik beherrsche, so folgt doch nicht, daß ich bereit sein müsse, die Einrichtung des Zimmers zu beschreiben; auch wenn ich jede Veränderung in ihr gleich merken würde und auch sofort beschreiben könnte.

120. »Dieses Gesetz wurde nicht in Voraussicht solcher Fälle gegeben.« Ist es darum sinnlos?

121. Es wäre doch sehr wohl denkbar, daß Einer sich genau in einer Stadt auskennt, d.h., von jedem Ort der Stadt zu jedem andern mit Sicherheit den kürzesten Weg fände, – und dennoch ganz außer Stande wäre, einen Plan der Stadt zu zeichnen. Daß er, sobald er es versucht, nur gänzlich Falsches hervorbringt. (Unser Begriff vom ›Instinkt‹.)

122. Bedenke, unsere Sprache könnte verschiedene Wörter besitzen: fürs ›laute Denken‹; fürs denkende Selbstgespräch in der Vorstellung; fürs Innehalten, wobei irgend etwas uns vorschwebt, woraufhin wir aber die Antwort mit Sicherheit geben können.

Ein Wort für den Gedanken, der im Satz ausgedrückt ist; eines für den Gedankenblitz, den ich später ›in Worte kleiden‹ kann, eins für das denkende Arbeiten ohne Worte.

123. »Denken ist eine geistige Tätigkeit.« – Denken ist *keine* körperliche Tätigkeit. Ist Denken eine Tätigkeit? Nun, man kann Einem befehlen »denk darüber nach!«. Wenn aber Einer in Befolgung dieses Befehls zu sich selbst oder auch zum Andern spricht, verrichtet er da *zwei* Tätigkeiten?

124. Die Anteilnahme an dem Gesprochenen hat ihre spezifischen Zeichen. Sie hat auch ihre spezifischen Folgen und Vorbedingungen. Die Anteilnahme ist ein Erlebtes: man sagt sie von sich selbst nicht auf Grund einer Beobachtung aus. Sie ist keine Begleitung des Gesprochenen. Wodurch wäre, was den Satz begleitet, eine Anteilnahme am Inhalt dieses Satzes? (Logische Bedingung.)

125. Vergleiche das Phänomen des Denkens mit dem Phänomen des Brennens! Kann nicht das Brennen, die Flamme, uns rätselhaft erscheinen? Und warum die Flamme mehr als der Tisch? – Und wie klärst du dieses Rätsel auf?

Und wie soll nun das Rätsel des Denkens aufgelöst werden? – Wie das der Flamme?

126. Ist die Flamme nicht rätselhaft, weil sie ungreifbar ist? Wohl – aber warum macht sie das rätselhaft? Warum soll das Ungreifbare rätselhafter sein als das Greifbare? Außer, weil wir es greifen *wollen*. –

127. Man sagt, die Seele *verläßt* den Körper. Um ihr dann aber jede Ähnlichkeit mit dem Körper zu nehmen, und damit man beileibe nicht denkt, es sei irgendein gasförmiges Ding gemeint, sagt man, die Seele ist unkörperlich, unräumlich; aber mit dem Worte »verläßt« hat man schon alles gesagt. Zeige mir, *wie* du das Wort »seelisch« gebrauchst, und ich werde sehen, ob die Seele »unkörperlich« ist, und was du unter »Geist« verstehst.

128. Ich bin geneigt, vom Leblosen zu reden als von einem, dem etwas abgeht. Ich sehe das Leben unbedingt als ein Plus an, als etwas dem Leblosen Hinzugefügtes. (Psychologische Atmosphäre.)

129. Man sagt vom Tisch und Stuhl nicht: »er denkt jetzt«, noch »er denkt jetzt nicht«, noch »er denkt nie«; auch von der Pflanze nicht, auch vom Fisch nicht, kaum vom Hund; aber vom Menschen. Und auch nicht von allen Menschen.

»Ein Tisch denkt nicht« ist nicht vergleichbar einer Aussage wie »Ein Tisch wächst nicht«. (Ich wüßte gar nicht, ›wie das wäre, wenn‹ ein Tisch dächte.) Und hier gibt es offenbar einen graduellen Übergang zu dem Fall des Menschen.

130. Man redet nur vom ›denken‹ unter ganz bestimmten Umständen.

131. Wie können denn der Sinn und die Wahrheit (oder die Wahrheit und der Sinn) der Sätze zugleich zusammenbrechen? (Mit einander stehen und fallen?)

132. Und ist es nicht, als wolltest du sagen: »Wenn es sich nicht so und so verhält, hat es keinen Sinn mehr, zu sagen, es verhalte sich so«?

133. Also z.B.: »Wenn *immer* falsch gezogen worden wäre, so hätte es keinen Sinn, von einem ›falschen Zug‹ zu reden.« Aber das ist nur eine paradoxe Form, es zu sagen. Die nichtparadoxe Form wäre: »Die allgemeine Beschreibung ... hat keinen Sinn.«

134. Statt »man kann nicht«, sage: »es gibt in diesem Spiel nicht«. Statt »man kann im Damespiel nicht rochieren« – »es gibt im Damespiel kein Rochieren«; statt »ich kann meine Empfindung nicht vorzeigen« – »es gibt in der Verwendung des Worts ›Empfindung‹ kein Vorzeigen dessen, was man hat«; statt »man kann nicht alle Kardinalzahlen aufzählen« – »es gibt hier kein Aufzählen aller Glieder«.

135. Das Gespräch, die Anwendung und Ausdeutung der Worte fließt dahin, und nur im Fluß hat das Wort seine Bedeutung.

»Er ist abgereist.« – »Warum?« – Was meintest du, als du das Wort »warum« aussprachst? Woran *dachtest* du?

136. Denk ans Aufzeigen in der Schule. Muß Einer sich die Antwort im stillen vorgesagt haben, um mit Recht aufzeigen zu können? Und *was* muß in ihm dazu vorgegangen sein? – Nichts. Aber es ist wichtig, daß er für gewöhnlich eine Antwort wisse, wenn er aufzeigt; und das ist das Kriterium dafür, daß er das Aufzeigen *versteht*.

Es muß nichts in ihm vorgegangen sein; und doch wäre der merkwürdig, der in so einem Falle nie etwas über innere Vorgänge zu berichten wüßte.

137. Manchmal, wenn ich sage »Ich dachte damals ...«, kann ich berichten, daß ich mir eben diese Worte laut, oder im stillen gesagt hatte; oder wenn nicht diese, so andere Worte, wovon die gegenwärtigen eine sinngemäße Wiedergabe sind. Das kommt doch manchmal vor! Aber eben auch dies, daß meine gegenwärtigen Worte ›nicht eine *Wieder*gabe‹ sind. Denn ›Wiedergabe‹ sind sie nur, wenn sie es nach Regeln der Abbildung sind.

138. Es scheint so, als wäre in einem Satz, der z.B. das Wort »Kugel« enthält, schon der Schatten anderer Verwendungen dieses Worts enthalten. Nämlich eben die *Möglichkeit*, jene andern Sätze zu bilden. – Wem scheint es so? und unter welchen Umständen?

139. Man kommt nicht davon weg, daß der Sinn des Satzes den Satz begleitet; bei dem Satz steht.

140. Man will etwa sagen: »die eine Verneinung *tut* dasselbe mit dem Satz, wie die andere, – sie schließt, was er beschreibt, aus.« Aber das sind nur andere Worte für eine Gleichsetzung der beiden negativen Sätze (welche nur gilt, wenn der verneinte Satz nicht selbst ein negativer Satz ist). Immer wieder der Gedanke, daß, was wir vom Zeichen sehen, nur eine Außenseite zu einem Innern ist, worin sich die eigentlichen Operationen des Sinnes und der Bedeutung abspielen.*

* S. *Philosophische Untersuchungen* § 556. Hrsg.

141. Unser Problem könnte man (sehr klar) so stellen: Angenommen, wir hätten zwei Systeme der Längenmessung; eine Länge wird in beiden durch ein Zahlzeichen ausgedrückt, diesem folgt ein Wort, das das Maß angibt. Das eine System bezeichnet eine Länge als »n Fuß«, und Fuß ist eine Längeneinheit im gewöhnlichen Sinne; im andern System wird eine Länge mit »n W« bezeichnet und 1 Fuß = 1 W. Aber 2 W = 4 Fuß, 3 W = 9 Fuß u.s.w. – Also heißt der Satz »Dieser Stock ist 1 W lang« dasselbe wie »Dieser Stock ist 1 Fuß lang«. Frage: Hat in diesen beiden Sätzen »W« und »Fuß« dieselbe Bedeutung?

142. Die Frage ist falsch gestellt. Das sieht man, wenn wir die Bedeutungsgleichheit durch eine Gleichung ausdrücken. Die Frage kann nur lauten: »Ist W = Fuß, oder nicht?« – Von den Sätzen, in denen diese Zeichen stehen, ist hier nicht die Rede. – Ebenso wenig kann man natürlich in dieser Terminologie fragen, ob »ist« hier das gleiche bedeutet, wie »ist« dort; wohl aber, ob die Kopula das gleiche bedeutet wie das Gleichheitszeichen. Nun, wir sagten ja: 1 Fuß = 1 W; aber Fuß ≠ W.

143. Man könnte sagen: in allen Fällen meint man mit »Gedanke« das *Lebende* am Satz. Das, ohne welches er tot, eine bloße Lautfolge oder Folge geschriebener Figuren ist.

Wenn ich aber ebenso von einem Etwas spräche, welches einer Konfiguration von Schachfiguren Bedeutung gibt, d.h., sie von einer beliebigen Zusammenstellung von Holzklötzchen unterscheidet, – was könnte ich da nicht alles meinen! Die Regeln, die die Schachkonfiguration zu einer Situation eines Spiels machen; die besondern Erlebnisse, die wir mit solchen Spielstellungen verbinden; den Nutzen des Spiels.

Oder wenn wir von einem Etwas sprächen, welches das Papiergeld von bloßen bedruckten Zetteln unterscheidet und ihm seine Bedeutung, sein Leben gibt!

144. Wie ein Wort verstanden wird, das sagen Worte allein nicht. (Theologie.)

145. Es könnte auch eine Sprache geben, in deren Verwendung der Eindruck, den wir von den Zeichen erhalten, keine Rolle spielt; in der es ein Verstehen im Sinne eines solchen Eindrucks nicht gibt. Die Zeichen werden uns etwa geschrieben übermittelt, und wir können *sie* uns nun *merken*. (D.h. der einzige Eindruck, von dem da die Rede ist, ist das Bild des Zeichens.) Wenn es nun ein Befehl ist, so übertragen wir nach Regeln, Tabellen, das Zeichen in Handlung. Zum Eindruck, ähnlich dem eines Bildes, kommt es nicht, und man schreibt auch nicht Geschichten in dieser Sprache.

146. In diesem Fall könnte man sagen: »Das Zeichen lebt nur im System.«

147. Es wäre natürlich auch denkbar, daß wir einen Satz der Wortsprache, um von ihm einen *Eindruck* zu erhalten, nach Regeln in ein gezeichnetes Bild übertragen müßten. (Daß erst dies Bild eine Seele hätte.)

148. Es wäre eine Sprache denkbar, in der die Bedeutungen von Worten nach bestimmten Regeln abwechselten, etwa: Vormittag heißt das Wort A dies, Nachmittag jenes.

Oder eine Sprache, in der die Wörter sich täglich änderten, indem an jedem Tag jeder Buchstabe des vorigen Tages durch den nächsten im Alphabet (und z durch a) ersetzt würde.

149. Denke dir diese Sprache: Wörter und Grammatik sind die des Deutschen, aber die Wörter im Satz stehen in der entgegengesetzten Reihenfolge. Ein Satz dieser Sprache klingt also wie ein deutscher Satz, den man vom Schlußpunkt zum Anfang hin liest. Die Ausdrucksmöglichkeiten haben also die gleiche Mannigfaltigkeit, wie im Deutschen. Aber was wir als Satzklang kennen, ist vernichtet.

150. Jemand, der nicht Deutsch kann, hört mich bei gewissen Anlässen ausrufen: »Welch herrliche Beleuchtung!« Er errät den Sinn und gebraucht nun den Ausruf selber, wie ich es tue, ohne jedoch die drei Wörter zu verstehen. Versteht er den Ausruf?

151. Ich hatte mit Absicht ein Beispiel gewählt, in dem der Mensch einer Empfindung Ausdruck gibt. Denn in diesem Fall sagt man, Laute, die keiner Sprache angehören, seien voll von Bedeutung.

152. Wäre es ebenso leicht, sich den analogen Fall zu denken für diesen Satz: »Wenn der Zug nicht pünktlich um 5 Uhr ankommt, wird er den Anschluß versäumen«? Was hieße es etwa in diesem Falle: den Sinn erraten?

153. Es stört uns gleichsam, daß der Gedanke eines Satzes in keinem Moment ganz vorhanden ist. Wir sehen ihn wie einen Gegenstand an, den wir erzeugen und nie ganz besitzen, denn kaum entsteht ein Teil, so verschwindet ein anderer.

154. (Zu No. 150) Man kann sich leicht eine Sprache vorstellen, in der Menschen ein einziges Wort für jenen Ausruf benutzen. Aber wie wäre es mit einem Wort für den Satz »Wenn der Zug...«? In was für einem Fall würden wir sagen, daß das Wort tatsächlich für diesen Satz steht?

Etwa in diesem: Die Leute benützten anfänglich einen Satz wie den unsern; dann aber traten Umstände ein, in denen der Satz so häufig ausgesprochen werden mußte, daß sie ihn zu einem Wort zusammenzogen. Diese Leute könnten also noch das Wort durch den Satz erklären.

Aber kann es auch den Fall geben, in dem Leute *nur* ein Wort für jenen Sinn besäßen, also für jenen Gebrauch? Warum nicht? Man muß sich vorstellen, wie Einer den Gebrauch dieses Wortes lernt, und unter welchen Umständen wir sagen würden, daß das Wort wirklich jenen Satz vertritt.

Bedenk aber dies: In unserer Sprache sagt jemand »Er kommt um 5 Uhr an«; ein Andrer antwortet »Nein, 10 Minuten nach 5«. Gibt es diese Art Gespräch auch in der andern Sprache?

Darum sind Sinn und Bedeutung vage Begriffe.

155. Worte eines Dichters können uns durch und durch gehen. Und das hängt, *kausal*, natürlich mit dem Gebrauch zusammen, den sie in unserm Leben haben. Und es hängt auch damit zusammen, daß wir, diesem Gebrauch gemäß, unsere Gedanken dorthin und dahin in die wohlbekannte Umgebung der Worte schweifen lassen.

156. Gibt es *einen* Unterschied der Bedeutung, der sich erklären läßt, und einen, der in einer Erklärung nicht zutage tritt?

157. Der seelenvolle Ausdruck in der Musik, – er ist doch nicht nach Regeln zu erkennen. Und warum können wir uns nicht vorstellen, daß er's für andere Wesen wäre?

158. Wenn dir plötzlich ein Thema, eine Wendung, etwas sagt, so brauchst du dir's nicht erklären zu können. Es ist dir plötzlich auch *diese* Geste zugänglich.

159. Du redest doch vom *Verstehen* der Musik. Du verstehst sie doch, *während* du sie hörst! Sollen wir davon sagen, es sei ein Erlebnis, welches das Hören begleite?

160. Das Sprechen der Musik. Vergiß nicht, daß ein Gedicht, wenn auch in der Sprache der Mitteilung abgefaßt, nicht im Sprachspiel der Mitteilung verwendet wird.

161. Könnte man sich nicht denken, daß Einer, der Musik nie gekannt hat und zu uns kommt und jemand einen nachdenklichen Chopin spielen hört, daß der überzeugt wäre, dies sei eine Sprache und man wolle ihm nur den Sinn geheimhalten.

In der Wortsprache ist ein starkes musikalisches Element. (Ein Seufzer, der Tonfall der Frage, der Verkündigung, der Sehnsucht, alle die unzähligen *Gesten* des Tonfalls.)

162. Wenn ich aber eine Melodie mit Verständnis höre, geht da nicht etwas Besonderes in mir vor – was nicht vorgeht, wenn ich sie verständnislos höre? Und *was*? – Es kommt keine Antwort; oder was mir einfällt, ist abgeschmackt. Ich kann wohl

sagen: »Jetzt habe ich sie verstanden« und nun etwa über sie reden, sie spielen, sie mit andern vergleichen, etc. *Zeichen* des Verständnisses mögen das Hören begleiten.

163. Es ist falsch, das Verstehen einen Vorgang zu nennen, der das Hören begleitet. (Man könnte ja auch die Äußerung davon, das ausdrucksvolle Spiel, nicht eine Begleitung des Hörens nennen.)

164. Denn wie läßt sich erklären, was ›ausdrucksvolles Spiel‹ ist? Gewiß nicht durch etwas, was das Spiel begleitet. – Was gehört also dazu? Eine Kultur, möchte man sagen. – Wer in einer bestimmten Kultur erzogen ist, – dann auf Musik so und so reagiert, dem wird man den Gebrauch des Wortes »ausdrucksvolles Spiel« beibringen können.

165. Das Verstehen der Musik ist weder eine Empfindung, noch eine Summe von Empfindungen. Es ein Erlebnis zu nennen, ist aber dennoch insofern richtig, als *dieser* Begriff des Verstehens manche Verwandtschaften mit andern Erlebnisbegriffen hat. Man sagt »Ich habe diese Stelle diesmal ganz anders erlebt«. Aber doch sagt dieser Ausdruck *›was geschah‹* nur für den, der in einer besondern, diesen Situationen angehörigen Begriffswelt zu Hause ist. (Analogie: »Ich habe die Partie gewonnen«.)

166. Beim Lesen schwebt mir *das* vor. So geht also etwas beim Lesen vor sich ...? – Diese Frage führt ja nicht weiter.

167. Wie kann mir doch das vorschweben? – Nicht in den Dimensionen, an die du denkst.

168. Wie weiß ich, daß Einer entzückt ist? Wie lernt man den sprachlichen Ausdruck des Entzückens? Woran knüpft er sich? An den Ausdruck von Körperempfindungen? Fragen wir Einen, was er in der Brust, in den Gesichtsmuskeln spürt, um herauszufinden, ob er Genuß empfindet?

169. Heißt das aber, es gäbe nicht Empfindungen, die oft beim Genießen der Musik wiederkehren? Durchaus nicht.

170. Ein Gedicht macht uns beim Lesen einen Eindruck. »Fühlst du dasselbe, während du es liest, wie wenn du etwas Gleichgültiges liest?« – Wie habe ich auf diese Frage antworten gelernt? Ich werde vielleicht sagen: »Natürlich nicht!« – was soviel heißt, wie: mich ergreift *dies*, und das andere nicht.

»Ich erlebe dabei etwas anderes.« – Und welcher Art ist dies? – Ich kann nichts Befriedigendes antworten. Denn, was ich angebe, ist an und für sich nicht wichtig. – »Hast du aber nicht *während* des Lesens genossen?« Freilich – denn die entgegengesetzte Antwort hieße: ich hätte es früher, oder später genossen; und das will ich nicht sagen.

Aber nun erinnerst du dich ja doch an Empfindungen und Vorstellungen beim Lesen, und zwar solche, die mit dem Genießen, mit dem Eindruck zusammenhängen. – Aber die hatten ihre Bedeutsamkeit nur durch ihre Umgebung erhalten: durch das Lesen des Gedichts, durch meine *Vertrautheit* mit der Sprache, dem Metrum und unzähligen Zusammenhängen.

Du mußt dich doch fragen, wie haben wir den Ausdruck »Ist das nicht herrlich!« überhaupt gelernt? – Niemand erklärte ihn uns, indem er sich auf Empfindungen, Vorstellungen, oder

Gedanken bezog, die das Hören begleiten! Ja, wir würden nicht bezweifeln, daß er's genossen hat, wenn er keine solchen Erlebnisse anzugeben wüßte; wohl aber, wenn es sich zeigte, daß er gewisse Zusammenhänge nicht versteht.

171. Aber zeigt sich das Verständnis nicht z.B. darin, mit welchem Ausdruck Einer das Gedicht liest, die Melodie singt? Gewiß. Aber was ist nun hier das Erlebnis während des Lesens? Da müßte man ja sagen: der genieße und verstehe es, der es gut gelesen hört, oder in den Sprechorganen fühlt.

172. Man kann auch vom Verstehen einer musikalischen Phrase sagen, es sei das Verstehen einer *Sprache*.

173. Ich denke an eine ganz kurze von nur zwei Takten. Du sagst »Was liegt nicht alles in ihr!« Aber es ist nur, sozusagen, eine optische Täuschung, wenn du denkst, beim Hören gehe vor, was in ihr liegt. (»Es kommt drauf an, *wer's* sagt«.) (Nur in dem Fluß der Gedanken und des Lebens haben die Worte Bedeutung.)

174. Nicht *das* enthält die Täuschung: »*Jetzt* habe ich's verstanden« – und nun folgt vielleicht eine lange Erklärung dessen, was ich verstanden habe.

175. Weist das Thema auf nichts außer sich? Oh ja! Das heißt aber: – Der Eindruck, den es mir macht, hängt mit Dingen in seiner Umgebung zusammen – z.B. mit unserer Sprache und

ihrer Intonation, also mit dem ganzen Feld unserer Sprachspiele.

Wenn ich z.B. sage: Es ist, als ob hier ein Schluß gezogen würde, oder, als ob hier etwas bekräftigt würde, oder, als ob *dies* eine Antwort auf das Frühere wäre, – so setzt mein Verständnis eben die Vertrautheit mit Schlüssen, Bekräftigungen, Antworten, voraus.

176. Die Worte »Gottlob! Noch etwas Weniges hat man geflüchtet – vor den Fingern der Kroaten«*, mit ihrem Ton und Blick, scheinen allerdings schon jede Nuance ihrer Bedeutung in sich zu tragen. Nur darum aber, weil wir sie als Teil einer bestimmten Szene kennen. Man könnte aber eine ganz andere Szene um diese Worte (im gleichen Tone gesprochen) bauen; um zu zeigen, wie ihre besondere Seele in der Geschichte liegt, zu der sie gehören.

177. Wenn ich Einen mit verbannender Gebärde sagen höre »Weiche!«, ›erlebe‹ ich hier die Bedeutung des Wortes, wie in dem Spiel, wenn ich mir's für mich vorsage und es einmal *so* und einmal *so* ›meine‹? – Denn er konnte ja auch sagen »Weiche von mir«, und dann erlebte ich vielleicht die ganze Phrase so und so; aber auch das einzelne Wort? Die ergänzenden Worte waren es vielleicht, die mir den Eindruck machten.

178. Das besondere Erlebnis der Bedeutung ist charakterisiert dadurch, daß wir mit einer Erklärung und der Vergangenheitsform reagieren: gerade so, als erklärten wir die Bedeutung eines Worts für praktische Zwecke.

* Schiller, *Wallenstein. Die Piccolomini*, 1. Akt, 2. Szene. Hrsg.

179. *Vergiß*, vergiß, daß du diese Erlebnisse selber hast!

180. Wie konnte er das Wort in der Bedeutung hören? Wie war es möglich?! Gar nicht – in *diesen* Dimensionen. –

181. Aber ist es also nicht wahr, daß das Wort für mich jetzt das bedeutet? Warum nicht? Es kommt ja dieser Sinn mit der übrigen Verwendung des Wortes nicht in Konflikt.

Es sagt Einer: »Gib ihm die Nachricht ... und *meine* damit...!« – Was wäre der Sinn dieses Befehls?

182. »Als ich das Wort jetzt aussprach, bedeutete es für mich...«. Warum sollte das nicht einfach Wahnsinn sein? Weil *ich* das erlebte? Das ist kein Grund.

183. Der, den ich bedeutungsblind nenne, wird wohl den Auftrag verstehen: »Sag ihm, er solle zur Bank gehen, – ich meine die Gartenbank«, aber nicht: »Sag das Wort Bank und meine damit Gartenbank«. Welche Formen geistiger Defekte bei Menschen vorgefunden werden, kümmert diese Untersuchung nicht; wohl aber die Möglichkeit solcher Formen. Nicht, ob es Menschen gibt, die eines Gedankens vom Typus »Ich wollte damals...« nicht fähig sind, – sondern wie der Begriff so eines Defekts durchzuführen wäre, interessiert uns.

Wenn du annimmst, daß Einer *das* nicht kann, wie ist es dann mit *dem*? soll er es auch nicht können? – Wohin führt uns dieser Begriff? Denn wir haben ja hier Paradigmen.

184. Verschiedene Menschen empfinden es sehr verschieden stark, wenn die Rechtschreibung eines Worts geändert wird. Und die Empfindung ist nicht nur Pietät für einen alten Gebrauch. – Wem die Orthographie nur eine praktische Frage ist, dem geht ein Gefühl ab, nicht unähnlich dem, welches einem »Bedeutungsblinden« mangeln würde. (Goethe über Personennamen. Die Nummer des Gefangenen.)

185. Wie mancher auch die Frage nicht versteht »Welche Farbe hat für dich der Vokal *a*?« – Wenn Einer sie nicht verstünde, wenn er erklärte, sie sei Unsinn, – könnten wir sagen, er verstehe nicht deutsch, oder nicht die Bedeutungen der Wörter »Farbe«, »Vokal« etc.?

Im Gegenteil: Wenn er diese Worte verstehen gelernt hat, dann kann er auch auf jene Fragen ›mit Verständnis‹ oder ›ohne Verständnis‹ reagieren.

186. Mißverständnis – Unverständnis. Verständnis wird durch Erklärung bewirkt; aber auch durch Abrichtung.

187. Warum kann man einer Katze nicht das Apportieren beibringen? Versteht sie nicht, was man will? Und worin besteht hier Verstehen und Unverständnis?

188. »Ich lese jedes Wort mit dem ihm entsprechenden Gefühl. Das Wort ›aber‹ z.B. mit dem Abergefühl – u.s.w.« – Und selbst wenn das wahr ist, – was bedeutet es eigentlich? Was ist die Logik des Begriffs ›Abergefühl‹? – Es wird ja nicht ein Gefühl dadurch, daß ich es »Gefühl« nenne.

189. Ist Lügen ein bestimmtes Erlebnis? Nun, kann ich denn jemandem sagen »Ich werde dich jetzt anlügen«, und es dann tun?

190. Inwiefern ist mir die Lüge bewußt, während ich lüge? Nur insofern, als sie mir nicht *später* erst zum Bewußtsein kommt, und ich doch später weiß, daß ich gelogen habe. Das Sich-der-Lüge-bewußt-Sein ist ein *Können*. Dem widerspricht nicht, daß es charakteristische Gefühle des Lügens gibt. [*Randbemerkung:* Absicht.]

191. Das Wissen wird eben nicht in Worte *übersetzt*, wenn es sich äußert. Die Worte sind keine Übersetzung eines Andern, welches vor ihnen da war.

192. »Sich etwas vornehmen ist ein besonderer innerer Vorgang.« – Aber was für ein Vorgang – auch wenn du ihn erdichten dürftest – könnte denn das leisten, was wir vom Vorsatz fordern?

193. Ist es nicht genau so mit dem Verbum »verstehen«? Es erklärt mir jemand die Route, die ich dort und dorthin zu nehmen habe. Er fragt »Hast du mich verstanden?« Ich antworte »Ich hab's verstanden.« – Will ich ihm mitteilen, was in mir während seiner Erklärung vorging? – Und doch ließe sich auch das mitteilen.

194. Denk dir dieses Spiel: Eine Liste von Wörtern verschiedener Sprachen und von sinnlosen Lautreihen wird mir vorgelesen. Ich soll nach jedem sagen, ob ich es verstehe, oder nicht; auch, was beim Verstehen oder Nichtverstehen in mir vorging. – Auf das Wort »Baum« werde ich, ohne mich zu bedenken, mit »ja« antworten (ein Bild mag mir dabei vorschweben); auf eine Lautzusammenstellung, die ich noch nie gehört habe, antworte ich ebenso unbedenklich mit »nein«. Bei Wörtern, die einen speziellen Farbton bezeichnen, wird häufig ein Vorstellen der Antwort vorhergehen; bei seltenen Wörtern (»Kontinuum« etwa) ein Überlegen; bei Wörtern wie der Artikel »das« etwa ein Achselzucken; Wörter einer fremden Sprache werde ich *manchmal* ins Deutsche übersetzen; schweben mir Bilder vor, so sind es manchmal die der Gegenstände, die von den Worten bezeichnet werden (wieder tausenderlei Fälle), manchmal andere Bilder.

Dies Spiel könnte man durch eines ergänzen, in welchem Einer die Namen von *Tätigkeiten* nennt und bei jeder fragt: »Kannst du das?« – Das Subjekt soll angeben, welche Gründe es hatte, die Frage mit »ja« oder »nein« zu beantworten.

195. Denken wir uns eine Art Vexierbild, worin nicht *ein* bestimmter Gegenstand aufzufinden ist, sondern das uns auf den ersten Blick als ein Gewirr nichtssagender Striche erscheint und nach einigem Suchen erst als, sagen wir, ein Landschaftsbild. – Worin besteht der Unterschied zwischen dem Anblick des Bildes vor und nach der Lösung? Daß wir es beide Male anders sehen, ist klar. In wiefern aber kann man nach der Auflösung sagen, jetzt sage uns das Bild etwas, früher habe es uns nichts gesagt?

196. Wir können diese Frage auch so stellen: Was ist das allgemeine Charakteristikum dafür, daß die Lösung gefunden ist?

197. Ich will annehmen, daß ich, sobald es gelöst ist, die Lösung dadurch kenntlich mache, daß ich gewisse Striche des Bildes stark nachziehe und etwa Schatten eintrage. Warum nennst du nun das Bild, was du eingezeichnet hast, eine Auflösung?

(a) Weil es die klare Darstellung einer Gruppe räumlicher Gegenstände ist.

(b) Weil es die Darstellung eines regelmäßigen Körpers ist.

(c) Weil es eine symmetrische Figur ist.

(d) Weil es eine Figur ist, die mir einen ornamentalen Eindruck macht.

(e) Weil es die Darstellung eines Körpers ist, der mir bekannt vorkommt.

(f) Weil es eine Liste von Auflösungen gibt und diese Figur (dieser Körper) auf der Liste steht.

(g) Weil es eine Art von Gegenstand darstellt, die ich wohl kenne: denn er macht mir den augenblicklichen Eindruck der Wohlbekanntheit, ich verbinde augenblicklich alle möglichen Assoziationen mit ihm; ich weiß, wie er heißt; ich weiß, daß ich ihn oft gesehen habe; ich weiß, wozu man ihn gebraucht; etc.

(h) Weil ich den Gegenstand wohl zu kennen scheine: es fällt mir sogleich ein Wort als sein Name ein (obwohl das Wort keiner bestehenden Sprache angehört); ich sage mir »Natürlich, das ist ja ein ...« und gebe mir eine unsinnige Erklärung, die mir in diesem Augenblick sinnvoll erscheint. (Wie im Traum.)

(i) Weil es ein Gesicht darstellt, welches mir bekannt vorkommt.

(j) Weil es ein Gesicht darstellt, welches ich erkenne: es ist das Gesicht meines Freundes N; es ist ein Gesicht, welches ich oft abgebildet gesehen habe. Etc.

(k) Weil es einen Gegenstand darstellt, den ich mich erinnere, einmal gesehen zu haben.

(l) Weil es ein Ornament ist, das ich gut kenne (obwohl ich nicht weiß, wo ich es gesehen habe).

(m) Weil es ein Ornament ist, das ich gut kenne: ich kenne seinen Namen, weiß, wo ich es schon gesehen habe.

(n) Weil es einen Einrichtungsgegenstand meines Zimmers darstellt.
(o) Weil ich instinktiv diese Striche nachgezogen habe und mich nun beruhigt fühle.
(p) Weil ich mich erinnere, daß mir dieser Gegenstand beschrieben worden ist.
Usw.

(Wer nicht versteht, warum wir über diese Dinge reden, muß, was wir sagen, als leere Spielerei empfinden.)

198. Kann ich mir den Eindruck der Bekanntschaft wegdenken, wo er ist; und hinzudenken, wo er nicht ist? Und was heißt das? Ich sehe z. B. das Gesicht eines Freundes an und frage mich: Wie schaut dieses Gesicht aus, wenn ich es als ein mir fremdes Gesicht sehe (als sähe ich es etwa jetzt zum erstenmal)? Was bleibt sozusagen von dem Anblick des Gesichts, wenn ich den Eindruck der Bekanntheit wegdenke, abziehe? – Hier bin ich nun geneigt zu sagen: »Es ist *sehr schwer*, die Bekanntheit von dem Eindruck des Gesichts zu trennen.« Aber ich fühle auch, daß das eine schlechte Ausdrucksweise ist. Ich weiß nämlich gar nicht, wie ich es auch nur versuchen soll, diese beiden zu trennen. Der Ausdruck »sie trennen« hat für mich gar keinen klaren Sinn.

Ich weiß, was *es heißt*: »Stell dir diesen Tisch schwarz vor, statt braun.« Dem entspricht: »Male diesen Tisch, aber schwarz, statt braun«..

199. Wie, wenn man sagte: »Denke dir diesen Schmetterling, genau so wie er ist, aber häßlich, statt schön«?!

200. *Wir* haben in diesem Fall nicht *bestimmt*, was es heißen soll, sich die Wohlbekanntheit wegzudenken.

Es könnte etwa heißen, sich des Eindrucks entsinnen, den ich hatte, als ich das Gesicht zum ersten Male sah.

201. Die zeichnerische Darstellung des Innern eines Radioempfängers wird für den, der keine Kunde von solchen Dingen hat, ein Gewirr sinnloser Striche sein. Hat er aber den Apparat und seine Funktion kennengelernt, so wird jene Zeichnung für ihn ein sinnvolles Bild sein.

Gegeben nun irgendeine mir jetzt sinnlose körperliche Gestalt (etwa im Bild) – kann ich nach Belieben sie sinnvoll vorstellen? Das wäre, als fragte man: Kann ich mir einen beliebig geformten Gegenstand als Gebrauchsgegenstand vorstellen? Aber für welchen Gebrauch?

Man könnte eine Klasse von Körperformen sich methodisch als Wohnungen von Tieren oder Menschen denken. Eine andere Klasse als Waffen. Eine etwa als Modelle von Landschaften. Etc. etc. Und hier weiß ich also, wie ich einer sinnlosen Form Sinn andichten kann.

202. Überlege wohl, wie wir das Wort »erkennen« benützen! Ich erkenne die Möbel in meinem Zimmer, meinen Freund, den ich täglich sehe. Aber kein ›Wiedererkennen spielt sich ab‹.

203. Man könnte sagen: Ich hätte keinen Eindruck von dem Zimmer als Ganzes, könnte ich nicht meinen Blick schnell in ihm dahin und dorthin schweifen lassen und mich nicht frei in ihm herumbewegen. (Stream of thought.) Aber nun ist die Frage, wie manifestiert es sich, daß ich ›von ihm als Ganzes einen Eindruck habe‹? Z.B.: In der Selbstverständlichkeit, mit der ich mich in ihm zurechtfinde; in der Abwesenheit des Suchens, Zweifelns und der Verwunderung; darin, daß eine Unzahl von Tätigkeiten durch seine Wände begrenzt sind; und daß ich alles das als »mein

Zimmer« in der Rede zusammenfasse; darin, daß ich es nützlich und notwendig finde, mich immer wieder des Begriffs ›mein Zimmer‹ zu bedienen, im Gegensatz zu seinen Wänden, Ecken, etc.

204. Wie sieht die Beschreibung einer ›Einstellung‹ aus?

Man sagt z. B.: »Sieh von diesen Flecken ab und auch von dieser kleinen Unregelmäßigkeit, und schau es als Bild eines ... an!«

»Denk dir das weg! Wär's dir auch ohne dieses ... unangenehm?« Man wird doch sagen, ich ändere mein Gesichtsbild – wie durch Blinzeln, oder Weghalten eines Details. Dieses »Absehen von ...« spielt doch eine ganz ähnliche Rolle, wie etwa die Anfertigung eines neuen Bildes.

205. Nun wohl, – und das sind gute Gründe dafür, zu sagen, wir hätten durch unsre Einstellung unsern Gesichtseindruck geändert. D. h., es sind (dies) gute Gründe, den Begriff ›Gesichtseindruck‹ so zu begrenzen.

206. »Aber ich kann doch offenbar im Sehen Elemente (Striche z. B.) *zusammennehmen*!« Aber warum nennt man es »zusammennehmen«? Warum braucht man hier ein Wort – *wesentlich* – das schon eine andere Bedeutung hat? (Es ist hier natürlich wie im Fall des Wortes »Kopf*rechnen*«.)

207. Wenn ich Jemandem sage: »Nimm diese Striche (oder anderes) zusammen!« was wird er tun? Nun, Verschiedenes, je nach den Umständen. Vielleicht soll er sie zu zwei und zwei zählen, oder in eine Lade legen, oder anblicken, etc.

208. Überlegen wir uns, was man über ein Phänomen, wie dieses, sagt:

Die Figur Ⅎ einmal als ein F, einmal als das Spiegelbild eines F sehen.

Ich will fragen: Worin besteht es, die Figur einmal so, einmal anders sehen? – Sehe ich wirklich jedesmal etwas anderes? oder *deute* ich nur, was ich sehe, auf verschiedene Weise? – Ich bin geneigt, das erste zu sagen. *Aber warum?* Nun, Deuten ist eine Handlung. Es kann z.B. darin bestehen, daß Einer sagt »Das soll ein F sein«; oder daß er's nicht sagt, aber das Zeichen beim Kopieren durch ein F ersetzt; oder sich überlegt: »Was mag das wohl sein? Es wird ein F sein, das dem Schreiber mißglückt ist.« – Sehen ist keine Handlung, sondern ein Zustand. (Grammatische Bemerkung.) Und wenn ich die Figur nie anders als F gelesen, mir nie überlegt habe, was es wohl sein mag, so wird man sagen, ich *sehe* sie als F; wenn man nämlich weiß, daß es sich auch anders sehen läßt. »Deuten« würde ich es nennen, wenn ich sagte: »Das soll gewiß ein ›F‹ sein; der Schreiber schreibt alle seine ›F‹ so.«

Wie ist man denn überhaupt zu dem Begriff des ›Dies als das sehen‹ gekommen? Bei welchen Gelegenheiten wird er gebildet, ist für ihn ein Bedarf? (Sehr häufig in der Kunst.) Dort z.B., wo es sich um ein Phrasieren durchs Auge oder Ohr handelt. Wir sagen »Du mußt diese Takte als Einleitung hören«, »Du mußt nach dieser Tonart hin hören«, »Wenn man diese Figur einmal als ... gesehen hat, ist es schwer, sie anders zu sehen«, »Ich höre das französische ›ne ... pas‹ als zweiteilige Verneinung, aber nicht als ›nicht ein Schritt‹«, etc. etc. Ist es nun ein wirkliches Sehen oder Hören? Nun: so nennen wir es; mit diesen Worten reagieren wir in bestimmten Situationen. Und *auf* diese Worte reagieren wir wieder durch bestimmte Handlungen.

209. Diese Form, die ich sehe – möchte ich sagen – ist nicht einfach *eine* Form, sondern sie ist eine von den mir bekannten Formen; sie ist eine im Vorhinein ausgezeichnete Form. Sie ist eine von den Formen, deren Bild schon früher in mir war, und

nur weil sie so einem Bild entspricht, ist sie die wohlbekannte Form. (Ich trage gleichsam einen Katalog solcher Formen mit mir herum und die Gegenstände, die dort abgebildet sind, sind dann die wohlbekannten.)

210. Aber daß ich das Bild schon früher mit mir herumgetragen habe, wäre nur eine kausale Erklärung des gegenwärtigen Eindrucks. Es ist, als sagte man: diese Bewegung geht so leicht, als wäre sie eingeübt worden.

211. »Wenn ich gefragt werde ›Siehst du dort eine Kugel?‹, ein andermal ›Siehst du dort die Halbkugel?‹, so kann, was ich sehe, beide Male das gleiche sein, und wenn ich antworte ›Ja‹, so unterscheide ich doch zwischen den beiden Hypothesen. Wie ich im Schachspiel zwischen einem Bauern und dem König unterscheide, auch wenn der gegenwärtige Zug einer ist, den beide machen könnten, und wenn selbst eine Königsfigur als Bauer fungierte.« – Man ist in der Philosophie immer in Gefahr, einen Mythus des Symbolismus zu erzeugen, oder einen der seelischen Vorgänge. Statt einfach zu sagen, was Jeder weiß und zugeben muß.

212. Ist es Introspektion, was mich lehrt, ob ich's mit einem echten Sehen zu tun habe, oder doch mit einem Deuten? Zuerst einmal muß ich mir klar werden, was ich denn ein Deuten nennen würde; woran sich erkennen läßt, ob etwas ein Deuten oder ein Sehen zu nennen ist. [*Randbemerkung:* Einer Deutung entsprechend sehen.]

213. Sehe ich die Figur nicht einmal so, einmal anders, auch wenn ich nicht mit Worten oder sonst wie reagiere?

Aber »einmal so«, »einmal anders« sind ja Worte, und mit welchem Recht gebrauche ich sie hier? Kann ich dir, oder mir selbst, mein Recht erweisen? (Es sei denn durch eine weitere Reaktion.)

Aber ich weiß doch, daß es zwei Eindrücke sind, auch wenn ich's nicht sage! Aber wie weiß ich, daß, was ich dann sage, das ist, was ich wußte? [*Randbemerkung:* Welche Konsequenzen folgen daraus, daß ich dies als das deute? Welche daraus, daß ich dies als das sehe?]

214. Erlebnis der wirklichen Größe. Wir sehen ein Bild, das die Form eines Sessels zeigt; man sagt uns, es stelle eine Konstruktion von Hausgröße vor. Nun sehen wir sie anders.

215. Denk dir, jemand, der auf die Sonne schaut, hätte plötzlich die *Empfindung*, daß nicht sie sich bewegt, – sondern wir an ihr vorüberziehen. Nun will er sagen, er habe einen neuen Bewegungszustand gesehen, in dem wir uns befinden; und denke, er zeigt nun, durch Gebärden, welche Bewegung er meint, und daß es nicht die der Sonne ist. – Wir hätten es hier mit zwei verschiedenen Anwendungen des Wortes »Bewegung« zu tun.

216. Nicht den Aspektwechsel sieht man, sondern den Deutungswechsel.

217. Du siehst es nicht einer Deutung, sondern einem Deuten gemäß.

218. Ich deute die Worte; wohl – aber deute ich auch die Mienen? Deute ich einen Gesichtsausdruck als drohend, oder freundlich? – Es *kann* geschehen.

Wenn ich nun sagte: »Es ist nicht genug, daß ich das drohende Gesicht wahrnehme, sondern ich muß es erst deuten.« – Es zückt jemand das Messer auf mich, und ich sage: »Ich fasse das als eine Drohung auf.«

219. Chinesische Gebärden verstehen wir so wenig, wie chinesische Sätze.

220. Das Bewußtsein in des Andern Gesicht. Schau ins Gesicht des Andern und sieh das Bewußtsein in ihm und einen bestimmten Bewußtseins*ton*. Du siehst auf ihm, in ihm, Freude, Gleichgültigkeit, Interesse, Rührung, Dumpfheit, usf. Das Licht im Gesicht des Andern.

Schaust du in *dich*, um den Grimm in *seinem* Gesicht zu erkennen? Er ist dort so deutlich, wie in deiner eigenen Brust.

(Und was will man nun sagen? Daß das Gesicht des Andern mich zur Nachahmung anregt, und daß ich also kleine Bewegungen und Muskelspannungen im eigenen empfinde, und die Summe dieser *meine*? Unsinn. Unsinn, – denn du machst Annahmen, statt bloß zu beschreiben. Wem hier Erklärungen im Kopfe spuken, der vernachlässigt es, sich auf die wichtigsten Tatsachen zu besinnen.)

221. »Das Bewußtsein ist so deutlich in seinem Gesicht und Benehmen, wie in mir selbst.«

222. Das menschliche Auge sehen wir nicht als Empfänger, es scheint nicht etwas einzulassen, sondern auszusenden. Das Ohr empfängt; das Auge blickt. (Es wirft Blicke, es blitzt, strahlt, leuchtet.) Mit dem Auge kann man schrecken, nicht mit dem Ohr, der Nase. Wenn du das Auge siehst, so siehst du etwas von ihm ausgehen. Du siehst den Blick des Auges.

223. »Wenn du nur von deinen physiologischen Vorurteilen wegkommst, wirst du gar nichts daran finden, daß das Blicken des Auges auch gesehen werden kann.« Ich sage ja auch, ich sehe den Blick, den du dem Andern zuwirfst. Und wollte man mich verbessern und sagen, ich *sähe* ihn eigentlich nicht, so hielte ich das für bloße Dummheit.

Anderseits habe ich mit meiner Redeweise nicht etwas *zugegeben*, und ich widerspreche dem, der mir sagt, ich sähe den Blick ›geradeso‹ wie die Gestalt und Farbe des Auges.

Denn das ›naive Sprechen‹, d.h. unsere naive, normale, Ausdrucksweise, enthält ja keine Theorie des Sehens – zeigt dir keine *Theorie*, sondern nur einen *Begriff* des Sehens.

224. Laß einen Menschen zornig, hochmütig, ironisch, blikken; und nun verhäng sein Gesicht, daß nur die Augen frei bleiben, – in denen der ganze Ausdruck vereint schien: Ihr Ausdruck ist nun überraschend *vieldeutig*.

225. »Man *sieht* Gemütsbewegung.« – Im Gegensatz wozu? – Man sieht nicht die Gesichtsverziehungen und *schließt* nun (wie der Arzt, der eine Diagnose stellt) auf Freude, Trauer, Langeweile. Man beschreibt sein Gesicht unmittelbar als traurig, glückstrahlend, gelangweilt, auch wenn man nicht im Stande ist, eine andere Beschreibung der Gesichtszüge zu geben. – Die Trauer ist im Gesicht personifiziert, möchte man sagen.

Dies gehört zum Begriff der Gemütsbewegung.

226. (Die Häßlichkeit eines Menschen kann im Bild, im gemalten, abstoßen, wie in der Wirklichkeit, aber auch in der Beschreibung, in den Worten.)

227. Es ist sonderbar: Unser Verstehen einer Geste möchten wir durch ihre Übersetzung in Worte erklären, und das Verstehen von Worten durch Übersetzung in eine Geste. (So werden wir hin und her geworfen, wenn wir suchen wollen, wo das Verstehen eigentlich liegt.)

Und wirklich werden wir Worte durch eine Geste, und eine Geste durch Worte erklären.

228. Erkläre Einem, die Zeigerstellung, die du aufgezeichnet hast, solle ausdrücken: die Zeiger dieser Uhr stünden jetzt so. – Die Unbeholfenheit, mit der das Zeichen, wie ein Stummer, durch allerlei suggestive Gebärden sich verständlich zu machen sucht – sie verschwindet, wenn wir erkennen, daß es aufs *System* ankommt, dem das Zeichen angehört.

Man wollte sagen: nur der *Gedanke* kann es *sagen*, das Zeichen nicht.

229. Eine *Deutung* ist doch etwas, was in Zeichen gegeben wird. Es ist diese Deutung, im Gegensatz zu einer anderen (die anders lautet). – Wenn man also sagen wollte »Jeder Satz bedarf noch einer Deutung«, so hieße das: kein Satz kann ohne einen Zusatz verstanden werden.

230. Ähnlich wäre es fast, wenn man beim Würfeln, wieviel ein Wurf gelten soll, durch einen weitern Wurf bestimmte.

231. Mit »Intention« meine ich hier das, was das Zeichen im Gedanken verwendet. Die Intention scheint zu interpretieren, die endgültige Interpretation zu geben; aber nicht ein weiteres Zeichen oder Bild, sondern etwas Anderes, das, was man nicht wieder interpretieren kann. Aber ein psychologisches Ende ist erreicht, kein logisches.

Denken wir eine Zeichensprache, eine ›abstrakte‹, ich meine eine, die uns fremd ist, in der wir uns nicht heimisch fühlen, in der, wie wir sagen würden, wir nicht *denken*; und denken wir uns diese Sprache interpretiert durch eine Übersetzung in eine, wie wir sagen möchten, unzweideutige Bildersprache; eine Sprache, die aus perspektivisch gemalten Bildern besteht. Es ist ganz klar, daß es viel leichter ist, sich verschiedene *Deutungen* der Schriftzeichen zu denken, als eines in gewohnter Art gemalten Bildes. Hier werden wir auch geneigt sein, zu denken, es gebe keine Möglichkeit der Deutung mehr.

232. Wir könnten da auch sagen, wir lebten nicht in der Zeichensprache, wohl aber im gemalten Bilde.

233. »Nur das intendierte Bild reicht als Maßstab an die Wirklichkeit heran. Von außen betrachtet steht es gleich tot und isoliert da.« – Es ist, als hätten wir ein Bild erst so angeschaut, daß wir in ihm leben und die Gegenstände in ihm uns als wirkliche umgeben, und dann träten wir zurück und wären nun außerhalb, sähen den Rahmen, und das Bild wäre eine bemalte Fläche. So, wenn wir intendieren, umgeben uns die Bilder der Intention, und wir leben unter ihnen. Aber wenn wir aus der Intention heraustreten, so sind es bloße Flecke auf einer Leinwand, ohne

Leben und ohne Interesse für uns. Wenn wir intendieren, leben wir im Raum der Intention, unter den Bildern (Schatten) der Intention, zugleich mit den wirklichen Dingen. Denken wir, wir sitzen im verdunkelten Kino und leben im Film. Der Saal wird nun erhellt, aber das Lichtspiel auf der Leinwand geht weiter. Aber jetzt stehen wir plötzlich außerhalb, und sehen es als Bewegungen von lichten und dunkeln Flecken auf einer Leinwand. (Im Traum geschieht es manchmal, daß wir eine Geschichte erst lesen und dann in ihr selbst agieren. Und nach dem Aufwachen aus einem Traum ist es manchmal, als wären wir aus dem Traum heraus zurückgetreten und sehen ihn jetzt, als ein fremdes Bild, vor uns.) Und es heißt auch etwas, »in den Seiten eines Buches leben«.

234. Nicht das findet statt, daß sich dieses Symbol nicht mehr deuten läßt, sondern: ich deute nicht. Ich deute nicht, weil ich mich in dem gegenwärtigen Bild heimisch fühle. Wenn ich deute, so schreite ich auf dem Gedankenweg von Stufe zu Stufe.

235. Sehe ich das gedachte Symbol ›von außen‹ an, so kommt es mir zum Bewußtsein, daß es so und so gedeutet werden *könnte*; ist es eine Stufe meines Gedankenweges, so ist es ein mir natürlicher Aufenthalt, und es beschäftigt (und beunruhigt) mich seine weitere Deutbarkeit nicht. – Wie ich die Tabelle, den Fahrplan, bei mir habe und verwende, ohne daß es mich beschäftigt, daß eine Tabelle verschiedenerlei Deutungen zuläßt.

236. Wenn ich den Vorgang der Intention beschreiben will, so fühle ich vor allem, daß sie noch am ehesten leisten kann, was sie soll, wenn sie ein äußerst getreues Bild von dem enthält, was sie intendiert. Aber ferner, daß auch das nicht ausreicht, weil ja das Bild, was immer es ist, sich verschieden deuten läßt; daß also

dieses Bild doch wieder isoliert dasteht. Wie man das Bild allein ins Auge faßt, ist es plötzlich tot, und es ist, als wäre ihm etwas genommen worden, was es zuvor belebt hatte. Es ist kein Gedanke, keine Intention, und wie immer wir es uns begleitet denken, durch artikulierte oder unartikulierte Vorgänge, und durch welche Empfindungen immer: es bleibt isoliert, weist nicht aus sich heraus auf eine Realität außer ihm.

Nun sagt man: »Freilich intendiert das Bild nicht, sondern wir müssen mit ihm etwas intendieren«. Aber wenn dieses Intendieren, Meinen, wieder etwas ist, was mit dem Bild geschieht, so sehe ich nicht ein, warum das an einen Menschen gebunden sein soll. Man kann ja auch den Vorgang der Verdauung als chemischen Prozeß studieren, unabhängig davon, ob er in einem Lebewesen stattfindet. Wir wollen sagen »Das Meinen ist doch wesentlich ein geistiger Vorgang, ein Vorgang des bewußten Lebens, nicht der toten Materie«. Aber was soll einen solchen ausmachen, als die spezifische Art dessen, was vorgeht – solange wir eben an einen Vorgang denken. Und nun scheint es uns, als ob gar kein Vorgang, welcher Art immer, das Intendieren sein kann. – Wir sind eben hier mit der Grammatik des *Vorgangs* nicht zufrieden, und nicht mit der spezifischen Art *eines* Vorgangs. – Man könnte sagen: jeden Vorgang würden wir in diesem Sinne »tot« nennen!

237. Fast könnte man sagen: »Die Meinung *geht*, während jeder Vorgang steht«.

238. Man sagt: Wie kann denn diese Gebärde, diese Haltung der Hand, dieses Bild, der Wunsch sein, daß das und das der Fall wäre? Sie ist weiter nichts als eine Hand über einem Tisch, und steht allein und ohne *Sinn* da! Wie eine einzelne Kulisse, die von der Aufführung eines Theaterstücks allein in einem Zimmer stehengeblieben ist. Sie hatte Leben nur im Stück.

239. »Der Gedanke stand in diesem Augenblick vor meiner Seele.« – Und wie? – »Ich hatte dieses Bild.« – So war das Bild der Gedanke? Nein; denn hätte ich Einem bloß das Bild mitgeteilt, so hätte er nicht den Gedanken erhalten.

240. Das Bild war der Schlüssel. Oder es *erschien* doch als Schlüssel.

241. Denken wir uns eine Bildergeschichte in schematischen Bildern, also ähnlicher der Erzählung in einer Sprache, als eine Folge realistischer Bilder. Man könnte in so einer Bildersprache etwa insbesondere den Gang von Schlachten festgehalten haben. (Sprachspiel.) Und ein Satz unserer Wortsprache kommt so einem Bild dieser Bildersprache viel näher als man meint.

242. Denken wir auch daran, daß wir uns solche Bilder nicht erst in realistische übertragen, um sie zu ›verstehen‹, so wenig wir uns je Photographien oder die Bilder eines Films in farbige Bilder übertragen, obwohl uns schwarz-weiße Menschen, oder Pflanzen in der Wirklichkeit unsagbar fremd und schrecklich vorkämen.

Wie, wenn wir nun hier sagten »Ein Bild ist etwas nur in einer Bildersprache«?

243. Gewiß, ich lese eine Geschichte und kümmere mich den Teufel um ein System der Sprache. Ich lese einfach, habe Eindrücke, sehe Bilder vor mir, etc. Ich lasse die Geschichte an mir vorüberziehen wie Bilder, wie eine Bildergeschichte. (Damit will ich natürlich nicht sagen, daß jeder Satz in mir ein visuelles Bild, oder mehrere, hervorruft, und daß das etwa der Zweck eines Satzes sei.)

244. »Sätze dienen ja dazu, zu beschreiben, wie sich alles verhält«, denken wir. Der Satz als *Bild*.

245. Ich verstehe dieses Bild genau, ich könnte es in Ton modellieren. – Ich verstehe diese Beschreibung genau, ich könnte eine Zeichnung nach ihr machen.

Man könnte in vielen Fällen als Kriterium des Verstehens festsetzen, daß man den Sinn des Satzes muß zeichnerisch darstellen können. (Ich denke etwa an eine offiziell festgelegte Prüfung des Verstehens.) Wie wird man z.B. im Kartenlesen geprüft?

246. Und das sinnvolle Bild ist das, was ich nicht nur zeichnen, sondern auch plastisch darstellen kann. Und dies zu sagen, hätte Sinn. Aber das Denken des Satzes ist nicht eine Tätigkeit, die man nach den Worten vollzieht (wie etwa das Singen nach den Noten). Das folgende Beispiel zeigt dies. Hat es Sinn zu sagen »Ich habe so viele Freunde, als eine Lösung der Gleichung ... ergibt«? Ob dies Sinn hat, ist der Gleichung unmittelbar nicht anzusehen. Und man weiß, während man den Satz liest, nicht, ob er sich denken läßt, oder nicht. Ob er sich verstehen läßt oder nicht.

247. Was heißt es denn: »entdecken, daß ein Satz keinen Sinn hat«?

Und was heißt das: »wenn ich etwas damit meine, muß es doch Sinn haben«?

Das erste heißt doch: sich durch die Erscheinung eines Satzes nicht irren lassen und seine Anwendung im Sprachspiel untersuchen.

Und »wenn ich etwas damit meine« – heißt das etwas *Ähnliches* wie: »wenn ich mir etwas dabei vorstellen kann«? – Von der Vorstellung führt oft ein Weg zur weiteren Verwendung.

248. (Etwas, was auf den ersten Blick ausschaut wie ein Satz und keiner ist.) Der folgende Vorschlag zur Konstruktion einer Straßenwalze wurde mir einmal mitgeteilt. Der Motor befindet sich im Innern der hohlen Walze. Die Kurbelwelle läuft durch die Mitte der Walze und ist an beiden Enden durch Speichen mit dem Walzenrand verbunden. Der Zylinder des Motors ist an der Innenseite der Walze befestigt. Auf den ersten Blick sieht diese Konstruktion wie eine Maschine aus. Aber sie ist ein starres System, und der Kolben kann sich im Zylinder nicht aus und ein bewegen. Wir haben ihn der Bewegungsmöglichkeit beraubt und wissen es nicht.

249. »Nichts leichter, als sich einen 4-dimensionalen Würfel vorstellen! Er schaut so aus:*

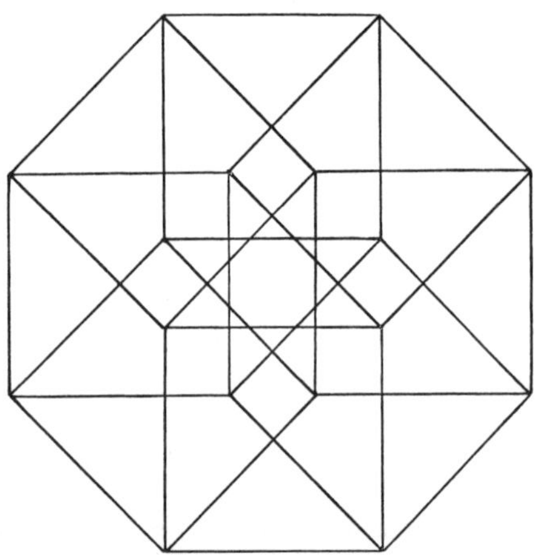

* Im Original findet man keine Zeichnung; der Leser möge sich etwas Passendes ausdenken. Es gibt verschiedene Möglichkeiten; wir haben eine Zeichnung von Dr. R.B.O. Richards benutzt. Hrsg.

– Aber das meine ich nicht, ich meine etwas wie

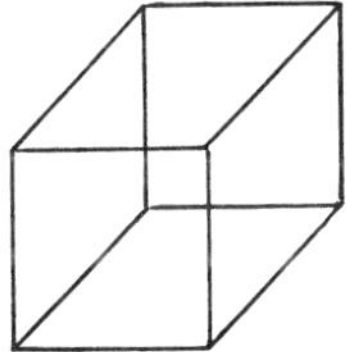

nur mit 4 Ausdehnungen! – »Aber ist nicht, was ich dir gezeigt habe, eben etwas wie

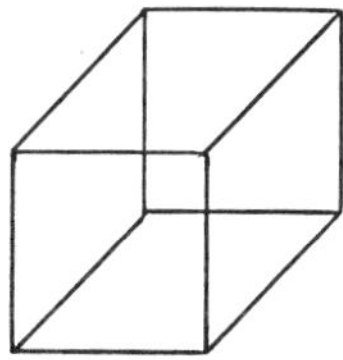

nur mit 4 Ausdehnungen?« – Nein; das *meine* ich nicht! – Was aber meine ich? Was ist mein Bild? Nun, der 4-dimensionale Würfel, wie du ihn gezeichnet hast, ist es *nicht*! Ich habe jetzt als Bild nur die *Worte* und die Ablehnung alles dessen, was du mir zeigen kannst.

250. Sind die Rosen rot im Finstern? – Man kann an die Rose im Finstern als rot denken. –

(Daß man sich etwas ›denken‹ kann, sagt nicht, daß es Sinn hat, es zu sagen.)

251. »Die Annahme, daß dieser Mensch – der sich ganz normal benimmt – dennoch blind ist, hat doch Sinn!« – D.h.: ›es ist doch eine Annahme‹, ›ich kann doch so etwas wirklich annehmen‹. Und das heißt: ich mache mir doch ein Bild von dem, was ich annehme. Wohl; aber geht es weiter? Wenn ich die Annahme, daß Einer blind ist, unter andern Umständen mache, bestätige

ich mir doch nie, daß diese Annahme wirklich Sinn hat. Und daß ich mir dabei wirklich etwas denke, ein Bild habe, spielt dann gar keine Rolle. Dieses Bild wird erst hier wichtig, wo es sozusagen der einzige Anhaltspunkt dafür ist, daß ich wirklich eine Annahme gemacht habe. Ja es ist alles, was von einer Annahme hier noch übrig ist.

252. »Ich kann mir sehr wohl vorstellen, daß Einer so handelt und doch nichts Schandbares in der Handlung sieht« – und nun folgt eine Beschreibung, wie man sich das vorzustellen habe.

»Ich kann mir eine menschliche Gesellschaft vorstellen, in welcher es als unanständig gilt, zu rechnen, außer zum Zeitvertreib.« Das heißt ungefähr soviel wie: ich könnte mir dies Bild leicht weiter ausmalen.

253. »Ich habe tatsächlich nie gesehen, daß ein schwarzer Fleck allmählich heller wird, bis er weiß ist, dann das Weiß immer rötlicher, bis er rot ist. Aber ich weiß, daß es möglich ist, weil ich es mir vorstellen kann.«

254. (Wenn man mit jemandem über eine Zeiteinteilung redet, so geschieht es oft, daß man die Uhr zieht, nicht um zu sehen, wieviel Uhr es ist, sondern um sich ein Bild der überdachten Einteilung machen zu können.)

255. Wie kann man durch Denken die Wahrheit lernen? Wie man ein Gesicht besser sehen lernt, wenn man es zeichnet.

256. Die Philosophen, die glauben, daß man im Denken die Erfahrung gleichsam ausdehnen kann, sollten daran denken, daß man durchs Telefon die Rede, aber nicht die Masern übertragen kann.

Ich kann auch nicht die Zeit als begrenzt empfinden, wenn ich will, oder das Gesichtsfeld als homogen etc.*

257. Wäre es möglich, eine *neue* Farbe zu entdecken? (Denn der Farbenblinde ist ja in derselben Lage wie wir, seine Farben bilden ein ebenso komplettes System, wie die unsern; er sieht keine Lücke, wo die übrigen Farben noch hinein gehörten.)

(Vergleich mit der Mathematik.)**

258. Man kann in der Logik die Allgemeinheit nicht weiter ausdehnen, als unsere logische Voraussicht reicht. Oder richtiger: als unser logischer Blick reicht.

259. »Wie aber kann der menschliche Verstand der Wirklichkeit vorausfliegen, und selbst das Unverifizierbare *denken*?« – Warum sollen wir nicht das Unverifizierbare *reden*? Wir machten es ja selbst unverifizierbar.

Es wird ein falscher *Schein* erzeugt? Und wie kann es auch nur so *scheinen*? Willst du denn nicht sagen, daß dies *So* auch nicht einmal eine Beschreibung ist? Nun, dann ist es also kein *falscher* Schein, sondern vielmehr einer, der uns der Orientierung beraubt. So daß wir uns an den Kopf greifen und fragen: Wie ist es möglich?

* S. *Philosophische Bemerkungen* § 66. Hrsg.
** S. *Philosophische Bemerkungen* § 95. Hrsg.

260. Man kann nur scheinbar »über jede mögliche Erfahrung hinausgehen«; ja, dieses Wort hat auch nur scheinbar Sinn, weil es nach Analogie sinnvoller Ausdrücke gebildet ist.

261. Die »Philosophie des Als Ob« beruht ganz auf dieser Verwechslung zwischen Gleichnis und Wirklichkeit.

262. »Ich kann doch nicht in den Gedanken, durch Worte, eine Voraussicht erschleichen von etwas, was ich *nicht kenne*.

(Nihil est in intellectu ...)

Als könnte ich in den Gedanken gleichsam von hinten herum kommen, und einen Blick von etwas erhaschen, was von vorn zu sehen unmöglich ist.«

263. Daher ist auch etwas daran richtig, daß die Unvorstellbarkeit ein Kriterium der Unsinnigkeit ist.

264. Wie, wenn Einer sagte: »Ich kann mir nicht vorstellen, wie das ist, wenn man einen Sessel sieht, außer wenn ich ihn gerade *sehe*«? Wäre er berechtigt, das zu sagen?

265. *Bin ich berechtigt*, zu sagen, »Ich kann |||||||||| nicht als Gestalt sehen«? Was berechtigt mich dazu? (Was berechtigt den Blinden, zu sagen, er könne nicht sehen?)

266. Kannst du dir absolutes Gehör vorstellen, wenn du es nicht hast? – Kannst du es dir vorstellen, *wenn* du es hast? – Kann ein Blinder sich das Sehen vorstellen? Kann *ich* mir es vorstellen? – Kann ich mir vorstellen, daß ich so und so spontan reagiere, wenn ich's nicht tue? – Kann ich mir's besser vorstellen, wenn ich's tue? ((Gehört zu der Frage: Kann ich mir vorstellen, daß jemand |||||||||| als artikulierte Gestalt sieht.))

267. Soll es Erfahrungstatsache sein, daß, wer ein Erlebnis hatte, es sich vorstellen kann, und daß es ein Andrer *nicht* kann? (Wie weiß ich, daß der Blinde sich die Farben vorstellen kann?) Aber: er kann ein Sprachspiel nicht spielen (nicht erlernen). Aber wie? erfahrungsgemäß, oder eo ipso? Das letztere.

268. Was würden wir dem sagen, der behauptete, er könne sich genau vorstellen, wie es ist, absolutes Gehör zu haben, ohne daß er's hat?

269. Wenn man glaubt, sich einen vierdimensionalen Raum vorstellen zu können, warum nicht auch vierdimensionale Farben, das sind Farben, die außer dem Grad der Sättigung, dem Farbton und der Lichtstärke, noch eine vierte Bestimmung zulassen?*

270. »Wie kann es denn Sinn haben, von einer mir ganz neuen Art der Sinneswahrnehmung zu reden, die ich vielleicht einmal haben werde? Wenn du nämlich nicht etwa vom Sinnes*organ* reden willst.«

* S. *Philosophische Bemerkungen* § 66. Hrsg.

271. Wozu dient ein Satz wie dieser: »Wir können uns die Empfindungen eines Jongleurs wie Rastelli gar nicht vorstellen«?

272. »Es hat Sinn, von einer endlosen Baumreihe zu reden; ich kann mir doch vorstellen, daß eine Baumreihe ohne Ende weiterläuft.« D.h. etwa: Wenn es Sinn hat, zu sagen, die Baumreihe komme hier zu einem Ende, hat es Sinn, zu sagen, [sie komme hier nicht zu einem Ende, und also auch, sie komme nirgends zu einem Ende].* Ramsey pflegte auf solche Fragen zu antworten: es sei *eben doch* möglich, so etwas zu denken. So etwa, wie man sagt »Die Technik leistet heute eben Dinge, die du dir gar nicht vorstellen kannst.« – Nun, da muß man herausfinden, *was* du dabei denkst. (Daß du versicherst, diese Phrase ließe sich *denken* – was kann ich damit machen? Darauf kommt es ja nicht an. Ihr Zweck ist ja nicht der, Nebel in deiner Seele aufsteigen zu lassen.) *Was* du meinst – wie ist es herauszufinden? Wir müssen geduldig prüfen, wie dieser Satz angewandt werden soll. Wie *rund um ihn* alles aussieht. Da wird sich sein Sinn zeigen.

273. Hardy: »That ›the finite cannot understand the infinite‹ should surely be a theological and not a mathematical war-cry.« Es ist wahr, dieser Ausdruck ist ungeschickt. Aber was Leute damit sagen wollen, ist: »Es muß hier doch mit rechten Dingen zugehen! Woher dieser Sprung vom Endlichen zum Unendlichen?« Und so ganz unsinnig ist die Ausdrucksweise auch nicht – nur ist das ›Endliche‹, was das Unendliche nicht soll denken können, nicht ›der Mensch‹, oder ›unser Verstand‹, sondern der Kalkül. Und WIE dieser das ›Unendliche‹ denkt, dies ist wohl einer Untersuchung wert. Und die ist zu vergleichen der genauen Untersuchung und Klärung der Geschäftsgebarung eines Unter-

* Die Worte in eckigen Klammern fehlen im Original; sie wurden dem entsprechenden Typoskript entnommen. Hrsg.

nehmens durch einen Chartered Accountant. Das Ziel ist eine übersichtliche, vergleichende Darstellung aller Anwendungen, Illustrationen, Auffassungen, des Kalküls. Die vollkommene Übersicht über alles, was Unklarheit schaffen kann. Und diese Übersicht muß sich auf ein weites Gebiet erstrecken, denn die Wurzeln unserer Ideen reichen weit. – »Das Endliche kann nicht das Unendliche verstehen« heißt hier: *So* kann es nicht zugehen, wie ihr es, in charakteristischer Oberflächlichkeit, darstellt.

Der Gedanke kann gleichsam *fliegen*, er braucht nicht zu gehen. Du verstehst, d.h. übersiehst, deine Transaktionen nicht, und projizierst, quasi, dein Unverständnis in die Idee eines Mediums, in dem das Erstaunlichste möglich ist.

274. Das ›wirklich Unendliche‹ ist ein ›bloßes Wort‹. Besser wäre, zu sagen: dieser Ausdruck schafft vorläufig bloß ein Bild, – das noch in der Luft hängt; dessen Anwendung du uns noch schuldig bist.

275. Eine unendlich lange Kugelreihe, ein unendlich langer Stab. Denk dir, davon sei in einer Art Märchen die Rede. Welche Anwendung könnte man, wenn auch nur fiktiv, von diesem Begriff machen? Die Frage sei jetzt nicht: Kann es so etwas geben? Sondern: Was stellen wir uns vor? Laß also deiner Einbildung wirklich die Zügel schießen! Du kannst es jetzt haben, wie du's willst. Du brauchst nur zu *sagen*, wie du's willst. Mach also (nur) ein Wortbild; illustrier es, wie du willst – durch Zeichnungen, durch Vergleiche, etc.! Du kannst also – gleichsam – eine Werkzeichnung anfertigen. – Und nun ist noch die Frage, wie nach ihr gearbeitet werden soll. [*Randbemerkung:* Gehört zu ›Es kommt auf den *Dienst* an‹.]

276. Ich glaube, im Reihenstück ganz fein eine Zeichnung zu erblicken, die nurmehr des »u.s.w.« bedarf, um in die Unendlichkeit zu reichen.

»Ich erblicke ein Charakteristikum in ihr.« – Nun, doch etwas, was dem algebraischen Ausdruck entspricht. – »Ja, aber nichts Geschriebenes, sondern förmlich etwas Ätherisches.« – Welches seltsame Bild. – »Etwas, was nicht der algebraische Ausdruck ist, sondern wofür dieser nur eben der *Ausdruck* ist.«*

277. Ich erblicke etwas in ihr – ähnlich wie eine Gestalt im Vexierbild. Und sehe ich das, so sage ich »Das ist alles, was ich brauche.« – Wer den Wegweiser findet, sucht nun nicht nach einer weiteren Instruktion, sondern er *geht*. (Und sagte ich statt »er geht« »er richtet sich nun nach ihm«, so könnte der Unterschied der beiden nur sein, daß der zweite Ausdruck auf gewisse psychologische Begleiterscheinungen anspielt.)

278. Was heißt es: Man kann eine gerade Strecke beliebig verlängern? Gibt es hier nicht ein »Und so weiter ad inf.«, das ganz verschieden ist von dem der mathematischen Induktion? Nach dem Bisherigen bestünde der Ausdruck für die Möglichkeit des Verlängerns, im Sinn der Beschreibung des verlängerten Stückes, oder des Verlängerns. Hier scheint es sich nun zunächst gar nicht um Zahlen zu handeln. Ich kann mir denken, daß der Bleistift, der die Strecke zeichnet, seine Bewegung fortsetzt und nun immer so weiter geht. Ist es aber auch denkbar, daß die Möglichkeit nicht besteht, diesen Vorgang mit einem zählbaren Vorgang zu begleiten? Ich glaube nicht.**

* S. *Philosophische Untersuchungen* § 229. Hrsg.
** S. *Philosophische Bemerkungen* § 130. Hrsg.

279. Wann sagen wir: »Die Linie gibt mir das *als Regel* ein – immer das Gleiche.«? Und anderseits: »Sie gibt mir immer wieder ein, was ich zu tun habe – sie ist keine Regel.«?

Im ersten Fall heißt es: ich habe keine weitere Instanz dafür, was ich zu tun habe. Die Regel tut es ganz allein; ich brauche ihr nur zu folgen (und folgen ist eben *eins*). Ich fühle nicht z. B.: es ist seltsam, daß mir die Linie immer etwas sagt. – Der andre Satz sagt: Ich weiß nicht, was ich tun werde; die Linie wird's mir sagen.

280. Man könnte sich denken, daß Einer mit solchen Gefühlen multipliziert, richtig multipliziert; immer wieder sagt »Ich weiß nicht – jetzt gibt mir die Regel auf einmal *das* ein!« – und daß wir antworten: »Freilich; du gehst ja ganz nach der Regel vor.«

281. Zu sagen, die Punkte, die dieses Experiment liefert, liegen durchschnittlich auf dieser Linie, z. B. einer Geraden, sagt etwas Ähnliches, wie: »Aus dieser Entfernung gesehen, scheinen sie in einer Geraden zu liegen.«

Ich kann von einer Strecke sagen, der allgemeine Eindruck ist der einer Geraden; aber nicht von der Linie  ; obwohl es möglich wäre, sie als Stück einer längeren Linie zu sehen, in der sich die Abweichungen von der Geraden verlieren würden. Ich kann nicht sagen: »Dies Linienstück schaut gerade aus, denn es kann das Stück einer Linie sein, die mir als Ganzes den Eindruck der Geraden macht.« (Berge auf der Erde und auf dem Mond. Erde eine Kugel.)*

* S. *Philosophische Bemerkungen* §§ 235, 236. Hrsg.

282. »Sie gibt mir, verantwortungslos, dies oder das ein« heißt: ich kann es dich nicht lehren, *wie* ich der Linie folge. Ich setze nicht voraus, daß du ihr folgen wirst wie ich, auch wenn du ihr folgst.

283. Was heißt es: verstehen, daß etwas ein Befehl ist, wenn man auch den Befehl selber noch nicht versteht? (»Er meint: ich soll etwas tun – aber *was* er wünscht, weiß ich nicht.«)

284. Der Satz »Ich muß den Befehl verstehen, ehe ich nach ihm handeln kann« hat natürlich einen guten Sinn; aber wieder keinen metalogischen.

285. Die Idee, die man dabei vom Verstehen hat, ist etwa, daß man dadurch von den Worten näher an die Ausführung heran kommt. – In welchem Sinne ist das richtig?

286. »Aber ich muß einen Befehl verstehen, um nach ihm handeln zu können.« Hier ist das »*muß*« verdächtig. –

Denk auch an die Frage: »Wie lange vor dem Befolgen mußt du den Befehl verstehen?«

287. »Ich kann den Befehl nicht ausführen, weil ich nicht verstehe, was du meinst. – Ja, jetzt verstehe ich dich.« – Was ging da vor, als ich plötzlich den Andern verstand? Da gab es viele Möglichkeiten. Der Befehl konnte, z.B., mit falscher Betonung gegeben worden sein; und es fiel mir plötzlich die richtige Betonung ein. Einem Dritten würde ich dann sagen »Jetzt verstehe

ich ihn, er meint ...« und würde den Befehl in richtiger Betonung wiederholen. Und in der richtigen Betonung verstünde ich ihn nun; d.h., ich müßte nun nicht noch einen *Sinn* erfassen (etwas *außerhalb* des Satzes, also ätherisches), sondern es genügt mir vollkommen der wohlbekannte deutsche Wortlaut. – Oder, der Befehl ist mir in verständlichem Deutsch gegeben worden, schien mir aber ungereimt. Dann fällt mir eine Erklärung ein; und nun kann ich ihn ausführen. – Oder es konnten mir mehrere Deutungen vorschweben, für deren eine ich mich endlich entscheide.

288. Wenn der Befehl *nicht* befolgt wird – wo ist dann der Schatten seiner Befolgung, den du zu sehen meintest; weil dir die Form vorschwebte: Er befiehlt *das und das.*

289. Wenn die Verbindung des Meinens *vor* dem Befehl hergestellt werden konnte, dann auch nach dem Befehl.

290. »Er hat *das* getan, was ich ihm befohlen habe.« – Warum soll man hier nicht sagen: es sei eine Identität der Handlung und der Worte?! Wozu soll ich einen Schatten zwischen die beiden stellen? Wir haben ja eine Projektionsmethode. – Nur ist es eine andere Identität: »Ich habe das getan, was er getan hat« und anderseits »Ich habe das getan, was er befohlen hat«.

291. »Verbindung des Bildes mit dem Abgebildeten« könnte man die Projektionsstrahlen nennen; aber auch die Technik des Projizierens.

292. Die Doppeldeutigkeit unserer Ausdrucksweise: Wenn uns ein Befehl in einer Chiffre gegeben wäre und der Schlüssel zur Übersetzung ins Deutsche, so könnten wir den Vorgang, den deutschen Befehl zu bilden, mit den Worten bezeichnen: »aus der Chiffre ableiten, was wir zu tun haben«, oder »ableiten, welches die Befolgung des Befehls ist«. Wenn wir anderseits nach dem Befehl handeln, ihn befolgen, so kann man auch hier in gewissen Fällen von einem Ableiten der Befolgung reden.

293. Ich gebe die Regeln eines Spiels. Der Andere macht, diesen Regeln ganz entsprechend, einen Zug, dessen Möglichkeit ich nicht vorausgesehen hatte, und der das Spiel stört, so wie ich's nämlich wollte. Ich muß nun sagen: »Ich habe schlechte Regeln gegeben«; ich muß meine Regeln ändern, oder vielleicht ergänzen.

So habe ich also schon zum Voraus ein Bild des Spiels? In gewissem Sinne: ja!

Es war doch z. B. möglich, daß ich nicht voraussah, daß eine quadratische Gleichung nicht reelle Lösungen haben muß.

Die Regel führt mich also zu etwas, wovon ich sage: »dieses Bild hatte ich nicht erwartet; ich stellte mir eine Lösung immer *so* vor: ...«

294. Im einen Fall machen wir den Zug eines bestehenden Spiels, im andern setzen wir eine Spielregel fest. Man könnte auch das Ziehen mit einer Spielfigur auf diese beiden Arten auffassen: als Paradigma für künftige Züge, und als Zug einer Partie (des Spiels).

295. Du mußt bedenken, daß es ein Sprachspiel geben kann, ›eine Reihe von Ziffern fortsetzen‹, in dem keine Regel, kein Regelausdruck je gegeben wird, sondern das Lernen *nur* durch

Beispiele geschieht. So daß die Idee, jeder Schritt sei durch ein Etwas – eine Art Vorbild – in unserm Geiste zu rechtfertigen, diesen Leuten fremd wäre.

296. Wie seltsam: Es scheint, als ob zwar eine physische (mechanische) Führung versagen, Unvorhergesehenes zulassen könnte, aber eine Regel nicht! Sie wäre sozusagen die einzig verläßliche Führung. Aber worin besteht es, daß eine Führung eine Bewegung nicht zuläßt, und worin, daß eine Regel sie nicht zuläßt? – Wie weiß man das eine, und wie das andere?

297. »Wie mach ich's denn, um ein Wort immer richtig, d. h., sinnvoll anzuwenden; schau ich immer in der Grammatik nach? Nein; daß ich etwas meine – was ich meine, hindert mich, Unsinn zu sagen.« – »Ich meine etwas mit den Worten« heißt hier: Ich *weiß*, daß ich sie anwenden kann.

Ich kann aber glauben, sie anwenden zu können, und es zeigt sich, daß ich im Irrtum war.

298. Daraus folgt nicht, daß Verstehen die Tätigkeit ist, durch die wir unser Verständnis zeigen. Die Frage, ob es diese Tätigkeit ist, ist irreführend. Sie darf nicht *so* aufgefaßt werden: »Ist also das Verstehen *diese* Tätigkeit – ist es nicht doch eine *andere*?« – Sondern so: »Wird ›Verstehen‹ zur Bezeichnung dieser Tätigkeit gebraucht – wird es nicht *anders* gebraucht?«

299. Wir sagen: »Wenn ihr beim Multiplizieren wirklich der Regel folgt, MUSS das Gleiche herauskommen.« Nun, wenn dies nur die etwas hysterische Ausdrucksweise der Universitätssprache ist, so braucht sie uns nicht sehr zu interessieren. Es ist aber

der Ausdruck einer Einstellung zu der Technik des Rechnens, die sich überall in unserm Leben zeigt. Die Emphase des Muß entspricht nur der Unerbittlichkeit dieser Einstellung, sowohl zur Technik des Rechnens, als auch zu unzähligen verwandten Übungen.*

300. Mit den Worten »*Diese* Zahl ist die folgerechte Fortsetzung dieser Reihe« könnte ich Einen dazu bringen, daß er in Zukunft das und das »folgerechte Fortsetzung« nennt. Was ›das und das‹ ist, kann ich nur an Beispielen zeigen. D.h., ich lehre ihn eine Reihe (Grundreihe) fortsetzen, ohne einen Ausdruck des ›Gesetzes der Reihe‹ zu verwenden; vielmehr, um ein Substrat zu erhalten für die Bedeutung algebraischer Regeln, oder was ihnen ähnlich ist.

301. Er muß *ohne Grund* so fortsetzen. Aber nicht, weil man ihm den Grund noch nicht begreiflich machen kann, sondern weil es – in *diesem* System – keinen Grund gibt. (»Die Kette der Gründe hat ein Ende.«)

Und das *so* (in »so fortsetzen«) ist durch eine Ziffer, einen Wert, bezeichnet. Denn auf *dieser* Stufe wird der Regelausdruck durch den Wert erklärt, nicht der Wert durch die Regel.

302. Denn dort, wo es heißt »Aber *siehst* du denn nicht ...?« nützt ja eben die Regel nichts, sie ist Erklärtes, nicht Erklärendes.

* S. *Bemerkungen über die Grundlagen der Mathematik* VII–§ 67. Hrsg.

303. »Er erfaßt die Regel intuitiv.« – Warum aber die Regel? und nicht, wie er jetzt fortsetzen soll?

304. »Hat er nur das Richtige gesehen, diejenige der unendlich vielen Beziehungen, die ich ihm nahezubringen trachte, – hat er sie nur einmal erfaßt, so wird er jetzt ohne weiteres die Reihe richtig fortsetzen. Ich gebe zu, er kann diese Beziehung, die ich meine, nur erraten (intuitiv erraten) – ist es aber gelungen, dann ist das Spiel gewonnen.« – Aber dieses ›Richtige‹ von mir Gemeinte, gibt es gar nicht. Der Vergleich ist falsch. Es gibt hier nicht quasi ein Rädchen, das er erfassen soll, die richtige Maschine, die ihn, einmal gewählt, automatisch weiterbringt. Es könnte ja sein, daß sich in unserm Gehirn so etwas abspielt, aber das interessiert uns nicht.

305. »Tu dasselbe!« Aber dabei muß ich ja auf die Regel zeigen. Die muß er also schon *anzuwenden* gelernt haben. Denn was bedeutet ihr Ausdruck sonst für ihn?

306. Die Bedeutung der Regel erraten, sie intuitiv zu erfassen, könnte doch nur heißen: ihre *Anwendung* erraten. Und das kann nun nicht heißen: die *Art*, die *Regel* ihrer Anwendung erraten. Und vom Erraten ist hier überhaupt keine Rede.

307. Ich könnte z.B. erraten, welche Fortsetzung dem Andern *Freude* machen wird (etwa nach seinem Gesicht). Die Anwendung der Regel erraten könnte man nur, sofern man bereits unter verschiedenen Anwendungen wählen kann.

308. Man könnte sich ja dann auch denken, daß er, statt die ›Anwendung der Regel zu erraten‹, sie *erfindet*. Nun, wie sähe das aus? – Soll er etwa sagen: »Der Regel +1« folgen, möge einmal heißen, zu schreiben: 1, 1 + 1, 1 + 1 + 1, usw.«? Aber was meint er damit? Das »usw.« setzt ja eben schon das Beherrschen einer Technik voraus.

Statt »usw.« hätte er auch sagen können: »Du weißt schon, was ich meine.« Und seine Erklärung wäre einfach eine *Definition* des Ausdrucks »der Regel +1 folgen« gewesen. *Das* wäre seine »Erfindung« gewesen.

309. Wir kopieren die Ziffern von 1 bis 100 etwa, und *schließen, denken*, auf diese Weise.

Ich könnte es so sagen: Wenn ich die Ziffern von 1 bis 100 kopiere, – wie weiß ich, daß ich eine Ziffernreihe erhalten werde, die beim Zählen stimmt? Und *was* ist hier eine Kontrolle *wofür*? Oder wie soll ich hier die wichtige Erfahrungstatsache beschreiben? Soll ich sagen, die Erfahrung lehrt, daß ich immer gleich zähle? oder, daß beim Kopieren keine Ziffer verlorengeht? oder, daß die Ziffern auf dem Papier stehen bleiben, wie sie sind, auch wenn ich nicht hinschaue? Oder *alle* diese Tatsachen? Oder soll ich sagen, daß wir einfach nicht in Schwierigkeiten kommen? Oder daß uns fast immer alles in Ordnung zu sein scheint?

So denken wir. *So* handeln wir. *So* reden wir darüber.

310. Denke, du solltest beschreiben, wie Menschen das Zählen (im Dezimalsystem z.B.) lernen. Du beschreibst, was der Lehrer sagt und tut, und wie der Schüler darauf reagiert. In dem, was der Lehrer sagt und tut, werden sich z.B. Worte und Gebärden finden, die den Schüler zum Fortsetzen einer Reihe aufmuntern sollen; auch Worte wie »Er kann jetzt zählen«. Soll nun die Beschreibung, die ich von dem Vorgang des Lehrens und Lernens gebe, außer den Worten des Lehrers auch mein eigenes Urteil enthalten: der Schüler könne jetzt zählen, oder: der Schü-

ler habe nun das System der Zahlworte verstanden? Wenn ich so ein Urteil nicht in die Beschreibung aufnehme, – ist sie dann unvollständig? und wenn ich es aufnehme, gehe ich über die bloße Beschreibung hinaus? – Kann ich mich jener Urteile enthalten mit der Begründung: *»Das ist alles, was geschieht«?*

311. Muß ich nicht vielmehr fragen: »Was tut die Beschreibung überhaupt? wozu dient sie?« – Was eine vollständige und eine unvollständige Beschreibung ist, wissen wir allerdings in anderem Zusammenhang. Frage dich: wie verwendet man die Ausdrücke »vollständige« und »unvollständige Beschreibung«?

Eine Rede vollständig (oder unvollständig) wiedergeben. Gehört dazu auch die Wiedergabe des Tonfalls, des Mienenspiels, der Echtheit oder Unechtheit der Gefühle, der Absichten des Redners, der Anstrengung des Redens? Ob das, oder jenes für uns zur vollständigen Beschreibung gehört, wird vom Zweck der Beschreibung abhängen, davon, was der Empfänger mit der Beschreibung anfängt.

312. Der Ausdruck »Das ist alles, was *geschieht*« grenzt ab, was wir »geschehen« nennen.

313. Hier ist die Versuchung überwältigend, noch etwas zu sagen, wenn schon alles beschrieben ist. – Woher dieser Drang? Welche Analogie, welche falsche Interpretation erzeugt ihn?

314. Hier stoßen wir auf eine merkwürdige und charakteristische Erscheinung in philosophischen Untersuchungen: Die Schwierigkeit – könnte ich sagen – ist nicht, die Lösung zu finden, sondern, etwas als die Lösung anzuerkennen, was aus-

sieht, als wäre es erst eine Vorstufe zu ihr. »Wir haben schon alles gesagt. – Nicht etwas, was daraus folgt, sondern eben *das* ist die Lösung!«

Das hängt, glaube ich, damit zusammen, daß wir fälschlich eine Erklärung erwarten; während eine Beschreibung die Lösung der Schwierigkeit ist, wenn wir sie richtig in unsere Betrachtung einordnen. Wenn wir bei ihr verweilen, nicht versuchen, über sie hinauszukommen.

Die Schwierigkeit ist hier: Halt zu machen.

315. »Warum verlangst du Erklärungen? Wenn diese gegeben sein werden, wirst du ja doch wieder vor einem Ende stehen. Sie können dich nicht weiter führen, als du jetzt bist.«

316. Man kann einen roten Gegenstand als Muster für das Malen eines *rötlichen* Weiß, oder eines rötlichen Gelb (etc.) verwenden – aber kann man es auch als Muster für das Malen eines blaugrünen Farbtones, z.B., verwenden? – Wie, wenn ich jemand, mit allen äußern Zeichen des genauen Kopierens, einen roten Fleck blaugrün ›wiedergeben‹ sähe? – Ich würde sagen »Ich weiß nicht, wie er es macht!« oder auch »Ich weiß nicht, *was* er macht«. – Aber angenommen, er ›kopierte‹ nun diesen Ton von Rot bei verschiedenen Gelegenheiten in Blaugrün, und etwa andere Töne von Rot regelmäßig in andern blaugrünen Tönen – soll ich nun sagen, er kopiere, oder er kopiere nicht?

Was heißt es aber, daß ich nicht weiß, ›was er macht‹? Sehe ich denn nicht, was er macht? – Aber ich sehe nicht *in ihn hinein*. – Nur dieses Gleichnis nicht! Wenn ich ihn Rot in Rot kopieren sehe, – was weiß ich denn da? Weiß ich, *wie* ich es mache? Freilich, man sagt: ich male eben die *gleiche* Farbe. – Aber wie, wenn *er* sagt »Und ich male die Quint zu dieser Farbe«? Sehe ich einen besonderen Vorgang der Vermittlung, wenn *ich* die ›gleiche‹ Farbe male?

Nimm an, ich kenne ihn als einen ehrlichen Menschen; er gibt, wie ich es beschrieben habe, ein Rot durch ein Blaugrün wieder – aber nun *nicht* den gleichen Ton immer durch den gleichen, sondern einmal durch einen, einmal durch einen andern Ton. – Soll ich sagen »Ich weiß nicht, was er macht«? – Er macht, was ich sehe – aber *ich* würde es nie tun; ich weiß nicht, warum er es tut; seine Handlungsweise ›ist mir unverständlich‹.

317. Man könnte sich ein negatives Bildnis denken, das ist eins, das darstellen *soll*, wie Herr N. *nicht* aussieht (das also ein schlechtes Portrait ist, wenn es dem N. ähnlich sieht).

318. Ich kann nicht beschreiben, wie eine Regel (allgemein) zu verwenden ist, als indem ich dich *lehre, abrichte*, eine Regel zu verwenden.

319. Ich kann nun z.B. einen solchen Unterricht im Sprechfilm aufnehmen. Der Lehrer wird manchmal sagen »So ist es recht«. Sollte der Schüler ihn fragen »warum?« – so wird er nichts, oder doch nichts Relevantes antworten, auch nicht das: »Nun, weil wir's Alle so machen«; das wird nicht der Grund sein.

320. Warum nenne ich die Regeln des Kochens nicht willkürlich, und warum bin ich versucht, die Regeln der Grammatik willkürlich zu nennen? Weil ›Kochen‹ durch seinen Zweck definiert ist, dagegen ›Sprechen‹ nicht. Darum ist der Gebrauch der Sprache in einem gewissen Sinne autonom, in dem das Kochen und Waschen es nicht ist. Wer sich beim Kochen nach andern als den richtigen Regeln richtet, kocht schlecht; aber wer sich nach andern Regeln als denen des Schachs richtet, spielt *ein anderes*

Spiel; und wer sich nach andern grammatischen Regeln richtet, als den und den, spricht darum nichts Falsches, sondern von etwas Anderem.

321. Wenn man eine Regel, ein Wort des Satzes betreffend, dem Satze beifügt, so ändert sich sein Sinn nicht.

322. Die Sprache ist für uns nicht als Einrichtung definiert, die einen bestimmten Zweck erfüllt. Sondern »Sprache« ist für uns ein Sammelname, und ich verstehe darunter die deutsche Sprache, die englische Sprache, u.s.w. und noch verschiedene Zeichensysteme, die mit diesen Sprachen eine größere oder geringere Verwandtschaft haben.

323. Unsere Kenntnis vieler Sprachen läßt uns die Philosophien, die in den Formen einer jeden niedergelegt sind, nicht recht ernst nehmen. Dabei sind wir aber blind dafür, daß wir selbst starke Vorurteile für, wie gegen gewisse Ausdrucksformen haben; daß eben auch diese besondere Übereinanderlagerung mehrerer Sprachen für uns ein bestimmtes Bild ergibt.

324. Lernt das Kind nur sprechen, oder auch denken? Lernt es den Sinn des Multiplizierens *vor* –, oder *nach* dem Multiplizieren?

325. Wie bin ich denn zum Begriff ›Satz‹, oder zum Begriff ›Sprache‹ gekommen? Doch nur durch die Sprachen, die ich gelernt habe. – Aber die scheinen mich in gewissem Sinne über

sich selbst hinausgeführt zu haben, denn ich bin jetzt im Stande, eine neue Sprache zu konstruieren, z.B., Wörter zu erfinden. – Also gehört diese Konstruktion noch zum Begriff der Sprache. Aber nur, wenn ich ihn so festlegen will.

326. Der Begriff des Lebewesens hat die gleiche Unbestimmtheit wie der der Sprache.

327. Vergleiche: Ein Spiel erfinden – eine Sprache erfinden – eine Maschine erfinden.

328. Daß der und der Satz keinen Sinn hat, ist in der Philosophie von Bedeutung; aber auch, daß er komisch klingt.

329. Ich mache einen Plan nicht nur, um mich Andern verständlich zu machen, sondern auch, um selbst über die Sache klar zu werden. (D.h. die Sprache ist nicht nur Mittel zur Mitteilung.)

330. Was heißt das: »Das ist doch nicht mehr dasselbe Spiel!« Wie verwende ich diesen Satz? Als Mitteilung? Nun, etwa als Einleitung zu einer Mitteilung, die die Unterschiede aufzählt und ihre Folgen erklärt. Aber auch, um auszudrücken, daß ich eben darum hier nicht mehr mittue, oder doch eine andere Stellung zu dem Spiel einnehme.

331. Man ist versucht, Regeln der Grammatik durch Sätze zu rechtfertigen von der Art »Aber es gibt doch wirklich vier primäre Farben«. Und gegen die Möglichkeit dieser Rechtfertigung, die nach dem Modell der Rechtfertigung eines Satzes durch den Hinweis auf seine Verifikation gebaut ist, richtet sich das Wort, daß die Regeln der Grammatik willkürlich sind.

Kann man aber nicht doch in irgendeinem Sinne sagen, daß die Grammatik der Farbwörter die Welt, wie sie tatsächlich ist, charakterisiert? Man möchte sagen: Kann ich nicht wirklich vergebens nach einer fünften primären Farbe suchen? Nimmt man nicht die primären Farben zusammen, weil sie eine Ähnlichkeit haben; oder zum mindesten die *Farben*, im Gegensatz z.B. zu den Formen oder Tönen, weil sie eine Ähnlichkeit haben? Oder habe ich, wenn ich diese Einteilung der Welt als die richtige hinstelle, schon eine vorgefaßte Idee als Paradigma im Kopf? Von der ich dann etwa nur sagen kann: »Ja, das ist die Art, wie wir die Dinge betrachten«, oder »Wir wollen eben ein solches Bild machen«. Wenn ich nämlich sage: »die primären Farben haben doch eine bestimmte Ähnlichkeit miteinander« – woher nehme ich den Begriff dieser Ähnlichkeit? Ist nicht so, wie der Begriff ›primäre Farbe‹ nichts andres ist, als ›blau oder rot oder grün oder gelb‹, – auch der Begriff jener Ähnlichkeit nur durch die vier Farben gegeben? Ja, sind sie nicht die gleichen? – »Ja, könnte man denn auch rot, grün und kreisförmig zusammenfassen?« – Warum nicht?!

332. Glaub doch nicht, daß du den Begriff der Farbe in dir hältst, weil du auf ein färbiges Objekt schaust, – wie immer du schaust.

(So wenig, wie du den Begriff der negativen Zahl besitzt, dadurch, daß du Schulden hast.)

333. »Rot ist etwas Spezifisches«, das müßte soviel heißen wie: »*Das* ist etwas Spezifisches« – wobei man auf etwas Rotes

deutet. Aber damit das verständlich wäre, müßte man schon unsern *Begriff* ›rot‹, den Gebrauch jenes Musters, meinen.

334. Ich kann doch offenbar eine Erwartung einmal in den Worten »ich erwarte einen roten Kreis«, ein andermal statt der letzten beiden Worte durch das farbige Bild eines roten Kreises ausdrücken. Aber in diesem Ausdruck entsprechen den beiden Wörtern »rot« und »Kreis« nicht zwei Dinge. Also ist der Ausdruck der zweiten Sprache von *ganz anderer Art.*

335. Es gäbe außer dieser auch eine Sprache, in der ›roter Kreis‹ durch Nebeneinanderstellen eines Kreises und eines roten Flecks ausgedrückt würde.

336. Wenn ich nun auch zwei Zeichen bei mir habe, den Ausdruck »roter Kreis« und das farbige Bild, oder die Vorstellung, des roten Kreises, so wäre doch die Frage: Wie ist denn dann das eine Wort der Farbe, das andere der Form zugeordnet?

Denn man scheint sagen zu können, das eine Wort lenke die Aufmerksamkeit auf die Farbe, das andere auf die Form. Aber was heißt das? Wie kann man diese Wörter in dieses Bild übersetzen?

Oder auch: Wenn mir das Wort »rot« eine Farbe ins Gedächtnis ruft, so muß sie doch mit einer Form verbunden sein; wie kann ich denn dann von der Form abstrahieren?

Die wichtige Frage ist dabei nie: wie weiß er, wovon er abstrahieren soll? sondern: wie ist das überhaupt möglich? oder: was heißt es?

337. Vielleicht wird es klarer, wenn man *die* beiden Sprachen vergleicht, in deren einer ein rotes Täfelchen und eines mit einem Kreis darauf (etwa einem schwarzen auf weißem Grund) die Worte »roter Kreis« ersetzen; und in der andren statt dessen ein roter Kreis gemalt wird.

Wie geht denn hier die Übersetzung vor sich? Er schaut etwa zuerst auf das rote Täfelchen und wählt einen roten Stift, dann auf den Kreis, und macht nun mit diesem Stift einen Kreis.

Es würde etwa zuerst gelernt, daß das erste Täfelchen immer die Wahl des Bleistiftes bestimmt, das zweite, was wir mit ihm zeichnen sollen. Die beiden Täfelchen gehören also verschiedenen Wortarten an (etwa Hauptwort und Tätigkeitswort). In der anderen Sprache aber gäbe es nichts, was man hier zwei Wörter nennen könnte.

338. Wenn Einer sagte »Rot ist zusammengesetzt« – so könnten wir nicht erraten, worauf er damit anspielt, was er mit diesem Satz wird anfangen wollen. Sagt er aber: »Dieser Sessel ist zusammengesetzt«, so mögen wir zwar nicht gleich wissen, von welcher Zusammensetzung er spricht, können aber gleich an mehr als einen Sinn für seine Aussage denken.

Was für eine Art von Faktum ist nun dies, worauf ich aufmerksam machte?

Jedenfalls ist es ein *wichtiges* Faktum. – Uns ist keine Technik geläufig, auf die dieser Satz anspielen könnte.

339. Wir beschreiben hier ein Sprachspiel, welches wir *nicht lernen können.*

340. »Dann muß etwas ganz anderes in ihm vorgehen, etwas, was wir nicht kennen.« – *Das zeigt uns*, wonach wir bestimmen, ob ›im Andern‹ etwas anderes als, oder dasselbe wie, in uns

stattfindet. Das zeigt uns, *wonach* wir die inneren Vorgänge beurteilen.

341. Kannst *du* dir vorstellen, was der rot-grün Blinde sieht? Kannst du das Bild des Zimmers malen, wie er es sieht?

Kann *er* es malen, wie er's sieht? Kann ich also malen, wie ich's sehe? In welchem Sinne kann ich's.

342. »Wer alles nur grau, schwarz und weiß sähe, dem müßte etwas *gegeben* werden, damit er wüßte, was Rot, Grün etc. ist.« Und was müßte ihm gegeben werden? Nun, die Farben. Also z.B. *dies*, und *dies*, und *dies*. (Denk dir, z.B., daß farbige Vorbilder in sein Gehirn eingeführt werden müßten zu den bloß grauen und schwarzen.) Aber müßte das geschehen als Mittel zum Zweck des künftigen Handelns? Oder schließt eben dies Handeln diese Vorbilder ein? Will ich sagen: »Es müßte ihm etwas gegeben werden, denn es ist klar, er könnte sonst nicht...« – oder: Sein sehendes Benehmen *enthält* neue Bestandteile?

343. Auch: was würden wir eine »Erklärung des Sehens« *nennen*? Soll man sagen: Nun, du weißt doch sonst, was »Erklärung« heißt; verwende diesen Begriff also auch hier!

344. Kann ich sagen: »Schau es an! so wirst du sehen, daß es sich nicht erklären läßt.« – Oder: »Trinke die Farbe Rot in dich ein, so wirst du sehen, daß sie nicht durch etwas anderes darzustellen ist!« – Und wenn der Andere nun mir beistimmt, zeigt es, daß er dasselbe eingetrunken hat wie ich? – Und was bedeutet nun unsere Geneigtheit, dies zu sagen? Rot erscheint uns isoliert

dazustehen. Warum? Was ist dieser Schein, diese Geneigtheit *wert*?

Man könnte aber fragen: Auf welche Eigentümlichkeit des Begriffs deutet diese unsre Neigung?

345. Denke an den Satz »Rot ist keine Mischfarbe« und an seine Funktion.

Das Sprachspiel mit den Farben ist eben durch das charakterisiert, was wir tun können, und was wir nicht tun können.

346. »Ein rötliches Grün gibt es nicht«, ist den Sätzen verwandt, die wir als Axiome in der Mathematik gebrauchen.

347. Daß wir mit gewissen Begriffen *rechnen*, mit andern nicht, zeigt nur, wie verschiedener Art die Begriffswerkzeuge sind (wie wenig Grund wir haben, hier je Einförmigkeit anzunehmen). [*Randbemerkung:* Zu Sätzen über Farben, die den mathematischen ähnlich sind, z.B.: Blau ist dunkler als weiß. Dazu Goethes Farbenlehre.]

348. »Die Möglichkeit der Übereinstimmung bedingt schon *eine* Übereinstimmung.« – Denke, jemand sagte: »Schachspielenkönnen ist eine Art des Schachspielens«!

349. Es ist sehr schwer, Gedankenbahnen zu beschreiben, wo schon viel Fahrgleise sind – ob deine eigenen, oder andere – und nicht in eins der ausgefahrenen Gleise zu kommen. Es ist schwer: *nur wenig* von einem alten Gedankengleise abzuweichen.

350. »Es ist, als wären unsere Begriffe bedingt durch ein Gerüst von Tatsachen.«

Das hieße doch: Wenn du dir gewisse Tatsachen anders denkst, sie anders beschreibst, als sie sind, dann kannst du die Anwendung gewisser Begriffe dir nicht mehr vorstellen, weil die Regeln ihrer Anwendung kein Analogon unter den neuen Umständen haben. – Was ich sage, kommt also *darauf* hinaus: Ein Gesetz wird für Menschen gegeben, und ein Jurist mag wohl fähig sein, Konsequenzen für jeden Fall zu ziehen, der ihm gewöhnlich vorkommt, das Gesetz hat also offenbar seine Verwendung, einen Sinn. Trotzdem aber setzt seine Gültigkeit allerlei voraus; und wenn das Wesen, welches er zu richten hat, ganz vom gewöhnlichen Menschen abweicht, dann wird z.B. die Entscheidung, ob er eine Tat mit böser Absicht begangen hat, nicht etwa schwer, sondern (einfach) unmöglich werden.

351. »Wenn die Menschen nicht im allgemeinen über die Farben der Dinge übereinstimmten, wenn Unstimmigkeiten nicht Ausnahmen wären, könnte es unsern Farbbegriff nicht geben.« Nein: – *gäbe* es unsern Farbbegriff nicht.

352. Will ich also sagen, gewisse Tatsachen seien gewissen Begriffsbildungen günstig; oder ungünstig? Und lehrt das die Erfahrung? Es ist Erfahrungstatsache, daß Menschen ihre Begriffe ändern, wechseln, wenn sie neue Tatsachen kennenlernen; wenn dadurch, was ihnen früher wichtig war, unwichtig wird, und umgekehrt. (Man findet z.B.: was früher als Artunterschied galt, sei eigentlich *nur* ein Gradunterschied.)

353. Aber kann man nicht sagen: »Wenn es nur *eine* Substanz gäbe, so hätte man keinen Gebrauch für das Wort ›Substanz‹«? Aber das heißt doch: Der Begriff ›Substanz‹ setzt den Begriff

›Unterschied der Substanz‹ voraus. (Wie der des Schachkönigs den des Schachzuges, oder wie der der *Farbe* den der *Farben*.)

354. Zwischen Grün und Rot, will ich sagen, sei eine *geometrische* Leere, nicht eine physikalische.*

355. Aber entspricht dieser also nichts Physikalisches? Das leugne ich nicht. (Und wenn es bloß unsre Gewöhnung an *diese* Begriffe, an diese Sprachspiele wäre. Aber ich sage nicht, daß es so ist.) Wenn wir einem Menschen die und die Technik durch Exempel beibringen, – daß er dann mit einem bestimmten neuen Fall *so* und nicht *so* geht, oder daß er dann stockt, daß für ihn also dies und nicht jenes die ›natürliche‹ Fortsetzung ist, ist allein schon ein höchst wichtiges Naturfaktum.

356. »Aber wenn ich mit ›bläulichgelb‹ grün meine, so fasse ich eben diesen Ausdruck anders als nach der ursprünglichen Weise auf. Die ursprüngliche Auffassung bezeichnet einen andern und eben *nicht gangbaren* Weg.«

Was ist aber hier das richtige Gleichnis? das vom physisch nicht gangbaren Weg, oder vom Nichtexistieren des Weges? Also das Gleichnis der physikalischen, oder der mathematischen Unmöglichkeit?

357. Wir haben ein System der Farben wie ein System der Zahlen.

* Diese Bemerkung war nicht unter den »Zetteln«. Die Herausgeber haben sie einem Manuskript entnommen, wo sie unmittelbar vor der nachfolgenden Bemerkung steht.

Liegen die Systeme in *unserer* Natur, oder in der Natur der Dinge? Wie soll man's sagen? – *Nicht* in der Natur der Zahlen oder Farben.

358. Hat denn dieses System etwas Willkürliches? Ja und nein. Es ist mit Willkürlichem verwandt, und mit Nichtwillkürlichem.

359. Es leuchtet auf den ersten Blick ein, daß man nichts als Zwischenfarben von rot und grün anerkennen will. (Und ob es nur immer so einleuchtet, oder erst nach Erfahrung und Erziehung, ist gleichgültig.)

360. ›a ist zwischen b und c, und dem b näher als dem c‹, dies ist eine charakteristische Relation zwischen Empfindungen gleicher Art. D.h., es gibt z.B. ein Sprachspiel mit dem Befehl »Erzeuge eine Empfindung zwischen *dieser* und *dieser*, und der ersten näher als der zweiten!« Und auch: »Nenne zwei Empfindungen, zwischen welchen *diese* liegt«.

361. Und da ist es wichtig, daß man z.B. bei *Grau* »Schwarz und Weiß« zur Antwort kriegen wird; bei *Violett* »Blau und Rot«, bei *Rosa* »Rot und Weiß«, etc.; aber *nicht* bei *Olivgrün* »Rot und Grün«.

362. Diese Leute kennen ein Rötlichgrün. – »Aber es *gibt* doch gar keins!« – Welcher sonderbare Satz. – (Wie weißt du's nur?)

363. Sagen wir's doch einmal so: Müssen denn diese Leute die Diskrepanz merken? Vielleicht sind sie zu stumpf dazu. Und dann wieder: vielleicht auch nicht. –

364. Ja aber hat denn die Natur hier gar nichts mitzureden?! Doch – nur macht sie sich auf andere Weise hörbar.

»Irgendwo wirst du doch an Existenz und nicht-Existenz anrennen!« Das heißt aber doch an *Tatsachen*, nicht an Begriffe.

365. Es ist eine Tatsache von der höchsten Wichtigkeit, daß eine Farbe, die wir (z.B.) »rötlichgelb« zu nennen geneigt sind, sich wirklich durch Mischung (auf verschiedene Weise) von Rot und Gelb erzeugen läßt. Und daß wir nicht im Stande sind, eine Farbe, die durch Mischen von Rot und Grün entstanden ist, ohne weiteres als eine zu erkennen, die sich so erzeugen läßt. (Was aber bedeutet »ohne weiteres« hier?)

366. Verwirrung der Geschmäcke: Ich sage »Das ist süß«, der Andere »Das ist sauer«, u.s.f. Einer kommt daher und sagt: »Ihr habt Alle keine Ahnung, wovon ihr sprecht. Ihr wißt gar nicht mehr, was ihr einmal einen Geschmack genannt habt.« Was wäre das Zeichen dafür, daß wir's noch wissen? ((Hängt mit einer Frage über eine Verwirrung im Rechnen zusammen.))

367. Aber könnten wir nicht auch in dieser ›Verwirrung‹ ein Sprachspiel spielen? – Aber ist es noch das Frühere? –*

* Unter den Zetteln findet sich noch folgende Bemerkung, die in die erste Auflage des Werkes nicht aufgenommen wurde: »(Bezieht sich auf das, was Frege, und

368. Denken wir uns Menschen, die eine Zwischenfarbe, von Rot und Gelb z.B., durch eine Art binären Dezimalbruch *so* ausdrücken: R,LLRL u. dergl., wo auf der rechten Seite z.B. Gelb steht, auf der linken Rot. – Diese Leute lernen schon im Kindergarten, Farbtöne in dieser Weise beschreiben, nach solchen Beschreibungen Farben auszuwählen, zu mischen, etc. Sie verhielten sich zu uns ungefähr, wie Leute mit absolutem Gehör zu Leuten, denen dies fehlt. *Sie können tun*, was wir nicht können. [*Randbemerkung:* Fraglich.]

369. Und hier möchte man sagen: »Ist das denn aber auch vorstellbar? Ja, das *Benehmen* wohl! aber auch der innere Vorgang, das Farberlebnis?« Und was man auf so eine Frage sagen soll, ist schwer zu sehen. Hätten die, die kein absolutes Gehör haben, vermuten können, es werde auch Leute mit absolutem Gehör geben?

370. Der Glanz, oder die Spiegelung: Wenn ein Kind malt, so wird es diese nie malen. Ja, es ist beinahe schwer zu glauben, daß sie durch die gewöhnlichen Öl- oder Wasserfarben dargestellt werden können. [*Randbemerkung:* Zu unserm Begriff von der ›Farbe‹.]

371. Wie würde eine Gesellschaft von lauter tauben Menschen aussehen? Wie, eine Gesellschaft von ›Geistesschwachen‹? *Wichtige Frage!* Wie, also, eine Gesellschaft, die viele unserer gewöhnlichen Sprachspiele nie spielte?

gelegentlich Ramsey, vom Wiedererkennen als einer Bedingung des Symbolisierens sagten. Was ist das Kriterium dafür, daß ich die Farbe richtig wiedererkannt habe? Etwa so etwas wie des Erlebnis der Freude beim Wiedererkennen?)« Hrsg.

372. Den Schwachsinnigen stellt man sich unter dem Bild des Degenerierten, wesentlich Unvollständigen, gleichsam Zerlumpten vor. Also unter dem der Unordnung statt der primitiveren Ordnung (welches eine weit produktivere Anschauungsart wäre).

Wir sehen eben nicht eine *Gesellschaft* solcher Menschen.

373. Andere, obgleich den unsern verwandte Begriffe könnten uns *sehr* seltsam erscheinen; Abweichungen nämlich vom Gewohnten *in ungewohnter Richtung*.

374. Festbegrenzte Begriffe würden eine Gleichförmigkeit des Verhaltens fordern. Aber wo ich *sicher* bin, ist der Andere unsicher. Und das ist eine Naturtatsache.

375. Dies sind die festen Schienen, auf denen all unser Denken verläuft, und also nach ihnen auch unser Urteilen und Handeln.

376. Dort z.B., wo es einen Typus nur selten gibt, wird der Begriff dieses Typus nicht gebildet. Die Leute berührt *dies* nicht als eine Einheit, als ein bestimmtes Gesicht.

377. Sie machen davon nicht ein Bild und erkennen es von Fall zu Fall wieder.

378. Muß der Begriff der Bescheidenheit, oder der Prahlerei überall bekannt sein, wo es bescheidene und prahlerische Menschen gibt? Es liegt ihnen vielleicht dort nichts an dieser Unterscheidung.

Uns sind ja auch manche Unterschiede unwichtig, und könnten uns wichtig sein.

379. Und Andere haben Begriffe, die unsere Begriffe durchschneiden.

380. Ein Stamm hat zwei Begriffe, verwandt unserm ›Schmerz‹. Der eine wird bei sichtbaren Verletzungen angewandt und ist mit Pflege, Mitleid, etc. verknüpft. Den andern wenden sie bei Magenschmerzen, z. B., an, und er verbindet sich mit Belustigung über den Klagenden. »Aber merken sie denn wirklich nicht die Ähnlichkeit?« – Haben wir denn überall einen Begriff, wo eine Ähnlichkeit besteht? Die Frage ist: Ist ihnen die Ähnlichkeit *wichtig*? Und muß sie's ihnen sein? Und warum sollte nicht ihr Begriff unsern Begriff ›Schmerz‹ schneiden?

381. Aber übersieht dieser dann nicht etwas, was da ist? – Er nimmt davon keine Notiz; und warum sollte er? – Aber dann ist ja eben sein Begriff grundverschieden von dem unsern. – *Grund*-verschieden? Verschieden. – Aber es ist dann doch, als ob sein Wort nicht *dasselbe bezeichnen* könnte wie unseres. Oder nur einen Teil davon. – Aber so muß es ja auch ausschauen, wenn sein Begriff verschieden ist. Denn die Unbestimmtheit unseres Begriffs kann sich ja für uns in den *Gegenstand* projizieren, den das Wort bezeichnet. So daß, fehlte die Unbestimmtheit, auch nicht ›dasselbe gemeint‹ wäre. Das Bild, das wir verwenden, versinnbildlicht die Unbestimmtheit.

382. In der Philosophie darf man keine Denkkrankheit *abschneiden*. Sie muß ihren natürlichen Lauf gehen, und die *langsame* Heilung ist das Wichtigste. (Daher die Mathematiker so schlechte Philosophen sind.)

383. Denk dir, es würden die Leute eines Stammes von früher Jugend dazu erzogen, *keinerlei* Gemütsausdruck zu zeigen. Er ist für sie etwas Kindisches, das abzutun sei. Die Abrichtung sei streng. Man redet von ›Schmerzen‹ nicht; schon erst recht nicht in der Form einer Vermutung »Vielleicht hat er doch ...«. Klagt jemand, so wird er verlacht, oder gestraft. Den Verdacht der Verstellung gibt es gar nicht. Klagen ist sozusagen schon Verstellung.

384. »Verstellen«, könnten jene Leute sagen, »was für ein lächerlicher Begriff!« (Als unterschiede man einen Mord mit *einer* Kugel von einem mit drei Kugeln.)

385. Klagen ist schon so schlimm, daß es das Schlimmere der Verstellung gar nicht mehr gibt.

386. Die eine Schande steht ihnen vor der andern, diese können sie nicht sehen.

387. Ich will sagen: eine ganz andere Erziehung als die unsere könnte auch die Grundlage ganz anderer Begriffe sein.

388. Denn es würde hier das Leben anders verlaufen. – Was uns interessiert, würde *sie* nicht interessieren. Andere Begriffe wären da nicht mehr unvorstellbar. Ja, *wesentlich* andere Begriffe sind nur so vorstellbar.

389. Man könnte ihn doch einfach lehren, den Schmerz (z.B.) zu mimen (nicht in der Absicht zu betrügen). Aber wäre es Jedem beizubringen? Ich meine: Er könnte ja wohl erlernen, gewisse rohe Schmerzzeichen von sich zu geben, ohne aber je aus eigenem, aus seiner eigenen Einsicht eine feinere Nachahmung zu geben. (Sprachtalent.) (Man könnte vielleicht einem gescheiten Hund eine Art Schmerzgeheul beibringen; aber es käme doch nie bei ihm zu einem bewußten Nachahmen.)

390. ›Diese Menschen hätten nichts Menschenähnliches.‹ Warum? – Wir könnten uns unmöglich mit ihnen verständigen. Nicht einmal so, wie wir's mit einem Hund können. Wir könnten uns nicht in sie finden.

Und doch könnte es ja solche, im übrigen menschliche, Wesen geben.

391. Ich will eigentlich sagen, daß die gedanklichen Skrupel im Instinkt anfangen (ihre Wurzeln haben). Oder auch so: das Sprachspiel hat seinen Ursprung nicht in der *Überlegung*. Die Überlegung ist ein Teil des Sprachspiels.

Und der Begriff ist daher im Sprachspiel zu Hause.

392. ›Sandhaufen‹ ist ein unscharf begrenzter Begriff aber warum verwendet man statt seiner nicht einen scharf begrenzten? – Liegt der Grund in der Natur der Haufen? Welche

Erscheinung ist es, deren Natur für unsern Begriff maßgebend ist?

393. Man kann sich leicht Ereignisse vorstellen und in allen Einzelheiten ausmalen, die, wenn wir sie eintreten sähen, uns an allem Urteilen irre werden ließen.

Sähe ich einmal vor meinem Fenster statt der altgewohnten eine ganz neue Umgebung, benähmen sich die Dinge, Menschen und Tiere, wie sie sich nie benommen haben, so würde ich etwa die Worte äußern »Ich bin wahnsinnig geworden«; aber das wäre nur ein Ausdruck dafür, daß ich es aufgebe, mich auszukennen. Und das gleiche könnte mir auch in der Mathematik zustoßen. Es könnte mir *z.B. scheinen*, als machte ich immer wieder Rechenfehler, so daß keine Lösung mir verläßlich erschiene.

Das Wichtige aber für mich daran ist, daß es zwischen einem solchen Zustand und dem normalen keine scharfe Grenze gibt. [*Randbemerkung:* Hängt mit dem Begriff des ›Wissens‹ zusammen.]

394. Was hieße es, mich darin irren, daß er eine Seele, Bewußtsein, habe? und was hieße es, daß ich mich irre und selbst keins habe? Was hieße es, zu sagen »Ich bin nicht bei Bewußtsein.«? – Aber weiß ich nicht doch, daß Bewußtsein in mir ist? – So weiß ich's also, und doch hat die Aussage, es sei so, keinen Zweck?

Und wie merkwürdig, daß man lernen kann, sich in dieser Sache mit andern Leuten zu verständigen!

395. Einer kann sich bewußtlos stellen; aber auch *bewußt*?

396. Wie wäre es, wenn mir jemand allen Ernstes sagte, er wisse (wirklich) nicht, ob er träume oder wache? –

Kann es diese Situation geben: Einer sagt »Ich glaube, ich träume jetzt«; wirklich wacht er bald danach auf, erinnert sich an jene Äußerung im Traum und sagt »So hatte ich also recht!« – Diese Erzählung kann doch nur besagen: Einer habe geträumt, er hätte gesagt, er träume.

Denke, ein Bewußtloser sagte (etwa in der Narkose) »Ich bin bei Bewußtsein« – würden wir sagen »Er muß es wissen«?

Und wenn Einer im Schlaf spräche »Ich schlafe«, – würden wir sagen »Er hat ganz recht«?

Spricht Einer die Unwahrheit, der mir sagt: »Ich bin nicht bei Bewußtsein«? (Und die Wahrheit, wenn er's bewußtlos sagt? Und wie, wenn ein Papagei sagte »Ich verstehe kein Wort«, oder ein Grammophon »Ich bin bloß eine Maschine«?)

397. Denke, in einem Tagtraum ließe ich mich sprechen »Ich phantasiere bloß«, wäre das *wahr*? Denke, ich schreibe so eine Phantasie, oder Erzählung, einen phantasierten Dialog, und in ihm sage ich »Ich phantasiere« – aber, wenn ich es aufschreibe, – wie zeigt sich's, daß diese Worte Worte der Phantasie sind, und daß ich nicht aus der Phantasie herausgetreten bin?

Wäre es nicht wirklich möglich, daß der Träumende, sozusagen aus dem Traum heraustretend, im Schlaf spräche »Ich träume«? Es wäre wohl denkbar, daß so ein Sprachspiel existierte.

Dies hängt mit dem Problem des ›Meinens‹ zusammen. Denn ich kann im Dialog eines Stücks schreiben »Ich bin gesund« und es also nicht *meinen*, obwohl es auch wahr ist. Die Worte gehören zu diesem und nicht zu jenem Sprachspiel.

398. ›Wahr‹ und ›Falsch‹ im Traum. Ich träume, daß es regnet und daß ich sage »Es regnet« – anderseits: Ich träume, daß ich sage »Ich träume«.

399. Hat das Verbum »träumen« eine Gegenwartsform? Wie lernt diese der Mensch gebrauchen?

400. Angenommen, ich hätte eine Erfahrung, ähnlich einem Erwachen, befände mich dann in einer ganz andern Umgebung, mit Leuten, die mir versichern, ich habe geschlafen. Angenommen ferner, ich bliebe dabei, ich habe nicht geträumt, sondern auf irgendeine Weise außerhalb meines schlafenden Körpers gelebt. Welche Funktion hat diese Behauptung?

401. »›Ich habe Bewußtsein‹, das ist eine Aussage, an der kein Zweifel möglich ist.« Warum soll das nicht das Gleiche sagen, wie dies: »›Ich habe Bewußtsein‹ ist kein Satz«?

Man könnte auch so sagen: Was schadet es, daß Einer sagt, »Ich habe Bewußtsein« sei eine Aussage, die keinen Zweifel zulasse? Wie komme ich mit ihm in Widerspruch? Nimm an, jemand sagte mir dies, – warum soll ich mich nicht gewöhnen, ihm nichts darauf zu antworten, statt etwa einen Streit anzufangen? Warum soll ich seine Worte nicht behandeln, wie sein Pfeifen oder Summen?

402. »Nichts ist so gewiß, wie, daß mir Bewußtsein eignet.« Warum soll ich es dann nicht auf sich beruhen lassen? Diese Gewißheit ist wie eine große Kraft, deren Angriffspunkt sich nicht bewegt; die also keine Arbeit leistet.

403. Erinnere dich: die Meisten sagen, man spüre in der Narkose nichts. Manche aber sagen doch: Man *könnte* ja doch etwas fühlen und es nur völlig vergessen.

Wenn es also hier solche gibt, die zweifeln und solche, denen kein Zweifel kommt, so könnte die Zweifellosigkeit doch auch viel allgemeiner bestehen.

404. Oder der Zweifel könnte doch eine andere, und viel weniger unbestimmte Form haben, als in unserer Gedankenwelt.

405. Niemand außer ein Philosoph, würde sagen »Ich weiß, daß ich zwei Hände habe«; wohl aber kann man sagen: »Ich bin nicht im Stande zu bezweifeln, daß ich zwei Hände habe«.

406. »Wissen« aber wird gewöhnlich nicht in diesem Sinn gebraucht. »Ich weiß, wieviel 97 × 78 ist.« »Ich weiß, daß 97 × 78 432 ist.« Im ersten Falle teile ich jemand mit, ich könne etwas; besitze etwas; im zweiten versichere ich einfach, 97 × 78 sei 432. Sagt denn »97 × 78 ist ganz bestimmt 432« nicht, *ich wisse*, es sei so? Der erste Satz ist kein arithmetischer, noch kann ihn ein solcher ersetzen; statt des zweiten könnte man einen arithmetischen Satz verwenden.

407. Kann jemand *glauben*, daß 25 × 25 = 625 ist? Was heißt es, das zu glauben? Wie zeigt es sich, daß er das glaubt?

408. Aber gibt es nicht ein Phänomen des Wissens, sozusagen, ganz abgesehen vom Sinn der Worte »Ich weiß«? Ist es nicht merkwürdig, daß ein Mensch etwas *wissen* kann, die Tatsache gleichsam in sich selbst haben kann? – Aber das ist eben ein falsches Bild. – Denn, sagt man, Wissen ist es nur, wenn es sich

wirklich verhält, wie er sagt. Aber das ist nicht genug. Es darf sich nicht nur zufällig so verhalten. Er muß nämlich wissen, daß er weiß: das Wissen ist ja sein eigener Seelenzustand; er kann darüber – außer durch eine besondere Verblendung – nicht im Zweifel, oder Unrecht sein. Wenn also das Wissen, *daß* es so ist, nur ein Wissen ist, wenn es *wirklich* so ist; und wenn das Wissen in ihm ist, so daß er sich darin, ob es ein Wissen ist, nicht irren kann; dann ist er (also) auch unfehlbar darin, daß es ist, wie es das Wissen weiß; und also muß die Tatsache, die er weiß, so wie das Wissen, in ihm sein.

Und das deutet allerdings auf eine mögliche Art der Verwendung von »Ich weiß«. »Ich weiß, daß es so ist« heißt dann: Es ist so, oder ich bin verrückt.

Also: wenn ich, ohne zu lügen, sage: »Ich weiß, daß es so ist«, so kann ich nur durch eine besondere Verblendung im Unrecht sein.

409. Wie kommt es, daß der Zweifel nicht der Willkür untersteht? – Und wenn es so ist, – könnte nicht ein Kind durch seine merkwürdige Veranlagung an Allem zweifeln?

410. Man kann erst zweifeln, wenn man Gewisses gelernt hat; wie man sich erst verrechnen kann, wenn man rechnen gelernt hat. Dann ist es allerdings unwillkürlich.

411. Denke, ein Kind wäre ganz besonders gescheit, so gescheit, daß man ihm gleich die Zweifelhaftigkeit der Existenz aller Dinge beibringen kann. Es lernt also vom Anfang: »Das ist wahrscheinlich ein Sessel.«

Und wie lernt es nun die Frage: »Ist das auch wirklich ein Sessel?« –

412. Betreibe ich Kinderpsychologie? – Ich bringe den Begriff des Lehrens mit dem Begriff der Bedeutung in Verbindung.

413. Einer sei ein überzeugter Realist, der Andere ein überzeugter Idealist und lehrt seine Kinder dementsprechend. In einer so wichtigen Sache, wie der Existenz, oder Nichtexistenz der äußern Welt wollen sie ihren Kindern nichts Falsches beibringen.

Was wird man sie nun lehren? Auch dies, zu sagen »Es gibt physikalische Gegenstände«, beziehungsweise das Gegenteil?

Wenn Einer an Feen nicht glaubt, so braucht er seine Kinder nicht lehren »Es gibt keine Feen«, sondern er kann es unterlassen, sie das Wort »Fee« zu lehren. Bei welcher Gelegenheit sollen sie sagen »Es gibt...«, oder »Es gibt nicht...«? Nur wenn sie Leute treffen, die entgegengesetzten Glaubens sind.

414. Aber der Idealist wird den Kindern doch das Wort »Sessel« beibringen, denn er will sie ja lehren, dies und jenes zu tun, z.B. einen Sessel zu holen. Wo wird sich also, was die idealistisch erzogenen Kinder sagen, von dem, was die realistischen sagen, unterscheiden? Wird der Unterschied nicht nur der der Schlachtrufe sein?

415. Fängt denn nicht das Spiel »Das ist wahrscheinlich ein...« mit der Enttäuschung an? Und kann die erste Einstellung die auf die mögliche Enttäuschung sein?

416. »So muß man ihm also zuerst eine falsche Sicherheit beibringen?«

Es ist bei ihrem Sprachspiel von Sicherheit oder von Unsicherheit noch nicht die Rede. Erinnere dich: sie lernen ja etwas *tun*.

417. Das Sprachspiel »Was ist das?« – »Ein Sessel.« – ist nicht das Gleiche wie: »Wofür hältst du das?« – »Es dürfte ein Sessel sein.«

418. Einen im Anfang lehren »Das scheint rot« hat ja gar keinen Sinn. Das muß er ja spontan sagen, wenn er einmal gelernt hat, was »rot« heißt, d.i. die Technik der Wortverwendung.

419. Die Grundlage jeder Erklärung ist die Abrichtung. (Das sollten Erzieher bedenken.)

420. »Es scheint mir rot.« – »Und wie ist rot?« – »*So*.« Dabei muß auf das richtige Paradigma gezeigt werden.

421. Wenn er zuerst die Farbnamen lernt, – was wird ihm beigebracht? Nun, er lernt z.B. beim Anblick von etwas Rotem »Rot« ausrufen. – Ist das aber die richtige Beschreibung, oder hätte es heißen sollen: »Er lernt ›rot‹ nennen, *was auch wir* ›rot‹ nennen«? – Beide Beschreibungen sind richtig.

Wie unterscheidet sich davon das Sprachspiel »Wie kommt es dir vor?«?

Man könnte Einem doch die Farbwörter beibringen, indem man ihn auf weiße Gegenstände durch farbige Brillen schauen läßt. Was ich ihn aber lehre, muß ein *Können* sein. Er *kann* also jetzt auf Befehle etwas Rotes bringen; oder Gegenstände nach ihren Farben ordnen. Aber was ist denn etwas Rotes?

422. Warum lehrt man das Kind nicht zuerst gleich das Sprachspiel »Es scheint mir rot«? Weil es noch nicht im Stande ist, den feineren Unterschied zwischen Schein und Sein zu verstehen?

423. Die rote Gesichtsempfindung ist ein neuer *Begriff*.

424. Das Sprachspiel, was wir ihm dann beibringen, ist: »Mir scheint es..., dir scheint es...« Im ersten Sprachspiel kommt eine Person als wahrnehmendes Subjekt nicht vor.

425. Du gibst dem Sprachspiel ein neues Gelenk. Was aber nicht heißt, daß nun davon immer Gebrauch gemacht wird.

426. Das innere Hinblicken auf die Empfindung – welche Verbindung soll es denn zwischen Wort und Empfindung herstellen; und wozu soll diese Verbindung dienen? Hat man mich *das* gelehrt, als ich diesen Satz gebrauchen, diesen Gedanken denken lernte? (Ihn zu denken, ist ja etwas, was ich lernen mußte.)

Wir lernen allerdings auch dies, unsre Aufmerksamkeit auf Dinge, und auf Empfindungen, richten. Wir lernen beobachten und die Beobachtung beschreiben. Aber wie lehrt man mich dies; wie wird in diesem Falle meine ›innere Tätigkeit‹ kontrolliert? Wonach wird beurteilt, ob ich wirklich achtgegeben habe?

427. »Der Sessel ist der gleiche, ob ich ihn betrachte oder nicht« – das *müßte* nicht wahr sein. Menschen werden oft verlegen, wenn man sie anschaut. »Der Sessel fährt fort zu existieren, ob ich ihn anschaue oder nicht.« Das könnte als Erfahrungssatz behandelt werden, oder es könnte grammatisch aufzufassen sein. Man kann aber auch einfach an den begrifflichen Unterschied zwischen Sinneseindruck und Objekt dabei denken.

428. Ist aber nicht die Übereinstimmung der Menschen dem Spiel wesentlich? Muß, wer es lernt, also nicht zuerst die Bedeutung von »gleich« kennen, und setzt die nicht auch Übereinstimmung voraus? u.s.f.

429. Du sagst »*Das* ist rot«, aber wie wird entschieden, ob du recht hast? Entscheidet es nicht die Übereinstimmung der Menschen? – Aber berufe ich mich denn auf diese Übereinstimmung in meinen Farburteilen? Geht es denn *so* vor sich: Ich lasse eine Anzahl Leute einen Gegenstand anschauen; jedem von ihnen fällt dabei eines einer gewissen Gruppe von Wörtern (der sogenannten Farbwörter) ein; ist der Mehrzahl der Betrachter das Wort »rot«, z.B., eingefallen (zu dieser Mehrzahl muß ich selbst nicht gehören), so gebührt dem Gegenstand das Prädikat »rot«. So eine Technik könnte ja ihre Wichtigkeit haben.

430. Die *Farbwörter* werden *so* gelehrt: »Das ist rot« z.B. – Unser Sprachspiel kommt freilich nur zustande, wenn eine gewisse Übereinstimmung herrscht, aber der Begriff der Über-

einstimmung tritt ins Sprachspiel nicht ein. Wäre die Übereinstimmung vollkommen, so könnte ihr Begriff ganz unbekannt sein.

431. *Entscheidet* die Übereinstimmung der Menschen, was rot ist? Wird das durch den Appell an die Mehrheit entschieden? Wurde uns beigebracht, die Farbe *so* zu bestimmen?

432. Ich beschreibe eben das Sprachspiel »Bring etwas Rotes« dem, der es schon selbst spielen kann. Den Andern könnte ich's nur lehren. (Relativität.)

433. »Was ich wahrnehme, ist DIES –« und nun folgt eine Form der BESCHREIBUNG. Das Wort »dies« könnte man auch so erklären: Denken wir uns eine direkte Übertragung des Erlebnisses! – Aber was ist nun unser Kriterium dafür, daß das Erlebnis wirklich übertragen wurde? »Nun, er hat eben dann das, was ich habe.« – Aber wie *›hat‹ er* es?

434. Was heißt es, »eine Empfindung mit einem Wort bezeichnen, benennen«? Gibt es da nichts zu untersuchen?

Denk dir, du kämest von einem Sprachspiel mit physikalischen Gegenständen – und nun hieße es, es werden jetzt auch *Empfindungen* benannt. Wäre das nicht, als würde zuerst von einer Übertragung des Besitzes, und dann auf einmal von einer Übertragung der Freude am Besitz, oder des Stolzes auf den Besitz gesprochen? Müssen wir da nicht etwas Neues lernen? Etwas Neues, was wir auch »übertragen« nennen.

435. Die Beschreibung des subjektiv Gesehenen ist nahe oder entfernt verwandt der Beschreibung eines Gegenstands, aber funktioniert eben daher nicht als Beschreibung eines Gegenstands. Wie vergleicht man Gesichtsempfindungen? Wie vergleiche ich meine mit des Andern Gesichtsempfindungen?

436. »Verifying by inspection« ist ein gänzlich irreführender Ausdruck. Er sagt nämlich, daß zuerst ein Vorgang, die Inspektion, geschieht, und die wäre mit dem Schauen durch ein Mikroskop vergleichbar, oder mit dem Vorgang des Umwendens des Kopfes, *um etwas zu sehen*. Und, daß dann das Sehen erfolgen müsse. Man könnte von »Sehen durch Umwenden« oder »Sehen durch Schauen« reden. Aber dann ist eben das Umwenden (oder Schauen) ein dem Sehen externer Vorgang, der uns (daher) nur praktisch interessiert. Was man sagen möchte, ist: »Sehen durch Sehen«.

437. Die Ursachen, warum wir einen Satz glauben, sind für die Frage, was es denn ist, das wir glauben, allerdings irrelevant; aber nicht die Gründe, die ja mit dem Satz grammatisch verwandt sind und uns sagen, wer er ist.

438. Es ist nichts gewöhnlicher, als daß die Bedeutung eines Ausdrucks in der Weise schwankt, daß ein Phänomen bald als Symptom, bald als Kriterium eines Sachverhalts angesehen wird. Und meistens wird dann in einem solchen Fall der Wechsel der Bedeutung nicht gemerkt. In der Wissenschaft ist es üblich, Phänomene, die genaue Messungen zulassen, zu definierenden Kriterien eines Ausdrucks zu machen; und man ist dann geneigt zu meinen, nun sei die eigentliche Bedeutung *gefunden* worden. Eine Unmenge von Verwirrungen ist auf diese Weise entstanden.

Es gibt z.B. Grade des Vergnügens, aber es ist dumm, von einer Messung des Vergnügens zu reden. Es ist wahr, daß in gewissen Fällen ein meßbares Phänomen den Platz einnimmt, den vor ihm ein nicht meßbares hatte. Das Wort, das diesen Platz bezeichnet, wechselt dann seine Bedeutung, und seine alte Bedeutung ist mehr oder weniger obsolet geworden. Man beruhigt sich dann damit, der eine Begriff sei der genauere, der andere der ungenauere; und beachtet nicht, daß hier in jedem besondern Fall ein anderes Verhältnis zwischen dem ›genauen‹ und dem ›ungenauen‹ vorliegt. Es ist der alte Fehler, die besondern Fälle nicht zu prüfen.

439. Die zureichende Evidenz geht, ohne bestimmte Grenzen zu haben, in die unzureichende über. Soll ich sagen, eine natürliche Grundlage dieser Begriffsbildung sei das komplizierte Wesen und die Mannigfaltigkeit der menschlichen Fälle?

So müßte also bei einer weit geringeren Mannigfaltigkeit eine scharf begrenzte Begriffsbildung natürlich erscheinen. Und warum scheint es so schwer, sich den vereinfachten Fall vorzustellen?

440. Wie hätten wir uns ein komplettes Regelverzeichnis für die Verwendung eines Worts zu denken? – Was versteht man unter einem kompletten Regelverzeichnis für die Verwendung einer Figur im Schachspiel? Könnten wir uns nicht immer Zweifelfälle konstruieren, in denen das normale Regelverzeichnis nicht entscheidet? Denke etwa an so eine Frage: wie ist es festzustellen, wer zuletzt gezogen hat, wenn die Zuverlässigkeit des Gedächtnisses der Spieler angezweifelt wird?

Die Verkehrsregelung in den Straßen erlaubt und verbietet gewisse Handlungen der Fahrer und Fußgänger; aber sie versucht nicht, ihre sämtlichen Bewegungen durch Vorschriften zu leiten. Und es wäre sinnlos, von einer ›idealen‹ Verkehrsordnung zu reden, die das täte; wir wüßten zunächst gar nicht, was wir uns unter diesem Ideal zu denken hätten. Wünscht Einer die Verkehrsordnung in irgendwelchen Punkten strenger zu gestalten, so bedeutet das nicht, er wünsche sie so einem Ideal anzunähern.

441. Betrachte auch diesen Satz: »Die Regeln eines Spiels können wohl eine gewisse Freiheit lassen, aber sie müssen *doch* ganz bestimmte Regeln sein.« Das ist, als sagte man: »Du kannst zwar einem Menschen durch vier Wände eine gewisse Bewegungsfreiheit lassen, aber die Wände müssen vollkommen starr sein« – und das ist nicht wahr. – »Nun, die Wände können wohl elastisch sein, aber dann haben sie eine ganz bestimmte Elastizität.« – Was sagt das nun noch? Es scheint zu sagen, daß man diese Elastizität muß angeben können, aber das ist wieder nicht wahr. »Die Wand hat immer *eine bestimmte* Elastizität – ob ich sie kenne, oder nicht.«: das ist eigentlich das Bekenntnis zu einer Ausdrucksform. Derjenigen, die sich der *Form* eines Ideals der Genauigkeit bedient. Gleichsam als eines Parameters der Darstellung.

442. Das Bekenntnis zu einer Ausdrucksform, wenn es ausgesprochen wird in der Verkleidung als ein Satz, der von den *Gegenständen* (statt von dem Zeichen) handelt, muß *›a priori‹* sein. Denn sein Gegenteil wird wirklich undenkbar, insofern ihm eine Denkform, Ausdrucksform, entspricht, die wir ausgeschlossen haben.

443. Denke dir, die Menschen pflegten auf Gegenstände immer *in der* Weise zu zeigen, daß sie mit dem Finger in der Luft gleichsam einen Kreis um den Gegenstand beschrieben, dann könnte man sich einen Philosophen denken, der sagte: »Alle Dinge sind kreisrund; denn der Tisch sieht *so* aus, der Ofen *so*,

die Lampe *so*«. etc., indem er jedesmal einen Kreis um das Ding schlägt.

444. Wir haben nun eine *Theorie*; eine ›dynamische‹ Theorie* des Satzes, der Sprache, aber sie erscheint uns nicht als Theorie. Es ist ja das Charakteristische einer solchen Theorie, daß sie einen besonderen, klar anschaulichen, Fall ansieht, und sagt: »*Das* zeigt, wie es sich überhaupt verhält; dieser Fall ist das Urbild *aller* Fälle.« – »Natürlich! so muß es sein«, sagen wir und sind zufrieden. Wir sind auf eine Form der Darstellung gekommen, die uns *einleuchtet*. Aber es ist, als haben wir nun etwas gesehen, was *unter* der Oberfläche liegt.

Die Tendenz, den klaren Fall zu verallgemeinern, scheint in der Logik strenge Berechtigung zu haben; man scheint hier mit *voller* Berechtigung zu schließen: »Wenn *ein* Satz ein Bild ist, so muß jeder Satz ein Bild sein, denn sie müssen alle wesensgleich sein.« Denn wir sind ja in der Täuschung, das Sublime, Wesentliche unserer Untersuchung bestehe darin, daß sie *ein* allumfassendes Wesen erfasse.

445. Wie kann ich den Satz *jetzt* verstehen, wenn die Analyse soll zeigen können, *was* ich eigentlich verstehe? – Hier spielt die Idee des Verstehens als eines sonderbaren geistigen Vorgangs hinein.

446. Denk' doch einmal gar nicht an das Verstehen als ›seelischen Vorgang‹! – Denn *das* ist die Redeweise, die dich verwirrt. Sondern frage dich: in was für einem Fall, unter was für Umständen, sagen wir denn »jetzt weiß ich weiter«, wenn uns die Formel eingefallen ist?**

* Freud spricht von seiner ›dynamischen‹ Theorie des Traums.
** S. *Philosophische Untersuchungen* § 154. Hrsg.

Es ist jene Redeweise, die uns hindert, die Tatsachen unparteiisch zu sehen. Betrachte die Aussprache eines Worts durch die Darstellungsform der Schreibung! Wie leicht kann man sich da überreden, daß zwei Worte – z.B. »für« und »führ« – im täglichen Gebrauche verschiedenen Klang haben – weil man sie verschieden ausspricht, wenn man sein Augenmerk gerade auf den Unterschied ihrer Schreibung richtet. Damit zu vergleichen ist die Meinung, ein Violinspieler mit feinem Gehör greife f immer etwas höher als eis. Überlege dir solche Fälle! – *So* kann es geschehen, daß das Darstellungsmittel eine *Einbildung* erzeugt. Denken wir also nicht, wir *müßten* einen spezifischen seelischen Vorgang finden, weil das Verbum »verstehen« dasteht, und weil man sagt: Verstehen sei eine seelische Tätigkeit.

447. Die Unruhe in der Philosophie, könnte man sagen, kommt daher, daß wir die Philosophie falsch ansehen, falsch sehen, nämlich gleichsam in (endlose) Längsstreifen zerlegt, statt in (begrenzte) Querstreifen. Diese Umstellung der Auffassung macht die *größte* Schwierigkeit. Wir wollen also gleichsam den unbegrenzten Streifen erfassen, und klagen, daß es nicht Stück für Stück möglich ist. Freilich nicht, wenn man unter einem Stück einen endlosen Längsstreifen versteht. Wohl aber, wenn man einen Querstreifen darunter versteht. – Aber dann kommen wir ja mit unserer Arbeit wieder nicht zu Ende! – Freilich nicht, denn sie hat keins.

(Statt der turbulenten Mutmaßungen und Erklärungen wollen wir ruhige Erwägung sprachlicher Tatsachen setzen.)

448. Und sagt man denn vom Satz »Es regnet«, er sage: es verhält sich so und so? Welches ist denn der alltägliche Gebrauch dieses Ausdrucks in der gewöhnlichen Sprache? Denn von diesem Gebrauch hast ja du ihn gelernt. Verwendest du ihn nun gegen seinen ursprünglichen Gebrauch und denkst, du spielest noch das alte Spiel mit ihm, so ist das, als wenn du mit Schachfi-

guren Dame spieltest und dir einbildetest, das Spiel habe noch etwas vom Geist des Schachs.

449. Ausdehnung eines Begriffs in einer *Theorie* (z.B. ›Wunschtraum‹).

450. Wer philosophiert, macht oft zu einem Wortausdruck die falsche, unpassende, Geste.

451. (Man sagt das *Gewöhnliche*, – mit der falschen Gebärde.)

452. Wie kommt es, daß die Philosophie ein so komplizierter Bau ist? Sie sollte doch gänzlich einfach sein, wenn sie jenes Letzte, von aller Erfahrung Unabhängige, ist, wofür du sie ausgibst. – Die Philosophie löst Knoten auf in unserm Denken: daher muß ihr Resultat einfach sein, das Philosophieren aber so kompliziert wie die Knoten, welche es auflöst.*

453. (Wie man manchmal eine Musik nur im inneren Ohr reproduzieren kann, aber sie nicht pfeifen, weil das Pfeifen schon die innere Stimme übertönt, so ist manchmal die Stimme eines philosophischen Gedankens so leise, daß sie vom Lärm des gesprochenen Wortes schon übertönt wird und nicht mehr gehört werden kann, wenn man gefragt wird und reden soll.)

* S. *Philosophische Bemerkungen* § 2. Hrsg.

454. Plato: » – Wie? sagte er, die sollte nicht nutzen? Denn wenn doch einmal die Besonnenheit die Erkenntnis der Erkenntnisse ist und den andern Erkenntnissen vorsteht, so muß sie ja auch dieser sich auf das Gute beziehenden Erkenntnis vorstehen und uns so doch nutzen. – Macht auch sie uns, sprach ich, etwa gesund und nicht die Heilkunde? Und so auch mit den andern Künsten; verrichtet sie die Geschäfte derselben und nicht vielmehr jede von ihnen das Ihrige? Oder haben wir nicht lange schon eingestanden, daß sie nur der Erkenntnisse und Unkenntnisse Erkenntnis wäre und keiner anderen Sache? – Allerdings wohl. – Sie also wird uns nicht die Gesundheit bewirken? – Wohl nicht. – Weil nämlich die Gesundheit für eine andere Kunst gehört? – Ja. – Also auch nicht den Nutzen, Freund, wird sie uns bewirken. Denn auch dieses Geschäft haben wir jetzt einer andern Kunst beigelegt. – Freilich. – Wie kann also die Besonnenheit nützlich sein, wenn sie uns gar keinen Nutzen bringt?«*

455. (Der Philosoph ist nicht Bürger einer Denkgemeinde. Das ist, was ihn zum Philosophen macht.)

456. Manche Philosophen (oder wie man sie nennen soll) leiden an dem, was man »loss of problems«, »Problemverlust« nennen kann. Es scheint ihnen dann alles ganz einfach, und es scheinen keine tiefen Probleme mehr zu existieren, die Welt wird weit und flach und verliert jede Tiefe; und was sie schreiben, wird unendlich seicht und trivial. Russell und H. G. Wells haben dieses Leiden.

* *Charmides*, 174d, e, 175a. Hrsg.

457. ... quia plus loquitur inquisitio quam inventio ... (Augustinus.)*

458. Philosophische Untersuchungen: begriffliche Untersuchungen. Das Wesentliche der Metaphysik: daß sie den Unterschied zwischen sachlichen und begrifflichen Untersuchungen verwischt.

459. Das Fundamentale grammatisch ausgedrückt: Wie ist es mit dem Satz »man kann nicht zweimal in den gleichen Fluß steigen«?

460. Man kann in gewissem Sinn mit philosophischen Irrtümern nicht vorsichtig genug umgehn, sie enthalten so viel Wahrheit.**

461. Ich möchte doch, daß du sagst: »Ja, es ist wahr, das könnte man sich denken, das konnte auch geschehen!« Aber wollte ich dich darauf aufmerksam machen, daß du imstande bist, dir dies vorzustellen? – Ich wollte dies Bild vor deine Augen stellen, und deine *Anerkennung* dieses Bildes besteht darin, daß du nun geneigt bist, einen gegebenen Fall anders zu betrachten: nämlich ihn mit *dieser* Bilderreihe zu vergleichen. Ich habe deine *Anschauungsweise* geändert. (Ich habe irgendwo gelesen, daß gewissen indischen Mathematikern zum Beweis eines Satzes eine

* ... weil die Untersuchung mehr sagt als die Entdeckung ... Hrsg.

** Hierauf folgt im Typoskript des Originals: »›Doch solcherlei Verdrusse pflegen die Denkungskräfte anzuregen.‹ Wie hilft der Gedanke einem Verdruß ab?« – Diese Worte fehlen in der ersten Auflage. Hrsg.

geometrische Figur dient mit den Worten: »Sieh' dies an!« Auch dies Ansehen bewirkt eine Änderung der Anschauungsweise.)*

462. (Die Klassifikationen der Philosophen und Psychologen: sie klassifizieren Wolken nach ihrer Gestalt.)

463. Zur Mathematik: »Du hast einen falschen Begriff. – Aber aufklären läßt sich die Sache nicht dadurch, daß ich gegen deine Worte wettere; sondern nur dadurch, daß ich versuche, deine Aufmerksamkeit von gewissen Ausdrücken, Illustrationen, Vorstellungen, weg, und auf die *Verwendung* der Wörter *hin* zu lenken.«

464. Der Stammbaum der psychologischen Phänomene: *Nicht Exaktheit* strebe ich an, sondern Übersichtlichkeit.

465. Die Behandlung aller dieser Erscheinungen des Seelenlebens ist mir nicht darum wichtig, weil's mir auf Vollständigkeit ankommt. Sondern, weil jede für mich auf die richtige Behandlung *aller* ein Licht wirft.

466. Und nicht um Symptome handelt sich's hier, sondern um logische Kriterien. Daß diese nicht immer scharf getrennt sind, hindert nicht, daß sie getrennt sind.

* S. *Philosophische Untersuchungen* § 144. Hrsg.

467. Unsere Untersuchung trachtet nicht, die eigentliche, exakte Bedeutung der Wörter zu *finden*; wohl aber *geben* wir den Wörtern im Verlauf unsrer Untersuchung oft exakte Bedeutungen.

468. »Der Mensch denkt, fürchtet sich, etc. etc.«: das könnte man etwa Einem antworten, der gefragt hat, welche Kapitel ein Buch über Psychologie enthalten soll.

469. Denke, jemand sagt: »Der Mensch hofft.« Wie hätte man dies allgemeine naturgeschichtliche Phänomen zu beschreiben? – Man könnte ein Kind beobachten und warten, bis es eines Tages Hoffnung äußert; und man könnte dann sagen: »Heut hat es zum ersten Mal gehofft«. Aber das klingt doch seltsam! Obwohl es ganz natürlich wäre, zu sagen »Heut hat es zum ersten Mal gesagt ›ich hoffe‹«. Und warum seltsam? – Man sagt doch nicht von einem Säugling, er hoffe ..., noch auch, er hoffe nicht ..., und man sagt es doch vom Erwachsenen. – Nun, das Leben wird nach und nach zu dem, worin für Hoffnung Platz ist.

Aber nun sagt man: Man kann eben nicht sicher sein, wann das Kind wirklich anfängt zu hoffen, denn Hoffen ist ein innerer Vorgang. Welcher Unsinn! Wie weiß man denn dann überhaupt, wovon man redet?

470. Oder könnte er *so* exemplifizieren: »Ich, z. B., sehe, bin nicht blind«? Auch das klingt sonderbar.

Es wäre richtig zu sagen: »Und auch an *mir* kannst du die Erscheinung des Denkens, Hoffens, Sehens etc. beobachten.«

471. Die psychologischen Verben sehen, glauben, denken, wünschen bezeichnen nicht Erscheinungen. Aber die Psychologie beobachtet die Erscheinungen des Sehens, Glaubens, Denkens, Wünschens.

472. Plan zur Behandlung der psychologischen Begriffe.

Psychologische Verben charakterisiert dadurch, daß die dritte Person des Präsens durch Beobachtung zu verifizieren ist, die erste Person nicht.

Satz in der dritten Person Präsens: Mitteilung. In der ersten Person Präsens: Äußerung. ((Stimmt nicht ganz.))

Die erste Person des Präsens der Äußerung verwandt.

Sinnesempfindungen: ihre inneren Zusammenhänge und Analogien.

Alle haben echte Dauer. Möglichkeit der Angabe des Anfangs und Endes. Möglichkeit der Gleichzeitigkeit, des zeitlichen Zusammenfallens.

Alle haben Grade und qualitative Mischungen. Grad: kaum merkbar – nicht auszuhalten.

In diesem Sinne gibt es nicht Lage- oder Bewegungsempfindung. Ort der Empfindung am Leib: unterscheidet Sehen und Hören von Druck-, Temperatur-, Geschmacks- und Schmerzempfindung.

473. Man muß daran denken, daß es einen Zustand der Sprache geben kann (und wohl gegeben hat), in welchem sie den allgemeinen Begriff der Sinnesempfindung nicht besitzt, aber doch Wörter, die unseren »sehen«, »hören«, »schmecken« entsprechen.

474. Sinneswahrnehmungen nennen wir Sehen, Hören, ... Zwischen diesen Begriffen bestehen Analogien und Zusammenhänge; sie sind unsere Rechtfertigung für diese Zusammenfassung.

475. Man kann also fragen: Was für Zusammenhänge und Analogien bestehen zwischen Sehen und Hören? Zwischen Sehen und Greifen? Zwischen Sehen und Riechen? Etc.

476. Und fragt man das, so rücken die Sinne für uns gleich weiter auseinander, als sie auf den ersten Blick zu liegen schienen.

477. Was ist den Sinneserlebnissen gemeinsam? – Die Antwort, daß sie uns die Außenwelt kennen lehren, ist eine falsche und eine richtige. Sie ist richtig, sofern sie auf ein *logisches* Kriterium deuten soll.

478. Die Dauer der Empfindung. Vergleiche die Dauer einer Tonempfindung mit der Dauer der Tastempfindung, die dich lehrt, daß du eine Kugel in der Hand hältst; und mit dem »Gefühl«, das dich lehrt, daß deine Knie gebogen sind.

479. Wir fühlen unsere Bewegungen. Ja, wir *fühlen* sie wirklich; die Empfindung ist nicht ähnlich einer Geschmacksempfindung, oder einer Hitzeempfindung, sondern einer Tastempfindung: der Empfindung, wenn Haut und Muskeln gedrückt, gezogen, verschoben werden.

480. Ich fühle meinen Arm und, seltsamerweise, möchte ich nun sagen: ich fühle ihn im Raum in bestimmter Lage; als wäre nämlich das Körpergefühl in einem Raum in der Form des Arms verteilt, so daß ich, um es darzustellen, den Arm, etwa in Gips, in seiner richtigen Lage darstellen müßte.

481. Ja, es ist seltsam. Mein Unterarm liegt jetzt horizontal, und ich möchte sagen, daß ich das fühle; aber nicht so, als hätte ich ein Gefühl, das immer mit dieser Lage zusammengeht (als fühlte man etwa Blutleere, oder Plethora) – sondern, als wäre eben das ›Körpergefühl‹ des Arms horizontal angeordnet oder verteilt, wie etwa ein Dunst, oder Staubteilchen, an der Oberfläche meines Armes so im Raume verteilt sind. Es ist also nicht wirklich, als fühlte ich die Lage meines Arms, sondern als fühlte ich meinen *Arm*, und das Gefühl hätte die und die *Lage*. D.h. aber nur: ich *weiß* einfach, wie er liegt – ohne es zu wissen, *weil* ... Wie ich auch weiß, wo ich den Schmerz empfinde – es aber nicht weiß, *weil* ...

482. Es ist uns förmlich, als hätte der Schmerz einen Körper, als wäre er ein Ding, ein Körper mit Form und Farbe. Warum? Hat er die Form des schmerzenden Körperteils? Man möchte z.B. sagen: »Ich könnte den Schmerz *beschreiben*, wenn ich nur die nötigen Worte und Elementarbedeutungen dazu hätte.« Man fühlt: es fehlt einem nur die notwendige Nomenklatur. (James.) Als könnte man die Empfindung sogar malen, wenn nur der Andere diese Sprache verstünde. – Und man kann den Schmerz ja wirklich räumlich und zeitlich beschreiben.

483. (Wenn Empfindungen die Lage der Glieder und die Bewegungen charakterisieren, so ist ihr Ort jedenfalls nicht das Gelenk.)

Die Lage der Glieder und ihre Bewegungen *weiß* man. Man kann sie z. B. angeben, wenn man gefragt wird. So wie man auch den Ort einer Empfindung (Schmerz) am Leibe weiß.

Reaktion des Berührens der schmerzhaften Stelle.

Kein lokales Merkmal an der Empfindung. So wenig wie ein zeitliches am Erinnerungsbild. (Zeitliche Merkmale an der Photographie.)

Schmerz von andern Sinnesempfindungen unterschieden durch charakteristischen Ausdruck. Dadurch verwandt der Freude (die keine Sinnesempfindung).

484. Ist das Wortklauberei: – Freude, Genuß, Entzücken seien nicht Empfindungen? – Fragen wir uns einmal: Wieviel Analogie besteht denn zwischen dem Entzücken und dem, was wir z. B. »Sinnesempfindungen« nennen?

485. Das Bindeglied zwischen ihnen wäre der Schmerz. Denn sein Begriff ähnelt dem der Tastempfindung z. B. (durch die Merkmale der Lokalisierung, echten Dauer, Intensität, Qualität) und zugleich dem der Gemütsbewegungen durch den Ausdruck (Mienen, Gebärden, Laute).

486. »Ich fühle große Freude.« – Wo? – Das klingt unsinnig. Und doch sagt man auch »Ich fühle eine freudige Erregung in meiner Brust.« – Warum aber ist Freude nicht lokalisiert? Ist es, weil sie über den ganzen Körper verteilt ist? Auch dann ist sie nicht lokalisiert, wenn etwa das Gefühl, das sie hervorruft, dies ist; wenn wir uns etwa am Geruch einer Blume freuen. – Die Freude äußert sich im Gesichtsausdruck, im Benehmen. (Aber wir sagen nicht, wir freuten uns im Gesicht.)

487. »Aber ich habe doch ein wirkliches *Gefühl* der Freude!« Ja, wenn du dich freust, so freust du dich wirklich. Und freilich ist Freude nicht freudiges Benehmen, noch auch ein Gefühl um die Mundwinkel und Augen.

»Aber ›Freude‹ bezeichnet doch etwas Inneres.« Nein. »Freude« bezeichnet gar nichts. Weder Inneres noch Äußeres.

488. Fortsetzung der Klassifizierung der psychologischen Begriffe.

Gemütsbewegungen. Ihnen gemeinsam echte Dauer, ein Verlauf. (Zorn flammt auf, läßt nach, verschwindet; ebenso: Freude, Depression, Furcht.)

Unterschied von den Empfindungen: sie sind nicht lokalisiert (auch nicht diffus!).

Gemeinsam: sie haben ein charakteristisches Ausdrucksbenehmen. (Gesichtsausdruck.) Und daraus folgt schon: auch charakteristische Empfindungen. So geht die Trauer oft mit dem Weinen einher, und mit diesem charakteristische Empfindungen. (Die tränenschwere Stimme.) Aber diese Empfindungen sind nicht die Gemütsbewegungen. (In dem Sinne, wie die Ziffer 2 nicht die Zahl 2 ist.)

Unter den Gemütsbewegungen könnte man gerichtete von ungerichteten unterscheiden. Furcht *vor* etwas, Freude *über* etwas.

Dies Etwas ist das Objekt, nicht die Ursache der Gemütsbewegung.

489. Das Sprachspiel »Ich fürchte mich« enthält schon das Objekt.

Angst könnte man ungerichtete Furcht nennen, insofern ihre Äußerungen ähnlich oder gleich denen der Furcht sind.

Der *Inhalt* einer Gemütsbewegung – darunter stellt man sich so etwas vor wie ein *Bild* oder etwas, wovon ein Bild gemacht werden kann. (Die Finsternis der Depression, die sich auf Einen herniedersenkt, die Flammen des Zornes.)

490. Man könnte auch das menschliche Gesicht ein solches Bild nennen und den *Verlauf* der Leidenschaft durch seine Veränderungen darstellen.

491. Zum Unterschied von den Empfindungen: sie unterrichten uns nicht über die Außenwelt. (Grammatische Bemerkung.)

Liebe und Haß könnte man Gemütsdispositionen nennen: auch Furcht in einem bestimmten Sinne.

492. Es ist eines, akute Furcht empfinden, und ein anderes, jemanden ›chronisch‹ fürchten. Aber Furcht ist keine Empfindung.

›Schreckliche Furcht‹: sind es die *Empfindungen*, die so schrecklich sind?

Typische Ursachen des Schmerzes einerseits, der Depression, Trauer, Freude anderseits. Ursache dieser zugleich ihr Objekt.

Das Benehmen des Schmerzes und das Benehmen der Traurigkeit. – Man kann diese nur mit ihren äußeren Anlässen beschreiben. (Wenn die Mutter das Kind allein läßt, mag es vor Trauer weinen; wenn es hinfällt, vor Schmerz.) Benehmen und Art des Anlasses gehören zusammen.

493. Es gibt furchtvolle Gedanken, hoffnungsvolle, freudige, zornige, etc.

494. Gemütsbewegungen drücken sich in Gedanken aus. Einer redet zornig, furchtsam, traurig, freudig, etc.; nicht kreuzschmerzlich.

Ein Gedanke flößt mir Gemütsbewegungen (Furcht, Trauer etc.) ein, nicht Körperschmerz.

495. Fast möchte ich sagen: Man fühlt die Trauer so wenig im Körper, wie das Sehen im Auge.

496. ((Das Schreckliche an der Furcht sind nicht die Furchtempfindungen.)) Diese Sache erinnert auch an das Hören eines Geräusches *aus einer bestimmten Richtung*. Es ist beinahe, als fühlte man die Beschwerde in der Magengegend, Beklemmung des Atems, aus der Richtung der Furcht. D.h. eigentlich, daß »Mir ist schlecht vor Furcht« nicht eine *Ursache* der Furcht angibt.

497. »Wo spürst du den Kummer?« – In der Seele. – Was für Konsequenzen ziehen wir aus dieser Ortsangabe? Eine ist, daß wir *nicht* von einem körperlichen Ort des Kummers reden. Aber wir deuten *doch* auf unsern Leib, als wäre der Kummer in ihm. Ist das, weil wir ein körperliches Unbehagen spüren? Ich weiß die Ursache nicht. Aber warum soll ich annehmen, sie sei ein leibliches Unbehagen?

498. Denke dir folgende Frage: Kann man sich einen Schmerz, sagen wir von der Qualität des rheumatischen Schmerzes, denken, aber *ohne* Örtlichkeit? Kann man sich ihn *vorstellen*?

Wenn du anfängst, darüber nachzudenken, so siehst du, wie

sehr du das Wissen um den Ort des Schmerzes in ein Merkmal des *Gefühlten* verwandeln möchtest, in ein Merkmal eines Sinnesdatums, des privaten Objekts, das vor meiner Seele steht.

499. Wenn die Angst furchtbar ist, und wenn ich in ihr mir meiner Atmung bewußt bin und einer Spannung in meinen Gesichtsmuskeln, – sagt das, daß *diese Gefühle* mir furchtbar sind? Könnten sie nicht sogar eine Linderung bedeuten? ((Dostojewski.))

500. Warum verwendet man aber das Wort »leiden« für die Furcht und auch für den Schmerz? Nun, es sind ja Verbindungen genug. –

501. Auf die Äußerung »Ich kann nicht ohne Furcht daran denken...« antwortet man etwa: »Es ist kein Grund zur Furcht, denn...« Das ist jedenfalls *ein* Mittel, Furcht zu beseitigen. Gegensatz zum Schmerz.

502. Daß es ein Furchtkonglomerat von Empfindungen, Gedanken etc. (z.B.) gibt, heißt nicht, daß Furcht ein Konglomerat (Syndrom) ist.

503. Wer im Studierzimmer sich die Trauer vormacht, der wird sich allerdings leicht der Spannungen in seinem Gesicht bewußt werden. Aber traure wirklich, oder folge einer traurigen Handlung im Film, und frag dich, ob du dir deines Gesichts bewußt warst.

504. Liebe ist kein Gefühl. Liebe wird erprobt, Schmerzen nicht. Man sagt nicht: »Das war kein wahrer Schmerz, sonst hätte er nicht so schnell nachgelassen«.

505. Ein Zusammenhang zwischen den Stimmungen und Sinneseindrücken ist, daß wir die Stimmungsbegriffe zur Beschreibung von Sinneseindrücken und Vorstellungen benützen. Wir sagen von einem Thema, einer Landschaft, sie seien traurig, fröhlich, etc. Aber viel wichtiger ist es natürlich, daß wir das menschliche Gesicht, die Handlung, das Benehmen, durch alle Stimmungsbegriffe beschreiben.

506. Ein freundlicher Mund, ein freundliches Auge. Wie denkt man sich eine freundliche Hand? – Wahrscheinlich geöffnet und nicht als Faust. – Und könnte man sich die Haarfarbe des Menschen als Ausdruck der Freundlichkeit, oder des Gegenteils, denken? – Aber so gestellt, scheint dies die Frage zu sein, ob uns das *gelingen* kann. Die Frage sollte lauten: Wollen wir etwas eine freundliche, oder unfreundliche Haarfarbe nennen? Wollten wir solchen Worten Sinn geben, so würden wir uns etwa einen Menschen denken, dessen Haare dunkel werden, wenn er zornig wird. Das Hineinlesen des bösen Ausdrucks in die dunkeln Haare aber geschähe mittels einer schon früher fertigen Idee.

Man kann sagen: Das freundliche Auge, der freundliche Mund, das Wedeln des Hundes sind, unter andern, primäre und von einander unabhängige Symbole der Freundlichkeit; ich meine: sie sind Teile der Phänomene, die man Freundlichkeit nennt. Will man sich andere Erscheinungen als Ausdruck der Freundlichkeit denken, so sieht man jene Symbole in sie hinein. Wir sagen »Er macht ein finsteres Gesicht«; vielleicht, weil die Augen durch die Augenbrauen stärker beschattet werden; und nun übertragen wir die Idee der Finsternis auf die Haarfarbe.

507. Wer fragt, ob Vergnügen eine Empfindung ist, unterscheidet wahrscheinlich nicht zwischen Grund und Ursache, denn sonst fiele ihm auf, daß man *an etwas* Vergnügen hat, was nicht heißt, daß dies Etwas eine Empfindung in uns verursacht.

508. Aber Vergnügen geht doch jedenfalls mit einem Gesichtsausdruck zusammen, und den sehen wir zwar nicht an uns selbst, aber spüren ihn doch.

Und versuch einmal über etwas sehr Trauriges nachzudenken mit dem Gesichtsausdruck strahlender Freude!

509. Es ist ja möglich, daß die Drüsen des Traurigen anders sezernieren, als die des Fröhlichen; auch, daß diese Sekretion die, oder eine, Ursache der Trauer ist. Aber folgt daraus, daß die Trauer eine durch diese Sekretion hervorgerufene *Empfindung* ist?

510. Aber der Gedanke ist hier: »Du *fühlst* doch die Trauer – also mußt du sie *irgendwo* fühlen; sonst wäre sie eine Chimäre.« Aber wenn du so denken willst, rufe dir die Verschiedenheit von Sehen und Schmerz ins Gedächtnis. Ich fühle den Schmerz in der Wunde – aber die Farbe im Auge? So wie wir hier ein Schema verwenden wollen, statt bloß das wirklich Gemeinsame zu notieren, sehen wir alles falsch vereinfacht.

511. Wollte man aber ein Analogon zum Ort des Schmerzes finden, so wäre es natürlich nicht die Seele (wie ja der Ort des Körperschmerzes nicht der Körper ist), sondern der *Gegenstand* der Reue.

512. Denke, man sagte: Fröhlichkeit wäre ein Gefühl, und Traurigkeit bestünde darin, daß man *nicht* fröhlich ist. – Ist denn die Abwesenheit eines Gefühls ein Gefühl?

513. Man spricht von einem Gefühl der Überzeugung, weil es einen *Ton* der Überzeugung gibt. Ja, das Charakteristikum aller ›Gefühle‹ ist, daß es einen Ausdruck, d.i. eine Miene, Gebärde des Gefühls gibt.

514. Nun könnte man aber so sagen: Das Gesicht eines Menschen ist durchaus nicht immer dieselbe Gestalt. Es ändert sich von Minute zu Minute; manchmal wenig, manchmal bis zur Unkenntlichkeit. Dennoch ist es möglich, das Bild seiner Physiognomie zu zeichnen. Freilich, ein Bild, auf dem das Gesicht lächelt, zeigt nicht, wie es weinend aussieht. Aber es läßt darauf immerhin Schlüsse zu. – Und so wäre es auch möglich, eine Art ungefähre Physiognomie des Glaubens (z.B.) zu beschreiben.

515. Ich gebe Zeichen des Entzückens und des Verständnisses.

516. Kann man das ›sich auskennen‹ ein Erlebnis nennen? Nicht doch. Aber es gibt Erlebnisse charakteristisch für den Zustand des Sich-Auskennens und des Sich-nicht-Auskennens. (Sich nicht auskennen und lügen.)

517. Es ist aber doch wichtig, daß es alle diese Paraphrasen gibt! Daß man die Sorge mit den Worten beschreiben kann

»Ewiges Düstere steigt herunter«. Ich habe vielleicht die Wichtigkeit dieses Paraphrasierens nie genügend betont.

518. Warum kann der Hund Furcht, aber nicht Reue empfinden? Wäre es richtig zu sagen »Weil er nicht sprechen kann«?

519. Nur wer über die Vergangenheit nachdenken kann, kann bereuen. Das heißt aber nicht, daß nur so einer erfahrungsgemäß des Gefühls der Reue fähig ist.

520. Es ist ja auch nichts Erstaunliches, daß gewisse Begriffe nur auf ein Wesen anwendbar sein sollten, das z. B. eine Sprache besitzt.

521. »Der Hund *meint* etwas mit seinem Wedeln.« – Wie würde man das begründen? – Sagt man auch: »Die Pflanze, wenn sie ihre Blätter hängen läßt, meint damit, daß sie Wasser braucht«? –

522. Wir würden kaum fragen, ob das Krokodil etwas damit meint, wenn es mit offenem Rachen auf einen Menschen zukommt. Und wir würden erklären: das Krokodil könne nicht denken, und darum sei eigentlich hier von einem Meinen keine Rede.

523. Vergessen wir doch einmal ganz, daß uns der Seelenzustand des Fürchtenden interessiert. Gewiß ist, daß uns auch sein Benehmen unter gewissen Umständen als Anzeichen für künftiges Verhalten interessieren kann. Warum sollten wir also nicht dafür ein Wort haben?

Man könnte nun fragen, ob dies Wort sich wirklich einfach auf das Benehmen, einfach auf die Veränderung des Körpers bezöge. Und das können wir verneinen. Es liegt uns ja nichts daran, den Gebrauch dieses Worts derart zu vereinfachen. Es bezieht sich auf das Benehmen unter gewissen äußeren Umständen. Wenn wir diese Umstände und jenes Benehmen beobachten, sagen wir, Einer sei ..., oder habe ...

524. Es könnte einen Furchtbegriff geben, der nur auf Tiere, also nur durch Beobachtung, Anwendung fände. – Du willst doch nicht sagen, daß so ein Begriff keinen Nutzen hätte. Das Verbum, das beiläufig dem Worte »fürchten« entspräche, hätte dann keine erste Person, und keine seiner Formen wäre Äußerung der Furcht.

525. Ich will nun sagen, daß Menschen, welche einen solchen Begriff verwenden, seinen Gebrauch *nicht* müßten beschreiben können. Und sollten sie's versuchen, so wäre es möglich, sie gäben eine ganz unzulängliche Beschreibung. (Wie die meisten, wenn sie versuchen wollten, die Verwendung des Geldes richtig zu beschreiben.) (Sie sind auf so eine Aufgabe nicht gefaßt.)

526. Wer sich unter den und den Umständen so und so benimmt, von dem sagen wir, er sei traurig. (Auch vom Hunde.) Insofern kann man nicht sagen, das Benehmen sei die *Ursache* der Trauer; sie ist ihr Anzeichen. Sie die Wirkung der Trauer zu nennen, wäre auch nicht einwandfrei. – Sagt er's von sich (er sei

traurig), so wird er im allgemeinen dafür als Grund nicht sein trauriges Gesicht u. dergl. angeben. Wie aber wäre es damit: »Erfahrung hat mich gelehrt, daß ich traurig werde, sobald ich anfange, traurig dazusitzen, etc.«? Das könnte zweierlei besagen. Erstens: »Sobald ich, etwa einer leichten Neigung folgend, es mir gestatte, mich so und so zu halten und zu benehmen, gerate ich in den Zustand, in diesem Benehmen verharren zu müssen.« Es könnte ja sein, daß Zahnschmerzen durch Stöhnen ärger würden. – Zweitens aber, könnte jener Satz eine Spekulation enthalten über die Ursache der menschlichen Trauer; des Inhalts, daß, wer im Stande wäre, auf irgendeine Weise gewisse Körperzustände hervorzurufen, den Menschen traurig machen würde. Hier ist aber die Schwierigkeit, daß wir einen Menschen, der unter allen Umständen traurig *aussähe* und sich *benähme*, nicht traurig nennen würden. Ja, wenn wir einem solchen den Ausdruck »Ich bin traurig« beibrächten, und er sagte das, stets und ständig mit dem Ausdruck der Trauer, so hätten diese Worte, so wie die übrigen Zeichen, ihren normalen Sinn verloren.

527. Ist es nicht so, als wollte man sich einen Gesichtsausdruck vorstellen, der nicht allmählicher, schwer faßbarer Veränderungen fähig wäre, sondern, sagen wir, nur fünf Stellungen hätte; bei einer Veränderung ginge die eine mit einem Ruck in die andere über. Wäre nun dies starre Lächeln z.B. wirklich ein Lächeln? Und warum nicht? – »Lächeln« nennen wir eine Miene in einem normalen Mienenspiel. – Ich könnte mich vielleicht nicht so dazu verhalten, wie zu einem Lächeln. Es würde mich z.B. nicht selber zum Lächeln bringen. »Kein Wunder«, will man sagen, »daß wir diesen Begriff haben, unter *diesen* Umständen.«

528. Eine Hilfskonstruktion. Ein Stamm, den wir versklaven wollen. Die Regierung und die Wissenschaft geben aus, daß die

Leute dieses Stammes keine Seelen haben; man könne sie also zu jedem beliebigen Zweck gebrauchen. Natürlich interessiert uns dennoch ihre Sprache; denn wir wollen ihnen ja z.B. Befehle geben und Berichte von ihnen erhalten. Auch wollen wir wissen, was sie unter einander reden, da dies mit ihrem übrigen Verhalten zusammenhängt. Aber auch, was bei ihnen unsern *›psychologischen Äußerungen‹* entspricht, muß uns interessieren; denn wir wollen sie arbeitsfähig erhalten; darum sind uns ihre Äußerungen des Schmerzes, des Unwohlseins, der Niedergeschlagenheit, der Lebenslust, etc. etc. von Wichtigkeit. Ja, wir haben auch gefunden, daß man diese Leute mit gutem Erfolg als Versuchsobjekte in physiologischen und psychologischen Laboratorien verwenden kann, da ihre Reaktionen – auch die Sprachreaktionen – ganz die der seelenbegabten Menschen sind. Man habe auch gefunden, daß man diesen Wesen, durch eine Methode, die sehr ähnlich unserm ›Unterricht‹ ist, unsere Sprache statt der ihrigen beibringen kann.

529. Diese Wesen lernen nun z.B. rechnen, schriftlich oder mündlich rechnen. Wir bringen sie aber, auf irgendeine Weise, dahin, daß sie uns das Ergebnis einer Multiplikation sagen können, nachdem sie, ohne zu schreiben oder zu sprechen, sich eine Weile in ›nachdenkender‹ Haltung verhalten haben. Wenn man die Art und Weise betrachtet, wie sie dies ›Kopfrechnen‹ lernen und die Erscheinungen, die es umgeben, so liegt das Bild nahe, der Prozeß des Rechnens sei gleichsam untergetaucht und gehe nun *unter* der Wasserfläche vor sich.

Wir müssen natürlich für verschiedene Zwecke einen Befehl haben der Art »Rechne dies im Kopf!«; eine Frage »Hast du es gerechnet?«; ja auch: »Wie weit bist du?«; eine Aussage des Automaten »Ich habe ... gerechnet«; etc. Kurz: alles, was *wir*, unter uns, über das Kopfrechnen sagen, hat auch Interesse für uns, wenn sie's sagen. Und was für's Kopfrechnen gilt, gilt auch für alle anderen Formen des Denkens. – Äußert Einer von uns die Meinung, diese Wesen *müßten* doch irgendeine Art von Seele haben, in der dies und jenes vor sich ginge, so lachen wir ihn aus.

530. Die Sklaven sagen auch: »Als ich das Wort ›Bank‹ hörte, bedeutete es für mich ...«. Frage: Auf dem Hintergrund *welcher* Sprachtechnik sagen sie das? Denn darauf kommt alles an. Was hatten wir sie gelehrt, welche Benutzung des Wortes »bedeuten«? Und was, wenn überhaupt irgend etwas, entnehmen wir ihrer Äußerung? Denn wenn wir gar nichts mit ihr anfangen können, so könnte sie uns als Kuriosität interessieren. – Denken wir uns einen Stamm von Menschen, die keine Träume kennen, und die unsere Traumerzählungen hören. Einer von uns käme zu diesen nichtträumenden Leuten und lernte nach und nach, sich mit ihnen verständigen. – Vielleicht denkt man, sie würden nun das Wort »träumen« nie verstehen. Aber sie würden bald eine Verwendung dafür finden. Und ihre Ärzte könnten sich sehr wohl für das Phänomen interessieren und wichtige Schlüsse aus den Träumen des Fremden ziehen. – Auch kann man nicht sagen, daß für diese Leute das Verbum »träumen« nichts anderes bedeuten könnte als: einen Traum erzählen. Denn der Fremde würde ja beide Ausdrücke gebrauchen: »träumen« und »einen Traum erzählen«, und die Leute jenes Stammes dürften nicht »ich träumte ...« mit »ich erzählte den Traum ...« verwechseln.

531. »Ich nehme an, es schwebe ihm ein Bild vor.« – Könnte ich auch annehmen, es schwebe diesem Ofen ein Bild vor? – Und warum scheint dies unmöglich? Ist denn also die menschliche Gestalt dazu nötig? –

532. Der Schmerzbegriff ist charakterisiert durch seine bestimmte Funktion in unserm Leben.

533. Schmerz liegt *so* in unserm Leben drin, hat *solche* Zusammenhänge. (D.h.: nur was *so* im Leben drinliegt, *solche* Zusammenhänge hat, nennen wir »Schmerz«.)

534. Nur inmitten gewisser normaler Lebensäußerungen gibt es eine Schmerzäußerung. Nur inmitten von noch viel weitgehender bestimmten Lebensäußerungen den Ausdruck der Trauer, oder der Zuneigung. U.s.f.

535. Wenn ich mir, und wenn ein Andrer sich, einen Schmerz vorstellen kann, oder wir doch sagen, daß wir's können, – wie kann man herausfinden, ob wir ihn uns richtig vorstellen, und wie genau?

536. Ich mag wissen, daß er Schmerzen hat, aber ich weiß nie den genauen Grad seiner Schmerzen. Hier ist also etwas, was er weiß und die Schmerzäußerung mir nicht mitteilt. Etwas rein Privates.

Er weiß genau, wie stark seine Schmerzen sind? (Ist das nicht ähnlich, als sagte man, er wisse immer genau, wo er sich befinde? Nämlich *hier*.) Ist denn der Begriff des Grades mit den Schmerzen gegeben?

537. Du sagst, du pflegst den Stöhnenden, weil Erfahrung dich gelehrt hat, daß du selbst stöhnst, wenn du das und das fühlst. Aber da du ja doch keinen solchen Schluß ziehst, so können wir die Begründung durch Analogie weglassen.

538. Es hat auch keinen Sinn zu sagen: »Ich kümmere mich nicht um mein eigenes Stöhnen, weil *ich weiß*, daß ich Schmerzen habe« – oder »weil ich meine Schmerzen *fühle*.«

Wohl aber ist es wahr: – »Ich kümmere mich nicht um mein Stöhnen.«

539. Ich schließe aus der Beobachtung seines Benehmens, daß er zum Arzt muß; aber ich ziehe diesen Schluß für mich *nicht* aus der Beobachtung meines Benehmens. Oder vielmehr: ich tue auch dies manchmal, aber *nicht* in analogen Fällen.

540. Es hilft hier, wenn man bedenkt, daß es ein primitives Verhalten ist, die schmerzende Stelle des Andern zu pflegen, zu behandeln, und nicht nur die eigene – also auf des Andern Schmerzbenehmen zu achten, wie auch, auf das eigene Schmerzbenehmen *nicht* zu achten.

541. Was aber will hier das Wort »primitiv« sagen? Doch wohl, daß die Verhaltungsweise *vorsprachlich* ist: daß ein Sprachspiel *auf ihr* beruht, daß sie das Prototyp einer Denkweise ist und nicht das Ergebnis des Denkens.

542. »Falsch aufgezäumt« kann man von einer Erklärung sagen, wie dieser: wir pflegten den Andern, weil wir nach Analogie des eigenen Falles glaubten, auch er habe ein Schmerzerlebnis. – Statt zu sagen: Lerne also aus diesem besondern Kapitel des menschlichen Benehmens – aus dieser Sprachverwendung – eine neue Seite.

543. Zu meinem Begriff gehört hier mein Verhältnis zur Erscheinung.

544. Wenn wir dem Arzt mitteilen, wir hätten Schmerzen – in welchen Fällen ist es nützlich, daß er sich einen Schmerz vor-

stelle? – Und geschieht dies nicht auf sehr mannigfache Weise? (So mannigfach, wie: sich an einen Schmerz erinnern.) (Wissen, wie ein Mensch ausschaut.)

545. Angenommen, es erklärt Einer, wie ein Kind den Gebrauch des Wortes »Schmerz« lernt, in dieser Weise: Wenn das Kind sich bei bestimmten Anlässen so und so benimmt, denke ich, es fühle, was ich in solchen Fällen fühle; und wenn es so ist, so assoziiert das Kind das Wort mit seinem Gefühl und gebraucht das Wort, wenn das Gefühl wieder auftritt. – *Was* erklärt diese Erklärung? Frage dich: – *Welche* Art der Unwissenheit behebt sie? – Sicher sein, daß der Andre Schmerzen hat, zweifeln, ob er sie hat, usf., sind so viele natürliche instinktive Arten des Verhaltens zu den andern Menschen, und unsre Sprache ist nur ein Hilfsmittel und weiterer Ausbau dieses Verhaltens. Unser Sprachspiel ist ein Ausbau des primitiven Benehmens. (Denn unser *Sprachspiel* ist Benehmen.) (Instinkt.)

546. »Ich bin nicht sicher, ob er Schmerzen hat.« – Wenn sich nun Einer immer, wenn er dies sagt, mit einer Nadel stäche, um die Bedeutung des Wortes »Schmerz« lebhaft vor der Seele zu haben, (sich nicht mit der Vorstellung begnügen zu müssen) und zu wissen, *worüber* er beim Andern im Zweifel ist! – Wäre nun der Sinn seiner Aussage gesichert?

547. Er hat also den wahren Schmerz; und der Besitz *dieses* ist's, was er beim Andern bezweifelt. – Aber wie macht er das nur? – Es ist, als sagte man mir: »Hier hast du einen Sessel. Siehst du ihn genau? – Gut; – nun übertrage ihn ins Französische!«

548. Er hat also den wirklichen Schmerz; und nun weiß er, was er beim Andern bezweifeln soll. Er hat den Gegenstand vor sich, und es ist *kein* ›Benehmen‹, oder dergleichen. (Aber jetzt!) Zum Bezweifeln, ob der Andre Schmerzen hat, braucht er den *Begriff* ›Schmerz‹, nicht Schmerzen.

549. Die Äußerung der Empfindung eine *Behauptung* zu nennen, ist dadurch irreführend, daß mit dem Wort »Behauptung« die ›Prüfung‹, die ›Begründung‹, die ›Bestätigung‹, die ›Entkräftung‹ der Behauptung im Sprachspiel verbunden ist.

550. Wozu dient etwa die Aussage: »Ich *habe* doch etwas, wenn ich Schmerzen habe«?

551. »Der Geruch ist herrlich!« Ist ein Zweifel darüber, daß der Geruch es ist, der herrlich ist?

So ist es eine Eigenschaft des Geruches? – Warum nicht? Es ist eine Eigenschaft der Zehn, durch zwei teilbar zu sein, und auch, die Zahl meiner Finger zu sein.

Es könnte aber eine Sprache geben, in der die Leute nur die Augen schließen und sagen »Oh, dieser Geruch!« und es keinen Subjekt-Prädikat-Satz gibt, der dem äquivalent ist. Das ist eben eine ›spezifische‹ Reaktion.

552. Zu dem Sprachspiel mit den Worten »er hat Schmerzen« gehört – möchte man sagen – nicht nur das Bild des Benehmens, sondern auch das Bild der Schmerzen. – Aber hier muß man sich in Acht nehmen: Denke an mein Beispiel von den privaten Tabellen, die nicht zum *Spiel* gehören. – Es entsteht der Eindruck der ›privaten Tabelle‹ im Spiel durch die *Abwesenheit* einer

Tabelle und durch die Ähnlichkeit des Spiels mit einem solchen, das mit einer Tabelle gespielt wird.*

553. Bedenke: Wir gebrauchen das Wort »Ich weiß nicht« oft in seltsamer Weise; wenn wir z.B. sagen, wir wissen nicht, ob Dieser wirklich mehr fühlt als der Andere, oder es nur stärker zum Ausdruck bringt. Es ist dann nicht klar, welche Art der Untersuchung die Frage entscheiden könnte. Natürlich ist die Äußerung nicht ganz müßig: Wir wollen sagen, daß wir wohl die Gefühle des A und des B miteinander vergleichen können, aber uns die Umstände an einem Vergleich des A mit dem C irrewerden lassen.

554. Nicht darauf sehen wir, daß die Evidenz das Gefühl ((also das Innere)) des Andern *nur* wahrscheinlich macht, sondern darauf, daß wir *dies* als *Evidenz* für irgend etwas (Wichtiges) betrachten, daß wir auf *diese* verwickelte Art der Evidenz ein Urteil gründen, daß *sie* also in unserm Leben eine besondere Wichtigkeit hat und durch einen Begriff herausgehoben wird. ((Das ›Innere‹ und ›Äußere‹, ein *Bild*.))

555. Die ›Unsicherheit‹ bezieht sich eben nicht auf den besondern Fall, sondern auf die Methode, auf die Regeln der Evidenz.

556. Die Unsicherheit hat ihren Grund nicht darin, daß er seine Schmerzen nicht außen am Rock trägt. Und es ist auch gar keine Unsicherheit *in jedem besondern Fall*. Wenn die Grenze

* S. *Philosophische Untersuchungen* § 300. Hrsg.

zwischen zwei Ländern strittig wäre, würde daraus folgen, daß die Landesangehörigkeit jedes einzelnen Bewohners fraglich wäre?

557. Denke, Leute könnten das Funktionieren des Nervensystems im Andern beobachten. Sie unterschieden dann echte und geheuchelte Empfindung in sicherer Weise. – Oder könnten sie doch wieder daran zweifeln, daß der Andere bei diesen Zeichen etwas spürt? – Man könnte sich jedenfalls leicht vorstellen, daß, was sie da sehen, ihr Verhalten ohne alle Skrupel bestimmt.

Und nun kann man dies doch auf das äußere Benehmen übertragen.

Diese Beobachtung bestimmt ihr Verhalten gegen den Andern vollkommen und ein Zweifel kommt nicht auf.

558. Es gibt wohl den Fall, daß Einer mir später sein Innerstes durch ein Geständnis aufschließt: aber, daß es so ist, kann mir nicht das Wesen von Außen und Innen erklären, denn ich muß ja dem Geständnis doch Glauben schenken.

Das Geständnis ist ja auch etwas Äußeres.

559. Besieh dir Leute, die auch unter diesen Umständen zweifeln; und solche, die nicht zweifeln.

560. Nur Gott sieht die geheimsten Gedanken. Aber warum sollen diese so wichtig sein? Manche sind wichtig, nicht alle. Und müssen alle Menschen sie für wichtig halten?

561. *Eine* Art der Unsicherheit wäre die, die wir auch einem uns unbekannten Mechanismus entgegenbringen könnten. Bei der andern würden wir uns möglicherweise an eine Begebenheit in unserm Leben erinnern. Es könnte z.B. sein, daß Einer, der gerade der Todesangst entronnen ist, sich davor scheuen würde, eine Fliege zu erschlagen und es sonst ohne Bedenken täte. Oder, anderseits, daß er mit diesem Erlebnis vor Augen, das zögernd tut, was er sonst ohne Zögern täte.

562. Auch wenn ich ›nicht sicher in meinem Mitleid ruhe‹, muß ich nicht an die Ungewißheit seines spätern Benehmens denken.

563. Die eine Unsicherheit geht sozusagen von dir aus, die andere von ihm.

Von der einen könnte man also doch sagen, sie hinge mit einer Analogie zusammen; von der Andern nicht. Aber nicht, als ob ich aus der Analogie einen Schluß zöge!

564. Wenn ich aber zweifle, ob eine Spinne wohl Schmerz empfindet, dann ist es nicht, weil ich nicht weiß, was ich mir zu erwarten habe.

565. Wir können aber nicht umhin, uns das Bild vom seelischen Vorgang zu machen. Und *nicht*, weil wir ihn von uns her kennen!

566. Könnte nicht das Verhalten, Benehmen, des Vertrauens ganz allgemein unter einer Gruppe von Menschen bestehen? So daß ihnen ein Zweifel an Gefühlsäußerungen ganz fremd ist?*

567. Wie könnte man die menschliche Handlungsweise beschreiben? Doch nur, insofern man die Handlungen der verschiedenen Menschen, wie sie durcheinanderwimmeln, schilderte. Nicht, was *Einer jetzt* tut, sondern das ganze Gewimmel der menschlichen Handlungen, der Hintergrund, worauf wir jede Handlung sehen, bestimmt unser Urteil, unsere Begriffe und Reaktionen.

568. Wenn das Leben ein Teppich wäre, so ist dies Muster (der Verstellung z.B.) nicht immer vollständig, und vielfach variiert. Aber wir, in unserer Begriffswelt, sehen immer wieder das Gleiche mit Variationen wiederkehren. So fassen's unsere Begriffe auf. Die Begriffe sind ja nicht für *ein*maligen Gebrauch.**

569. Und ein Muster ist im Teppich mit vielen andern Mustern verwoben.

570. »So *kann* man sich nicht verstellen.« – Und das kann eine Erfahrung sein, – daß nämlich niemand, der sich *so* benimmt, sich später so und so benehmen werde; aber auch eine

* Im Typoskript folgt hier die Bemerkung: »Wie könntest du erklären, was es heißt ›Schmerzen heucheln‹, ›sich stellen, als habe man Schmerzen‹.« Hrsg.
** S. *Philosophische Untersuchungen II*, i. Hrsg.

begriffliche Feststellung (»Das wäre nicht mehr Verstellung«); und die beiden können zusammenhängen.

Das kann man nicht mehr »Verstellung« nennen.

(Denn man hätte nicht gesagt, die Planeten *müssen* sich in Kreisen bewegen, wenn es nicht geschienen hätte, *daß* sie sich in Kreisen bewegen.)

((Vergleiche: »So kann man nicht reden ohne zu denken«, »So kann man nicht unwillkürlich handeln.«))

571. »Könntest du dir nicht eine weitere Umgebung denken, in der auch das noch als Verstellung zu deuten wäre?« Muß nicht jedes Benehmen sich so deuten lassen?

Aber was heißt es: daß alles Benehmen noch immer Verstellung sein *könnte*? Hat denn Erfahrung uns das gelehrt? Und wie können wir anders über Verstellung unterrichtet sein? Nein, es ist eine Bemerkung über den Begriff ›Verstellung‹. Aber da wäre ja dieser Begriff unbrauchbar, denn die Verstellung hätte keine Kriterien im Benehmen.

572. Liegt hier nicht etwas Ähnliches vor, wie das Verhältnis der euklidischen Geometrie zur Sinneserfahrung? (Ich meine: es sei eine tiefgehende Ähnlichkeit vorhanden.) Denn auch die euklidische Geometrie entspricht ja der Erfahrung nur in einer durchaus nicht leicht verständlichen Weise, und nicht etwa nur wie das Exaktere dem Unexakteren.

573. Es gibt doch im Benehmen Vertrauen und Mißtrauen!

Klagt Einer z.B., so kann ich mit völliger Sicherheit, vertrauensvoll reagieren, oder unsicher und wie Einer, der Verdacht hat. Es braucht dazu keine Worte noch Gedanken.

574. Ist das, wovon er sagt, er habe es, und wovon ich sage, ich habe es, ohne daß wir dies aus irgendeiner Beobachtung erschließen, – ist es dasselbe, wie das, was wir aus der Beobachtung des Benehmens des Andern und aus seiner Überzeugungs-*äußerung* entnehmen?

575. Kann man sagen: Ich *schließe*, daß er handeln wird, wie *er* zu handeln *beabsichtigt*?

((Fall der falschen Geste.))

576. Warum schließe ich nie von meinen Worten auf meine wahrscheinlichen Handlungen? Aus demselben Grunde, aus welchem ich nicht von meinem Gesichtsausdruck auf mein wahrscheinliches Benehmen schließe. – Denn nicht das ist das Interessante, daß ich nicht aus meinem Ausdruck der Gemütsbewegung auf meine Gemütsbewegung schließe, sondern, daß ich aus jenem Ausdruck auch nicht auf mein späteres Verhalten schließe, wie dies doch die Andern tun, die mich beobachten.

577. Willkürlich sind gewisse Bewegungen mit ihrer normalen *Umgebung* von Absicht, Lernen, Versuchen, Handeln, Bewegungen, von denen es Sinn hat, zu sagen, sie seien manchmal willkürlich, manchmal unwillkürlich, sind Bewegungen in einer speziellen Umgebung.

578. Wenn Einer uns nun sagte, *er* esse unwillkürlich, – welche Evidenz würde mich dies glauben machen?

579. Man ruft sich ein Niesen, oder einen Hustenanfall hervor, aber nicht eine willkürliche Bewegung. Und der Wille ruft das Niesen nicht hervor und auch nicht das Gehen.

580. Mein Ausdruck* kam daher, daß ich mir das Wollen als ein Herbeiführen dachte, – aber nicht als ein Verursachen, sondern – ich möchte sagen – als ein direktes, nicht-kausales Herbeiführen. Und dieser Idee liegt die Vorstellung zu Grunde, daß der kausale Nexus die Verbindung zweier Maschinenteile durch einen Mechanismus, etwa eine Reihe von Zahnrädern, ist.

581. Ist »Ich tue mein Möglichstes« die Äußerung eines Erlebnisses? – *Ein* Unterschied: Man sagt »Tue dein Möglichstes!«

582. Wenn Einer mich auf der Straße trifft und fragt »Wohin gehst du?« und ich antworte »Ich weiß es nicht«, so nimmt er an, ich habe keine bestimmte *Absicht*; nicht, ich wisse nicht, ob ich meine Absicht werde ausführen können. (Hebel.)**

583. Was ist der Unterschied zwischen diesen beiden: Einer Linie unwillkürlich folgen – Einer Linie mit Absicht folgen.

Was ist der Unterschied zwischen diesen beiden: Eine Linie mit Bedacht und großer Aufmerksamkeit nachziehen – Aufmerksam beobachten, wie meine Hand einer Linie folgt.

* S. *Philosophische Untersuchungen* § 613. Hrsg.
** *Schatzkästlein*, Zwei Erzählungen. Hrsg.

584. Gewisse Unterschiede sind leicht anzugeben. Einer liegt im Voraussehen dessen, was die Hand tun wird.

585. Die Erfahrung: neue Erfahrung kennenzulernen. Etwa beim Schreiben. Wann sagt man, man habe eine neue Erfahrung kennengelernt? Wie gebraucht man so einen Satz?

586. Das Schreiben ist gewiß eine willkürliche Bewegung, und doch eine automatische. Und von einem Fühlen jeder Schreibbewegung ist natürlich nicht die Rede. Man fühlt etwas, aber könnte das Gefühl unmöglich zergliedern. Die Hand schreibt; sie schreibt nicht, weil man will, sondern man will, was sie schreibt. –

Man sieht ihr nicht erstaunt oder mit Interesse beim Schreiben zu; denkt nicht »Was wird sie nun schreiben?«. Aber nicht, *weil* man eben wünschte, sie solle *das* schreiben. Denn, daß sie schreibt, was ich wünsche, könnte mich ja erst recht in Erstaunen versetzen.

587. Das Kind lernt gehen, kriechen, spielen. Es lernt nicht, willkürlich und unwillkürlich spielen. Aber was macht die Bewegung des Spiels zu willkürlichen Bewegungen? – Wie wäre es denn, wenn sie unwillkürlich wären? – Ich könnte ebensowohl fragen: was macht denn diese Bewegung zu einem Spielen? – Ihr Charakter und ihre Umgebung.

588. Aktiv und passiv. Kann man es befehlen, oder nicht? Dies scheint vielleicht eine weithergeholte Unterscheidung, ist es aber nicht. Es ist ähnlich wie: »Kann man sich (*logische* Möglichkeit) dazu entschließen, oder nicht?« – Und das heißt: Wie ist es von Gedanken, Gefühlen, etc. umgeben?

589. »Wenn ich mich anstrenge, *tue* ich doch etwas, habe doch nicht bloß eine Empfindung.« Und so ist es auch; denn man befiehlt Einem: »Streng dich an!« und er kann die Absicht äußern »Ich werde mich jetzt anstrengen«. Und wenn er sagt »Ich kann nicht mehr!« – so heißt das nicht »Ich kann das Gefühl in meinen Gliedern – den Schmerz, z.B., – nicht länger ertragen«. – Andererseits aber *leidet* man unter der Anstrengung, wie unter Schmerzen. »Ich bin gänzlich erschöpft« – wer das sagte, sich aber so frisch bewegte, wie je, den würde man nicht verstehen.

590. Die Verbindung unseres Hauptproblems mit dem epistemologischen Problem des Wollens ist mir schon früher einmal aufgefallen. Wenn in der Psychologie ein solches hartnäckiges Problem auftritt, so ist es nie eine Frage nach der tatsächlichen Erfahrung (eine solche ist immer viel gutmütiger), sondern ein logisches, also eigentlich grammatisches Problem.

591. Mein Benehmen ist eben manchmal Gegenstand meiner Beobachtung, aber doch *selten*. Und das hängt damit zusammen, daß ich mein Benehmen beabsichtige. Selbst wenn der Schauspieler im Spiegel seine eigenen Mienen beobachtet, oder der Musiker genau auf jeden Ton seines Spiels merkt und ihn beurteilt, so geschieht es doch, um seine Handlung danach zu richten.

592. Was heißt es z.B., daß Selbstbeobachtung mein Handeln, meine Bewegungen, unsicher macht?

Ich kann mich nicht unbeobachtet beobachten. Und ich beobachte mich nicht zu dem gleichen Zweck, wie den Andern.

593. Wenn ein Kind im Zorn mit den Füßen stampft und heult, – wer würde sagen, es täte dies unwillkürlich? Und warum? Warum nimmt man an, es täte dies nicht unwillkürlich? Was sind die *Zeichen* des willkürlichen Handelns? Gibt es solche Zeichen? – Was sind denn die Zeichen der unwillkürlichen Bewegung? Sie folgt Befehlen nicht, wie die willkürliche Handlung. Es gibt ein »Komm her!«, »Geh dort hin!«, »Mach diese Armbewegung!«; aber nicht »Laß dein Herz klopfen!«

594. Es gibt ein bestimmtes Zusammenspiel von Bewegungen, Worten, Mienen, wie den Äußerungen des Unwillens, oder der Bereitschaft, die die willkürlichen Bewegungen des normalen Menschen charakterisieren. Wenn man das Kind ruft, so kommt es nicht automatisch: Es gibt da, z.B., die Gebärde »Ich will nicht!«. Oder das freudige Kommen, den Entschluß zu kommen, das Fortlaufen mit dem Zeichen der Furcht, die Wirkungen des Zuredens, alle die Reaktionen des Spiels, die Zeichen des Überlegens und seine Wirkungen.

595. Wie könnte ich mir beweisen, daß ich meinen Arm willkürlich bewegen kann? Etwa, indem ich mir sage »Ich werde ihn jetzt bewegen« und er sich nun bewegt? Oder soll ich sagen »Einfach, indem ich ihn bewege«? Aber wie weiß ich, daß ich's getan habe, und er sich nicht nur durch Zufall bewegt hat? Fühle ich's am Ende doch? Und wie, wenn mich meine Erinnerung an frühere Gefühle täuschte, und es also gar nicht die richtigen maßgebenden Gefühle waren?! (Und welches sind die richtigen?) Und wie weiß denn der Andere, ob *ich* den Arm willkürlich bewegt habe? Ich werde ihm vielleicht sagen »Befiehl mir, welche Bewegung du willst, und ich werde sie machen, um dich zu überzeugen«. – Und was fühlst du denn in deinem Arm? »Nun, das Gewöhnliche.« Es ist nichts Ungewöhnliches an den Gefühlen, – der Arm ist z.B. nicht gefühllos (wie wenn er ›eingeschlafen‹ wäre).

596. Eine Bewegung meines Körpers, von der ich nicht weiß, daß sie stattfindet, oder stattgefunden hat, wird man unwillkürlich nennen. – Wie ist es aber, wenn ich bloß *versuche*, ein Gewicht zu heben, eine Bewegung also nicht stattfindet? Wie wäre es, wenn Einer sich unwillkürlich anstrengte, ein Gewicht zu heben? Unter welchen Umständen würde man *dies* Verhalten ›unwillkürlich‹ nennen?

597. Kann nicht die Ruhe ebenso willkürlich sein, wie Bewegung? Kann das Unterlassen der Bewegung nicht willkürlich sein? Welch besseres Argument gegen ein Innervationsgefühl?

598. Was für ein merkwürdiger Begriff ›versuchen‹, ›trachten‹ ist; was man alles ›zu tun trachten‹ kann! (Sich erinnern, ein Gewicht heben, aufmerken, an nichts denken.) Aber dann könnte man auch sagen: Was für ein merkwürdiger Begriff ›tun‹ ist! Welches sind die Verwandtschaftsbeziehungen zwischen ›Reden‹ und ›Denken‹, zwischen ›Reden‹ und ›zu sich selbst reden‹? (Vergleiche die Verwandtschaftsbeziehungen zwischen den Zahlenarten.)

599. Man zieht ganz andere Schlüsse aus der unwillkürlichen Bewegung, als aus der willkürlichen: das *charakterisiert* die willkürliche Bewegung.

600. Aber wie weiß ich, daß diese Bewegung willkürlich war? – Ich weiß es nicht, ich äußere es.

601. »Ich ziehe so stark, als ich kann.« Wie weiß ich das? Sagt es mir mein Muskelgefühl? Die Worte sind ein Signal; und sie haben eine *Funktion*.

Aber *erlebe* ich denn nichts? Erlebe ich denn nicht etwas? etwas Spezifisches? Ein spezifisches Gefühl der Anstrengung und des Nicht-weiter-Könnens, des Anlangens an der Grenze? Freilich, aber diese Ausdrücke sagen nicht mehr, als »Ich ziehe so stark, als ich kann.«

602. Vergleiche damit diesen Fall: Jemand soll sagen, was er fühlt, wenn ihm ein Gewicht auf der flachen Hand ruht. Ich kann mir nun vorstellen, daß hier ein Zwiespalt entsteht: Einerseits sagt er sich, was er fühle, sei eine Pressung gegen die Handfläche und eine Spannung in den Muskeln seines Arms; anderseits will er sagen: »aber das ist doch nicht alles; ich empfinde doch einen Zug, ein Streben des Gewichts nach unten!« – Empfindet er denn ein solches ›Streben‹? Ja: wenn er nämlich an das ›Streben‹ denkt. Mit dem Wort »Streben« geht hier ein bestimmtes Bild, eine Geste, ein Tonfall; und in diesem siehst du das Erlebnis des Strebens.

(Denke auch daran: Manche Leute sagen, von dem und dem ›gehe ein Fluidum aus‹. – Daher fiel uns auch das Wort »*Einfluß*« ein.)

603. Die Unvorhersehbarkeit des menschlichen Benehmens. Wäre sie nicht vorhanden, – würde man dann auch sagen, man könne nie wissen, was im Andern vorgeht?

604. Aber wie wär's, wenn das menschliche Benehmen nicht unvorhersehbar wäre? Wie hat man sich das vorzustellen? (D.h.: wie auszumalen, welche Verbindungen anzunehmen?)

605. Eine der philosophisch gefährlichsten Ideen ist, merkwürdigerweise, daß wir mit dem Kopf, oder im Kopf denken.

606. Die Idee vom Denken als einem Vorgang im Kopf, in dem gänzlich abgeschlossenen Raum, gibt ihm etwas Okkultes.

607. Ist das Denken, sozusagen, ein spezifisch *organischer* Vorgang der Seele – gleichsam ein Kauen und Verdauen in der Seele? Kann man ihn dann durch einen anorganischen Vorgang ersetzen, der den gleichen Zweck erfüllt, sozusagen mit einer Prothese das Denken besorgen? Wie müßte man sich eine Denkprothese vorstellen?

608. Keine Annahme scheint mir natürlicher, als daß dem Assoziieren, oder Denken, kein Prozeß im Gehirn zugeordnet ist; so zwar, daß es also unmöglich wäre, aus Gehirnprozessen Denkprozesse abzulesen. Ich meine das so: Wenn ich rede, oder schreibe, so geht, nehme ich an, ein meinem gesprochenen oder geschriebenen Gedanken zugeordnetes System von Impulsen von meinem Gehirn aus. Aber warum sollte das *System* sich weiter in zentraler Richtung fortsetzen? Warum soll nicht, sozusagen, diese Ordnung aus dem Chaos entspringen? Der Fall wäre ähnlich dem – daß sich gewisse Pflanzenarten durch Samen vermehrten, so daß ein Same immer dieselbe Pflanzenart erzeugt, von der er erzeugt wurde, – daß aber *nichts* in dem Samen der Pflanze, die aus ihm wird, entspricht; so daß es unmöglich ist, aus den Eigenschaften, oder der Struktur des Samens auf die der Pflanze, die aus ihm wird, zu schließen, – daß man dies nur aus seiner *Geschichte* tun kann. So könnte also aus etwas ganz Amorphem ein Organismus, sozusagen ursachelos, werden; und es ist kein Grund, warum sich dies nicht mit unserem Gedanken, also

mit unserem Reden oder Schreiben etc. wirklich so verhalten sollte.

609. Es ist also wohl möglich, daß gewisse psychologische Phänomene physiologisch nicht untersucht werden *können*, weil ihnen physiologisch nichts entspricht.

610. Ich habe diesen Mann vor Jahren gesehen; nun sehe ich ihn wieder, erkenne ihn, erinnere mich seines Namens. Und warum muß es nun für dies Erinnern eine Ursache in meinem Nervensystem geben? Warum muß irgend etwas, was immer, *in irgendeiner Form* dort aufgespeichert worden sein? Warum *muß* er eine Spur hinterlassen haben? Warum soll es keine psychologische Gesetzmäßigkeit geben, der *keine* physiologische entspricht? Wenn das unsere Begriffe von der Kausalität umstößt, dann ist es Zeit, daß sie umgestoßen werden.

611. Das Vorurteil zugunsten des psycho-physischen Parallelismus ist eine Frucht primitiver Auffassungen unserer Begriffe. Denn wenn man Kausalität zwischen psychologischen Erscheinungen zuläßt, die nicht physiologisch vermittelt ist, so meint man damit ein Zugestehen, es existiere eine Seele *neben* dem Körper, ein geisterhaftes Seelenwesen.

612. Denk dir diese Erscheinung: Wenn ich will, daß jemand sich einen Text merkt, den ich ihm vorspreche, so daß er ihn mir später wiederholen kann, muß ich ihm ein Papier und einen Bleistift geben; und während ich spreche, schreibt er Striche, Zeichen auf das Papier; soll er später den Text reproduzieren, so folgt er jenen Strichen mit den Augen und sagt den Text her. Ich

nehme aber an, seine Aufzeichnung sei keine *Schrift*, sie hänge nicht durch Regeln mit den Worten des Textes zusammen; und doch kann er ohne diese Aufzeichnung den Text nicht reproduzieren; und wird an ihr etwas geändert, wird sie zum Teil zerstört, so bleibt er beim ›Lesen‹ stecken, oder spricht den Text unsicher, oder unzuverlässig, oder kann die Worte überhaupt nicht finden. – Das ließe sich doch denken! – Was ich die ›Aufzeichnung‹ nannte, wäre dann keine *Wiedergabe* des Textes, nicht eine Übersetzung sozusagen in einen anderen Symbolismus. Der Text wäre nicht in der Aufzeichnung *niedergelegt*. Und warum sollte er in unserm Nervensystem niedergelegt sein?

613. Warum soll nicht ein Naturgesetz einen Anfangs- und einen Endzustand eines Systems verbinden, den Zustand zwischen beiden aber übergehen? (Nur denke man nicht an *Wirkung*!)

614. »Wie kommt es, daß ich den Baum aufrecht sehe, auch wenn ich meinen Kopf zur Seite neige, und also das Netzhautbild das eines schiefstehenden Baums ist?« Wie kommt es also, daß ich den Baum auch unter diesen Umständen als einen aufrechten anspreche? – »Nun, ich bin mir der Neigung meines Kopfes bewußt, und bringe also die nötige Korrektur an der Auffassung meiner Gesichtseindrücke an.« – Aber heißt das nicht, Primäres mit Sekundärem verwechseln? Denk dir, wir wüßten *gar nichts* von der innern Beschaffenheit des Auges, – würde dies Problem überhaupt auftauchen? Wir bringen ja hier in Wahrheit keine Korrekturen an, dies ist ja bloß eine Erklärung.

Wohl – aber da nun die Struktur des Auges einmal bekannt ist, – *wie kommt es*, daß wir so handeln, so reagieren? Aber muß es hier eine physiologische Erklärung geben? Wie, wenn wir sie auf sich beruhen ließen? – Aber so würdest du doch nicht sprechen, wenn du das Verhalten einer Maschine prüftest! – Nun, wer sagt, daß in diesem Sinne das Lebewesen, der tierische Leib, eine Maschine ist? –

615. (Ich habe noch nie eine Bemerkung darüber gelesen, daß, wenn man ein Auge schließt und »nur mit einem Auge sieht«, man die Finsternis (Schwärze) nicht zugleich mit dem geschlossenen sieht.)

616. Die Grenzenlosigkeit des Gesichtsraumes ist am klarsten, wenn wir nichts sehen, bei vollständiger Dunkelheit.*

617. Wie verhält es sich mit dem Blinden; kann ihm ein Teil der *Sprache* nicht erklärt werden? Oder vielmehr, nicht *beschrieben* werden?

618. Ein Blinder kann sagen, er sei blind und die Leute um ihn seien sehend. »Ja, aber meint er nicht doch etwas anderes mit den Worten ›blind‹ und ›sehend‹ als der Sehende?« Worauf beruht es, daß man so etwas sagen will? Nun, wenn Einer nicht wüßte, wie ein Leopard ausschaut, so könnte er doch sagen und verstehen »Dieser Ort ist sehr gefährlich, es gibt Leoparden dort«. Man würde aber doch vielleicht sagen, er weiß nicht, was ein Leopard ist, also nicht oder nur unvollständig, was das Wort »Leopard« bedeutet, bis man ihm einmal ein solches Tier zeigt. Nun kommt es uns mit den Blinden ähnlich vor. Sie wissen, sozusagen, nicht, wie sehen ist. – Ist nun ›Furcht nicht kennen‹ analog dem ›nie einen Leoparden gesehen haben‹? Das will ich natürlich verneinen.

* S. *Philosophische Bemerkungen* § 224. Hrsg.

619. Könnte ich denn nicht z.B. annehmen, daß er etwas Rotes sieht, wenn ich ihn auf den Kopf schlage? Es könnte das ja bei Sehenden einer Erfahrung entsprechen.

Das angenommen, so ist er doch für das praktische Leben blind. D.h., er reagiert nicht wie der normale Mensch. Wenn aber jemand mit den Augen blind wäre, dagegen sich so benähme, daß wir sagen müßten, er sieht mit den Handflächen (dieses Benehmen ist leicht auszumalen), so würden wir ihn als Sehenden behandeln, und auch die Erklärung des Wortes ›rot‹ mit dem Täfelchen würden wir hier für möglich halten.

620. Du gibst jemandem ein Signal, wenn du dir etwas vorstellst; du benützt verschiedene Signale für verschiedene Vorstellungen. – Wie vereinbart ihr, was jedes Signal bedeuten soll?

621. Gehörsvorstellung, Gesichtsvorstellung, wie unterscheiden sie sich von den Empfindungen? Nicht durch »Lebhaftigkeit«.

Vorstellungen belehren uns nicht über die Außenwelt, weder richtig noch falsch. (Vorstellungen sind nicht Halluzinationen, auch nicht Einbildungen.)

Während ich einen Gegenstand sehe, kann ich ihn mir nicht vorstellen.

Verschiedenheit der Sprachspiele: »Schau die Figur an!« und »Stell dir die Figur vor!«

Vorstellung dem Willen unterworfen.

Vorstellung nicht Bild. Welchen Gegenstand ich mir vorstelle, ersehe ich nicht aus der Ähnlichkeit des Vorstellungsbildes mit ihm.

Auf die Frage »Was stellst du dir vor« kann man mit einem Bild antworten.

622. Man möchte sagen: Der vorgestellte Klang sei in einem andern *Raum* als der gehörte. (Frage: Warum?) Das Gesehene in einem andern Raum, als das Vorgestellte.

Hören ist mit Hinhorchen verbunden; einen Klang sich vorstellen, nicht.

Darum ist der gehörte Klang in einem andern Raum als der vorgestellte.

623. Ich lese eine Geschichte und stelle mir während des Lesens, also während des aufmerksamen Schauens, alles mögliche vor.

624. Es könnte Leute geben, die nie den Ausdruck gebrauchen »etwas vor dem inneren Auge sehen«, oder einen ähnlichen; und diese könnten doch im Stande sein, ›aus der Vorstellung‹, oder nach der Erinnerung zu zeichnen, zu modellieren, Andere nachzuahmen, etc. Ein solcher möge auch, ehe er etwas aus der Erinnerung zeichnet, die Augen schließen, oder wie blind vor sich hinstarren. Und doch könnte er leugnen, daß er dann vor sich *sieht*, was er später zeichnet. Aber wieviel müßte ich auf diese Äußerung geben? Ist nach *ihr* zu beurteilen, ob er eine Gesichtsvorstellung hat? (Nicht nur *danach*. Denk an den Ausdruck: »Jetzt seh ich's vor mir – jetzt nicht mehr.« Es gibt da eine echte Dauer.)

625. Ich hätte früher auch sagen können: Der *Zusammenhang* zwischen Vorstellen und Sehen ist eng; eine *Ähnlichkeit* aber gibt es nicht.

Die Sprachspiele, die diese Begriffe verwenden, sind grundverschieden, – hängen aber zusammen.

626. Unterschied zwischen ›trachten, etwas zu sehen‹ und ›trachten, sich etwas vorzustellen‹. Im ersten Fall sagt man etwa »Schau genau hin!«, im zweiten »Schließ die Augen!«

627. Weil das Vorstellen eine Willenshandlung ist, unterrichtet es uns eben nicht über die Außenwelt.

628. Das Vorgestellte nicht im gleichen *Raum* wie das Gesehene. Sehen ist mit Schauen verbunden.

629. »Sehen und Vorstellen sind verschiedene Phänomene.« – Die Wörter »sehen« und »vorstellen« haben verschiedene Bedeutungen! Ihre Bedeutungen beziehen sich auf eine Menge wichtiger Arten und Weisen menschlichen Verhaltens, auf Phänomene des menschlichen Lebens.

630. Sag dir wieder, wenn Einer darauf besteht, was er »Gesichtsvorstellung« nennt, sei ähnlich dem Gesichtseindruck: daß er sich vielleicht *irrt*! Oder: Wie, wenn er sich darin irrte? Das heißt: Was weißt du von der Ähnlichkeit seines Gesichtseindrucks und seiner Gesichtsvorstellung?! (Ich rede vom Andern, weil, was von ihm gilt, auch von mir gilt.)

Was weißt du also von dieser Ähnlichkeit? Sie äußert sich nur in den Ausdrücken, die er zu gebrauchen geneigt ist; nicht in dem, was er mit diesen Ausdrücken sagt.

631. »Es ist gar kein Zweifel: die Gesichtsvorstellung und der Gesichtseindruck sind von derselben Art!« Das mußt du aus

deiner eigenen Erfahrung wissen; und dann ist es also etwas, was für dich stimmen mag und für Andere nicht. (Und das gilt natürlich auch für mich, wenn *ich* es sage.)

632. Wenn wir uns etwas vorstellen, beobachten wir nicht. Daß die Bilder kommen und vergehen, *geschieht* uns nicht. Wir sind nicht überrascht von diesen Bildern und sagen »Sieh da! ...« (Gegensatz z.B. zu den Nachbildern.)

633. Wir ›verscheuchen‹ nicht Gesichtseindrücke, aber Vorstellungen. Und wir sagen von jenen auch nicht, wir könnten sie *nicht* verscheuchen.

634. Wenn Einer wirklich sagte »Ich weiß nicht, sehe ich jetzt einen Baum, oder stelle ich mir einen vor«, so würde ich zunächst glauben, er meine: »oder bilde ich mir nur ein, es stehe dort einer«. Meint er das nicht, so könnte ich ihn überhaupt nicht verstehen – wollte mir aber jemand diesen Fall erklären und sagte »Er hat eben so außergewöhnlich lebhafte Vorstellungen, daß er sie für Sinneseindrücke halten kann« – verstünde ich's jetzt?

635. Muß man aber hier unterscheiden: (a) mir das Gesicht eines Freundes, z.B., vorstellen, aber nicht in dem Raum, der mich umgibt – (b) mir an dieser Wand dort ein Bild vorstellen?

Man könnte auf die Aufforderung »Stell dir dort drüben einen runden Fleck vor« sich einbilden, wirklich einen dort zu sehen.

636. Das ›Vorstellungsbild‹ tritt nicht dort ins Sprachspiel ein, wo man es vermuten möchte.

637. Ich lerne den Begriff ›sehen‹ mit dem Beschreiben dessen, was ich sehe. Ich lerne beobachten und das Beobachtete beschreiben. Ich lerne den Begriff ›vorstellen‹ in einer andern Verbindung. Die Beschreibungen des Gesehenen und des Vorgestellten sind allerdings von derselben Art, und eine Beschreibung könnte sowohl das Eine, wie auch das Andere sein; aber sonst sind die Begriffe durchaus verschieden. Der Begriff des Vorstellens ist eher wie der eines Tuns, als eines Empfangens. Das Vorstellen könnte man einen schöpferischen Akt nennen. (Und nennt es ja auch so.)

638. »Ja, aber die Vorstellung selbst, so wie der Gesichtseindruck, ist doch das innere Bild, und *du* redest nur von den Verschiedenheiten der Erzeugung, Entstehung, Behandlung des Bildes.« Die Vorstellung ist nicht ein Bild, noch ist der Gesichtseindruck eines. Weder ›Vorstellung‹ noch ›Eindruck‹ ist ein Bildbegriff, obwohl in beiden Fällen ein Zusammenhang mit einem Bild statthat, und jedes Mal ein anderer.

639. Was *nennst* du »Erlebnisinhalt« des Sehens, was »Erlebnisinhalt« der Vorstellung?

640. »Aber könnte ich mir nicht einen Erlebnisinhalt denken von der Art der visuellen Vorstellung, aber dem Willen nicht unterworfen, in dieser Beziehung also wie der Gesichtseindruck?«

641. (Daß man nämlich die Willenshandlung des Vorstellens nicht mit der Bewegung des Körpers vergleichen kann, ist klar; denn, ob die Bewegung stattgefunden hat, das zu beurteilen sind auch Andere befähigt; während es bei der Bewegung meiner Vorstellungen immer nur darauf ankäme, was ich zu sehen behaupte, – was immer irgendein Anderer sieht. Es würden also die sich bewegenden wirklichen Gegenstände aus der Betrachtung herausfallen, da es auf sie gar nicht ankäme.)

642. Sagte man also: »Vorstellungen sind innere Bilder, ähnlich, oder ganz so, wie meine Gesichtseindrücke, nur meinem Willen untertan« – so hätte das vorerst noch keinen Sinn.

Denn wenn Einer zu berichten gelernt hat, was er dort sieht, oder was ihm dort zu sein *scheint*, so ist es doch nicht klar, was der Befehl bedeute, er solle jetzt *das* dort sehen, oder es solle ihm jetzt *das* dort zu sein scheinen.

643. »Durch den bloßen Willen bewegen«, was heißt es? Etwa, daß die Vorstellungsbilder meinem Willen immer genau folgen, während meine zeichnende Hand, mein Bleistift, das nicht tut? Immerhin wäre es ja dann doch möglich zu sagen: »Für gewöhnlich stelle ich mir ganz genau vor, was ich will; heute ist es anders ausgefallen.« Gibt es denn ein ›Mißlingen der Vorstellung‹?

644. Ein Sprachspiel umfaßt ja den Gebrauch *mehrerer* Wörter.

645. Nichts könnte falscher sein, als zu sagen, Sehen und Vorstellen seien verschiedene Tätigkeiten. Das ist, als sagte man,

im Schach ziehen und verlieren seien verschiedene Tätigkeiten.

646. Wenn wir als Kinder die Worte »sehen«, »schauen«, »vorstellen« gebrauchen lernen, so spielen bei dieser Abrichtung Willenshandlungen und Befehle eine Rolle. Aber für jedes der drei Wörter eine andere. Das Sprachspiel »Schau!« und »Stell dir ... vor!« – wie soll ich sie nur vergleichen? – Wenn wir jemand abrichten wollen, daß er auf den Befehl »Schau...!« reagiert, und dazu, daß er den Befehl »Stell dir ... vor!« versteht, so müssen wir ihn doch offenbar ganz Anderes lehren. Reaktionen, die zu diesem Sprachspiel gehören, gehören zu jenem nicht. Ja, ein enger Zusammenhang der Sprachspiele ist natürlich da, aber eine Ähnlichkeit? – Stücke des Einen sind Stücken des Andern ähnlich, aber die ähnlichen Stücke sind nicht homolog.

647. Ich könnte mir etwas Ähnliches für wirkliche Spiele denken.

648. Ein Sprachspiel analog einem Teil eines andern. Ein Raum in begrenzte Stücke eines Raums projiziert. Ein ›löchriger‹ Raum. (Zu »Innen und Außen«.)

649. Denken wir uns eine Variante des Tennisspiels: es wird in die Regeln dieses Spiels die aufgenommen, der Spieler habe sich bei gewissen Spielhandlungen das und das *vorzustellen*! (Der Zweck dieser Regel sei, das Spiel zu erschweren.) Der erste Einwand ist: man könne in diesem Spiel zu leicht schwindeln. Aber dem wird mit der Annahme begegnet, das Spiel

werde nur von ehrlichen und zuverlässigen Menschen gespielt. Hier haben wir also ein Spiel mit innern Spielhandlungen. –

Welcher Art ist nun die innere Spielhandlung, worin besteht sie? Darin, daß er – der Spielregel gemäß – sich ... vorstellt. – Könnte man aber nicht auch sagen: *Wir wissen nicht*, welcher Art die innere Spielhandlung ist, die er der Regel gemäß ausführt; wir kennen nur ihre Äußerungen? Die innere Spielhandlung sei ein X, dessen Natur wir nicht kennen. Oder: Es gebe auch hier nur äußere Spielhandlungen: die Mitteilung der Spielregel und das, was man die ›Äußerung des innern Vorgangs‹ nennt. – Nun, kann man das Spiel nicht auf alle drei Arten beschreiben? Auch das mit dem ›unbekannten‹ X ist eine ganz mögliche Beschreibungsart. Der Eine sagt, die sogenannte ›innere‹ Spielhandlung sei mit einer Spielhandlung im gewöhnlichen Sinne nicht vergleichbar – der Andre sagt, sie *sei* mit einer solchen vergleichbar – der Dritte: sie sei vergleichbar nur mit einer Handlung, die im Geheimen geschieht, und die niemand kennt, als der Handelnde.

Wichtig ist für uns, daß wir die *Gefahren* des Ausdrucks »innere Spielhandlung« sehen. Er ist gefährlich, weil er Verwirrung anrichtet.

650. Erinnerung: »Ich sehe uns noch an jenem Tisch sitzen«. – Aber habe ich wirklich das gleiche Gesichtsbild – oder eines von denen, welche ich damals hatte? Sehe ich auch gewiß den Tisch und meinen Freund vom gleichen Gesichtspunkt wie damals, also mich selbst nicht? – Mein Erinnerungsbild ist nicht Evidenz jener vergangenen Situation; wie eine Photographie es wäre, die, damals aufgenommen, mir jetzt bezeugt, daß es damals so war. Das Erinnerungsbild und die Erinnerungsworte stehen auf *gleicher* Stufe.

651. Das Achselzucken, Kopfschütteln, Nicken, u.s.f., nennen wir Zeichen vor allem darum, weil sie in dem Gebrauch unserer *Wortsprache* eingebettet sind.

652. Wenn man es für selbstverständlich hält, daß der Mensch sich an seiner Phantasie vergnügt, so bedenke man, daß die Phantasie nicht einem gemalten Bild, einer Plastik, oder einem Film entspricht, sondern einem komplexen Gebilde aus heterogenen Bestandteilen – Zeichen und Bildern.

653. Manche Menschen erinnern sich an ein musikalisches Thema in der Weise, daß das Notenbild vor ihnen auftaucht und sie es herunterlesen.

Es wäre denkbar, daß, was wir »Erinnern« bei einem Menschen nennen, darin bestünde, daß er sich im Geiste ein Buch nachschlagen sähe, und daß, was er in diesem Buch liest, eben das Erinnerte wäre. (Wie *reagiere* ich auf eine Erinnerung?)

654. Kann man ein Erinnerungserlebnis beschreiben? – Gewiß. – Aber kann man das Erinnerungshafte an diesem Erlebnis beschreiben? – *Was heißt das?* ((Das unbeschreibliche Aroma.))

655. »Ein Bild (Vorstellungsbild, Erinnerungsbild) der Sehnsucht«. Man denkt, man habe schon alles damit getan, daß man von einem ›Bild‹ redet; denn die Sehnsucht ist eben ein Bewußtseinsinhalt, und dessen Bild ist etwas, was ihm (sehr) ähnlich ist, wenn auch undeutlicher als das Original.

Und man könnte ja wohl von Einem, der die Sehnsucht auf dem Theater spielt, sagen, er erlebe, oder habe, ein Bild der Sehnsucht: nämlich nicht als *Erklärung* seines Handelns, sondern zu dessen Beschreibung.

656. Sich eines Gedankens schämen. Schämt man sich dessen, daß man den und den Satz zu sich selbst in der Vorstellung gesprochen hat?

Die Sprache hat eben eine vielfache Wurzel; sie hat Wurzeln, nicht *eine* Wurzel. [*Randbemerkung:* ((Sich eines Gedankens, einer Absicht erinnern.)) *Keim.*]

657. »Es schmeckt genau wie Zucker«. Wie kommt es, daß ich dessen so sicher sein kann? Und zwar auch, wenn es sich dann als falsch herausstellt. – Und was erstaunt mich daran? Daß ich den Begriff Zucker in eine so *feste* Verbindung mit der Geschmacksempfindung bringe. Daß ich die Substanz Zucker direkt im Geschmack zu erkennen scheine.

Aber statt des Ausdrucks »Es schmeckt genau ...« könnte ich ja primitiver »Zucker!« ausrufen. Und kann man denn sagen, bei dem Wort ›schwebe mir die Substanz Zucker vor‹? Wie tut sie das?

658. Kann ich sagen, dieser Geschmack brächte gebieterisch den Namen »Zucker« mit sich; oder aber das Bild eines Stücks Zucker? Keines von beiden scheint richtig. Ja, gebieterisch ist das Verlangen nach dem Begriff ›Zucker‹ allerdings und zwar ebenso, wie nach dem Begriff ›rot‹, wenn wir ihn zur Beschreibung des Gesehenen verwenden.

659. Ich erinnere mich, daß Zucker so geschmeckt hat. Es kommt mir das Erlebnis zurück ins Bewußtsein. Aber freilich: wie weiß ich, daß es das frühere Erlebnis ist? Das Gedächtnis hilft mir da nicht mehr. Nein, diese Worte – das Erlebnis komme zurück ... – sind nur eine Umschreibung, keine Beschreibung des Erinnerns.

Aber wenn ich sage »Es schmeckt genau wie Zucker«, so

findet, in einem wichtigen Sinne, gar kein Erinnern statt. Ich *begründe* also mein Urteil, oder meinen Ausruf, *nicht*. Wer mich fragt, »Was meinst du mit ›Zucker‹?« – dem werde ich allerdings ein Stück Zucker zu zeigen trachten. Und wer fragt »Wie weißt du, daß Zucker so schmeckt«, werde ich allerdings antworten »ich habe tausende Male Zucker gegessen« – aber das ist nicht eine Rechtfertigung, die ich mir selbst gebe.

660. »Es schmeckt wie Zucker.« Man erinnert sich genau und mit Sicherheit, wie Zucker schmeckt. Ich sage nicht »Ich glaube, so schmeckt Zucker«. Welch merkwürdiges Phänomen! Eben das Phänomen des Gedächtnisses. – Aber ist es richtig, es ein merkwürdiges Phänomen zu nennen?

Es ist ja nichts weniger als merkwürdig. Jene Sicherheit ist ja nicht (um ein Haar) merkwürdiger, als es die Unsicherheit wäre. Was ist denn merkwürdig? Das, daß ich mit Sicherheit sage »Das schmeckt wie Zucker«? oder, daß es dann wirklich Zucker ist? Oder, daß Andere dasselbe finden?

Wenn das sichere Erkennen des Zuckers merkwürdig ist, so wäre es also das Nichterkennen weniger.

661. »Welcher seltsame und furchtbare Laut. Ich werde ihn nie vergessen.« Und warum sollte man das nicht vom Erinnern sagen können (»Welche seltsame ... Erfahrung ...«), wenn man zum ersten Mal in die Vergangenheit gesehen hat? –

662. Erinnern: ein Sehen in die Vergangenheit. *Träumen* könnte man so nennen, wenn es uns Vergangenes vorführt. Nicht aber Erinnern; denn auch wenn es uns Szenen mit halluzinatorischer Klarheit zeigte, so lehrt es uns doch erst, daß dies das Vergangene sei.

663. Aber wenn uns nun das Gedächtnis die Vergangenheit zeigt, wie zeigt es uns, daß es die Vergangenheit ist?

Es zeigt uns eben *nicht* die Vergangenheit. So wenig, wie unsere Sinne die Gegenwart.

664. Man kann auch nicht sagen, sie teile uns die Vergangenheit mit. Denn selbst, wäre das Gedächtnis eine hörbare Stimme, die zu uns spräche, – wie könnten wir sie verstehen? Sagt sie uns z.B. »Gestern war schönes Wetter«, wie kann ich lernen, was »gestern« bedeutet?

665. Ich führe mir selbst nur *so* etwas vor, wie ich es auch den Andern vorführe.

666. Ich kann dem Andern mein gutes Gedächtnis vorführen, und auch mir selbst vorführen. Ich kann mich selbst ausfragen. (Vokabeln, Daten.)

667. Aber wie führe ich mir das Erinnern vor? Nun, ich frage mich »Wie verbrachte ich den heutigen Morgen?« und antworte mir darauf. – Aber was habe ich mir nun eigentlich vorgeführt? War es das Erinnern? nämlich, wie das ist, sich an etwas erinnern? – Hätte ich denn damit einem *Andern* das Erinnern vorgeführt?

668. Die Bedeutung eines Wortes vergessen – sich wieder an sie erinnern. Was für Vorgänge gibt es da? An was erinnert man sich, was fällt einem da ein, wenn man sich wieder daran erinnert, was das englische Wort »perhaps« bedeutet.

669. Wenn man mich fragt: »Weiß du das ABC?« und ich antworte mit »ja«, so sage ich doch nicht, daß ich jetzt im Geist das ABC durchgehe, oder in einem besondern Gemütszustand bin, der irgendwie dem Hersagen des ABC äquivalent ist.*

670. Man kann doch einen Spiegel besitzen; besitzt man dann auch das Spiegelbild, das sich in ihm zeigt?

671. Etwas sagen ist eine Tätigkeit. Geneigt sein, etwas zu sagen, ein *Zustand*. »Aber worin besteht der?« – Gib dir darüber Rechenschaft, wie der Ausdruck verwendet wird!

672. »Solange die Temperatur des Stabes nicht unter ... herabsinkt, kann man ihn schmieden.« Es hat also Sinn zu sagen: »ich kann ihn von 5 bis 6 Uhr schmieden«. Oder: »Ich kann von 5 bis 6 Schach spielen«, d.h., ich habe von 5 bis 6 Zeit. – »Solange mein Puls nicht unter ... herabsinkt, kann ich die Rechnung ausführen.« Diese Rechnung braucht 1½ Minuten; wie lange braucht es aber: sie ausführen *können*? Und wenn du sie eine Stunde lang rechnen *kannst*, fängst du da immer wieder von Frischem an?

673. Die Aufmerksamkeit ist dynamisch, nicht statisch – möchte man sagen. Ich vergleiche das Aufmerken zuerst mit einem Hinstarren: das ist es aber nicht, was ich Aufmerksam-

* Im Typoskript folgt: »Wie lehrt man jemand, leise für sich selbst lesen? Wie weiß man, wenn er's kann? Wie weiß er selbst, daß er tut, was man von ihm verlangt?« (*Philosophische Untersuchungen* § 375.) Hrsg.

keit nenne; und will nun sagen, ich finde, man *könne* nicht statisch aufmerken.

674. Wenn ich in einem bestimmten Falle sage: die Aufmerksamkeit besteht in der Bereitschaft, jeder kleinsten Bewegung, die sich zeigen mag, zu folgen, – so siehst du schon, daß die Aufmerksamkeit nicht das starre Hinschauen ist, sondern ein Begriff anderer Art.

675. Zustände: ›Einen Berg ersteigen können‹ kann man einen Zustand meines Körpers nennen. Ich sage: »Ich kann hinaufsteigen – ich meine: ich bin stark genug dazu«. Vergleiche damit diesen Zustand des Könnens: »Ja, ich kann dorthin gehen – ich meine: ich habe Zeit dazu.«

676. Welche Rolle spielen falsche Sätze in einem Sprachspiel? Ich glaube, es gibt verschiedene Fälle.

(1) Einer hat die Signallaternen an einer Straßenkreuzung zu beobachten und einem Andern zu sagen, welche Farben sie zeigen. Er verspricht sich dabei und sagt die falsche Farbe.

(2) Es werden meteorologische Beobachtungen angestellt und nach gewissen Regeln aus ihnen das Wetter für den nächsten Tag vorhergesagt. Die Vorhersage trifft ein, oder nicht.

Im ersten Fall kann man sagen, er spielt falsch; im zweiten nicht – wie ich seinerzeit glaubte.

Man wird hier (nämlich) von einer Frage geplagt, die etwa so lautet: Gehört die Verifikation noch (mit) zum Sprachspiel?

677. Ich behaupte: »Wenn *dies* eintrifft, so wird *das* eintreffen. Habe ich darin recht, so zahlst du mir einen Schilling, habe

ich unrecht, so zahle ich dir einen, bleibt es unentschieden, zahlt keiner.« Das könnte man so ausdrücken: Der Fall, in welchem die Prämisse *nicht* eintrifft, interessiert uns nicht, wir reden nicht von ihm. Oder auch: es ist uns hier nicht natürlich, die Wörter »ja« und »nein« so zu gebrauchen, wie in dem Falle (und diesen gibt es), in welchem uns die materielle Implikation interessiert. Mit »Nein« wollen wir hier sagen »p und nicht q«, mit »Ja« nur »p und q«. Es gibt keinen Satz vom ausgeschlossenen Dritten, der *so* lautet: Du gewinnst die Wette, oder verlierst sie – ein Drittes gibt es nicht.

678. Einer wirft im Würfelspiel 5, dann 4 und sagt »Hätte ich bloß statt der 5 eine 4 geworfen, so hätte ich gewonnen«! Die Bedingtheit ist nicht physikalisch, sondern nur mathematisch, denn man könnte antworten: »Hättest du zuerst 4 geworfen, – wer weiß, was du danach geworfen hättest!«

679. Sagst du nun »Die Verwendung des Konjunktivs beruht auf dem Glauben an ein Naturgesetz« – so kann man entgegnen: »Sie *beruht* nicht auf diesem Glauben; sie und dieser Glaube stehen auf gleicher Stufe.« (Ich hörte im Film einen Vater zu seiner Tochter sagen, er hätte eine Andre zur Frau nehmen sollen: »*Sie* hätte deine Mutter sein sollen«! Warum ist das unrichtig?)

680. Das Schicksal steht im Gegensatz zum Naturgesetz. Das Naturgesetz will man ergründen, und verwenden, das Schicksal nicht.

681. »Wenn p eintrifft, so trifft q ein« könnte man eine bedingte Vorhersage nennen. D.h.: für den Fall nicht-p mache ich *keine* Vorhersage. Aber darum wird, was ich sage, durch »nicht-p und nicht-q« auch nicht wahrgemacht.

Oder auch *so*: es gibt bedingte Vorhersagen, und »p impliziert q« ist *keine* solche. ((Zu Bd. Q*, S. 14.))

682. Den Satz »Wenn p eintrifft, so trifft q ein«, will ich »S« nennen. – »S oder nicht-S« ist eine Tautologie: aber ist es (auch) der Satz vom ausgeschlossenen Dritten? – Oder auch so: Wenn ich sagen will, daß die Vorhersage »S« richtig, falsch, oder unentschieden sein kann, wird das durch den Satz ausgedrückt »nicht (S oder nicht-S)«?

683. Ist die Verneinung eines Satzes identisch mit der Disjunktion der nicht ausgeschlossenen Fälle? Sie ist es in manchen Fällen. (Z.B. in diesem: »Die Permutation der Elemente A, B, C, die er anschrieb, war nicht ACB.«)

684. Der wichtige Sinn des Fregeschen Behauptungszeichens wird vielleicht am besten dadurch gefaßt, daß wir sagen: es bezeichnet deutlich den *Anfang des Satzes*. – Das ist *wichtig:* denn unsere philosophischen Schwierigkeiten, das Wesen der ›Negation‹ und des ›Denkens‹ betreffend, hängen damit zusammen, daß ein Satz »⊢nicht p«, oder »⊢ich glaube p«, wohl den Satz »p« enthält, aber nicht »⊢p«. (Denn wenn ich jemand sagen höre: »es regnet«, so weiß ich nicht, was er gesagt hat, wenn ich nicht weiß, ob ich den *Anfang* des Satzes gehört habe.)**

* D.h. Ms. 136. Hrsg.

** S. *Philosophische Untersuchungen* § 22. Hrsg.

685. Ein Widerspruch verhindert mich, im Sprachspiel zur Tat zu kommen.

686. Nehmen wir aber an, das Sprachspiel bestünde eben darin, mich fortwährend von einem Entschluß in den entgegengesetzten zu werfen!

687. Der Widerspruch ist nicht als Katastrophe aufzufassen, sondern als eine Mauer, die uns anzeigt, daß wir hier nicht weiter können.

688. Ich möchte nicht so sehr fragen »Was müssen wir tun, um einen Widerspruch zu vermeiden?«, als »Was sollen wir tun, wenn wir zu einem Widerspruch gelangt sind?«

689. Warum ist ein Widerspruch mehr zu fürchten, als eine Tautologie?

690. Unser Motto könnte sein: »Lassen wir uns nicht behexen!«

691.* »Der Kretische Lügner«. Statt zu sagen »ich lüge«, könnte er auch hinschreiben »dieser Satz ist falsch«. Die Antwort darauf wäre: »Wohl, aber welchen Satz meinst du?« – »Nun, *diesen* Satz.« – »Ich verstehe, aber von welchem Satz ist in *ihm* die Rede?« – »Von *diesem*.« – »Gut, und auf welchen Satz

* S. *Philosophische Untersuchungen* § 16. Hrsg.

spiel *dieser* an?« u.s.w. Er könnte uns so nicht erklären, was er meint, ehe er zu einem kompletten Satz übergeht. – Man kann auch sagen: Der fundamentale Fehler liegt darin, daß man denkt, ein Wort, z.B. »dieser Satz«, könne auf seinen Gegenstand gleichsam anspielen (aus der Entfernung hindeuten), ohne ihn vertreten zu müssen.

692. Stellen wir uns die Frage: Welchem praktischen Zweck kann Russell's Theorie der Typen dienen? – R. macht uns drauf aufmerksam, daß wir manchmal den Ausdruck der Allgemeinheit einschränken müssen, um zu vermeiden, daß unerwünschte Konsequenzen aus ihm gezogen werden.

693. Das Raisonnement, das zu einem endlosen Regreß führt, ist nicht darum aufzugeben, ›weil wir so nie das Ziel erreichen können‹, sondern, weil es hier ein Ziel nicht gibt; so daß es gar keinen Sinn hat, zu sagen »wir können es nicht erreichen«.

Wir meinen leicht, wir müßten den Regreß ein paar Stufen weit durchlaufen und ihn dann sozusagen in Verzweiflung aufgeben. Während seine Ziellosigkeit (das Fehlen des Zieles im Kalkül) aus der Anfangsposition zu entnehmen ist.

694. Eine Variante des Cantor'schen Diagonalbeweises:

N = F(k, n) sei die Form der Gesetze für die Entwicklung von Dezimalbrüchen. *N* ist die n-te Dezimalstelle der k-ten Entwicklung. Das Gesetz der Diagonale ist dann: N = F(n, n) = Def. F'(n).

Zu beweisen ist, daß F'(n) nicht eine der Regeln F(k, n) sein kann. Angenommen, es sei die 100ste. Dann lautet die Regel zur Bildung von F'(1)   F(1,1)
von F'(2)   F(2,2) etc.
aber die Regel zur Bildung der 100sten Stelle von F'(n) wird

F(100, 100); d.h., sie sagt uns nur, daß die 100ste Stelle sich selber gleich sein soll, ist also für n = 100 *keine* Regel.

Die Spielregel lautet »Tu das Gleiche, wie...!« – und im besondern Fall wird sie nun »Tu das Gleiche, wie das, was du tust!«

695. Das *Verstehen* der mathematischen Frage. Wie wissen wir, ob wir eine mathematische Frage verstehen?

Eine Frage – kann man sagen – ist ein Auftrag. Und einen Auftrag verstehen, heißt: wissen, was man zu tun hat. Ein Auftrag kann natürlich ganz vag sein – z.B., wenn ich sage: »Bring ihm etwas, was ihm gut tut!« Aber dies kann heißen: denk an ihn, seinen Zustand, etc. in freundlicher Weise und dann bring ihm etwas, was deiner Gesinnung gegen ihn entspricht.

696. Die mathematische Frage ist eine Herausforderung. Und man könnte sagen: sie hat Sinn, wenn sie uns zu einer mathematischen Tätigkeit anspornt.

697. Man könnte dann auch sagen, eine Frage in der Mathematik habe Sinn, wenn sie die mathematische Phantasie anregt.

698. Übersetzen von einer Sprache in die andere ist eine mathematische Aufgabe, und das Übersetzen eines lyrischen Gedichts z.B. in eine fremde Sprache ist ganz analog einem mathematischen *Problem*. Denn man kann wohl das Problem stellen »Wie ist dieser Witz (z.B.) durch einen Witz in der andern Sprache zu übersetzen?«, d.h. zu ersetzen; und das

Problem kann auch gelöst sein; aber eine Methode, ein System, zu seiner Lösung gab es nicht.

699. Denk dir Menschen, die mit ›äußerst komplizierten‹ Zahlzeichen rechnen. Diese stellen sich aber dar als Figuren, welche entstehen, wenn man unsere Zahlzeichen aufeinander schreibt. Sie schreiben z.B. π bis zur fünften Stelle so:  Wer ihnen zusähe, fände es schwer, zu erraten, *was* sie tun. Und sie könnten es vielleicht selbst nicht erklären. Es kann ja dieses Zahlzeichen, in etwas anderer Schrift geschrieben, seine Erscheinung (für uns) zur Unkenntlichkeit ändern. Und was die Leute täten, erschiene uns rein intuitiv.

700. Warum zählen wir? Hat es sich als praktisch erwiesen? Haben wir unsere Begriffe, z.B. die psychologischen, weil es sich als vorteilhaft erwiesen hat? – Und doch haben wir *gewisse* Begriffe eben deswegen, haben sie deswegen eingeführt.

701. Übrigens tritt der Unterschied zwischen dem, was man Sätze der Mathematik nennt und Erfahrungssätzen zu Tage, wenn man bedenkt, ob es Sinn hat zu sagen: »ich wünschte, 2 × 2 wäre 5!«

702. Wenn man bedenkt, daß die Gleichung 2 + 2 = 4 ein Beweis des Satzes ist »es gibt gerade Zahlen«, so sieht man, wie lose hier das Wort »Beweis« gebraucht ist. Aus der Gleichung 2 + 2 = 4 soll der Satz »es gibt gerade Zahlen« hervorgehen?! –

Und was ist der Beweis der Existenz von Primzahlen? – Die Methode der Zerlegung in Primfaktoren. Aber in dieser Methode wird ja *überhaupt nicht geredet*, auch nicht von »Primzahlen«.

703. »Die Kinder müßten, um das Rechnen der Volksschule zu verstehen, bedeutende Philosophen sein; in Ermanglung dessen brauchen sie die Übung.«*

704. Russell und Frege fassen den Begriff gleichsam als Eigenschaft eines Dings auf. Aber es ist sehr unnatürlich, die Worte »Mensch«, »Baum«, »Abhandlung«, »Kreis«, als Eigenschaften eines Substrats aufzufassen.**

705. Die Dirichlet'sche Auffassung der Funktion ist nur dort möglich, so sie nicht ein unendliches Gesetz durch eine Liste ausdrücken will, denn eine unendliche Liste gibt es nicht.

706. Die Zahlen sind der Mathematik nicht fundamental.

707. Der Begriff des ›Ordnens‹ der Rationalzahlen z. B. und der ›Unmöglichkeit‹, die Irrationalzahlen so zu ordnen. Vergleiche das mit dem, was man ›Ordnen‹ von Ziffern nennt. Gleicher-

* Im Typoskript folgt: »Wenn wir eine Erklärung, etwa des logischen Folgens, lesen, so halten wir uns an das, was er schreibt. Wir halten uns an die Worte; an die Zeichen ((an (für mich!) den Kalkül)).« Hrsg.
** S. *Philosophische Bemerkungen* § 96. Hrsg.

maßen der Unterschied zwischen dem ›Zuordnen‹ einer Ziffer (oder Nuß) zu einer andern und dem ›Zuordnen‹ aller ganzen Zahlen zu den geraden Zahlen; etc. Überall Begriffsverschiebungen.

708. Es gibt offenbar eine Methode, ein gerades Lineal anzufertigen. Diese Methode schließt ein Ideal ein, ich meine, ein Näherungsverfahren mit unbegrenzter *Möglichkeit*, denn eben dieses Verfahren *ist* das Ideal.

Oder vielmehr: Nur, wenn es ein Näherungsverfahren mit unbegrenzter Möglichkeit ist, kann (nicht muß) die Geometrie dieses Verfahrens die euklidische sein.*

709. Die Rechnung als Ornament zu betrachten, das ist auch Formalismus, aber einer guten Art.

710. Man kann die Rechnung als Ornament betrachten. Eine Figur in der Ebene kann an eine andere passen oder nicht, mit anderen in verschiedener Weise zusammengefaßt werden. Wenn die Figur noch gefärbt ist, so gibt es dann noch ein Passen in Bezug auf die Farbe. (Die Farbe ist nur eine weitere Dimension.)

711. Es gibt eine Betrachtungsweise der elektrischen Maschinen und Apparate (Dynamos, Radiostationen, etc. etc.), die sozusagen ohne vorgefaßtes Verständnis diese Gegenstände als eine Verteilung von Kupfer, Eisen, Gummi, etc. im Raum ansieht. Und diese Betrachtungsweise könnte zu manchem inter-

* S. *Philosophische Bemerkungen* § 178. Hrsg.

essanten Resultat führen. Sie ist ganz analog der eines mathematischen Satzes als Ornament. – Es ist natürlich eine durchaus strenge und korrekte Auffassung; und das Charakteristische und Schwierige an ihr ist, daß sie den Gegenstand ohne jede vorgefaßte Idee betrachtet (sozusagen von einem Marsstandpunkt), oder vielleicht richtiger: die normale vorgefaßte Idee, Erklärung, zerstört (durchkreuzt).

712. (Der Stil meiner Sätze ist außerordentlich stark von Frege beeinflußt. Und wenn ich wollte, so könnte ich wohl diesen Einfluß feststellen, wo ihn auf den ersten Blick Keiner sähe.)

713. »Leg es *hier* hin« – wobei ich mit dem Finger den Platz bezeichne – dies ist eine *absolute* Ortsangabe. Und, wer sagt, der Raum sei absolut, möchte als Argument dafür vorbringen: »Es gibt doch einen *Ort*: *Hier*.« [*Randbemerkung:* ((Vielleicht zu den ersten Sprachspielen.))]

714. Man könnte sich eine Geisteskrankheit denken, in welcher Einer Namen nur in Anwesenheit ihrer Träger gebrauchen und verstehen kann.

715. Es könnte von Zeichen ein Gebrauch gemacht werden solcher Art, daß die Zeichen nutzlos würden (daß man sie vernichtete), sobald der Träger aufhörte zu existieren.

In diesem Sprachspiel hat sozusagen der Name den Gegenstand an einer Schnur; und hört der Gegenstand auf zu existieren, so kann man den Namen, der mit ihm zusammen gearbeitet hat, wegwerfen. (Das Wort »handle« für den Eigennamen.)

716. Wie ist es mit den beiden Sätzen: »dieses Blatt ist rot« und »dieses Blatt hat die Farbe, die auf Deutsch ›rot‹ heißt«? Sagen beide *dasselbe*?

Hängt das nicht davon ab, was das Kriterium dafür ist, daß eine Farbe auf Deutsch ›rot‹ heißt?

717. »Gott kannst du nicht mit einem Andern reden hören, sondern nur, wenn du der Angeredete bist.« – Das ist eine grammatische Bemerkung.

Vermischte Bemerkungen

Eine Auswahl aus dem Nachlaß

Herausgegeben von Georg Henrik von Wright

Unter Mitarbeit von Heikki Nyman

Vorwort

Im handschriftlichen Nachlaß von Wittgenstein kommen häufig Aufzeichnungen vor, die nicht unmittelbar zu den philosophischen Werken gehören, obgleich sie unter den philosophischen Texten zerstreut sind. Diese Aufzeichnungen sind teils autobiographisch, teils betreffen sie die Natur der philosophischen Tätigkeit, teils handeln sie von Gegenständen allgemeiner Art wie z.B. von Fragen der Kunst oder der Religion. Sie vom philosophischen Text scharf zu trennen ist nicht immer möglich; in vielen Fällen hat Wittgenstein jedoch selbst eine solche Trennung angedeutet – durch den Gebrauch von Parenthesen oder auf andere Weise.

Einige dieser Aufzeichnungen sind ephemer, andere jedoch – die Mehrzahl – von großem Interesse. Manchmal sind sie von augenfälliger Schönheit und Tiefe. Es war den Nachlaßverwaltern klar, daß eine Anzahl dieser Aufzeichnungen veröffentlicht werden müßte. G. H. von Wright wurde beauftragt, eine Auslese vorzunehmen und zusammenzustellen.

Die Aufgabe war recht schwierig; zu verschiedenen Zeiten machte ich mir verschiedene Vorstellungen davon, wie sie am besten zu bewältigen wäre. So z.B. stellte ich mir anfangs vor, man könne die Bemerkungen nach den behandelten Gegenständen gruppieren – etwa »Musik«, »Architektur«, »Shakespeare«, »Aphorismen zur Lebensweisheit«, »Philosophie«, u. dgl. Manchmal sind die Bemerkungen ohne Zwang in solche Gruppen einreihbar, aber im Ganzen würde eine derartige Aufspaltung des Materials wohl künstlich wirken. Ich hatte ferner einmal gedacht, auch bereits Gedrucktes mitaufzunehmen. Viele der eindrucksvollsten »Aphorismen« Wittgensteins findet man ja in den philosophischen Werken – in den Tagebüchern aus dem ersten Weltkrieg, im *Tractatus*, und auch in den *Untersuchungen*. Ich möchte sagen: inmitten dieser Kontexte üben die Aphorismen Wittgensteins tatsächlich ihre stärkste Wirkung aus. Aber eben darum schien es mir nicht richtig, sie aus ihrem Zusammenhang zu reißen.

Auch hatte mir einmal vorgeschwebt, die Auswahl nicht allzu umfangreich zu machen, sondern nur die »besten« Bemerkungen aufzunehmen. Eine große Materialmenge würde, wie ich meinte, den Eindruck der guten Bemerkungen nur schwächen. *Das* ist wohl richtig – aber meine Aufgabe war nicht die eines Geschmacksrichters. Auch habe ich mir im allgemeinen nicht zugetraut, zwischen wiederholten Formulierungen desselben oder fast desselben Gedankens eine Wahl zu treffen. Selbst die Wiederholungen kamen mir oft als zur Sache gehörig vor.

Am Ende habe ich mich für dasjenige Ausleseprinzip entschieden, das mir als einziges unbedingt richtig vorkam. Ich ließ die Aufzeichnungen rein »persönlicher« Art aus der Sammlung weg – d.h. Aufzeichnungen, in denen Wittgenstein über seine äußeren Lebensumstände, seine Gemütsverfassung und Beziehungen zu anderen, zum Teil noch lebenden Personen berichtet. Diese Aufzeichnungen waren von den übrigen im allgemeinen *leicht* zu trennen und ihr Interesse liegt auf einer *anderen* Ebene als das der hier gedruckten. Nur in einigen wenigen Fällen, wo diese beiden Bedingungen nicht erfüllt erschienen, habe ich auch solche Notizen autobiographischer Art aufgenommen.

Die Bemerkungen erscheinen hier in chronologischer Ordnung mit Angabe des Jahres, dem sie entstammen. Es muß auffallen, daß beinahe die Hälfte der Bemerkungen aus der Zeit nach dem Abschluß (1945) des ersten Teils der *Philosophischen Untersuchungen* stammt.

Einem Leser, der nicht mit den Lebensumständen oder mit der Lektüre Wittgensteins vertraut ist, werden manche der Bemerkungen ohne eine nähere Erklärung dunkel oder rätselhaft vorkommen. In vielen Fällen wäre es denn auch möglich gewesen, Erklärungen durch kommentierende Fußnoten zu geben. Mit ganz wenigen Ausnahmen jedoch habe ich auf Kommentare verzichtet. Sei es nebenbei bemerkt, daß *alle* Fußnoten vom Herausgeber herrühren.

Es ist unvermeidlich, daß ein Buch wie dieses auch in die Hände von Lesern gerät, denen das philosophische Werk Wittgensteins sonst unbekannt ist und auch bleiben wird. Das muß nicht unbedingt schädlich oder nutzlos sein. Es ist indessen meine Überzeugung, daß man diese Aufzeichnungen nur gegen den Hintergrund von Wittgensteins Philosophie richtig verstehen und schätzen kann, und darüber hinaus, daß sie zum Verständnis dieser Philosophie beitragen.

Die Auswahl der Bemerkungen aus den Handschriften wurde in den Jahren 1965-1966 vorgenommen. Dann habe ich die Arbeit bis zum Jahre 1974 liegenlassen. Bei der schließlichen Auslese und Zusammenstellung der Sammlung hat mir Herr Heikki Nyman geholfen. Er hat auch die genaue Übereinstimmung der Textstellen mit den Handschriften kontrolliert und manche Fehler und Lücken meines Typoskripts beseitigt. Ich bin ihm für seine mit großer Sorgfalt und gutem Geschmack ausgeführte Arbeit sehr dankbar; ohne diese Hilfe hätte ich mich wahrscheinlich nie entschließen können, die Sammlung für den Druck fertigzustellen. Auch Herrn Rush Rhees schulde ich tiefen Dank für Korrekturen in dem hergestellten Text und für wertvolle Ratschläge bei der Auswahl.

Helsinki, im Januar 1977 *Georg Henrik von Wright*

Vorwort zur zweiten Ausgabe

Diese Neuausgabe der »Vermischten Bemerkungen« enthält zusätzliches Material, zum größten Teil aus einem Notizbuch, das wahrscheinlich aus dem Jahr 1944 stammt.

Helsinki, im Juni 1978 *G. H. v. W.*

Wenn wir einen Chinesen hören, so sind wir geneigt, sein Sprechen für ein unartikuliertes Gurgeln zu halten. Einer, der chinesisch versteht, wird darin die *Sprache* erkennen. So kann ich oft nicht den *Menschen* im Menschen erkennen. 1914

Meine Art des Philosophierens ist mir selbst immer noch, und immer wieder, neu, und daher muß ich mich so oft wiederholen. Einer anderen Generation wird sie in Fleisch und Blut übergegangen sein, und sie wird die Wiederholungen langweilig finden. Für mich sind sie notwendig. 1929

Es ist gut, daß ich mich nicht beeinflussen lasse! 1929

Ein gutes Gleichnis erfrischt den Verstand. 1929

Es ist schwer einem Kurzsichtigen einen Weg zu beschreiben. Weil man ihm nicht sagen kann: »schau auf den Kirchturm dort 10 Meilen von uns und geh' in dieser Richtung.« 1929

In keiner religiösen Konfession ist soviel durch den Mißbrauch metaphysischer Ausdrücke gesündigt worden, wie in der Mathematik. 1929

Der menschliche Blick hat es an sich, daß er die Dinge kostbar machen kann, allerdings werden sie dann auch teurer. 1929

Laß nur die Natur sprechen und über der Natur kenne nur *ein* höheres, aber nicht das, was die anderen denken könnten. 1929

Die Tragödie besteht darin, daß sich der Baum nicht biegt, sondern bricht. Die Tragödie ist etwas unjüdisches. Mendelssohn ist wohl der untragischste Komponist. 1929

Jeden Morgen muß man wieder durch das tote Gerölle dringen, um zum lebendigen, warmen Kern zu kommen. 1929

Ein neues Wort ist wie ein frischer Same, der in den Boden der Diskussion geworfen wird. 1929

Mit dem vollen philosophischen Rucksack kann ich nur langsam den Berg der Mathematik steigen. 1929

Mendelssohn ist nicht eine Spitze, sondern eine Hochebene. Das englische an ihm. 1929

Niemand kann einen Gedanken für mich denken, wie mir niemand als ich den Hut aufsetzen kann. 1929

Wer ein Kind mit Verständnis schreien hört, der wird wissen, daß andere seelische Kräfte, furchtbare, darin schlummern, als man gewöhnlich annimmt. Tiefe Wut und Schmerz und Zerstörungssucht.* 1929

Mendelssohn ist wie ein Mensch, der nur lustig ist, wenn alles ohnehin lustig ist, oder gut, wenn alle um ihn gut sind, und nicht eigentlich wie ein Baum, der fest steht, wie er steht, was immer um ihn vorgehen mag. Ich selber bin auch so ähnlich und neige dazu, es zu sein. 1929

Mein Ideal ist eine gewisse Kühle. Ein Tempel, der den Leidenschaften als Umgebung dient, ohne in sie hineinzureden.

1929

Ich denke oft darüber, ob mein Kulturideal ein neues, d.h. ein zeitgemäßes oder eines aus der Zeit Schumanns ist. Zum mindesten scheint es mir eine Fortsetzung dieses Ideals zu sein, und zwar nicht die Fortsetzung, die es damals tatsächlich erhalten hat. Also unter Ausschluß der zweiten Hälfte des 19. Jahrhunderts. Ich muß sagen, daß das rein instinktmäßig so geworden ist, und nicht als Resultat einer Überlegung. 1929

Wenn wir an die Zukunft der Welt denken, so meinen wir immer den Ort, wo sie sein wird, wenn sie so weiter läuft, wie wir sie jetzt laufen sehen, und denken nicht, daß sie nicht gerade läuft, sondern in einer Kurve, und ihre Richtung sich konstant ändert. 1929

* Satz unvollständig im Manuskript.

Ich glaube, das gute Österreichische (Grillparzer, Lenau, Bruckner, Labor) ist besonders schwer zu verstehen. Es ist in gewissem Sinne *subtiler* als alles andere, und seine Wahrheit ist nie auf Seiten der Wahrscheinlichkeit. 1929

Wenn etwas gut ist, so ist es auch göttlich. Damit ist seltsamerweise meine Ethik zusammengefaßt.

Nur das übernatürliche kann das Übernatürliche ausdrücken. 1929

Man kann die Menschen nicht zum Guten führen; man kann sie nur irgendwohin führen. Das Gute liegt außerhalb des Tatsachenraums. 1929

Ich sagte neulich zu Arvid*, mit dem ich im Kino einen uralten Film gesehen hatte: Ein jetziger Film verhielte sich zum alten, wie ein heutiges Automobil zu einem von vor 25 Jahren. Er wirkt ebenso lächerlich und ungeschickt, wie diese und die Verbesserung des Films entspricht einer technischen Verbesserung, wie der des Automobils. Sie entspricht nicht der Verbesserung – wenn man das so nennen darf – eines Kunststils. Ganz ähnlich müßte es auch in der modernen Tanzmusik gehen. Ein Jazztanz müßte sich verbessern lassen, wie ein Film. Das, was alle diese Entwicklung von dem Werden eines *Stils* unterscheidet, ist die Unbeteiligung des Geistes. 1930

Ich habe einmal, und vielleicht mit Recht, gesagt: Aus der frühern Kultur wird ein Trümmerhaufen und am Schluß ein

* Arvid Sjögren, ein Freund und Verwandter von L. W.

Aschenhaufen werden, aber es werden Geister über der Asche schweben. 1930

Der Unterschied zwischen einem guten und einem schlechten Architekten besteht heute darin, daß dieser jeder Versuchung erliegt, während der rechte ihr standhält. 1930

Die Lücke, die der Organismus des Kunstwerks aufweist, will man mit Stroh ausstopfen, um aber das Gewissen zu beruhigen, nimmt man das *beste* Stroh. 1930

Wenn Einer die Lösung des Problems des Lebens gefunden zu haben glaubt, und sich sagen wollte, jetzt ist alles ganz leicht, so brauchte er sich zu seiner Widerlegung nur erinnern, daß es eine Zeit gegeben hat, wo diese »Lösung« nicht gefunden war; aber auch zu *der* Zeit mußte man leben können, und im Hinblick auf sie erscheint die gefundene Lösung wie ein Zufall. Und so geht es uns in der Logik. Wenn es eine »Lösung« der logischen (philosophischen) Probleme gäbe, so müßten wir uns nur vorhalten, daß sie ja einmal nicht gelöst waren (und auch da mußte man leben und denken können). 1930

Engelmann sagte mir, wenn er zu Hause in seiner Lade voll von seinen Manuskripten krame, so kämen sie ihm so wunderschön vor, daß er denke, sie wären es wert, den anderen Menschen gegeben zu werden. (Das sei auch der Fall, wenn er Briefe seiner verstorbenen Verwandten durchsehe.) Wenn er sich aber eine Auswahl davon herausgegeben denkt, so verliere die Sache jeden Reiz und Wert und werde unmöglich. Ich sagte, wir hatten hier einen Fall ähnlich folgendem: Es könnte nichts merkwürdiger sein, als einen Menschen bei irgend einer ganz einfachen alltäglichen Tätigkeit, wenn er sich unbeobachtet glaubt, zu sehen. Denken wir uns ein Theater, der Vorhang ginge auf und wir sähen einen Menschen allein in seinem Zimmer auf und ab gehen, sich eine Zigarette anzünden, sich niedersetzen, u.s.f., so, daß wir plötzlich von außen einen Menschen sähen, wie man sich sonst nie sehen kann; wenn wir quasi ein Kapitel einer Biographie mit eigenen Augen sähen, – das müßte unheimlich und wunderbar zugleich sein. Wunderbarer als irgend etwas, was ein Dichter auf der Bühne spielen oder sprechen lassen könnte, wir würden das Leben selbst sehen. – Aber das sehen wir ja alle Tage, und es macht uns nicht den mindesten Eindruck! Ja, aber wir sehen es nicht in *der* Perspektive. – So, wenn E. seine Schriften ansieht und sie wunderbar findet (die er doch einzeln nicht veröffentlichen möchte), so sieht er sein Leben als ein Kunstwerk Gottes, und als das ist es allerdings betrachtenswert, jedes Leben und Alles. Doch kann nur der Künstler das Einzelne so darstellen, daß es uns als Kunstwerk erscheint; jene Manuskripte verlieren *mit Recht* ihren Wert, wenn man sie einzeln, und überhaupt, wenn man sie un*voreingenommen*, das heißt, ohne schon vorher begeistert zu sein, betrachtet. Das Kunstwerk zwingt uns – sozusagen – zu der richtigen Perspektive, ohne die Kunst aber ist der Gegenstand ein Stück Natur, wie jedes andre, und daß *wir* es durch die Begeisterung erheben können, das berechtigt niemand es uns vorzusetzen. (Ich muß immer an eine jener faden Naturaufnahme[n] denken, die der, der sie aufgenommen interessant findet, weil er dort selbst war, etwas erlebt hat; der Dritte aber mit berechtigter Kälte betrachtet, wenn es überhaupt gerechtfertigt ist, ein Ding mit Kälte zu betrachten.)

Nun scheint mir aber, gibt es außer der Arbeit des Künstlers noch eine andere, die Welt sub specie aeterni einzufangen. Es ist – glaube ich – der Weg des Gedankens, der gleichsam über die Welt hinfliege und sie so läßt, wie sie ist – sie von oben vom Fluge betrachtend.

1930

Ich lese in Renans ›Peuple d'Israël‹: »La naissance, la maladie, la mort, le délire, la catalepsie, le sommeil, les rêves frappaient infiniment, et, même aujourd'hui, il n'est donné qu'à un petit nombre de voir clairement que ces phénomènes ont leurs causes dans notre organisation.«* Im Gegenteil, es besteht gar kein Grund, sich über diese Dinge zu wundern, weil sie so alltäglich sind. Wenn sich der primitive Mensch über sie wundern *muß*, wieviel mehr der Hund und der Affe. Oder nimmt man an, daß die Menschen quasi plötzlich aufgewacht sind, und diese Dinge, die schon immer da waren, nun plötzlich bemerken und begreiflicherweise erstaunt waren? – Ja, etwas Ähnliches könnte man sogar annehmen; aber nicht, daß sie diese Dinge zum erstenmal wahrnehmen, sondern, daß sie plötzlich anfangen, sich über sie zu wundern. Das aber hat wieder nichts mit ihrer Primitivität zu tun. Es sei denn, daß man es primitiv nennt, sich nicht über die Dinge zu wundern, dann aber sind gerade die heutigen Menschen und Renan selbst primitiv, wenn er glaubt, die Erklärung der Wissenschaft könne das Staunen heben.

Als ob der Blitz heute alltäglicher oder weniger staunenswert wäre als vor 2000 Jahren.

Zum Staunen muß der Mensch – und vielleicht Völker – aufwachen. Die Wissenschaft ist ein Mittel um ihn wieder einzuschläfern.

D.h., es ist einfach falsch zu sagen: Natürlich, diese primitiven Völker *mußten* alle Phänomene anstaunen. Vielleicht aber richtig, diese Völker *haben* alle Dinge ihrer Umgebung angestaunt. – Daß sie sie anstaunen mußten, ist ein primitiver Aberglaube. (Wie der, daß sie sich vor allen Naturkräften fürchten *mußten*, und wir uns natürlich nicht fürchten brauchen. Aber die Erfahrung mag lehren, daß gewisse primitive Stämme sehr zur Furcht vor den Naturphänomenen neigen. – Es ist aber nicht ausgeschlossen, daß *hoch*zivilisierte Völker wieder zu eben dieser Furcht neigen werden, und ihre Zivilisation und die wissenschaftliche Kenntnis kann sie nicht davor schützen. Freilich ist es wahr, daß der *Geist*, in dem die Wissenschaft heute betrieben wird, mit einer solchen Furcht nicht vereinbar ist.) 1930

* Ernest Renan: Histoire du Peuple d'Israël, Tome Premier, Chapitre III.

Wenn Renan vom ›bon sens précoce‹ der semitischen Rassen spricht (eine Idee, die mir vor langer Zeit schon vorgeschwebt ist), so ist das das *Undichterische*, unmittelbar auf's Konkrete gehende. Das, was meine Philosophie bezeichnet.

Die Dinge liegen unmittelbar da vor unsern Augen, kein Schleier über ihnen. – Hier trennen sich Religion und Kunst.

1930

ZU EINEM VORWORT:*

Dieses Buch ist für diejenigen geschrieben, die dem Geist, in dem es geschrieben ist, freundlich gegenüberstehen. Dieser Geist ist, glaube ich, ein anderer als der des großen Stromes der europäischen und amerikanischen Zivilisation. Der Geist dieser Zivilisation, dessen Ausdruck die Industrie, Architektur, Musik, der Faschismus und Sozialismus unserer Zeit ist, ist dem Verfasser fremd und unsympathisch. Dies ist kein Werturteil. Nicht, als ob er glaubte, daß was sich heute als Architektur ausgibt, Architektur wäre, und nicht, als ob er dem, was moderne Musik heißt, nicht das größte Mißtrauen entgegenbrächte (ohne ihre Sprache zu verstehen), aber das Verschwinden der Künste rechtfertigt kein absprechendes Urteil über eine Menschheit. Denn echte und starke Naturen wenden sich eben in dieser Zeit von dem Gebiet der Künste ab, und anderen Dingen zu, und der Wert des Einzelnen kommt irgendwie zum Ausdruck. Freilich nicht wie zur Zeit einer großen Kultur. Die Kultur ist gleichsam eine große Organisation, die jedem, der zu ihr gehört, seinen Platz anweist, an dem er im Geist des Ganzen arbeiten kann, und seine Kraft kann mit großem Recht an seinem Erfolg im Sinne des Ganzen gemessen werden. Zur Zeit der Unkultur aber zersplittern sich die Kräfte und die Kraft des Einzelnen wird durch entgegengesetzte Kräfte und Reibungswiderstände verbraucht, und kommt nicht in der Länge des durchlaufenen Weges zum Ausdruck,

* Eine frühere Fassung des gedruckten Vorworts zu *Philosophische Bemerkungen*. Herausgegeben von Rush Rhees. Werkausgabe, Band 2.

sondern vielleicht nur in der Wärme, die er beim Überwinden der Reibungswiderstände erzeugt hat. Aber Energie bleibt Energie, und wenn so das Schauspiel, das dieses Zeitalter bietet, auch nicht das des Werdens eines großen Kulturwerkes ist, in dem die Besten dem gleichen großen Zweck zuarbeiten, sondern das wenig imposante Schauspiel einer Menge, deren Beste nur privaten Zielen nachstreben, so dürfen wir nicht vergessen, daß es auf das Schauspiel nicht ankommt.

Ist es mir so klar, daß das Verschwinden einer Kultur nicht das Verschwinden menschlichen Wertes bedeutet, sondern bloß gewisser Ausdrucksmittel dieses Werts, so bleibt dennoch die Tatsache bestehen, daß ich dem Strom der europäischen Zivilisation ohne Sympathie zusehe, ohne Verständnis für die Ziele, wenn sie welche hat. Ich schreibe also eigentlich für Freunde, welche in Winkeln der Welt verstreut sind.

Ob ich von dem typischen westlichen Wissenschaftler verstanden oder geschätzt werde, ist mir gleichgültig, weil er den Geist, in dem ich schreibe, doch nicht versteht. Unsere Zivilisation ist durch das Wort ›Fortschritt‹ charakterisiert. Der Fortschritt ist ihre Form, nicht eine ihrer Eigenschaften, daß sie fortschreitet. Sie ist typisch aufbauend. Ihre Tätigkeit ist es, ein immer komplizierteres Gebilde zu konstruieren. Und auch die Klarheit dient doch nur wieder diesem Zweck und ist nicht Selbstzweck. Mir dagegen ist die Klarheit, die Durchsichtigkeit, Selbstzweck.

Es interessiert mich nicht, ein Gebäude aufzuführen, sondern die Grundlagen der möglichen Gebäude durchsichtig vor mir zu haben.

Mein Ziel ist also ein anderes als das der Wissenschaftler, und meine Denkbewegung von der ihrigen verschieden.

Jeder Satz, den ich schreibe, meint immer schon das Ganze, also immer wieder dasselbe und es sind gleichsam nur Ansichten eines Gegenstandes unter verschiedenen Winkeln betrachtet.

Ich könnte sagen: Wenn der Ort, zu dem ich gelangen will, nur auf einer Leiter zu ersteigen wäre, gäbe ich es auf, dahin zu gelangen. Denn dort, wo ich wirklich hin muß, dort muß ich eigentlich schon sein.

Was auf einer Leiter erreichbar ist, interessiert mich nicht.

Die erste Bewegung reiht einen Gedanken an den anderen, die andere zielt immer wieder nach demselben Ort.

Die eine Bewegung baut und nimmt Stein auf Stein in die Hand, die andere greift immer wieder nach demselben. 1930

Die Gefahr eines langen Vorworts* ist die, daß der Geist eines Buchs sich in diesem zeigen muß, und nicht beschrieben werden kann. Denn ist ein Buch nur für wenige geschrieben, so wird sich das eben dadurch zeigen, daß nur wenige es verstehen. Das Buch muß automatisch die Scheidung derer bewirken, die es verstehen, und die es nicht verstehen. Auch das Vorwort ist eben für die geschrieben, die das Buch verstehen.

Es hat keinen Sinn jemandem etwas zu sagen, was er nicht versteht, auch wenn man hinzusetzt, daß er es nicht verstehen kann. (Das geschieht so oft mit einem Menschen, den man liebt.)

Willst Du nicht, daß gewisse Menschen in ein Zimmer gehen, so hänge ein Schloß vor, wozu sie keinen Schlüssel haben. Aber es ist sinnlos, darüber mit ihnen zu reden, außer Du willst doch, daß sie das Zimmer von außen bewundern!

Anständigerweise, hänge ein Schloß vor die Türe, das nur denen auffällt, die es öffnen können, und den andern nicht.

Aber es ist richtig zu sagen, daß das Buch, meiner Meinung nach, mit der fortschreitenden europäischen und amerikanischen Zivilisation nichts zu tun hat.

Daß diese Zivilisation vielleicht die notwendige Umgebung dieses Geistes ist, aber daß sie verschiedene Ziele haben.

Alles rituelle (quasi Hohepriesterische) ist streng zu vermeiden, weil es unmittelbar in Fäulnis übergeht.

* S. die vorangehende Bemerkung.

Ein Kuß ist freilich auch ein Ritus und er fault nicht, aber eben nur soviel Ritus ist erlaubt, als so echt ist, wie ein Kuß.

Es ist eine große Versuchung den Geist explicit machen zu wollen. 1930

Wo man an die Grenze seiner eigenen Anständigkeit stößt, dort entsteht quasi ein Winkel der Gedanken, ein endloser Regreß: Man mag *sagen*, was man will, es führt einen nicht weiter. 1930

Ich lese in Lessing (über die Bibel)*: »Setzt hierzu noch die Einkleidung und den Stil ..., durchaus voll Tautologien, aber solchen, die den Scharfsinn üben, indem sie bald etwas anderes zu sagen scheinen, und doch das nämliche sagen, bald das nämliche zu sagen scheinen, und im Grunde etwas anderes bedeuten oder bedeuten können.« 1930

Wenn ich nicht recht weiß, wie ein Buch anfangen, so kommt das daher, daß noch etwas unklar ist. Denn ich möchte mit dem der Philosophie gegebenen, den geschriebenen und gesprochenen Sätzen, quasi den Büchern, anfangen.

Und hier begegnet man der Schwierigkeit des »Alles fließt«. Und mit ihr ist vielleicht überhaupt anzufangen. 1930

Wer seiner Zeit nur voraus ist, den holt sie einmal ein. 1930

* Lessing: *Die Erziehung des Menschengeschlechts.* § 48-49.

Die Musik scheint manchem eine primitive Kunst zu sein, mit ihren wenigen Tönen und Rhythmen. Aber einfach ist nur ihre Oberfläche, während der Körper, der die Deutung dieses manifesten Inhalts ermöglicht, die ganze unendliche Komplexität besitzt, die wir in dem Äußeren der anderen Künste angedeutet finden, und die die Musik verschweigt. Sie ist in gewissem Sinne die raffinierteste aller Künste. 1931

Es gibt Probleme, an die ich nie herankomme, die nicht in meiner Linie oder in meiner Welt liegen. Probleme der abendländischen Gedankenwelt, an die Beethoven (und vielleicht teilweise Goethe) herangekommen ist, und mit denen er gerungen hat, die aber kein Philosoph je angegangen hat (vielleicht ist Nietzsche an ihnen vorbeigekommen). Und vielleicht sind sie für die abendländische Philosophie verloren, d. h., es wird niemand da sein, der den Fortgang dieser Kultur als Epos empfindet, also beschreiben kann. Oder richtiger, sie ist eben kein Epos mehr, oder doch nur für den, der sie von außen betrachtet, und vielleicht hat dies Beethoven vorschauend getan (wie Spengler einmal andeutet). Man könnte sagen, die Zivilisation muß ihren Epiker voraushaben. Wie man den eigenen Tod nur voraussehen und vorausschauend beschreiben, nicht als Gleichzeitiger von ihm berichten kann. Man könnte also sagen: Wenn Du das Epos einer ganzen Kultur beschrieben sehen willst, so mußt Du es unter den Werken der größten dieser Kultur, also zu einer Zeit, suchen, in der das Ende dieser Kultur nur hat *voraus*gesehen werden können, denn später ist niemand mehr da es zu beschreiben. Und so ist es also kein Wunder, wenn es nur in der dunklen Sprache der Vorausahnung geschrieben ist und für die Wenigsten verständlich. 1931

Ich aber komme zu diesen Problemen überhaupt nicht. Wenn ich »have done with the world«, so habe ich eine amorphe (durchsichtige) Masse geschaffen, und die Welt mit ihrer ganzen

Vielfältigkeit bleibt, wie eine uninteressante Gerümpelkammer, links liegen.

Oder vielleicht richtiger: das ganze Resultat der ganzen Arbeit ist das Linksliegenlassen der Welt. (Das In-die-Rumpelkammer-werfen der ganzen Welt). 1931

Eine Tragik gibt es in dieser Welt (der meinen) nicht, und damit all das Unendliche nicht, was eben die Tragik (als Ergebnis) hervorbringt.

Es ist sozusagen alles in dem Weltäther löslich; es gibt keine Härten.

Das heißt, die Härte und der Konflikt wird nicht zu etwas Herrlichem, sondern zu einem *Fehler*. 1931

Der Konflikt löst sich etwa, wie die Spannung einer Feder in einem Mechanismus, den man schmilzt (oder in Salpetersäure auflöst). In dieser Lösung gibt es keine Spannungen mehr. 1931

Wenn ich sage, daß mein Buch nur für einen kleinen Kreis von Menschen bestimmt ist (wenn man das einen Kreis nennen kann), so will ich damit nicht sagen, daß dieser Kreis, meiner Auffassung nach, die Elite der Menschheit ist, aber es sind die Menschen, an die ich mich wende (nicht weil sie besser oder schlechter sind als die andern, sondern), weil sie mein Kulturkreis sind, gleichsam die Menschen meines Vaterlandes, im Gegensatz zu den anderen, die mir *fremd* sind. 1931

Die Grenze der Sprache zeigt sich in der Unmöglichkeit, die Tatsache zu beschreiben, die einem Satz entspricht (seine Übersetzung ist), ohne eben den Satz zu wiederholen.

(Wir haben es hier mit der Kantischen Lösung des Problems der Philosophie zu tun.) 1931

Kann ich sagen, das Drama hat seine eigene Zeit, die nicht ein Abschnitt der historischen Zeit ist? D.h., ich kann in ihm von früher und später reden, aber die Frage hat *keinen Sinn*, ob die Ereignisse etwa vor oder nach Cäsars Tod geschehen sind. 1931

Beiläufig gesprochen, hat es nach der alten Auffassung – etwa der der (großen) westlichen Philosophen – zwei Arten von Problemen im wissenschaftlichen Sinne gegeben: wesentliche, große, universelle, und unwesentliche, quasi accidentelle Probleme. Und dagegen ist unsere Auffassung, daß es kein *großes*, wesentliches Problem im Sinne der Wissenschaft gibt. 1931

Struktur und Gefühl in der Musik. Die Gefühle begleiten das Auffassen eines Musikstücks, wie sie die Vorgänge des Lebens begleiten. 1931

Der Ernst Labors ist ein sehr später Ernst. 1931

Das Talent ist ein Quell, woraus immer wieder neues Wasser fließt. Aber diese Quelle wird wertlos, wenn sie nicht in rechter Weise benutzt wird. 1931

»Was der Gescheite weiß, ist schwer zu wissen.« Hat die Verachtung Goethes für das Experiment im Laboratorium und die Aufforderung in die freie Natur zu gehen und dort zu lernen, hat dies mit dem Gedanken zu tun, daß die Hypothese (unrichtig aufgefaßt) schon eine Fälschung der Wahrheit ist? Und mit dem Anfang, den ich mir jetzt für mein Buch denke, der in einer Naturbeschreibung bestehen könnte? 1931

Wenn Menschen eine Blume oder ein Tier häßlich finden, so stehen sie immer unter dem Eindruck, es seien Kunstprodukte. »Es schaut so aus, wie ...«, heißt es dann. Das wirft ein Licht auf die Bedeutung der Worte »häßlich« und »schön«. 1931

Die liebliche Temperaturdifferenz der Teile eines menschlichen Körpers. 1931

Es ist beschämend, sich als leerer Schlauch zeigen zu müssen, der nur vom Geist aufgeblasen wird. 1931

Niemand will den Andern gerne verletzt haben; darum tut es jedem so gut, wenn der Andere sich nicht verletzt zeigt. Niemand will gerne eine beleidigte Leberwurst vor sich haben. Das merke Dir. Es ist viel leichter, dem Beleidigten geduldig – und duldend – aus dem Weg gehen, als ihm freundlich entgegengehen. Dazu gehört auch Mut. 1931

Zu dem, der Dich nicht mag, gut zu sein, erfordert nicht nur viel Gutmütigkeit, sondern auch viel *Takt*. 1931

Wir kämpfen mit der Sprache.
Wir stehen im Kampf mit der Sprache. 1931

Die Lösung philosophischer Probleme verglichen mit dem Geschenk im Märchen, das im Zauberschloß zauberisch erscheint und wenn man es draußen beim Tag betrachtet, nichts ist, als ein gewöhnliches Stück Eisen (oder dergleichen). 1931

Der Denker gleicht sehr dem Zeichner, der alle Zusammenhänge nachzeichnen will. 1931

Kompositionen, die am Klavier, auf dem Klavier, komponiert sind, solche, die mit der Feder denkend und solche, die mit dem inneren Ohr allein komponiert sind, müssen einen *ganz* verschiedenen Charakter tragen und einen Eindruck ganz verschiedener Art machen.

Ich glaube bestimmt, daß Bruckner nur mit dem inneren Ohr und einer Vorstellung vom spielenden Orchester, Brahms mit der Feder, komponiert hat. Das ist natürlich einfacher dargestellt, als es ist. *Eine* Charakteristik aber ist damit getroffen. 1931

Eine Tragödie könnte doch immer anfangen mit den Worten: »Es wäre gar nichts geschehen, wenn nicht ...«

(Wenn er nicht mit einem Zipfel seines Kleides in die Maschine geraten wäre?)

Aber ist das nicht eine einseitige Betrachtung der Tragödie, die sie nur zeigen läßt, daß eine Begegnung unser ganzes Leben entscheiden kann. 1931

Ich glaube, daß es heute ein Theater geben könnte, wo mit Masken gespielt würde. Die Figuren wären eben stylisierte Menschen-Typen. In den Schriften Kraus' ist das deutlich zu sehen. Seine Stücke könnten, oder müßten, in Masken aufgeführt werden. Dies entspricht natürlich einer gewissen Abstraktheit dieser Produkte. Und das Maskentheater ist, wie ich es meine, überhaupt der Ausdruck eines spiritualistischen Charakters. Es werden daher auch vielleicht nur die Juden zu diesem Theater neigen. 1931

Frida Schanz:

Nebeltag. Der graue Herbst geht um.
Das Lachen scheint verdorben;
die Welt liegt heut so stumm,
als sei sie nachts gestorben.
Im golden roten Hag
brauen die Nebeldrachen;
und schlummernd liegt der Tag.
Der Tag will nicht erwachen.

Das Gedicht habe ich aus einem »Rösselsprung« entnommen, wo natürlich die Interpunktion fehlte. Ich weiß daher z. B. nicht, ob das Wort »Nebeltag« der Titel ist, oder ob es zur ersten Zeile gehört, wie ich es geschrieben habe. Und es ist merkwürdig, wie trivial das Gedicht klingt, wenn es nicht mit dem Wort »Nebeltag«, sondern mit »Der graue« beginnt. Der Rhythmus des *ganzen* Gedichts ändert sich dadurch.* 1931

Was Du geleistet hast, kann Andern nicht mehr bedeuten als Dir selbst.

Soviel als es Dich gekostet hat, soviel werden sie zahlen. 1931

* Var. im Manuskript: »Der *ganze* Rhyhtmus des Gedichts ...«

Der Jude ist eine wüste Gegend, unter deren dünner Gesteinschicht aber die feurig-flüssigen Massen des Geistigen liegen.

1931

Grillparzer: »Wie leicht bewegt man sich im Großen und im Fernen, wie schwer faßt sich, was nah und einzeln an ...« 1931

Welches Gefühl hätten wir, wenn wir nicht von Christus gehört hätten?

Hätten wir das Gefühl der Dunkelheit und Verlassenheit?

Haben wir es nur insofern nicht als es ein Kind nicht hat, wenn es weiß, daß jemand mit ihm im Zimmer ist?

Religiöser Wahnsinn ist Wahnsinn aus Irreligiosität. 1931

Sehe die Photographie von Korsischen Briganten und denke mir: die Gesichter sind zu hart und meines zu weich, als daß das Christentum darauf schreiben könnte. Die Gesichter der Briganten sind schrecklich anzusehen und doch sind sie gewiß nicht weiter von einem guten Leben entfernt und nur auf einer andren Seite desselben gelegen als ich. 1931

Labor ist, wo er gute Musik schreibt, absolut unromantisch. Das ist ein sehr merkwürdiges und bedeutsames Zeichen. 1931

Wenn man die sokratischen Dialoge liest, so hat man das Gefühl: welche fürchterliche Zeitvergeudung! Wozu diese Argumente, die nichts beweisen und nichts klären? 1931

Die Geschichte des Peter Schlemihls* sollte, wie mir scheint, so lauten: Er verschreibt seine Seele um Geld dem Teufel. Dann reut es ihn und nun verlangt der Teufel den Schatten als Lösegeld. Peter Schlemihl aber bleibt die Wahl seine Seele dem Teufel zu schenken, oder mit dem Schatten auf das Gemeinschaftsleben der Menschen zu verzichten. 1931

Im Christentum sagt der liebe Gott gleichsam zu den Menschen: Spielt nicht Tragödie, das heißt Himmel und Hölle auf Erden. Himmel und Hölle habe *ich* mir vorbehalten. 1931

So könnte Spengler besser verstanden werden, wenn er sagte: ich *vergleiche* verschiedene Kulturperioden dem Leben von Familien; innerhalb der Familie gibt es eine Familienähnlichkeit, während es auch zwischen Mitgliedern verschiedener Familien eine Ähnlichkeit gibt; die Familienähnlichkeit unterscheidet sich von der andern Ähnlichkeit so und so etc. Ich meine: Das Vergleichsobjekt, der Gegenstand, von welchem diese Betrachtungsweise abgezogen ist, muß uns angegeben werden, damit nicht in die Diskussion immer Ungerechtigkeiten einfließen. Denn da wird dann alles, was für das Urbild der Betrachtung stimmt, nolens volens auch von dem Objekt, worauf wir die Betrachtung anwenden behauptet; und behauptet »es *müsse immer*...«.

Das kommt nun daher, daß man den Merkmalen des Urbilds einen Halt in der Betrachtung geben will. Da man aber Urbild und Objekt vermischt, dem Objekt dogmatisch beilegen muß, was nur das Urbild charakterisieren muß. Anderseits glaubt man, die Betrachtung habe nicht die Allgemeinheit, die man ihr geben will, wenn sie nur für den einen Fall wirklich stimmt. Aber das Urbild soll ja eben als solches hingestellt werden; daß es die ganze Betrachtung charakterisiert, ihre Form bestimmt. Es steht

* Adelbert von Chamisso, »Peter Schlemihls wundersame Geschichte«.

also an der Spitze und ist dadurch allgemein gültig, daß es die Form der Betrachtung bestimmt, nicht dadurch, daß alles, was nur von ihm gilt, von allen Objekten der Betrachtung ausgesagt wird.

Man möchte so bei allen übertriebenen, dogmatisierenden Behauptungen immer fragen: Was ist denn nun daran wirklich wahr? Oder auch: In welchem Fall stimmt denn das nun wirklich? 1931

Aus dem Simplicissimus: Rätsel der Technik. (Bild: Zwei Professoren vor einer im Bau befindlichen Brücke.) Stimme von oben: »Laß abi – hüah – laß abi sag' i – nacha drah'n mer'n anders um!« – – »Es ist doch unfaßlich, Herr Kollega, daß eine so komplizierte und exakte Arbeit in dieser Sprache zustande kommen kann.« 1931

Man hört immer wieder die Bemerkung, daß die Philosophie eigentlich keinen Fortschritt mache, daß die gleichen philosophischen Probleme, die schon die Griechen beschäftigten, uns noch beschäftigen. Die das aber sagen, verstehen nicht den Grund, warum es so sein muß. Der ist aber, daß unsere Sprache sich gleich geblieben ist und uns immer wieder zu denselben Fragen verführt. Solange es ein Verbum ›sein‹ geben wird, das zu funktionieren scheint wie ›essen‹ und ›trinken‹, solange es Adjektive ›identisch‹, ›wahr‹, ›falsch‹, ›möglich‹ geben wird, solange von einem Fluß der Zeit und von einer Ausdehnung des Raumes die Rede sein wird, usw., usw., solange werden die Menschen immer wieder an die gleichen rätselhaften Schwierigkeiten stoßen, und auf etwas starren, was keine Erklärung scheint wegheben zu können.

Und dies befriedigt im Übrigen ein Verlangen nach dem Transcendenten, denn, indem sie die »Grenze des menschlichen Verstandes« zu sehen glauben, glauben sie natürlich, über ihn hinaus sehen zu können. 1931

Ich lese: »... philosophers are no nearer to the meaning of ›Reality‹ than Plato got, ...«. Welche seltsame Sachlage. Wie sonderbar, daß Platon dann überhaupt so weit kommen konnte! Oder, daß wir dann nicht weiter kommen konnten! War es, weil Platon *so* gescheit war? 1931

Kleist schrieb einmal*, es wäre dem Dichter am liebsten, er könnte die Gedanken selbst ohne Wort übertragen. (Welch seltsames Eingeständnis.) 1931

Es wird oft gesagt, daß die neue Religion die Götter der alten zu Teufeln stempelt. Aber in Wirklichkeit sind diese dann wohl schon zu Teufeln geworden. 1931

Die Werke der großen Meister sind Sonnen, die um uns her auf- und untergehen. So wird die Zeit für jedes große Werk wiederkommen, das jetzt untergegangen ist. 1931

Mendelssohns Musik, wo sie vollkommen ist, sind musikalische Arabesken. Daher empfinden wir bei ihm jeden Mangel an Strenge peinlich. 1931

Der Jude wird in der westlichen Zivilisation immer mit Maßen gemessen, die auf ihn nicht passen. Daß die griechischen Denker weder im westlichen Sinn Philosophen, noch im westlichen Sinn Wissenschaftler waren, daß die Teilnehmer der Olympischen

* »Brief eines Dichters an einen anderen«, 5. Januar 1811.

Spiele nicht Sportler waren und in kein westliches Fach passen, ist vielen klar. Aber so geht es auch den Juden. Und indem uns die Wörter unserer Sprache als die Maße schlechthin erscheinen, tun wir ihnen immer Unrecht. Und sie werden bald überschätzt, bald unterschätzt. Richtig reiht dabei Spengler Weininger nicht unter die westlichen Philosophen [Denker]. 1931

Nichts, was man tut, läßt sich endgültig verteidigen. Sondern nur in Bezug auf etwas anderes Festgesetztes. D.h., es läßt sich kein Grund angeben, warum man *so* handeln soll (oder hat handeln sollen), als der sagt, daß dadurch dieser Sachverhalt hervorgerufen werde, den man wieder als Ziel *hinnehmen* muß.

1931

Das Unaussprechbare (das, was mir geheimnisvoll erscheint und ich nicht auszusprechen vermag) gibt vielleicht den Hintergrund, auf dem das, was ich aussprechen konnte, Bedeutung bekommt. 1931

Die Arbeit an der Philosophie ist – wie vielfach die Arbeit in der Architektur – eigentlich mehr die Arbeit an Einem selbst. An der eignen Auffassung. Daran, wie man die Dinge sieht. (Und was man von ihnen verlangt.) 1931

Der Philosoph kommt leicht in die Lage eines ungeschickten Direktors, der, statt *seine* Arbeit zu tun und nur darauf zu schauen, daß seine Angestellten ihre Arbeit richtig machen, ihnen ihre Arbeit abnimmt und sich so eines Tages mit fremder Arbeit überladen sieht, während die Angestellten zuschauen und ihn kritisieren. 1931

Der Gedanke ist schon vermüdelt und läßt sich nicht mehr gebrauchen. (Eine ähnliche Bemerkung hörte ich einmal von Labor, musikalische Gedanken betreffend.) Wie Silberpapier, das einmal verknittert ist, sich nie mehr ganz glätten läßt. Fast alle meine Gedanken sind etwas verknittert. 1931

Ich denke tatsächlich mit der Feder, denn mein Kopf weiß oft nichts von dem, was meine Hand schreibt. 1931

Die Philosophen sind oft wie kleine Kinder, die zuerst mit ihrem Bleistift beliebige Striche auf ein Papier kritzeln und dann den Erwachsenen fragen »was ist das?« – Das ging so zu: Der Erwachsene hatte dem Kind öfters etwas vorgezeichnet und gesagt: »das ist ein Mann«, »das ist ein Haus«, usw. Und nun macht das Kind auch Striche und fragt: was ist nun *das*? 1931

Ramsey war ein bürgerlicher Denker. D. h., seine Gedanken hatten den Zweck, die Dinge in einer gegebenen Gemeinde zu ordnen. Er dachte nicht über das Wesen des Staates nach – oder doch nicht gerne – sondern darüber, wie man *diesen* Staat vernünftig einrichten könne. Der Gedanke, daß dieser Staat nicht der einzig mögliche sei, beunruhigte ihn teils, teils langweilte er ihn. Er wollte so geschwind als möglich dahin kommen, über die Grundlagen – *dieses* Staates – nachzudenken. Hier lag seine Fähigkeit und sein eigentliches Interesse; während die eigentlich philosophische Überlegung ihn beunruhigte, bis er ihr Resultat (wenn sie eins hatte) als trivial zur Seite schob. 1931

Es könnte sich eine seltsame Analogie daraus ergeben, daß das Okular auch des riesigsten Fernrohrs nicht größer sein darf*, als unser Auge. 1931

Tolstoi: die Bedeutung (Bedeutsamkeit) eines Gegenstandes liegt in seiner allgemeinen Verständlichkeit. – Das ist wahr und falsch. Das, was den Gegenstand schwer verständlich macht, ist – wenn er bedeutend, wichtig, ist – nicht, daß irgendeine besondere Instruktion über abstruse Dinge zu seinem Verständnis erforderlich wäre, sondern der Gegensatz zwischen dem Verstehen des Gegenstandes und dem, was die meisten Menschen sehen *wollen*. Dadurch kann gerade das Naheliegendste am allerschwersten verständlich werden. Nicht eine Schwierigkeit des Verstandes, sondern des Willens, ist zu überwinden. 1931

Wer heute Philosophie lehrt, gibt dem Andern Speisen, nicht, weil sie ihm schmecken, sondern um seinen Geschmack zu ändern. 1931

Ich soll nur der Spiegel sein, in welchem mein Leser sein eigenes Denken mit allen seinen Unförmigkeiten sieht, und mit dieser Hilfe zurecht richten kann. 1931

Die Sprache hat für Alle die gleichen Fallen bereit; das ungeheure Netz gut gangbarer Irrwege. Und so sehen wir also Einen nach dem Andern die gleichen Wege gehn, und wissen schon, wo er jetzt abbiegen wird, wo er geradeaus fortgehen wird, ohne die Abzweigung zu bemerken, etc. etc. Ich sollte also an allen Stel-

* Var. im Manuskript: »nicht größer ist«.

len, wo falsche Wege abzweigen, Tafeln aufstellen, die über die gefährlichen Punkte hinweghelfen. 1931

Was Eddington über ›die Richtung der Zeit‹ und den Entropiesatz sagt, läuft darauf hinaus, daß die Zeit ihre Richtung umkehren würde, wenn die Menschen eines Tages anfingen, rückwärts zu gehen. Wenn man will, kann man das freilich so nennen; man muß dann nur darüber klar sein, daß man damit nichts anders sagt als, daß die Menschen ihre Gehrichtung geändert haben. 1931

Einer teilt die Menschen ein, in Käufer und Verkäufer, und vergißt, daß Käufer auch Verkäufer sind. Wenn ich ihn daran erinnere, wird seine Grammatik geändert?? 1931

Das eigentliche Verdienst eines Kopernikus oder Darwin war nicht die Entdeckung einer wahren Theorie, sondern eines fruchtbaren neuen Aspekts. 1931

Ich glaube, was Goethe eigentlich hat finden wollen, war keine physiologische, sondern eine psychologische Theorie der Farben. 1931

Eine Beichte muß ein Teil des neuen Lebens sein. 1931

Ich drücke, was ich ausdrücken will, doch immer nur »mit halbem Gelingen« aus. Ja, auch das nicht, sondern vielleicht nur mit einem Zehntel. Das will doch etwas besagen. Mein Schreiben ist oft nur ein »Stammeln«. 1931

Das jüdische »Genie« ist nur ein Heiliger. Der größte jüdische Denker ist nur ein Talent. (Ich z.B.)

Es ist, glaube ich, eine Wahrheit darin, wenn ich denke, daß ich eigentlich in meinem Denken nur reproduktiv bin. Ich glaube, ich habe nie eine Gedankenbewegung *erfunden*, sondern sie wurde mir immer von jemand anderem gegeben. Ich habe sie nur sogleich leidenschaftlich zu meinem Klärungswerk aufgegriffen. So haben mich Boltzmann, Hertz, Schopenhauer, Frege, Russell, Kraus, Loos, Weininger, Spengler, Sraffa beeinflußt. Kann man als ein Beispiel jüdischer Reproduktivität Breuer und Freud heranziehen? – Was ich erfinde, sind neue *Gleichnisse*.

Als ich seinerzeit den Kopf für Drobil modellierte, so war auch die Anregung wesentlich ein Werk Drobils und meine Arbeit war eigentlich wieder die des Klärens. Ich glaube, das Wesentliche ist, daß die Tätigkeit des Klärens mit Mut betrieben werden muß: fehlt der, so wird sie ein bloßes gescheites Spiel.

Der Jude muß im eigentlichen Sinn »sein Sach' auf nichts stellen«. Aber das fällt gerade ihm besonders schwer, weil er, sozusagen, nichts hat. Es ist viel schwerer freiwillig arm zu sein, wenn man arm sein *muß*, als, wenn man auch reich sein könnte.

Man könnte sagen (ob es nun stimmt oder nicht), daß der jüdische Geist nicht im Stande ist, auch nur ein Gräschen oder Blümchen hervorzubringen, daß es aber seine Art ist, das Gräschen oder die Blume, die im andern Geist gewachsen ist, abzuzeichnen und damit ein umfassendes Bild zu entwerfen. Das ist nun nicht die Angabe eines Lasters und es ist alles in Ordnung, solange das nur völlig klar bleibt. Gefährlich wird es erst, wenn man die Art des Jüdischen mit der des Nicht-Jüdischen Werks verwechselt, und besonders, wenn das der Schöpfer des ersteren selbst tut, was so nahe liegt. (Sieht er nicht so stolz aus, als ob er selber gemolken wäre.*)

* Der Satz zwischen Parenthesen stammt aus Wilhelm Buschs Prosadichtung

Es ist dem jüdischen Geiste typisch, das Werk eines Andern besser zu verstehen, als der es selbst versteht. 1931

Ich habe mich oft dabei ertappt, wenn ich ein Bild entweder richtig hätte rahmen lassen oder in die richtige Umgebung gehangen hatte, so stolz zu sein, als hätte ich das Bild gemalt. Das ist eigentlich nicht richtig: nicht »so stolz, als hätte ich es gemalt«, sondern so stolz, als hätte ich es malen geholfen, als hätte ich sozusagen einen kleinen Teil davon gemalt. Es ist so, als würde der außerordentliche Arrangeur von Gräsern am Schluß denken, daß er doch, wenigstens ein ganz winziges Gräschen, selbst erzeugt habe. Während er sich klar sein muß, daß seine Arbeit auf einem gänzlich andern Gebiet liegt. Der Vorgang der Entstehung auch des winzigsten und schäbigsten Gräschens ist ihm gänzlich fremd und unbekannt. 1931

Das genaueste Bild eines ganzen Apfelbaumes hat in gewissem Sinne unendlich viel weniger Ähnlichkeit mit ihm, als das kleinste Masliebchen mit dem Baum hat. Und in diesem Sinne ist eine Brucknersche Symphonie mit einer Symphonie der heroischen Zeit unendlich näher verwandt, als eine Mahlerische. Wenn diese ein Kunstwerk ist, dann eines *gänzlich* andrer Art. (Diese Betrachtung aber selbst ist eigentlich Spenglerisch.) 1931

Als ich übrigens in Norwegen war, im Jahre 1913-14, hätte ich eigene Gedanken, so scheint es mir jetzt wenigstens. Ich meine, es kommt mir so vor, als hätte ich damals in mir neue Denkbewegungen geboren (aber vielleicht irre ich mich). Während ich jetzt nur mehr alte anzuwenden scheine. 1931

»Eduards Traum«. Der Herausgeber ist Herrn Robert Löffler für diese Auskunft zu Dank verpflichtet.

Rousseau hat etwas Jüdisches in seiner Natur. 1931

Wenn manchmal gesagt wird, die Philosophie eines Menschen sei Temperamentssache, so ist auch darin eine Wahrheit. Die Bevorzugung gewisser Gleichnisse ist das, was könnte man Temperamentssache nennen und auf ihr beruht ein viel größerer Teil der Gegensätze, als es scheinen möchte. 1931

»Betrachte diese Beule als ein regelrechtes Glied deines Körpers!« Kann man das, auf Befehl? Ist es in meiner Macht, willkürlich ein Ideal von meinem Körper zu haben oder nicht?

Die Geschichte der Juden wird darum in der Geschichte der europäischen Völker nicht mit der Ausführlichkeit behandelt, wie es ihr Eingriff in die europäischen Ereignisse eigentlich verdiente, weil sie als eine Art Krankheit, und Anomalie, in dieser Geschichte empfunden werden und niemand gern eine Krankheit mit dem normalen Leben gleichsam auf eine Stufe stellt [und niemand gern von einer Krankheit als etwas Gleichberechtigtem mit den gesunden Vorgängen (auch schmerzhafte) im Körper spricht.]

Man kann sagen: diese Beule kann nur dann als ein Glied des Körpers betrachtet werden, wenn sich das ganze Gefühl für den Körper ändert (wenn sich das ganze Nationalgefühl für den Körper ändert). Sonst kann man sie höchstens *dulden*.

Vom einzelnen Menschen kann man so eine Duldung erwarten, oder auch, daß er sich über diese Dinge hinwegsetzt; nicht aber von der Nation, die ja nur dadurch Nation ist, daß sie sich darüber nicht hinwegsetzt. D.h., es ist ein Widerspruch zu erwarten, daß Einer das alte aesthetische Gefühl für seinen Körper behalten *und* die Beule willkommen heißen wird.

Macht und Besitz sind nicht *dasselbe*. Obwohl uns der Besitz auch Macht gibt. Wenn man sagt, die Juden hätten keinen Sinn für den Besitz, so ist das wohl vereinbar damit, daß sie gerne reich sind, denn das Geld ist für sie eine bestimmte Art von

Macht, nicht Besitz. (Ich möchte z.B. nicht, daß meine Leute arm werden, denn ich wünsche ihnen eine gewisse Macht. Freilich auch, daß sie diese Macht recht gebrauchen möchten.) 1931

Zwischen Brahms und Mendelssohn herrscht entschieden eine gewisse Verwandtschaft; und zwar meine ich nicht die, welche sich in einzelnen Stellen in Brahmschen Werken zeigt, die an Mendelssohnsche Stellen erinnern, sondern man könnte die Verwandtschaft, von der ich rede, dadurch ausdrücken, daß man sagt, Brahms tue das mit ganzer Strenge, was Mendelssohn mit halber getan hat. Oder: Brahms ist oft fehlerfreier Mendelssohn. 1931

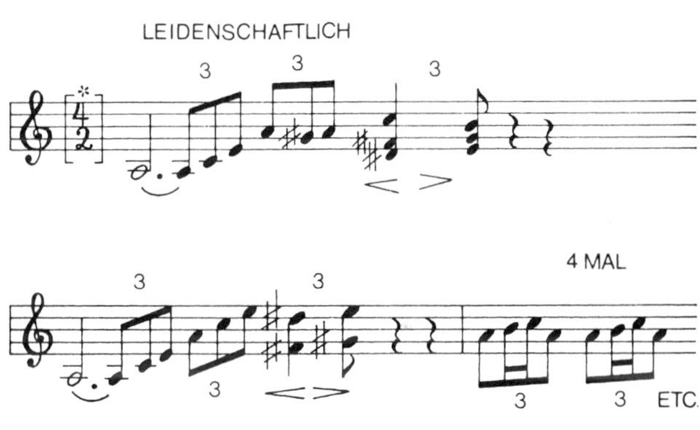

Das wäre das Ende eines Themas, das ich nicht weiß. Es fiel mir heute ein, als ich über meine Arbeit in der Philosophie nachdachte und mir vorsagte: »I destroy, I destroy, I destroy –«. 1931

* Die Bestimmung der Taktart fehlt im MS. Der Herausgeber ist Herrn Fabian Dahlström für sachkundige Hilfe bei der Deutung der schwer leslichen Notenschrift zu großem Dank verpflichtet.

Man hat manchmal gesagt, daß die Heimlichkeit und Versteckheit der Juden durch die lange Verfolgung hervorgebracht worden sei. Das ist gewiß unwahr; dagegen ist es gewiß, daß sie, trotz dieser Verfolgung, nur darum noch existieren, weil sie die Neigung zu dieser Heimlichkeit haben. Wie man sagen könnte, daß das und das Tier nur darum noch nicht ausgerottet sei, weil es die Möglichkeit oder Fähigkeit hat, sich zu verstecken. Ich meine natürlich nicht, daß man darum diese Möglichkeit preisen soll, durchaus nicht. 1931

Die Musik Bruckners hat nichts mehr von dem langen und schmalen (nordischen?) Gesicht Nestroys, Grillparzers, Haydns etc., sondern hat ganz und gar ein rundes, volles (alpenländisches?) Gesicht, von noch ungemischterem Typus als das Schuberts war. 1931

Die alles gleich machende Gewalt der Sprache, die sich am krassesten im *Wörterbuch* zeigt, und die es möglich macht, daß *die Zeit* personifiziert werden konnte, was nicht weniger merkwürdig ist, als es wäre, wenn wir Gottheiten der logischen Konstanten hätten. 1931

Ein schönes Kleid, das sich in Würmer und Schlangen verwandelt (gleichsam koaguliert), wenn der, welcher es trägt, sich darin selbstgefällig in den Spiegel schaut. 1931

Die Freude an meinen Gedanken ist die Freude an meinem eigenen seltsamen Leben. Ist das Lebensfreude? 1931

Die Philosophen, welche sagen: »nach dem Tod wird ein zeitloser Zustand eintreten«, oder: »mit dem Tod tritt ein zeitloser Zustand ein«, und nicht merken, daß sie im zeitlichen Sinne »nach« und »mit« und »tritt ein« gesagt haben, und, daß die Zeitlichkeit in ihrer Grammatik liegt. 1932

Erinnere Dich an den Eindruck guter Architektur, daß sie einen Gedanken ausdrückt. Man möchte auch ihr mit einer Geste folgen. Circa 1932-1934

Spiele nicht mit den Tiefen des Andern! Circa 1932-1934

Das Gesicht ist die Seele des Körpers. Circa 1932-1934

Man kann den eigenen Charakter so wenig von Außen betrachten, wie die *eigene Schrift*. Ich habe zu meiner Schrift eine einseitige Stellung, die mich verhindert, sie auf gleichem Fuß mit anderen Schriften zu sehen und zu vergleichen. Circa 1932-1934

In der Kunst ist es schwer etwas zu sagen, was so gut ist wie: nichts zu sagen. Circa 1932-1934

An meinem Denken, wie an dem jedes Menschen, hängen die verdorrten Reste meiner früheren (abgestorbenen) Gedanken.
Circa 1932-1934

Die musikalische *Gedankenstärke* bei Brahms.

Circa 1932-1934

Die verschiedenen Pflanzen und ihr menschlicher Charakter: Rose, Epheu, Gras, Eiche, Apfelbaum, Getreide, Palme. Verglichen mit dem verschiedenen Charakter der Wörter.

Circa 1932-1934

Wenn man das Wesen der Mendelssohnschen Musik charakterisieren wollte, so könnte man es dadurch tun, daß man sagte, es gäbe vielleicht keine schwer verständliche Mendelssohnsche Musik.

Circa 1932-1934

Jeder Künstler ist von Andern beeinflußt worden und zeigt die Spuren dieser Beeinflussung in seinen Werken; aber was er uns bedeutet, ist doch nur *seine* Persönlichkeit. Was vom Andern stammt, können nur Eierschalen sein. Daß sie da sind, mögen wir mit Nachsicht behandeln, aber unsere geistige Nahrung werden sie nicht sein.

Circa 1932-1934

Es kommt mir manchmal vor, als philosophierte ich bereits mit einem zahnlosen Mund und als schiene mir das Sprechen mit einem zahnlosen Mund als das eigentliche, wertvollere. Bei Kraus sehe ich etwas Ähnliches. Statt, daß ich es als Verfall erkennte.

Circa 1932-1934

Wenn etwa jemand sagt »A's Augen haben einen schöneren Ausdruck als B's«, so will ich sagen, daß er mit dem Wort

»schön« gewiß nicht dasjenige meint, was allem, was wir schön nennen, gemeinsam ist. Vielmehr spielt er ein Spiel von ganz geringem Umfang mit diesem Wort. Aber worin drückt sich das aus? Schwebte mir denn eine bestimmte enge Erklärung des Wortes »schön« vor? Gewiß nicht. – Aber ich werde vielleicht nicht einmal die Schönheit des Ausdrucks der Augen mit der Schönheit der Form der Nase vergleichen wollen.

Ja, man könnte etwa sagen: Wenn es in einer Sprache zwei Worte gäbe und also das Gemeinsame in diesem Falle nicht bezeichnet wäre, so würde ich für meinen Fall ruhig eines der beiden spezielleren Worte nehmen und es wäre mir nicht vom Sinn verloren gegangen. 1933

Wenn ich sage, A. habe schöne Augen, so kann man mich fragen: was findest Du an seinen Augen schön, und ich werde etwa antworten: die Mandelform, die langen Wimpern, die zarten Lider. Was ist das Gemeinsame dieser Augen mit einer gothischen Kirche, die ich auch schön finde? Soll ich sagen, sie machen mir einen ähnlichen Eindruck? Wie, wenn ich sagte: das Gemeinsame ist, daß meine Hand versucht ist, sie beide nachzuzeichnen? Das wäre jedenfalls eine *enge Definition* des Schönen.

Man wird oft sagen können: frage nach den Gründen, warum Du etwas gut oder schön nennst, und die besondere Grammatik des Wortes ›gut‹ in diesem Fall wird sich zeigen. 1933

Ich glaube meine Stellung zur Philosophie dadurch zusammengefaßt zu haben, indem ich sagte: Philosophie dürfte man eigentlich nur *dichten.* Daraus muß sich, scheint mir, ergeben, wie weit mein Denken der Gegenwart, Zukunft, oder der Vergangenheit angehört. Denn ich habe mich damit auch als einen bekannt, der nicht ganz kann, was er zu können wünscht.

1933-1934

Wenn man in der Logik einen Trick anwendet, wen kann man tricken, außer sich selbst? 1933-1934

Namen der Komponisten. Manchmal ist es die Projektionsmethode, die wir als gegeben betrachten. Wenn wir uns etwa fragen: Welcher Name würde den Charakter dieses Menschen treffen? Manchmal aber projizieren wir den Charakter in den Namen und sehen diesen als das Gegebene an. So scheint es uns, daß die uns wohl bekannten großen Meister gerade die Namen haben, die zu ihrem Werk passen. 1933-1934

Wenn Einer prophezeit, die künftige Generation werde sich mit diesen Problemen befassen und sie lösen, so ist das meist nur eine Art Wunschtraum, in welchem er sich für das entschuldigt, was er hätte leisten sollen, und nicht geleistet hat. Der Vater möchte, daß der Sohn das erreicht, was er nicht erreicht hat, damit die Aufgabe, die er ungelöst ließ, doch eine Lösung fände. Aber der Sohn kriegt eine *neue* Aufgabe. Ich meine: der Wunsch, die Aufgabe möge nicht unfertig bleiben, hüllt sich in die Voraussicht, sie werde von der nächsten Generation weitergeführt werden. 1934

Das überwältigende *Können* bei Brahms. 1934

Wer Eile hat, wird in einem Wagen sitzend unwillkürlich anschieben, obwohl er sich sagen kann, daß er den Wagen gar nicht schiebt. 1934

Ich habe auch, in meinen künstlerischen Tätigkeiten, nur *gute Manieren.* 1934

Die seltsame Ähnlichkeit einer philosophischen Untersuchung (vielleicht besonders in der Mathematik) mit einer ästhetischen. (Z.B., was an diesem Kleid schlecht ist, wie es gehörte, etc.) 1936

In den Zeiten der stummen Filme hat man alle Klassiker zu den Filmen gespielt, aber nicht Brahms und Wagner.

Brahms nicht, weil er zu abstrakt ist. Ich kann mir eine aufregende Stelle in einem Film mit Beethovenscher oder Schubertscher Musik begleitet denken und könnte eine Art Verständnis für die Musik durch den Film bekommen. Aber nicht ein Verständnis Brahmsscher Musik. Dagegen geht Bruckner zu einem Film. 1934 oder 1937

Wenn du ein Opfer bringst und dann darauf eitel bist, so wirst du mit samt deinem Opfer verdammt. 1937

Das *Gebäude Deines Stolzes* ist abzutragen. Und das gibt furchtbare Arbeit. 1937

In einem Tag kann man die Schrecken der Hölle erleben; es ist reichlich genug Zeit dazu. 1937

Es ist ein großer Unterschied zwischen den Wirkungen einer Schrift, die man leicht fließend lesen kann und einer, die man schreiben, aber nicht *leicht* entziffern kann. Man schließt in ihr die Gedanken ein, wie in einer Schatulle. 1937

Die größere ›Reinheit‹ der nicht auf die Sinne wirkenden Gegenstände, z. B., der Zahlen. 1937

Das Licht der Arbeit ist ein schönes Licht, das aber nur dann wirklich schön leuchtet, wenn es von noch einem andern Licht erleuchtet wird. 1937

»Ja, so ist es«, sagst Du, »denn so *muß* es sein!«

(Schopenhauer: der Mensch lebt eigentlich 100 Jahre lang.)

»Natürlich, so muß es sein!« Es ist da, als habe man die *Absicht* eines Schöpfers verstanden. Man hat das *System* verstanden.

Man fragt sich nicht ›Wie lange leben denn Menschen wirklich?‹, das erscheint jetzt als etwas Oberflächliches; sondern man hat etwas tiefer Liegendes verstanden. 1937

Nur* so nämlich können wir unsere Behauptungen der Ungerechtigkeit – oder Leere unserer Behauptungen entgehen, indem wir das Ideal als das, was es *ist*, nämlich als Vergleichsobjekt – sozusagen als Maßstab – in unsrer Betrachtung ansehen statt als das Vorurteil, dem Alles konformieren *muß*. Hierin nämlich liegt der Dogmatismus, in den die Philosophie so leicht verfallen kann.

Was ist denn aber das Verhältnis einer Betrachtung wie der

* Vgl. *Philosophische Untersuchungen* § 131.

Spenglers und der meinen? Die Ungerechtigkeit bei Spengler: Das Ideal verliert nichts von seiner Würde, wenn es als Prinzip der Betrachtungsform hingestellt wird. Eine gute Meßbarkeit. –

1937

In Macaulays Essays ist vieles ausgezeichnet; nur seine *Werturteile* über Menschen sind lästig und überflüssig. Man möchte ihm sagen: laß die Gestikulation! und sag nur, was Du zu sagen hast. 1937

Beinahe ähnlich, wie man sagt, daß die alten Physiker plötzlich gefunden haben, daß sie zu wenig Mathematik verstehen, um die Physik bewältigen zu können, kann man sagen, daß die jungen Menschen heutzutage plötzlich in der Lage sind, daß der normale, gute Verstand für die seltsamen Ansprüche des Lebens nicht mehr ausreicht. Es ist alles so verzwickt geworden, daß, es zu bewältigen, ein ausnahmsweiser Verstand gehörte. Denn es genügt nicht mehr, das Spiel gut spielen zu können; sondern immer wieder ist die Frage: ist dieses Spiel jetzt überhaupt zu spielen und welches ist das rechte Spiel? 1937

Die Lösung des Problems, das Du im Leben siehst, ist eine Art zu leben, die das Problemhafte zum Verschwinden bringt.

Daß das Leben problematisch ist, heißt, daß Dein Leben nicht in die Form des Lebens paßt. Du mußt dann Dein Leben verändern, und paßt es in die Form, dann verschwindet das Problematische.

Aber haben wir nicht das Gefühl, daß der, welcher nicht darin ein Problem sieht, für etwas Wichtiges, ja das Wichtigste, blind ist? Möchte ich nicht sagen, der lebe so dahin – eben blind, gleichsam wie ein Maulwurf, und wenn er bloß sehen könnte, so sähe er das Problem?

Oder soll ich nicht sagen: daß, wer richtig lebt, das Problem nicht als *Traurigkeit*, also doch nicht problematisch, empfindet, sondern vielmehr als eine Freude; also gleichsam als einen lichten Äther um sein Leben, nicht als einen fraglichen Hintergrund.

1937

Auch Gedanken fallen manchmal unreif vom Baum. 1937

Es ist für mich wichtig, beim Philosophieren immer eine Lage zu verändern, nicht zu lange auf *einem* Bein zu stehen, um nicht steif zu werden.

Wie, wer lange bergauf geht, ein Stückchen rückwärts geht, sich zu erfrischen, andre Muskeln anzuspannen.

Das Christentum ist keine Lehre, ich meine, keine Theorie darüber, was mit der Seele des Menschen geschehen ist und geschehen wird, sondern eine Beschreibung eines tatsächlichen Vorgangs im Leben des Menschen. Denn die ›Erkenntnis der Sünde‹ ist ein tatsächlicher Vorgang, und die Verzweiflung desgleichen und die Erlösung durch den Glauben desgleichen. Die, die davon sagen (wie Bunyan), beschreiben einfach, was ihnen geschehen ist, was immer einer dazu sagen will. 1937

Wenn ich mir Musik vorstelle, was ich ja täglich und oft tue, so reibe ich dabei – ich glaube immer – meine oberen und unteren Vorderzähne rhythmisch an einander. Es ist mir schon früher aufgefallen, geschieht aber für gewöhnlich ganz unbewußt. Und zwar ist es, als würden die Töne meiner Vorstellung durch diese Bewegung erzeugt. Ich glaube, daß diese Art, im Innern Musik zu hören, vielleicht sehr allgemein ist. Ich kann mir natürlich auch ohne die Bewegung meiner Zähne Musik vorstellen, die Töne sind aber dann viel schemenhafter, viel undeutlicher, weniger prägnant. 1937

Auch im Denken gibt es eine Zeit des Pflügens und eine Zeit der Ernte. 1937

Wenn man z.B. gewisse bildhafte Sätze als Dogmen des Denkens für die Menschen festlegt, so zwar, daß man damit nicht Meinungen bestimmt, aber den *Ausdruck* aller Meinungen völlig beherrscht, so wird dies eine sehr eigentümliche Wirkung haben. Die Menschen werden unter einer unbedingten, fühlbaren Tyrannei leben, ohne doch sagen zu können, sie seien nicht frei. Ich meine, daß die katholische Kirche es irgendwie ähnlich macht. Denn das Dogma hat die Form des Ausdrucks einer Behauptung, und es ist an ihm nicht zu rütteln, und dabei *kann* man jede praktische Meinung mit ihm in Einklang bringen; freilich manche leichter, manche schwerer. Es ist keine *Wand* die Meinung zu beschränken, sondern wie eine *Bremse*, die aber praktisch den gleichen Dienst tut; etwa als hängte man, um Deine Bewegungsfreiheit zu beschränken, ein Gewicht an Deinen Fuß. Dadurch nämlich wird das Dogma unwiderlegbar und dem Angriff entzogen. 1937

Wenn ich für mich denke, ohne ein Buch schreiben zu wollen, so springe ich um das Thema herum; das ist die einzige mir natürliche Denkweise. In einer Reihe gezwungen, fortzudenken, ist mir eine Qual. Soll ich es nun überhaupt probieren??

Ich *verschwende* unsägliche Mühe auf ein Anordnen der Gedanken, das vielleicht gar keinen Wert hat. 1937

Leute sagen gelegentlich, sie könnten das und das nicht beurteilen, sie hätten nicht Philosophie gelernt. Dies ist ein irritierender Unsinn; denn es wird vorgegeben, die Philosophie sei irgendeine Wissenschaft. Und man redet von ihr etwa wie von der Medizin. – Das aber kann man sagen, daß Leute, die nie eine

Untersuchung philosophischer Art angestellt haben, wie die meisten Mathematiker z.B., nicht mit den richtigen Sehwerkzeugen für derlei Untersuchung oder Prüfung ausgerüstet sind. Beinahe, wie Einer, der nicht gewohnt ist, im Wald nach Blumen, Beeren oder Kräutern zu suchen, keine findet, weil sein Auge für sie nicht geschärft ist, und er nicht weiß, wo insbesondere man nach ihnen ausschauen muß. So geht der in der Philosophie Ungeübte an allen Stellen vorbei, wo Schwierigkeiten unter dem Gras verborgen liegen, während der Geübte dort stehenbleibt und fühlt, hier sei eine Schwierigkeit, obgleich er sie noch nicht sieht. – Und kein Wunder, wenn man weiß, wie lange auch der Geübte, der wohl merkt, hier liege eine Schwierigkeit, suchen muß, um sie zu finden.

Wenn etwas gut versteckt ist, ist es schwer zu finden. 1937

Man kann von religiösen Gleichnissen sagen, sie bewegen sich am Rande des Abgrundes. Z.B., von der Allegorie B⟨unyan⟩'s. Denn wie, wenn wir bloß dazusetzen: »und alle diese Fallen, Sümpfe, Abwege, sind vom Herrn des Weges angelegt, die Ungeheuer, Diebe, Räuber von ihm geschaffen worden«? Gewiß, das ist nicht der Sinn des Gleichnisses! aber diese Fortsetzung liegt zu nahe! Sie nimmt dem Gleichnis, für Viele und für mich, seine Kraft.

Dann aber besonders, wenn dies – sozusagen – verschwiegen wird. Anders wäre es, wenn auf Schritt und Tritt offen gesagt würde: ›Ich brauche dies als Gleichnis, aber schau: hier stimmt es nicht‹. Dann hätte man nicht das Gefühl, daß man hintergangen wird, daß jemand versucht mich auf Schleichwegen zu überzeugen. Man kann Einem z.B. sagen: »Danke Gott für das Gute, was Du empfängst, aber beklage Dich nicht über das Übel: wie Du es natürlich tätest, wenn ein Mensch Dir abwechselnd Gutes und Übles widerfahren ließe.« Es werden Lebensregeln in Bilder gekleidet. Und diese Bilder können nur dienen, zu *beschreiben*, was wir tun sollen, aber nicht dazu, es zu *begründen*. Denn um begründen zu können, dazu müßten sie auch weiter stimmen. Ich kann sagen: »Danke diesen Bienen für ihren Honig, als wären sie gute Menschen, die ihn für Dich bereitet haben«; das ist *verständlich* und beschreibt, wie ich wünsche, Du sollest Dich benehmen. Aber nicht: »Danke ihnen, denn sieh', wie gut sie sind!« – denn sie können Dich im nächsten Augenblick stechen.

Die Religion sagt: *Tu dies! – Denk so!* – aber sie kann es nicht begründen, und versucht sie es auch nur, so stößt sie ab; denn zu jedem Grund, den sie gibt, gibt es einen stichhaltigen Gegengrund. Überzeugender ist es, zu sagen: »Denke so! – so seltsam dies scheinen mag.« Oder: »Möchtest Du das nicht tun? – so abstoßend es ist.« 1937

Gnadenwahl: So darf man nur schreiben unter den fürchterlichsten Leiden – und dann heißt es etwas ganz anderes. Aber darum darf dies auch niemand als Wahrheit zitieren, es sei denn, er selbst sage es unter Qualen. – Es ist eben keine Theorie. – Oder auch: Ist dies Wahrheit, so ist es nicht die, die damit auf den ersten Blick ausgesprochen zu sein scheint. Eher als eine Theorie, ist es ein Seufzer, oder ein Schrei. 1937

Russell tat im Laufe unserer Gespräche oft den Ausspruch: »Logic 's hell!« – Und dies drückt *ganz* aus, was wir beim Nachdenken über die logischen Probleme empfanden; nämlich ihre ungeheure Schwierigkeit, ihre Härte und *Glätte.*

Der Hauptgrund dieser Empfindung war, glaube ich, das Faktum: daß jede neue Erscheinung der Sprache, an die man nachträglich denken mochte, die frühere Erklärung als unbrauchbar erweisen könnte. (Die Empfindung war, daß die Sprache immer neue, und unmögliche, Forderungen heranbringen konnte; und so jede Erklärung vereitelt wurde.)

Das aber ist die Schwierigkeit, in die Sokrates verwickelt wird, wenn er die Definition eines Begriffes zu geben versucht. Immer wieder taucht eine Anwendung des Wortes auf, die mit dem Begriff nicht vereinbar erscheint, zu dem uns andere Anwendungen geleitet haben. Man sagt: es *ist* doch nicht so! – aber es *ist* doch so! – und kann nichts tun, als sich diese Gegensätze beständig zu wiederholen. 1937

Die Quelle, die in den Evangelien ruhig und durchsichtig fließt, scheint in den Briefen des Paulus zu *schäumen*. Oder, so scheint es *mir*. Vielleicht ist es eben bloß meine eigene Unreinheit, die hier die Trübung hineinsieht; denn warum sollte diese Unreinheit nicht das Klare verunreinigen können? Aber *mir* ist es, als sähe ich hier menschliche Leidenschaft, etwas wie Stolz oder Zorn, was sich nicht mit der Demut der *Evangelien* reimt. Als wäre hier *doch* ein Betonen der eigenen Person, *und zwar als religiöser Akt*, was dem Evangelium fremd ist. Ich möchte fragen – und möge dies keine Blasphemie sein –: »Was hätte wohl Christus zu Paulus gesagt?« Aber man könnte mit Recht darauf antworten: Was geht Dich das an? Schau, daß *Du* anständiger wirst! Wie Du bist, kannst Du überhaupt nicht verstehen, was hier die Wahrheit sein mag.

In den Evangelien – so scheint mir – ist alles *schlichter*, demütiger, einfacher. Dort sind Hütten; bei Paulus eine Kirche. Dort sind alle Menschen gleich und Gott selbst ein Mensch; bei Paulus gibt es schon etwas wie eine Hierarchie; Würden und Ämter. – So sagt quasi mein GERUCHSINN. 1937

Laß uns menschlich sein. – 1937

⟨Ich⟩ nahm soeben Äpfel aus einem Papiersack, wo sie lange gelegen hatten; viele mußte ich zur Hälfte wegschneiden und wegwerfen. Als ich dann einen Satz von mir abschrieb, dessen letzte Hälfte schlecht war, sah ich ihn gleich als zur Hälfte faulen Apfel. Und so geht es mir überhaupt. Alles, was mir in den Weg kommt, wird in mir zum Bild dessen, worüber ich noch denke. (Ist dies eine gewisse Weiblichkeit der Einstellung?) 1937

Mir geht es bei dieser Arbeit so, wie es Einem geht, wenn man sich vergebens anstrengt, einen Namen in die Erinnerung zu rufen; man sagt da: »denk an etwas Anderes, dann wird es Dir einfallen« – und so mußte ich immer wieder an Anderes denken, damit mir das einfallen konnte, wonach ich lange *gesucht* hatte.

1937

Der Ursprung und die primitive Form des Sprachspiels ist eine Reaktion; erst auf dieser können die komplizierteren Formen wachsen.

Die Sprache – will ich sagen – ist eine Verfeinerung, ›im Anfang war die Tat‹.*

1937

Kierkegaard schreibt: Wenn das Christentum so leicht und gemütlich wäre, wozu hätte Gott in seiner Schrift Himmel und Erde in Bewegung gesetzt, mit *ewigen* Strafen gedroht? – Frage: Warum aber ist dann diese Schrift so undeutlich? Wenn man jemand vor furchtbarer Gefahr warnen will, tut man es, indem man ihm ein Rätsel zu raten gibt, dessen Lösung etwa die Warnung ist? – Aber wer sagt, daß die Schrift wirklich undeutlich ist: ist es nicht möglich, daß es hier wesentlich war, ›ein Rätsel aufzugeben‹? Daß eine direktere Warnung dennoch die *falsche* Wirkung hätte haben müssen? Gott läßt das Leben des Gottmenschen von *vier* Menschen berichten, von jedem anders, und widersprechend – aber kann man nicht sagen: Es ist wichtig, daß dieser Bericht nicht mehr als sehr gewöhnliche historische Wahrscheinlichkeit habe, *damit* diese nicht für das Wesentliche, Ausschlaggebende gehalten werde. Damit der *Buchstabe* nicht mehr Glaube fände, als ihm gebührt und der *Geist* sein Recht behalte. D.h.: Was Du sehen sollst, läßt sich auch durch den besten, genauesten Geschichtsschreiber nicht vermitteln; *darum* genügt, ja ist vorzuziehen, eine mittelmäßige Darstellung. Denn, was

* Goethe: *Faust I.*

Dir mitgeteilt werden soll, kann die auch mitteilen. (Ähnlich etwa, wie eine mittelmäßige Theaterdekoration besser sein kann, als eine raffinierte, gemalte Bäume besser als wirkliche, – die die Aufmerksamkeit von dem ablenken, worauf es ankommt.)

Das Wesentliche, für Dein Leben Wesentliche, aber legt der Geist in diese Worte. Du SOLLST gerade nur das deutlich sehen, was auch *diese* Darstellung deutlich zeigt. (Ich weiß nicht sicher, wie weit dies alles genau im Geiste Kierkegaards ist.) 1937

In der Religion müßte es so sein, daß jeder Stufe der Religiosität eine Art des Ausdrucks entspräche, die auf einer niedrigeren Stufe keinen Sinn hat. Für den jetzt auf der niedrigern Stufe Stehenden ist diese Lehre, die auf der höheren Bedeutung hat, null und nichtig; sie *kann* nur *falsch* verstanden werden, und dabei gelten diese Worte für diesen Menschen *nicht*.

Die Lehre, z. B., von der Gnadenwahl bei Paulus ist auf meiner Stufe Irreligiosität, ein häßlicher Unsinn. Daher gehört sie nicht für mich, da ich das mir gebotene Bild nur falsch anwenden kann. Ist es ein frommes und gutes Bild, dann für eine ganz andere Stufe, auf der es gänzlich anders im Leben muß angewandt werden, als ich es anwenden könnte. 1937

Das Christentum gründet sich nicht auf eine historische Wahrheit, sondern es gibt uns eine (historische) Nachricht und sagt: jetzt glaube! Aber nicht, glaube diese Nachricht mit dem Glauben, der zu einer geschichtlichen Nachricht gehört, – sondern: glaube, durch dick und dünn und das kannst Du nur als Resultat eines Lebens. *Hier hast Du eine Nachricht, – verhalte Dich zu ihr nicht, wie zu einer anderen historischen Nachricht!* Laß sie eine *ganz andere* Stelle in Deinem Leben einnehmen. – Daran ist nichts *Paradoxes!* 1937

Niemand kann mit Wahrheit von sich selbst sagen, daß er Dreck ist. Denn wenn ich es sage, so kann es in einem Sinne wahr sein, aber ich kann nicht selbst von dieser Wahrheit durchdrungen sein: sonst müßte ich wahnsinnig werden, oder mich ändern.

1937

So sonderbar es klingt: Die historischen Berichte der Evangelien könnten, im historischen Sinn, erweislich falsch sein, und der Glaube verlöre doch nichts dadurch: aber *nicht*, weil er sich etwa auf ›allgemeine Vernunftwahrheiten‹ bezöge!, sondern, weil der historische Beweis (das historische Beweis-Spiel) den Glauben gar nichts angeht. Diese Nachricht (die Evangelien) wird glaubend (d.h. liebend) vom Menschen ergriffen. *Das* ist die Sicherheit dieses Für-wahr-haltens, nicht *Anderes*.

Der Glaubende hat zu diesen Nachrichten *weder* das Verhältnis zur historischen Wahrheit (Wahrscheinlichkeit), *noch* das zu einer Lehre von ›Vernunftwahrheiten‹. Das gibt's. – (Man hat ja sogar zu verschiedenen Arten dessen, was man Dichtung nennt, ganz verschiedene Einstellungen!) 1937

Ich lese: »Und niemand kann Jesum einen Herrn heißen, außer durch den heiligen Geist.« – Und es ist wahr: ich kann ihn keinen *Herrn* heißen; weil mir das gar nichts sagt. Ich könnte ihn ›das Vorbild‹, ja ›Gott‹ nennen – oder eigentlich: ich kann verstehen, wenn er so genannt wird; aber das Wort »Herr« kann ich nicht mit Sinn aussprechen. *Weil ich nicht glaube*, daß er kommen wird, mich zu richten; weil mir *das* nichts sagt. Und das könnte mir nur etwas sagen, wenn ich *ganz* anders lebte.

Was neigt auch mich zu dem Glauben an die Auferstehung Christi hin? Ich spiele gleichsam mit dem Gedanken. – Ist er nicht auferstanden, so ist er im Grab verwest, wie jeder Mensch. *Er ist tot und verwest.* Dann ist er ein Lehrer, wie jeder andere und kann nicht mehr *helfen*; und wir sind wieder verweist und allein. Und können uns mit der Weisheit und Spekulation begnügen. Wir sind gleichsam in einer Hölle, wo wir nur träumen können, und vom Himmel, durch eine Decke gleichsam, abgeschlossen. Wenn ich aber WIRKLICH erlöst werden soll, – so brauche ich *Gewißheit* – nicht Weisheit, Träume, Spekulation – und diese Gewißheit ist der Glaube. Und der Glaube ist Glaube an das, was mein *Herz*, meine *Seele* braucht, nicht mein spekulierender Verstand. Denn meine Seele, mit ihren Leidenschaften, gleichsam mit ihrem Fleisch und Blut, muß erlöst werden, nicht mein abstrakter Geist. Man kann vielleicht sagen: Nur die *Liebe* kann die Auferstehung glauben. Oder: Es ist die *Liebe*, was die Auferstehung glaubt. Man könnte sagen: Die erlösende Liebe glaubt auch an die Auferstehung; hält auch an der Auferstehung fest. Was den Zweifel bekämpft, ist gleichsam die *Erlösung*. Das Festhalten an *ihr* muß das Festhalten an diesem Glauben sein. Das heißt also: sei erst erlöst und halte an Deiner Erlösung (halte Deine Erlösung) fest – dann wirst du sehen, daß Du an diesem Glauben festhältst. Das kann also nur geschehen, wenn Du dich nicht mehr auf die Erde stützst, sondern am Himmel hängst. Dann ist *alles* anders und es ist ›kein Wunder‹, wenn Du dann kannst, was Du jetzt nicht kannst. (Anzusehen ist freilich der Hängende wie der Stehende, aber das Kräftespiel in ihm ist ja ein ganz anderes und er kann daher ganz anderes tun, als der Stehende.) 1937

Es ist unmöglich wahrer über sich selbst zu schreiben, als man *ist*. Das ist der Unterschied zwischen dem Schreiben über sich und über äußere Gegenstände. Über sich schreibt man, so hoch man ist. Da steht man nicht auf Stelzen oder auf einer Leiter, sondern auf den bloßen Füßen. 1937

Freuds Idee: Das Schloß ist im Wahnsinn nicht zerstört, nur verändert; der alte Schlüssel kann es nicht mehr aufsperren, aber ein anders gebildeter Schlüssel könnte es. 1938

Von einer Brucknerschen Symphonie kann man sagen, sie habe *zwei* Anfänge: den Anfang des ersten und den Anfang des zweiten Gedankens. Diese beiden Gedanken verhalten sich nicht wie Blutsverwandte zu einander, sondern wie Mann und Weib.

1938

Die Brucknersche Neunte ist gleichsam ein *Protest* gegen die Beethovensche und dadurch wird sie erträglich, was sie als eine Art Nachahmung nicht wäre. Sie verhält sich zur Beethovenschen sehr ähnlich, wie der Lenausche Faust zum Goetheschen, nämlich der katholische Faust zum aufgeklärten, etc. etc. 1938

Nichts ist so schwer, als sich nicht betrügen. 1938

Longfellow:

In the elder days of art,
Builders wrought with greatest care
Each minute and unseen part,
For the gods are everywhere.

(Könnte mir als ein Motto dienen.) 1938

Erscheinungen mit sprachähnlichem Charakter in der Musik oder Architektur. Die sinnvolle Unregelmäßigkeit – in der Gotik z. B. (mir schweben auch die Türme der Basiliuskathedrale vor). Die Musik Bachs ist sprachähnlicher als die Mozarts und Haydns. Die Rezitative der Bässe im vierten Satz der neunten Symphonie von Beethoven. (Vergleiche auch Schopenhauers

Bemerkung über die *allgemeine* Musik zu einem *besonderen* Text.)* 1938

Im Rennen der Philosophie gewinnt, wer am langsamsten laufen kann. Oder: der, der das Ziel zuletzt erreicht. 1938

Sich psychoanalysieren lassen ist irgendwie ähnlich vom Baum der Erkenntnis essen. Die Erkenntnis, die man dabei erhält, stellt uns (neue) ethische Probleme; trägt aber nichts zu ihrer Lösung bei. 1939

Was fehlt der Mendelssohnschen Musik? Eine ›mutige‹ Melodie? 1939-1940

Das alte Testament gesehen als der Körper ohne Kopf; das neue Testament: der Kopf; die Briefe der Apostel: die Krone auf dem Haupt.

Wenn ich an die Judenbibel denke, das alte Testament allein, möchte ich sagen: diesem Körper fehlt (noch) der Kopf. Diesen Problemen fehlt die Lösung. Diesen Hoffnungen die Erfüllung. Aber ich denke mir nicht notwendigerweise einen Kopf mit einer *Krone.* 1939-1940

Der Neid ist etwas Oberflächliches – d. h.: die typische Farbe des Neides reicht nicht tief – weiter unten hat die Leidenschaft

* Schopenhauer: Zur Metaphysik der Musik, *Die Welt als Wille und Vorstellung*, Kapitel 39.

eine andere Färbung. (*Das* macht den Neid, natürlich, nicht weniger real.) 1939-1940

Das Maß des Genies ist der Charakter, – wenn auch der Charakter an sich *nicht* das Genie ausmacht. Genie ist nicht ›Talent *und* Charakter‹, sondern Charakter, der sich in der Form eines speziellen Talents kundgibt. Wie ein Mensch aus Mut einem ins Wasser nachspringt, so schreibt ein anderer aus Mut eine Symphonie. (Dies ist ein schwaches Beispiel.) 1939-1940

Das Genie hat nicht mehr Licht als ein andrer, rechtschaffener Mensch – aber es sammelt dies Licht durch eine bestimmte Art von Linse in einen Brennpunkt. 1939-1940

Warum wird die Seele von eiteln Gedanken bewegt, – wenn sie doch eitel sind? Nun, sie *wird* von ihnen bewegt.

(Wie kann der Wind den Baum bewegen, wo er doch nur Luft ist? Nun, er *bewegt* ihn; und vergiß es nicht.) 1939-1940

Man *kann* nicht die Wahrheit sagen; wenn man sich noch nicht selbst bezwungen hat. Man *kann* sie nicht sagen; – aber nicht, weil man noch nicht gescheit genug ist.

Nur der kann sie sagen, der schon in ihr *ruht*; nicht der, der noch in der Unwahrheit ruht, und nur einmal aus der Unwahrheit heraus nach ihr langt. 1939-1940

Auf seinen Lorbeeren auszuruhen ist so gefährlich, wie auf einer Schneewanderung ausruhen. Du nickst ein, und stirbst im Schlaf. 1939-1940

Die ungeheure Eitelkeit der Wünsche zeigt sich dadurch, daß ich z. B. den Wunsch habe, ein schönes Schreibebuch sobald wie möglich vollzuschreiben. Ich habe *nichts* davon; ich wünsche es nicht etwa, weil es nur meine Produktivität anzeigt; es ist bloß das *Verlangen*, etwas schon Gewohntes recht bald los zu werden; obwohl ich ja, sobald ich es los geworden bin, ein neues anfangen werde und sich dasselbe wiederholen muß. 1939-1940

Schopenhauer, könnte man sagen, ist ein ganz *roher* Geist. D.h.: Er hat Verfeinerung, aber in einer gewissen Tiefe hört diese plötzlich auf, und er ist so roh, wie der Roheste. Dort, wo eigentliche Tiefe anfängt, hört die seine auf.

Man könnte von Schopenhauer sagen: er geht nie in sich.

1939-1940

Ich sitze auf dem Leben, wie der schlechte Reiter auf dem Roß. Ich verdanke es nur der Gutmütigkeit des Pferdes, daß ich jetzt gerade nicht abgeworfen werde. 1939-1940

Wenn die Kunst dazu dient, ›Gefühle zu erzeugen‹, ist, am Ende, ihre sinnliche Wahrnehmung auch unter diesen Gefühlen?

1939-1940

Meine Originalität (wenn das das richtige Wort ist) ist, glaube ich, eine Originalität des Bodens, nicht des Samens. (Ich habe vielleicht keinen eigenen Samen.) Wirf einen Samen in meinen Boden, und er wird anders wachsen, als in irgend einem andern Boden.

Auch die Originalität Freuds war, glaube ich, von dieser Art. Ich habe immer geglaubt – ohne daß ich weiß, warum – daß der eigentliche Same der Psychoanalyse von Breuer, nicht von Freud, herrührt. Das Samenkorn Breuers kann natürlich nur ganz winzig gewesen sein. *Mut* ist immer originell. 1939-1940

Die Menschen heute glauben, die Wissenschaftler seien da, sie zu belehren, die Dichter und Musiker etc., sie zu erfreuen. *Daß diese sie etwas zu lehren haben*; kommt ihnen nicht in den Sinn.

1939-1940

Das Klavierspielen, ein Tanz der menschlichen Finger.

1939-1940

Shakespeare, könnte man sagen, zeigt den Tanz der menschlichen Leidenschaften. Er muß daher objektiv sein, sonst würde er ja nicht den Tanz der menschlichen Leidenschaften zeigen – sondern etwa über ihn reden. Aber er zeigt sie uns im Tanz, nicht naturalistisch. (Diese Idee habe ich von Paul Engelmann.)

1939-1940

Auch im höchsten Kunstwerk ist noch etwas, was man ›Stil‹, ja auch, was man ›Manier‹ nennen kann. Die Gleichnisse des N.T. lassen jede beliebige Tiefe des Verstandes zu. Sie sind ohne einen Boden. *Sie* haben weniger Stil, als das erste Sprechen eines Kindes. 1939-1940

Das Verführerische der kausalen Betrachtungsweise ist, daß sie einen dazu führt, zu sagen: »Natürlich, – so mußte es geschehen.« Während man denken sollte: *so* und auf viele andere Weise, kann es geschehen sein. 1940

Wenn wir die ethnologische Betrachtungsweise verwenden, heißt das, daß wir die Philosophie für Ethnologie erklären? Nein, es heißt nur, daß wir unsern Standpunkt weit draußen einnehmen, um die Dinge *objektiver* sehen zu können. 1940

Dasjenige, wogegen ich mich wehre, ist der Begriff einer idealen Exaktheit, der uns sozusagen a priori gegeben wäre. Zu verschiedenen Zeiten sind unsere Ideale der Exaktheit verschieden; und keines ist das höchste. 1940

Eine meiner wichtigsten Methoden ist es, mir den historischen Gang der Entwicklung unsrer Gedanken anders vorzustellen, als er in Wirklichkeit war. Tut man das, so zeigt uns das Problem eine ganz neue Seite. 1940

Es ist oft nur sehr wenig unangenehmer die Wahrheit zu sagen, als eine Lüge; etwa nur so schwer wie bittern Kaffee zu trinken als süßen; und doch neige ich auch dann stark dazu, die Lüge zu sagen. 1940

In aller großen Kunst ist ein WILDES Tier: *gezähmt.* Bei Mendelssohn, z. B., nicht. Alle große Kunst hat als ihren Grundbaß die primitiven Triebe des Menschen. Sie sind nicht die *Melodie* (wie, vielleicht, bei Wagner), aber das, was der Melodie ihre *Tiefe* und Gewalt gibt.

In *diesem* Sinne kann man Mendelssohn einen ›*reproduktiven*‹ Künstler nennen. –

Im gleichen Sinn: mein Haus für Gretl* ist das Produkt entschiedener Feinhörigkeit, *guter* Manieren, der Ausdruck eines großen *Verständnisses* (für eine Kultur, etc.) Aber das *ursprüngliche* Leben, das *wilde* Leben, welches sich austoben möchte – fehlt. Man könnte also auch sagen, es fehlt ihm die *Gesundheit* (Kierkegaard). (Treibhauspflanze.) 1940

Ein Lehrer, der während des Unterrichts gute, oder sogar erstaunliche Resultate aufweisen kann, ist darum noch kein guter Lehrer, denn es ist möglich, daß er seine Schüler, während sie unter seinem unmittelbaren Einfluß stehen, zu einer ihnen unnatürlichen Höhe emporzieht, ohne sie doch zu dieser Höhe zu entwickeln, so daß sie sofort zusammensinken, wenn der Lehrer die Schulstube verläßt. Dies gilt vielleicht von mir; ich habe daran gedacht. (Mahlers Lehraufführungen waren ausgezeichnet, wenn er sie leitete; das Orchester schien sofort zusammenzusinken, wenn er es nicht selbst leitete.) 1940

›Zweck der Musik: Gefühle zu vermitteln.‹

Damit verbunden: Wir mögen mit Recht sagen »er hat jetzt das gleiche Gesicht wie früher« – obwohl die Messung in beiden Fällen Verschiedenes ergab.

Wie werden die Worte »der gleiche Gesichtsausdruck« gebraucht? – Wie weiß man, daß Einer diese Worte richtig gebraucht? Aber weiß ich, daß *ich* sie richtig gebrauche? 1940

Man könnte sagen: »Genie ist *Mut im Talent*.« 1940

* Wittgensteins Schwester, für die er das Haus Kundmanngasse 19, Wien gebaut hat.

Trachte geliebt und nicht-bewundert zu werden. 1940

Not funk but funk conquered is what is worthy of admiration and makes life worth having been lived. Der Mut, nicht die Geschicklichkeit; nicht einmal die Inspiration, ist das Senfkorn, was zum großen Baum emporwächst. Soviel Mut, soviel Zusammenhang mit Leben und Tod. (Ich dachte an Labors und Mendelssohns Orgelmusik.) Aber dadurch, daß man den Mangel an Mut in einem Andern einsieht, erhält man selbst nicht Mut. 1940

Man muß manchmal einen Ausdruck aus der Sprache herausziehen, ihn zum Reinigen geben, – und kann ihn dann wieder in den Verkehr einführen. 1940

Wie schwer fällt mir zu sehen, was *vor meinen Augen liegt!* 1940

Du kannst nicht die Lüge nicht aufgeben wollen, und die Wahrheit sagen. 1940

Den richtigen Stil schreiben heißt, den Wagen genau aufs Geleise setzen. 1940

Wenn dieser Stein sich jetzt nicht bewegen will, wenn er eingekeilt ist, beweg' erst andre Steine, um ihn herum. –

Wir wollen Dich nur richtig auf die Bahn setzen, wenn Dein

Wagen schief auf den Schienen steht. Fahren lassen wir Dich dann allein. 1940

Mörtel abkratzen ist viel leichter, als einen Stein zu bewegen. Nun, man muß das Erste tun, bis man einmal das Andre tun kann. 1940

Mein Stil gleicht schlechtem musikalischen Satz. 1941

Entschuldige nichts, verwische nichts, sieh und sag, wie es wirklich ist – aber Du mußt das sehen, was ein neues Licht auf die Tatsachen wirft. 1941

Unsere größten Dummheiten können sehr weise sein. 1941

Es ist unglaublich, wie eine neue Lade, an geeignetem Ort in unserem filing-cabinet, hilft. 1941

Du mußt Neues sagen und doch lauter Altes.

Du mußt allerdings nur Altes sagen – aber *doch* etwas Neues!

Die verschiedenen ›Auffassungen‹ müssen verschiedenen Anwendungen entsprechen.

Auch der Dichter muß sich immer fragen: ›ist denn, was ich schreibe, wirklich wahr?‹ – was nicht heißen muß: ›geschieht es so in Wirklichkeit?‹

Du mußt freilich Altes herbeitragen. Aber zu einem *Bau*. –

1941

Im Alter *entschlüpfen* uns wieder die Probleme, so wie in der Jugend. Wir können sie nicht nur nicht aufknacken, wir können sie auch nicht halten. 1941.

Welche seltsame Stellungnahme der Wissenschaftler –: »Das wissen wir noch nicht; aber es läßt sich wissen, und es ist nur eine Frage der Zeit, so wird man es wissen«! Als ob es sich von selbst verstünde. – 1941

Ich könnte mir denken, daß Einer meinte, die Namen »Fortnum« und »Mason« paßten zusammen. 1941

Fordere nicht zuviel, und fürchte nicht, daß Deine gerechte Forderung ins Nichts zerrinnen wird. 1941

Die Menschen, die immerfort ›warum‹ fragen, sind wie die Touristen, die, im Baedeker lesend, vor einem Gebäude stehen und durch das Lesen der Entstehungsgeschichte etc. etc. daran gehindert werden, das Gebäude zu *sehen*. 1941

Der Kontrapunkt könnte für einen Komponisten ein außerordentlich schwieriges Problem darstellen; das Problem nämlich: in welches Verhältnis soll *ich* mit *meinen* Neigungen mich zum Kontrapunkt stellen? Er mochte ein konventionelles Verhältnis gefunden haben, aber wohl fühlen, daß es nicht das *seine* sei. Daß die Bedeutung nicht klar sei, welche der Kontrapunkt für ihn haben *solle*. (Ich dachte dabei an Schubert; daran, daß er am Ende seines Lebens noch Unterricht im Kontrapunkt zu nehmen wünschte. Ich meine, sein Ziel sei vielleicht nicht gewesen, einfach mehr Kontrapunkt zu lernen, als vielmehr sein Verhältnis zum Kontrapunkt zu finden.) 1941

Wagners Motive könnte man musikalische Prosasätze nennen. Und so, wie es ›gereimte Prosa‹ gibt, kann man diese Motive allerdings zur melodischen Form zusammenfügen, aber sie ergeben nicht *eine* Melodie.

Und so ist auch das Wagnersche Drama kein Drama, sondern eine Aneinanderreihung von Situationen, die wie auf einem Faden aufgefädelt sind, der selbst nur *klug* gesponnen, aber nicht, wie die Motive und Situationen, inspiriert ist. 1941.

Laß Dich nicht von dem Beispiel Anderer führen, sondern von der Natur! 1941

Die Sprache der Philosophen ist schon eine gleichsam durch zu enge Schuhe deformierte. 1941

Die Personen eines Dramas erregen unsere Teilnahme, sie sind uns wie Bekannte, oft wie Menschen, die wir lieben oder hassen: Die Personen im zweiten Teil des ›Fausts‹ erregen unsere Teilnahme gar nicht! Wir haben nie die Empfindung, als kennten wir sie. Sie ziehen an uns vorüber, wie Gedanken, nicht wie Menschen. 1941

Der Mathematiker (Pascal), der die Schönheit eines Theorems der Zahlentheorie bewundert; er bewundert gleichsam eine Naturschönheit. Es ist wunderbar, sagt er, welch herrliche Eigenschaften die Zahlen haben. Es ist, als bewunderte er die Regelmäßigkeiten einer Art von *Krystall.* 1942

Man könnte sagen: welch herrliche Gesetze hat der Schöpfer in die Zahlen gelegt! 1942

Wolken kann man nicht *bauen.* Und darum wird die *erträumte* Zukunft nie wahr. 1942

Ehe man ein Flugzeug hatte, hat man Flugzeuge erträumt und wie die Welt mit ihnen aussehen würde. Aber, wie die Wirklichkeit nichts weniger als diesem Traume glich, so hat man überhaupt keinen Grund zu glauben, die Wirklichkeit werde sich zu dem entwickeln, was man träumt. Denn unsre Träume sind voll Tand, gleichsam Papiermützen und Kostüme. 1942

Die populär-wissenschaftlichen Schriften unsrer Wissenschaftler sind nicht der Ausdruck der harten Arbeit, sondern der Ruhe auf ihren Lorbeeren. 1942

Wenn Du die Liebe eines Menschen *hast*, so kannst Du sie mit keinem Opfer überzahlen; aber jedes Opfer ist zu groß, um Dir sie zu *erkaufen.* 1942

Förmlich wie es einen *tiefen* und einen seichten Schlaf gibt, so gibt es Gedanken, die tief im Innern vor sich gehen, und Gedanken, die sich an der Oberfläche herumtummeln 1942

Du kannst den Keim nicht aus dem Boden ziehen. Du kannst ihm nur Wärme und Feuchtigkeit und Licht geben und dann muß er wachsen. (Nur mit Vorsicht darfst Du ihn selbst *berühren*.) 1942

Was hübsch ist, kann nicht schön sein. – 1942

Ein Mensch ist in einem Zimmer *gefangen*, wenn die Tür unversperrt ist, sich nach innen öffnet; er aber nicht auf die Idee kommt zu *ziehen*, statt gegen sie zu drücken. 1942

Bring den Menschen in die unrichtige Atmosphäre und nichts wird funktionieren, wie es soll. Er wird an allen Teilen ungesund erscheinen. Bring ihn wieder in das richtige Element, und alles wird sich entfalten und gesund erscheinen. Wenn er nun aber im unrechten Element ist? Dann muß er sich also damit abfinden, als Krüppel zu erscheinen. 1942

Wenn Weiß zu Schwarz wird, sagen manche Menschen »Es ist im Wesentlichen noch immer dasselbe«. Und andere, wenn die Farbe um einen Grad dunkler wird, sagen »Es hat sich *ganz* verändert«. 1942

Architektur ist eine *Geste*. Nicht jede zweckmäßige Bewegung des menschlichen Körpers ist eine Geste. Sowenig, wie jedes zweckmäßige Gebäude Architektur. 1942

Wir kämpfen jetzt gegen eine Richtung. Aber diese Richtung wird sterben, durch andere Richtungen verdrängt, dann wird man unsere Argumentation gegen sie nicht mehr verstehen; nicht begreifen, warum man all das hat sagen müssen. 1942

Den Fehler in einem schiefen Raisonnement suchen und Fingerhut-Verstecken. 1942

Denk' Dir, jemand hätte vor 2000 Jahren die *Form*

erfunden und gesagt, sie werde einmal die Form eines Instruments der Fortbewegung sein.

Oder vielleicht: es hätte jemand den vollständigen *Mechanismus* der Dampfmaschine konstruiert, ohne irgendwelche Ahnung, daß, und wie, er als Motor zu benützen wäre. 1943

Was Du für ein Geschenk hältst, ist ein Problem, das Du lösen sollst. 1943

Genie ist das, was uns das Talent des Meisters vergessen macht.

Genie ist das, was uns das Geschick vergessen macht.

Wo das Genie dünn ist, kann das Geschick durchschauen. (Meistersinger Vorspiel).

Genie ist das, was macht, daß wir das Talent des Meisters nicht sehen können.

Nur wo das Genie dünn ist, kann man das Talent sehen. 1943

Friede in den Gedanken. Das ist das ersehnte Ziel dessen, der philosophiert. 1944

Warum soll ich nicht Ausdrücke entgegen ihren ursprünglichen Gebrauch verwenden? Tut das z.B. nicht Freud, wenn er auch einen Angsttraum einen Wunschtraum nennt? Wo ist der Unterschied? In der wissenschaftlichen Betrachtung ist der neue Gebrauch durch eine *Theorie* gerechtfertigt. Und ist diese Theorie falsch, dann ist auch der neue, ausgedehnte Gebrauch aufzugeben. In der Philosophie aber sind es nicht wahre oder falsche Meinungen über Naturvorgänge, auf die sich der ausgedehnte Gebrauch stützt. Keine Tatsache rechtfertigt ihn, keine kann ihn stützen.

Man sagt uns: »Du verstehst doch diesen Ausdruck? Nun also, in der Bedeutung, die Du kennst, gebrauche auch ich ihn.« [Nicht: »... in *der* Bedeutung –«.] Also wäre die Bedeutung eine Aura, die das Wort mitbringt und in jederlei Verwendung herübernimmt. 1944

Der Philosoph ist der, der in sich viele Krankheiten des Verstandes heilen muß, ehe er zu den Notionen des gesunden Menschenverstandes kommen kann. 1944

Wenn wir im Leben vom Tod umgeben sind, so auch in der Gesundheit des Verstands vom Wahnsinn.* 1944

Denken *wollen* ist eins; Talent zum Denken haben, ein Anderes. 1944

Wenn etwas an der Freudschen Lehre von der Traumdeutung ist; so zeigt sie, in wie *komplizierter* Weise der menschliche Geist Bilder der Tatsachen macht.

So kompliziert, so unregelmäßig ist die Art der Abbildung, daß man sie *kaum* mehr eine Abbildung nennen kann. 1944

Es wird schwierig sein, meiner Darstellung zu folgen: denn sie sagt Neues, dem doch die Eierschalen des Alten ankleben.

1944 oder später

Ob es eine unerfüllte Sehnsucht ist, die einen Menschen wahnsinnig macht? (Ich dachte an Schumann, aber auch an mich.)

Circa 1941-1944

* Vgl. Anm. d. Hrsg. zur S. 302 in *Bemerkungen über die Grundlagen der Mathematik*. (Suhrkamp Ausgabe.)

Revolutionär wird der sein, der sich selbst revolutionieren kann. Circa 1944

What's ragged should be left ragged. Circa 1944

A miracle is, as it were, a *gesture* which God makes. As a man sits quietly and then makes an impressive gesture, God lets the world run on smoothly and then accompanies the words of a saint by a symbolic occurrence, a gesture of nature. It would be an instance if, when a saint has spoken, the trees around him bowed, as if in reverence. – Now, do I believe that this happens? I don't.

The only way for me to believe in a miracle in this sense would be to be *impressed* by an occurrence in this particular way. So that I should say e.g.: »It was *impossible* to see these trees and not to feel that they were responding to the words.« Just as I might say »It is impossible to see the face of this dog and not to see that he is alert and full of attention to what his master is doing«. And I can imagine that the mere report of the *words* and life of a saint can make someone believe the reports that the trees bowed. But I am not so impressed. Circa 1944

When I came home I expected a surprise and there was no surprise for me, so, of course, I was surprised. Circa 1944

Menschen sind in dem Maße religiös, als sie sich nicht so sehr *unvollkommen*, als *krank* glauben.

Jeder halbwegs anständige Mensch glaubt sich höchst unvollkommen, aber der religiöse glaubt sich *elend*. Circa 1944

Glaube Du! Es schadet nicht. Circa 1944

Glauben heißt, sich einer Autorität unterwerfen. Hat man sich ihr unterworfen, so kann man sie nun nicht, ohne sich gegen sie auflehnen, wieder in Frage ziehen und auf's neue glaubwürdig finden. Circa 1944

Ein Notschrei kann nicht größer sein, als der *eines* Menschen.

Oder auch *keine* Not kann größer sein, als die, in der ein einzelner Mensch sein kann.

Ein Mensch kann daher in unendlicher Not sein und also unendliche Hilfe brauchen.

Die christliche Religion ist nur für den, der unendliche Hilfe braucht, also nur für den, der unendliche Not fühlt.

Der ganze Erdball kann nicht in größerer Not sein als *eine* Seele.

Der christliche Glaube – so meine ich – ist die Zuflucht in dieser *höchsten* Not.

Wem es in dieser Not gegeben ist, sein Herz zu öffnen, statt es zusammenzuziehen, der nimmt das Heilmittel ins Herz auf.

Wer das Herz so öffnet im reuigen Bekenntnis zu Gott, öffnet es auch für die Anderen. Er verliert damit seine Würde als ausgezeichneter Mensch und wird daher wie ein Kind. Nämlich ohne Amt, Würde und Abstand von den Andern. Sich vor den Andern öffnen kann man nur aus einer besonderen Art von Liebe. Die gleichsam anerkennt, daß wir alle böse Kinder sind.

Man könnte auch sagen: Der Haß zwischen den Menschen kommt davon her, daß wir uns von einander absondern. Weil wir nicht wollen, daß der Andere in uns hineinschaut, weil es darin nicht schön ausschaut. Man soll nun zwar fortfahren, sich seines Innern zu schämen, aber nicht sich seines vor den Mitmenschen zu schämen.

Größere Not kann nicht empfunden werden, als von Einem

Menschen. Denn wenn sich ein Mensch verloren fühlt, so ist das die höchste Not. Circa 1944

Worte sind Taten.* Circa 1945

Nur ein sehr unglücklicher Mensch hat das Recht einen Andern zu bedauern. Circa 1945

Man kann vernünftigerweise nicht einmal auf Hitler eine Wut haben; wieviel weniger auf Gott. Circa 1945

Wenn Leute gestorben sind, so sehen wir ihr Leben in einem versöhnlichen Licht. Sein Leben scheint uns durch einen Dunst abgerundet. Aber für *ihn* war's nicht abgerundet, sondern zackig und unvollständig. Für ihn gab es keine Versöhnung; sein Leben ist nackt und elend. Circa 1945

Es ist als hätte ich mich verirrt und fragte ich jemand nun den Weg nach Hause. Er sagt, er wird mich ihn führen und geht mit mir einen schönen ebenen Weg. Der kommt plötzlich zu einem Ende. Und nun sagt mein Freund: »Alles, was Du zu tun hast, ist jetzt noch von hier an den Weg nach Hause finden.« Circa 1945

* Vgl. *Philosophische Untersuchungen*, § 546.

Je weniger sich Einer selbst kennt und versteht um so weniger groß ist er, wie groß auch sein Talent sein mag. Darum sind unsre Wissenschaftler nicht groß. Darum sind Freud, Spengler, Kraus, Einstein nicht groß. 1946

Sind *alle* Leute große Menschen? Nein. – Nun, wie kannst Du dann hoffen, ein großer Mensch zu sein! Warum soll Dir etwas zuteil werden, was Deinen Nachbarn nicht zuteil wird? Wofür?! – Wenn es nicht der *Wunsch* ist, reich zu sein, der Dich glauben macht, Du seist reich, so muß es doch eine Beobachtung, eine Erfahrung, sein, die Dir das zeigt! Und welche Erfahrung hast Du (außer der der Eitelkeit)? Nur die eines *Talents*. Und meine Einbildung, ich sei ein außerordentlicher Mensch, ist ja *viel* älter, als meine Erfahrung meines besonderen Talents. 1946

Schubert ist irreligiös und schwermütig. 1946

Von den Melodien Schuberts kann man sagen, sie seien voller *Pointen*, und das kann man von den Mozarts nicht sagen; Schubert ist barock. Man kann auf gewisse Stellen einer Schubertschen Melodie zeigen und sagen: siehst Du, das ist der Witz dieser Melodie, hier spitzt sich der Gedanke zu.

Auf die Melodien der verschiedenen Komponisten kann man jenes Prinzip der Betrachtung anwenden: Jede Baumart sei in anderem *Sinne* ›Baum‹. D.h.: Laß Dich nicht irreführen dadurch, daß man sagt, alles dies seien Melodien. Es sind Stufen auf einem Weg, der von etwas, was Du keine Melodie nennen würdest, zu etwas führt, was Du auch keine nennen würdest. Wenn man bloß die Tonfolgen und den Wechsel der Tonarten ansieht, so erscheinen alle diese Gebilde allerdings in Koordination. Siehst Du aber das Feld an, in dem sie stehen (also ihre Bedeutung), so wird man geneigt sein, zu sagen: Hier ist die

Melodie etwas ganz anderes als dort (sie hat hier einen andern Ursprung, spielt eine andere Rolle, u.a.). 1946

Der Gedanke, der sich an's Licht arbeitet. 1946

Die Bemerkung des Jukundus im ›Verlornen Lachen‹*, seine Religion bestünde darin: er wisse, – wenn es ihm jetzt gut geht, – sein Schicksal könne sich zum Schlechten wenden. Dies drückt eigentlich die gleiche Religion aus, wie das Wort »Der Herr hat's gegeben, der Herr hat's genommen«. 1946

Es ist schwer, sich recht zu verstehen, denn dasselbe, was man aus Größe und Güte tun *könnte*, kann man aus Feigheit oder Gleichgültigkeit tun. Man kann sich freilich so und so aus wahrer Liebe benehmen, aber auch aus Hinterlist und auch aus Kälte des Herzens. Sowie nicht alle Milde Güte ist. Und nur wenn ich in Religion untergehen könnte, könnten diese Zweifel schweigen. Denn nur Religion könnte die Eitelkeit zerstören und in alle Spalten dringen. 1946

Wenn man vorliest und *gut* vorlesen will, begleitet man die Worte mit stärkeren Vorstellungen. Wenigstens ist es *oft* so. Manchmal aber [»Nach Korinthus von Athen ...«]** ist es die Interpunktion, d.h., die genaue Intonation und die Länge der Pausen, auf die uns alles ankommt. 1946

* Gottfried Keller: *Das verlorne Lachen*.
** Goethe, *Die Braut von Korinth*.

Es ist merkwürdig, wie schwer es fällt, zu glauben, was wir nicht selbst einsehen. Wenn ich z.B. bewundernde Äußerungen der bedeutenden Männer mehrerer Jahrhunderte über Shakespeare höre, so kann ich mich eines Mißtrauens nie erwehren, es sei eine Konvention gewesen, ihn zu preisen; obwohl ich mir doch sagen muß, daß es so nicht ist. Ich brauche die Autorität eines *Milton*, um wirklich überzeugt zu sein. Bei diesem nehme ich an, daß er unbestechlich war. – Damit meine ich aber natürlich nicht, daß nicht eine ungeheure Menge Lobes ohne Verständnis und aus falschen Gründen Shakespeare gespendet worden ist und wird, von tausend Professoren der Literatur. 1946

Die Schwierigkeit *tief* fassen, ist das Schwere.

Denn seicht gefaßt, bleibt sie eben die Schwierigkeit. Sie ist mit der Wurzel auszureißen; und das heißt, man muß auf neue Art anfangen, über diese Dinge zu denken. Die Änderung ist z.B. eine so entschiedene, wie die von der alchimistischen zur chemischen Denkungsweise. – Es ist die neue Denkweise, die so schwer festzulegen ist.

Ist die neue Denkweise festgelegt, so verschwinden die alten Probleme; ja, es wird schwer, sie wieder zu erfassen. Denn sie sitzen in der Ausdrucksweise; und wird eine neue angezogen, so streift man die alten Probleme mit dem alten Gewand ab. 1946

Die hysterische Angst, die die Öffentlichkeit jetzt vor der Atom-Bombe hat, oder doch ausdrückt, ist beinahe ein Zeichen, daß hier einmal wirklich eine heilsame Erfindung gemacht worden ist. Wenigstens macht die Furcht den Eindruck einer wirklich wirksamen bittern Medizin. Ich kann mich des Gedankens nicht erwehren: wenn hier nicht etwas Gutes vorläge, würden die *Philister* kein Geschrei anheben. Aber vielleicht ist auch das ein kindischer Gedanke. Denn alles, was ich meinen kann, ist doch nur, daß die Bombe das Ende, die Zerstörung, eines gräßlichen Übels, der ekelhaften, seifenwäßrigen Wissenschaft, in

Aussicht stellt. Und das ist freilich kein unangenehmer Gedanke; aber wer sagt, was auf eine solche Zerstörung *folgen* würde? Die Leute, die heute gegen die Erzeugung der Bombe reden, sind freilich der *Auswurf* der Intelligenz, aber auch das beweist nicht unbedingt, daß das zu preisen ist, was sie verabscheuen. 1946

Der Mensch ist das beste Bild der menschlichen Seele.* 1946

Menschen sind in vorigen Zeiten ins Kloster gegangen. Waren das etwa dumme, oder stumpfe Menschen? – Nun, wenn solche Leute solche Mittel ergriffen haben, um weiter leben zu können, kann das Problem nicht leicht sein! 1946

Die Gleichnisse Shakespeares sind, *im gewöhnlichen Sinne*, schlecht. Sind sie also dennoch gut – und ob sie es sind, weiß ich nicht – so müssen sie ihr eigenes Gesetz sein. Ihr Klang könnte sie z.B. wahrscheinlich, und zur Wahrheit, machen.

Es könnte sein, daß bei Shakespeare die Leichtigkeit, die Selbstherrlichkeit das Wesentliche ist, daß man ihn also hinnehmen müßte, um ihn wirklich bewundern zu können, wie man die Natur, eine Landschaft z.B., hinnimmt.

Wenn ich darin Recht habe, so würde das heißen, daß der Stil des ganzen Werkes, ich meine, seiner gesamten Arbeit, hier das Wesentliche, und Rechtfertigende, ist.

Daß ich ihn *nicht* verstehe, wäre dann damit zu erklären, daß ich ihn nicht *mit Leichtigkeit* lesen kann. Nicht so, also, wie man eine herrliche Landschaft besieht. 1946

* Vgl. *Philosophische Untersuchungen*, Teil II, Abschn. IV.

Der Mensch sieht wohl, was er hat, aber nicht, was er ist. Was er ist, ist gleichsam wie seine Höhe über dem Meeresspiegel, die man meistens nicht ohne weiteres beurteilen kann. Und die Größe, oder Kleinheit, eines Werks hängt davon ab, wo der steht, der es gemacht hat.

Man kann aber auch sagen: Der ist nie groß, der sich selbst verkennt: der sich einen blauen Dunst vormacht. 1946

Welch ein kleiner Gedanke doch ein ganzes Leben füllen kann!

Wie man doch sein ganzes Leben lang dasselbe kleine Ländchen bereisen kann, und meinen, es gäbe nichts außer ihm!

Man sieht alles in einer merkwürdigen Perspektive (oder Projektion): das Land, was man unaufhörlich bereist, kommt einem ungeheuer groß vor; alle umgebenden Länder sieht man wie schmale Randgebiete.

Um in die Tiefe zu steigen, braucht man nicht weit reisen; ja, Du brauchst dazu nicht Deine nächste und gewöhnliche Umgebung verlassen. 1946

Es ist sehr *merkwürdig*, daß man zu meinen geneigt ist, die Zivilisation – die Häuser, Straßen, Wagen, etc. – entfernten den Menschen von seinem Ursprung, vom Hohen, Unendlichen, u.s.f. Es scheint dann, als wäre die zivilisierte Umgebung, auch die Bäume und Pflanzen in ihr, billig eingeschlagen in Zellophan, und isoliert von allem Großen und sozusagen von Gott. Es ist ein merkwürdiges Bild, was sich einem da aufdrängt. 1946

Meine ›Errungenschaft‹ ist sehr ähnlich der eines Mathematikers, der einen Kalkül erfindet. 1946

Wenn die Menschen nicht manchmal Dummheiten machten, geschähe überhaupt nichts Gescheites. 1946

Das rein Körperliche kann unheimlich sein. Vergleiche die Art und Weise, wie man Engel und Teufel darstellt. Was man »Wunder« nennt, muß damit zusammenhängen. Es muß sozusagen eine *heilige Gebärde* sein. 1946

Wie Du das Wort »Gott« verwendest, zeigt nicht, *wen* Du meinst – sondern, was Du meinst. 1946

Beim Stierkampf ist der Stier der Held einer Tragödie. Zuerst durch Schmerzen tollgemacht, stirbt er einen langen und furchtbaren Tod. 1946

Ein Held sieht dem Tod in's Angesicht, dem wirklichen Tod, nicht bloß dem Bild des Todes. Sich in einer Krise anständig zu benehmen, heißt nicht einen Helden, gleichsam wie auf dem Theater, gut darstellen können, sondern es heißt dem Tod *selbst* in's Auge schauen können.

Denn der Schauspieler kann eine Menge Rollen spielen, aber am Ende muß er doch *selbst* als Mensch sterben. 1946

Worin besteht es: einer musikalischen Phrase mit Verständnis folgen? Ein Gesicht mit dem Gefühl für seinen Ausdruck betrachten? Den Ausdruck des Gesichts eintrinken?

Denk an das Benehmen Eines, der das Gesicht mit Verständnis für seinen Ausdruck zeichnet. An das Gesicht, an die Bewegungen des Zeichnenden; – wie drückt es sich aus, daß jeder Strich, den er macht, von dem Gesicht diktiert wird, daß nichts an seiner Zeichnung willkürlich ist, daß er ein *feines* Instrument ist?

Ist denn das wirklich ein *Erlebnis?* Ich meine: kann man sagen, daß dies ein Erlebnis ausdrückt? 1946

Noch einmal: Worin besteht es, einer musikalischen Phrase mit Verständnis folgen, oder, sie mit Verständnis spielen? Sieh nicht in Dich selbst. Frag Dich lieber, was Dich sagen macht, *der Andre* tue dies. Und *was* veranlaßt Dich, zu sagen, *er* habe ein bestimmtes Erlebnis? Ja, sagt man das überhaupt? Würde ich nicht eher vom Andern sagen, er habe eine Menge von Erlebnissen?

Ich würde wohl sagen, »Er erlebt das Thema intensiv«; aber bedenke, was davon der Ausdruck ist. 1946

Da könnte man nur wieder meinen, das intensive Erleben des Themas ›*bestünde*‹ in den Empfindungen der Bewegungen etc., womit wir es begleiten. Und das scheint (wieder) eine beruhigende Erklärung. Aber hast Du irgendeinen Grund, zu glauben, es sei so? Ich meine, z.B., eine Erinnerung an diese Erfahrung? Ist diese Theorie nicht wieder bloß ein Bild? Nein, es ist nicht so: Die Theorie ist nur ein Versuch, die Ausdrucksbewegungen mit einer ›Empfindung‹ zu kuppeln. 1946

Fragst Du: wie ich das Thema empfunden habe, – so werde ich vielleicht sagen »Als Frage« oder dergleichen, oder ich werde es mit Ausdruck pfeifen etc. 1946

»Er erlebt das Thema intensiv. Es geht etwas in ihm vor, während er es hört.« Und *was?*

Weist das Thema auf nichts außer sich? Oh ja! Das heißt aber: – Der Eindruck, den es mir macht, hängt mit Dingen in seiner Umgebung zusammen – z.B. mit der Existenz der deutschen Sprache und ihrer Intonation, das heißt aber mit dem ganzen Feld unsrer Sprachspiele.*

Wenn ich z.B. sage: Es ist, als ob hier ein Schluß gezogen würde, oder, als ob hier etwas bekräftigt würde, oder, als ob *dies* eine Antwort auf das Frühere wäre, – so setzt mein Verständnis eben die Vertrautheit mit Schlüssen, Bekräftigungen, Antworten, voraus.

Ein Thema hat nicht weniger einen Gesichtsausdruck, als ein Gesicht.

»Die Wiederholung ist *notwendig*.« Inwiefern ist sie notwendig? Nun singe es, so wirst Du sehen, daß ihm erst die Wiederholung seine ungeheure Kraft gibt. – Ist es uns denn nicht, als müsse hier eine Vorlage für das Thema in der Wirklichkeit existieren, und das Thema käme ihr nur dann nahe, entspräche ihr nur, wenn dieser Teil wiederholt würde? Oder soll ich die Dummheit sagen: »Es klingt eben schöner mit der Wiederholung«? (Da sieht man übrigens, welche dumme Rolle das Wort »schön« in der Aesthetik spielt). Und doch *ist* da eben kein Paradigma außerhalb des Themas. Und doch *ist* auch wieder ein Paradigma außerhalb des Themas: nämlich der Rhythmus unsrer Sprache, unseres Denkens und Empfindens. Und das Thema ist auch wieder ein *neuer* Teil unsrer Sprache, es wird in sie einverleibt; wir lernen eine neue *Gebärde*.

Das Thema ist in Wechselwirkung mit der Sprache.

Eines ist, in Gedanken säen, eines, in Gedanken ernten.

Die beiden letzten Takte des »Tod und Mädchen« Themas, das ; man kann zuerst verstehen, daß diese Figur konventionell, gewöhnlich, ist, bis man ihren tiefern Ausdruck versteht. D.h., bis man versteht, daß hier das Gewöhnliche sinnerfüllt ist.

1946

* Vgl. *Zettel*, § 175.

»Lebt wohl!« 1946

»Eine ganze Welt des Schmerzes liegt in diesen Worten.« Wie *kann* sie in ihnen liegen? – Sie hängt mit ihnen zusammen. Die Worte sind wie die Eichel, aus der ein *Eichbaum* wachsen kann.
1946

Esperanto. Das Gefühl des Ekels, wenn wir ein *erfundenes* Wort mit erfundenen Ableitungssilben aussprechen. Das Wort ist kalt, hat keine Assoziationen und spielt doch ›Sprache‹. Ein bloß geschriebenes Zeichensystem würde uns nicht so anekeln.
1946

Man könnte Gedanken Preise anheften. Manche kosten viel, manche wenig. Und womit zahlt man für Gedanken? Ich glaube: mit Mut. 1946

Wenn das Leben schwer erträglich wird, denkt man an eine Veränderung der Lage. Aber die wichtigste und wirksamste Veränderung, die des eigenen Verhaltens, kommt uns kaum in den Sinn, und zu ihr können wir uns schwer entschließen. 1946

Man kann einen Stil schreiben, der in der Form unoriginell ist – wie der meine – aber mit gut gewählten Wörtern; oder aber einen, dessen *Form* originell, aus dem Innern neu gewachsen, ist. (Und natürlich auch einen, der nur irgendwie aus alten Stücken zusammengestoppelt ist.) 1946

Das Christentum sagt unter anderm, glaube ich, daß alle guten Lehren nichts nützen. Man müsse das *Leben* ändern. (Oder die *Richtung* des Lebens.)

Daß alle Weisheit kalt ist; und daß man mit ihr das Leben so wenig in Ordnung bringen kann, wie man Eisen *kalt* schmieden kann.

Eine gute Lehre nämlich muß einen nicht *ergreifen*; man kann ihr folgen, wie einer Vorschrift des Arztes. – Aber hier muß man von etwas ergriffen und umgedreht werden. – (D.h., so verstehe ich's.) Ist man umgedreht, dann muß man umgedreht *bleiben*.

Weisheit ist leidenschaftslos. Dagegen nennt Kierkegaard den Glauben eine *Leidenschaft*. 1946

Die Religion ist sozusagen der tiefste ruhige Meeresgrund, der ruhig bleibt, wie hoch auch die Wellen oben gehen. – 1946

»Ich habe nie früher an Gott geglaubt« – das versteh' ich. Aber nicht: »Ich habe nie früher wirklich an Ihn geglaubt.« 1946

Ich fürchte mich oft vor dem Wahnsinn. Hab ich irgend einen Grund anzunehmen, daß diese Furcht nicht sozusagen einer optischen Täuschung entspringt: ich halte irgend etwas für einen nahen Abgrund, was keiner ist? Die einzige *Erfahrung*, von der ich weiß, die dafür spricht, daß diese keine Täuschung ist, ist der Fall Lenaus. In seinem »Faust« nämlich finden sich Gedanken der Art, wie ich sie auch kenne. Lenau legt sie in den Mund Fausts, aber es sind gewiß seine eigenen über sich selbst. Das Wichtige ist, was Faust über seine *Einsamkeit*, oder *Vereinsamung* sagt.

Auch sein Talent kommt mir dem meinen ähnlich vor: Viel

Spreu – aber einige *schöne* Gedanken. Die Erzählungen im »Faust« sind alle schlecht, aber die Betrachtungen oft wahr und groß. 1946

Lenaus »Faust« ist in sofern merkwürdig, als es der Mensch hier nur mit dem Teufel zu tun hat. Gott rührt sich nicht. 1946

Ich glaube, Bacon war kein *scharfer Denker*. Er hatte große, sozusagen breite, Visionen. Aber wer nur diese hat, der muß im Versprechen großartig, im Erfüllen ungenügend, sein.

Jemand könnte eine Flugmaschine *erdichten*, ohne es mit ihren Einzelheiten genau zu nehmen. Ihr Äußeres mag er sich sehr ähnlich dem eines richtigen Aeroplanes vorstellen, und ihre Wirkungen malerisch beschreiben. Es ist auch nicht klar, daß so eine Erdichtung wertlos sein muß. Vielleicht spornt sie Andere zu einer anderen Art von Arbeit an. – Ja, während diese, sozusagen von fern her, die Vorbereitungen treffen, zum Bauen eines Aeroplanes, der wirklich fliegt, beschäftigt Jener sich damit, zu träumen, wie dieser Aeroplan aussehen muß, und was er leisten wird. Über den Wert dieser Tätigkeiten ist damit noch *nichts* gesagt. Die des Träumers *mag* wertlos sein – und auch die andere. 1946

Den Wahnsinn *muß* man nicht als Krankheit ansehen. Warum nicht als eine plötzliche – mehr oder *weniger* plötzliche – Charakteränderung? 1946

Jeder Mensch ist (oder die Meisten sind) mißtrauisch, und vielleicht gegen die Verwandten mehr, als gegen Andere. Hat das Mißtrauen einen Grund? Ja und nein. Man kann dafür Gründe angeben, aber sie sind nicht zwingend. Warum soll ein Mensch nicht plötzlich gegen die Menschen *viel* mißtrauischer werden? Warum nicht *viel* verschlossener? Oder liebeleer? Werden Menschen dies nicht auch im gewöhnlichen Verlauf? – Wo ist hier die Grenze zwischen Wollen und Können? *Will* ich mich niemandem mehr mitteilen, oder *kann* ich's nicht? Wenn so vieles seinen Reiz verlieren kann, warum nicht Alles? Wenn der Mensch auch im gewöhnlichen Leben verschlagen ist, warum soll er nicht – und *vielleicht* plötzlich – noch *viel* verschlagener werden? Und *viel* unzugänglicher. 1946

Eine Pointe im Gedicht ist *überspitzt*, wenn die Verstandesspitzen nackt zu Tage treten, nicht überkleidet vom Herzen.
1946

So, es kann ein Schlüssel für ewig da liegen, wohin ihn der Meister gelegt hat, und nie verwendet werden, das Schloß aufzusperren, dafür der Meister ihn geschmiedet hat. 1946

»Es ist höchste Zeit, daß wir diese Erscheinungen mit etwas *anderem* vergleichen« – kann man sagen. – Ich denke da, z. B., an Geisteskrankheiten. 1946

Freud hat durch seine phantastischen pseudo-Erklärungen (gerade weil sie geistreich sind) einen schlimmen Dienst erwiesen.

(Jeder Esel hat diese Bilder nun zur Hand, mit ihrer Hilfe Krankheitserscheinungen zu ›erklären‹.) 1946

Die Ironie in der Musik. Bei Wagner z. B. in den »Meistersingern«. Unvergleichlich tiefer im ersten Satz der IX. im Fugato. Hier ist etwas, was in der Rede dem Ausdruck grimmiger Ironie entspricht. 1946

Ich hätte auch sagen können: das Verzerrte in der Musik. In dem Sinne, in dem man von gramverzerrten Zügen spricht. Wenn Grillparzer sagt, Mozart habe in der Musik nur das »Schöne« zugelassen, so heißt das, glaube ich, daß er nicht das Verzerrte, Gräßliche zugelassen habe, daß in seiner Musik sich nichts findet, was *diesem* entspricht. Ob das ganz wahr ist, will ich nicht sagen; aber angenommen, es ist so, so ist es ein Vorurteil Grillparzers, daß es von Rechts wegen nicht anders sein dürfe. Daß die Musik nach Mozart (besonders natürlich durch Beethoven) ihr Sprachgebiet erweitert hat, ist weder zu preisen, noch zu beklagen; sondern: *so hat sie sich gewandelt*. In Grillparzers Verhalten ist eine Art von Undankbarkeit. Wollte er *noch* einen Mozart haben? Konnte er sich etwas vorstellen, was so einer nun komponieren würde? Hätte er sich Mozart vorstellen können, wenn er ihn nicht gekannt hätte?

Hier hat auch der Begriff »das Schöne« manchen Unfug angestellt. 1946

Begriffe *können* einen Unfug erleichtern oder erschweren; begünstigen oder hemmen. 1946

Die grinsenden Gesichter der Dummen können uns allerdings glauben machen, *sie* hätten kein wirkliches Leid; aber sie haben es, nur woanders als der Gescheitere. Sie haben, sozusagen, keinen *Kopf*schmerz, aber soviel anderes Elend, wie jeder Andere. Es muß ja nicht alles Elend, den *gleichen* Gesichtsausdruck hervorrufen. Ein edlerer Mensch in seinen Leiden wird anders ausschaun als ich. 1946

Ich kann nicht niederknien, zu beten, weil gleichsam meine Knie steif sind. Ich fürchte mich vor der Auflösung (vor meiner Auflösung), wenn ich weich würde. 1946

Ich zeige meinen Schülern Ausschnitte aus einer ungeheuern Landschaft, in der sie sich unmöglich auskennen können. 1946

Die apokalyptische Ansicht der Welt ist eigentlich die, daß sich die Dinge *nicht* wiederholen. Es ist z.B. nicht unsinnig, zu glauben, daß das wissenschaftliche und technische Zeitalter der Anfang vom Ende der Menschheit ist; daß die Idee vom großen Fortschritt eine Verblendung ist, wie auch von der endlichen Erkenntnis der Wahrheit; daß an der wissenschaftlichen Erkenntnis nichts Gutes oder Wünschenswertes ist und daß die Menschheit, die nach ihr strebt, in eine Falle läuft. Es ist durchaus nicht klar, daß dies nicht so ist. 1947

Was ein Mann träumt, das erfüllt sich so gut wie nie. 1947

Sokrates, der den Sophisten immer zum Schweigen bringt – bringt er ihn *mit Recht* zum Schweigen? – Ja, der Sophist weiß nicht, was er zu wissen glaubte; aber das ist kein Triumph für Sokrates. Weder kann es heißen »Sieh da! Du weißt es nicht!« – noch, triumphierend, »Also wissen wir Alle nichts!« 1947

Die Weisheit ist etwas Kaltes, und insofern Dummes. (Der Glaube dagegen, eine Leidenschaft.) Man könnte auch sagen: Die Weisheit *verhehlt* Dir nur das Leben. (Die Weisheit ist wie kalte, graue Asche, die die Glut verdeckt.) 1947

Scheue Dich *ja* nicht davor, Unsinn zu reden! Nur mußt Du auf Deinen Unsinn lauschen. 1947

Die Wunder der Natur.

Man könnte sagen: die Kunst *zeige* uns die Wunder der Natur. Sie basiert auf dem *Begriff* der Wunder der Natur. (Die sich öffnende Blüte. Was ist an ihr *herrlich*?) Man sagt: »Sieh, wie sie sich öffnet!« 1947

Durch einen Zufall nur könnten die Träume eines Menschen von der Zukunft der Philosophie, der Kunst, der Wissenschaft, sich bewahrheiten. Was er sieht, ist eine Fortsetzung seiner Welt im Traum, also VIELLEICHT sein Wunsch (vielleicht auch nicht), aber nicht die Wirklichkeit. 1947

Auch der Mathematiker kann natürlich die Wunder (das Krystall) der Natur anstaunen; aber kann er es, wenn es einmal problematisch geworden ist, *was* er denn anschaut? Ist es wirklich möglich, solange eine philosophische Trübe das *verschleiert*, was das Staunenswerte oder Angestaunte ist?

Ich könnte mir denken, daß Einer Bäume bewundert, und auch die Schatten, oder Spiegelungen von Bäumen, die er für Bäume hält. Sagt er sich aber einmal, daß es doch keine Bäume sind und wird es für ihn problematisch, was sie sind, oder was ihre Beziehung zu Bäumen ist, dann hat die Bewunderung einen Riß, der erst zu heilen ist. 1947

Manchmal kann ein Satz nur verstanden werden, wenn man ihn im *richtigen Tempo* liest. Meine Sätze sind alle *langsam* zu lesen. 1947

Die ›Notwendigkeit‹, mit der der zweite Gedanke auf den ersten folgt. (Figaro Ouvertüre.) Nichts dümmer, als zu sagen, es sei *›angenehm‹* den einen nach dem andern zu hören. – Aber das Paradigma, wonach das alles *richtig* ist, ist freilich dunkel. ›Es ist die natürliche Entwicklung.‹ Man macht eine Handbewegung, möchte sagen: »natürlich!« – Man könnte den Übergang auch einem Übergang, dem Eintritt einer neuen Figur in einer Geschichte, z.B., oder einem Gedichte, vergleichen. *So* paßt dies Stück in die Welt unsrer Gedanken und Gefühle hinein. 1947

Die Falten meines Herzens wollen immer zusammenkleben, und um es zu öffnen müßte ich sie immer wieder auseinanderreißen. 1947

Der amerikanische dumme und naive Film kann in aller seiner Dummheit und *durch* sie belehren. Der trottelhafte, nicht-naive englische Film kann nicht belehren. Ich habe oft aus einem dummen amerikanischen Film eine Lehre gezogen. 1947

Ist, was ich tue, überhaupt der Mühe wert? Doch nur, wenn es von oben her ein Licht empfängt. Und ist es so, – warum sollte ich mich sorgen, daß mir die Früchte meiner Arbeit nicht gestohlen werden? Wenn, was ich schreibe, wirklich wertvoll ist, wie sollte man mir das Wertvolle stehlen? Ist das Licht von oben *nicht* da, so kann ich ja doch nur geschickt sein. 1947

Ich verstehe es vollkommen, wie Einer es *hassen* kann, wenn ihm die Priorität seiner Erfindung, oder Entdeckung, streitig gemacht wird, daß er diese Priorität ›with tooth and claw‹ verteidigen möchte. *Und doch* ist sie nur eine Chimaire. Es scheint mir freilich zu billig, allzuleicht, wenn *Claudius* über die Prioritätsstreitigkeiten zwischen Newton und Leibniz spottet; aber es ist, glaube ich, doch wahr, daß dieser Streit nur üblen Schwächen entspringt und von ÜBLEN Menschen genährt wird. *Was* hätte Newton verloren, wenn er die Originalität Leibnizs anerkannt hätte? Gar nichts! Er hätte viel gewonnen. Und doch, wie schwer ist dieses Anerkennen, das Einem, der es versucht, wie ein Eingeständnis des eigenen Unvermögens erscheint. Nur Menschen, die Dich schätzen und zugleich *lieben*, können Dir dieses Verhalten *leicht* machen.

Es handelt sich natürlich um *Neid*. Und wer ihn fühlt, müßte sich immer sagen: »Es ist ein Irrtum! Es ist ein Irrtum! –« 1947

Im Gefolge jeder Idee, die viel kostet, kommen eine Menge billiger; darunter auch einige, die nützlich sind. 1947

Manchmal sieht man Ideen, wie der Astronom von uns aus weit entlegene Sternenwelten. (Oder es scheint doch so.) 1947

Wenn ich einen *guten* Satz geschrieben hätte, und durch Zufall wären es zwei reimende Zeilen, so wäre dies ein *Fehler*. 1947

Aus Tolstois schlechtem Theorisieren, das Kunstwerk übertrage ›ein Gefühl‹, könnte man *viel* lernen. – Und doch könnte man es, wenn nicht den Ausdruck eines Gefühls, einen Gefühlsausdruck nennen, oder einen gefühlten Ausdruck. Und man könnte auch sagen, daß die Menschen, die ihn verstehen, gleichermaßen zu ihm ›schwingen‹, auf ihn antworten. Man könnte sagen: Das Kunstwerk will nicht *etwas anderes* übertragen, sondern sich selbst. Wie, wenn ich Einen besuche, ich nicht bloß die und die Gefühle in ihm zu erzeugen wünsche, sondern vor allem ihn besuchen, und freilich auch gut aufgenommen werden will.

Und schon erst recht unsinnig ist es, zu sagen, der Künstler wünsche, daß, was er beim Schreiben, der Andre beim Lesen fühlen solle. Ich kann wohl glauben, ein Gedicht (z.B.) zu verstehen, es so zu verstehen, wie sein Erzeuger es sich wünschen würde, – aber was *er* beim Schreiben gefühlt haben mag, das kümmert mich *gar* nicht. 1947

So wie ich keine Verse schreiben kann, so kann ich auch Prosa nur *soweit*, und nicht weiter, schreiben. Meiner Prosa ist eine ganz bestimmte Grenze gesetzt, und ich kann ebenso wenig über *sie* hinaus, als ich es vermöchte, ein Gedicht zu schreiben. Mein Apparat ist *so* beschaffen; nur dieser Apparat steht mir zur Verfügung. Es ist, wie wenn Einer sagte: Ich kann in diesem Spiel nur *diesen* Grad der Vollkommenheit erreichen, und nicht *jenen*.

1947

Es ist *möglich*, daß Jeder, der eine bedeutende Arbeit leistet, eine Fortsetzung, eine Folge, seiner Arbeit im Geiste vor sich sieht, – träumt; aber es wäre doch merkwürdig, wenn es nun wirklich so käme, wie er es geträumt hat. Heute nicht an die eigenen Träume zu glauben, ist freilich leicht. 1947

Nietzsche schreibt einmal*, daß auch die besten Dichter und Denker Mittelmäßiges und Schlechtes geschrieben, nur eben das Gute davon geschieden haben. Aber ganz so ist es nicht. Ein Gärtner hat in seinem Garten freilich neben den Rosen auch den Dünger und Kehricht und Stroh, aber sie unterscheiden sich nicht nur in der Güte, sondern vor allem in ihrer Funktion im Garten.

Was wie ein schlechter Satz ausschaut, kann der *Keim* zu einem guten sein. 1947

Die Fähigkeit des ›Geschmacks‹ kann keinen Organismus schaffen, nur einen schon vorhandenen regulieren. Der Geschmack lockert Schrauben und zieht Schrauben an, er schafft nicht ein neues Uhrwerk.

Der Geschmack reguliert. Das Gebären ist nicht seine Sache.

Der Geschmack macht ANNEHMBAR.

(Darum braucht, glaube ich, der große Schöpfer keinen Geschmack; das Kind kommt wohlgeschaffen zur Welt.)

Feilen ist *manchmal* Tätigkeit des Geschmacks, manchmal nicht. *Ich* habe Geschmack.

Auch der *feinste* Geschmack hat mit Schöpferkraft *nichts* zu tun.

Geschmack ist Feinheit der Empfindung; Empfindung aber *tut* nicht, sie nimmt nur auf.

Ich vermag *nicht* zu beurteilen, ob ich nur Geschmack, oder auch Originalität habe. Jenen sehe ich klar, diese nicht, oder ganz undeutlich. Und vielleicht muß es so sein, und man sieht nur, was man *hat*, nicht was man ist. Wenn Einer nicht lügt, ist er

* *Menschliches, Allzumenschliches*, I, § 155.

originell genug. Denn die Originalität, die wünschenswert wäre, kann doch nicht eine Art Kunststück sein, oder eine Eigenheit, wie immer ausgeprägt.

Ja schon das ist ein Anfang guter Originalität, nicht sein zu wollen, was man nicht ist. Und alles das ist von Andern schon *viel* besser gesagt worden.

Geschmack kann entzücken, aber nicht ergreifen. 1947

Man kann einen alten Stil gleichsam in einer neueren Sprache wiedergeben; ihn sozusagen neu aufführen in einem Tempo, das unsrer Zeit gemäß ist. Man ist dann eigentlich nur reproduktiv. Das habe ich beim Bauen getan.

Was ich meine, ist aber *nicht* ein neues Zurechtstutzen eines alten Stils. Man nimmt nicht die alten Formen und richtet sie dem neuen Geschmack entsprechend her. Sondern man spricht, vielleicht unbewußt, in Wirklichkeit die alte Sprache, spricht sie aber in einer Art und Weise, die der neuern Welt, darum aber nicht notwendigerweise ihrem Geschmacke, angehört. 1947

Der Mensch reagiert *so*: er sagt »*Nicht* das!« – und kämpft es an. Daraus entstehen vielleicht Zustände, die ebenso unerträglich sind; und vielleicht ist dann die Kraft zu weiterer Revolte verausgabt. Man sagt »Hätte *der* nicht *das* getan, so wäre das Übel nicht gekommen«. Aber mit welchem Recht? Wer kennt die Gesetze, nach denen die Gesellschaft sich entwickelt? Ich bin überzeugt, daß auch der Gescheiteste keine Ahnung hat. Kämpfst Du, so kämpfst Du. Hoffst Du, so hoffst Du.

Man kann kämpfen, hoffen und auch glauben, ohne *wissenschaftlich* zu glauben. 1947

Die Wissenschaft: Bereicherung und Verarmung. Die *eine* Methode drängt alle andern beiseite. Mit dieser verglichen scheinen sie alle ärmlich, höchstens Vorstufen. Du mußt zu den Quellen niedersteigen, um sie alle nebeneinander zu sehen, die vernachläßigten und die bevorzugten. 1947

Kann *ich* nur keine Schule gründen, oder kann es ein Philosoph nie? Ich kann keine Schule gründen, weil ich eigentlich nicht nachgeahmt werden will. Jedenfalls nicht von denen, die Artikel in philosophischen Zeitschriften veröffentlichen. 1947

Der Gebrauch des Wortes »Schicksal«. Unser Verhalten zur Zukunft und Vergangenheit. Wieweit halten wir uns für die Zukunft verantwortlich? Wieviel spekulieren wir über die Zukunft? Wie denken wir über Vergangenheit und Zukunft? Wenn etwas Unangenehmes geschieht: – fragen wir »Wer ist schuld?«, sagen wir »Jemand muß dran schuld sein«, – oder sagen wir »Es war Gottes Wille«, »Es war Schicksal«?

Wie, eine Frage stellen, auf ihre Antwort dringen, oder sie nicht stellen, ein anderes Verhalten, eine andere Art des Lebens ausdrückt, *so*, in diesem Sinne, auch ein Ausspruch wie »Es ist Gottes Wille« oder »Wir sind nicht Herren über unser Schicksal«. Was dieser Satz tut, oder doch Ähnliches, könnte auch ein Gebot tun! Auch eins, was man sich selbst gibt. Und umgekehrt kann ein Gebot, z.B. »Murre nicht!« als Feststellung einer Wahrheit ausgesprochen werden. 1947

Das Schicksal steht im Gegensatz zum Naturgesetz. Das Naturgesetz will man ergründen, und verwenden, das Schicksal nicht. 1947

Es ist mir durchaus nicht klar, daß ich eine Fortsetzung meiner Arbeit durch Andre mehr wünsche, als eine Veränderung der Lebensweise, die alle diese Fragen überflüssig macht. (Darum könnte ich nie eine Schule gründen.) 1947

Der Philosoph sagt »Sieh' die Dinge *so* an!« – aber damit ist erstens nicht gesagt, daß die Leute sie so ansehen werden, zweitens mag er überhaupt mit seiner Mahnung zu spät kommen, und es ist auch möglich, daß so eine Mahnung überhaupt nichts ausrichten kann und der Impuls zu dieser Änderung der Anschauung von anders wo kommen muß. So ist es ganz unklar, ob Bacon irgend etwas bewegt hat, außer die Oberfläche der Gemüter seiner Leser. 1947

Nichts kommt mir weniger wahrscheinlich vor, als daß ein Wissenschaftler, oder Mathematiker, der mich liest, dadurch in seiner Arbeitsweise ernstlich beeinflußt werden sollte. (In sofern sind meine Betrachtungen wie die Plakate an den Kartenschaltern der englischen Bahnhöfe* »Is your journey really necessary?« Als ob Einer, der das liest, sich sagen würde »On second thoughts, *no*«.) Hier muß man mit ganz anderen Geschützen kommen, als ich im Stande bin, in's Feld zu führen. Am ehesten könnte ich noch dadurch eine Wirkung erzielen, daß, vor allem, durch meine Anregung eine *große* Menge Dreck geschrieben wird, und daß *vielleicht* dieser die Anregung zu etwas Gutem wird. Ich dürfte immer nur auf die aller indirekteste Wirkung hoffen. 1947

Z.B. nichts dümmer, als das Geschwätz über Ursache und Wirkung in Büchern über Geschichte; nichts verkehrter, weni-

* Während des zweiten Weltkriegs und unmittelbar nachher.

ger durchdacht. – Aber wer könnte dem Einhalt tun, dadurch, daß er das *sagte*? (Es wäre, als wollte ich durch reden die Kleidung der Frauen und der Männer ändern.) 1947

Denke dran, wie man von Labors Spiel gesagt hat »Er *spricht*«. Wie eigentümlich! Was war es, was einen in diesem Spiel so an ein Sprechen gemahnt hat? Und wie merkwürdig, daß die Ähnlichkeit mit dem Sprechen nicht etwas uns Nebensächliches, sondern etwas Wichtiges und Großes ist! – Die Musik, und gewiß *manche* Musik, möchten wir eine Sprache nennen; *manche* Musik aber gewiß nicht. (Nicht, daß damit ein Werturteil gefällt sein muß!) 1947

Das Buch ist voller Leben – nicht wie ein Mensch, sondern wie ein Ameishaufen. 1947

Man vergißt immer wieder, auf den Grund zu gehen. Man setzt die Fragezeichen nicht *tief* genug. 1947

Die Wehen bei der Geburt neuer Begriffe. 1947

»Die Weisheit ist grau.« Das Leben aber und die Religion sind farbenreich. 1947

Es könnte sein, daß die Wissenschaft und Industrie, und ihr Fortschritt, das Bleibendste der heutigen Welt ist. Daß jede

Mutmaßung eines Zusammenbruchs der Wissenschaft und Industrie einstweilen, und auf *lange* Zeit, ein bloßer Traum sei, und daß Wissenschaft und Industrie nach und mit unendlichem Jammer die Welt einigen werden, ich meine, sie zu *einem* zusammenfassen werden, in welchem dann freilich alles eher als der Friede wohnen wird.

Denn die Wissenschaft und die Industrie entscheiden doch die Kriege, oder so scheint es. 1947

Interessiere Dich nicht für das, was, vermeintlich, Du allein faßt! 1947

Der Kreis meiner Gedanken ist wahrscheinlich viel enger, als ich ahne. 1947

Die Gedanken steigen, langsam, wie Blasen an die Oberfläche. (Manchmal ist es, als sähe man einen Gedanken, eine Idee, als undeutlicher Punkt fern am Horizont; und dann kommt er oft mit überraschender Geschwindigkeit näher.) 1947

Wo schlechte Wirtschaft im Staat ist, wird, glaube ich, auch schlechte Wirtschaft in den Familien begünstigt. Der jederzeit zum Streike bereite Arbeiter wird auch seine Kinder nicht zur Ordnung erziehen. 1947

Möge Gott dem Philosophen Einsicht geben in das, was vor allen Augen liegt. 1947

Das Leben ist wie ein Weg auf einer Bergschneide; rechts und links glitscherige Abhänge, auf denen Du in dieser, oder jener Richtung unaufhaltsam hinunterrutscht. Immer wieder sehe ich Menschen so rutschen und sage »Wie könnte sich ein Mensch da helfen!« Und *das* heißt: »den freien Willen leugnen«. Das ist die Stellungnahme, die sich in diesem ›Glauben‹ ausdrückt. Er ist aber kein *wissenschaftlicher* Glaube, hat nichts mit wissenschaftlichen Überzeugungen zu tun. 1947

Die Verantwortung *leugnen*, heißt, den Menschen nicht zur Verantwortung *ziehen*. 1947

Manche Menschen haben einen Geschmack, der sich zu einem ausgebildeten verhält, wie der Gesichtseindruck eines halb blinden Auges zu dem eines normalen. Wo das normale Auge klare Artikulation sieht, sieht das schwache verwaschene Farbflecke. 1947

Wer zu viel weiß, für den ist es schwer nicht zu lügen. 1947

Ich habe eine solche Angst davor, daß jemand im Hause Klavier spielt, daß ich, wenn es geschehen ist und das Klimpern aufgehört hat, noch eine Art Halluzination habe, als ginge es weiter. Ich kann es dann ganz deutlich hören, obwohl ich weiß, daß es nur in meiner Einbildung ist. 1947

Es kommt mir vor, als könne ein religiöser Glaube nur etwas wie das leidenschaftliche Sich-entscheiden für ein Bezugssystem sein. Also obgleich es *Glaube* ist, doch eine Art des Lebens, oder eine Art das Leben zu beurteilen. Ein leidenschaftliches Ergreifen *dieser* Auffassung. Und die Instruktion in einem religiösen Glauben müßte also die Darstellung, Beschreibung jenes Bezugssystems sein und zugleich ein in's-Gewissen-reden. Und diese beiden müßten am Schluß bewirken, daß der Instruierte selber, aus eigenem, jenes Bezugssystem leidenschaftlich erfaßt. Es wäre, als ließe mich jemand auf der einen Seite meine hoffnungslose Lage sehen, auf der andern stellte er mir das Rettungswerkzeug dar, bis ich, aus eigenem, oder doch jedenfalls nicht von dem *Instruktor* an der Hand geführt, auf das zustürzte und es ergriffe. 1947

Einmal wird vielleicht aus dieser Zivilisation eine Kultur entspringen.

Dann wird es eine wirkliche Geschichte der Erfindungen des 18., 19. und 20. Jahrhunderts geben, die voll von tiefem Interesse sein wird. 1947

Wir sagen in einer wissenschaftlichen Untersuchung alles mögliche; machen viele Aussagen, deren Rolle in der Untersuchung wir nicht verstehen. Denn wir sagen ja nicht etwa alles mit einem bewußten Zweck, sondern unser Mund geht eben. Wir gehen durch herkömmliche Gedankenbewegungen, machen, automatisch, Gedankenübergänge gemäß den Techniken, die wir gelernt haben. Und nun müssen wir erst, was wir gesagt haben, sichten. Wir haben eine ganze Menge unnütze, ja zweckwidrige Bewegungen gemacht, müssen nun unsre Gedankenbewegungen philosophisch klären. 1947

Mir scheint, ich bin noch weit von dem Verständnis dieser Dinge, nämlich von dem Punkt, wo ich weiß, worüber ich sprechen muß, und worüber ich nicht zu sprechen brauche. Ich verwickle mich immer noch in Einzelheiten, ohne zu wissen, ob ich über diese Dinge überhaupt reden sollte; und es kommt mir vor, daß ich vielleicht ein großes Gebiet begehe, nur um es einmal aus der Betrachtung auszuschließen. Auch in diesem Falle aber wären diese Betrachtungen nicht wertlos; wenn sie sich nämlich nicht etwa nur im Kreise herumbewegen. 1947

Beim Philosophieren muß man in's alte Chaos hinabsteigen, und sich dort wohlfühlen. 1948

Genie ist das Talent, worin der Charakter sich ausspricht. Darum, möchte ich sagen, hatte Kraus Talent, ein außerordentliches Talent, aber nicht Genie. Es gibt freilich Genieblitze, bei denen man dann, trotz des *großen* Talenteinsatzes, das Talent nicht merkt. Beispiel: »Denn tun können auch die Ochsen und die Esel...«.* Es ist merkwürdig, daß das z. B. so viel größer ist, als irgend etwas, was Kraus je geschrieben hat. Es ist hier eben nicht ein Verstandesskelett, sondern ein ganzer Mensch.

Das ist auch der Grund, warum die Größe dessen, was Einer schreibt, von allem Übrigen abhängt, was er schreibt und tut.

1948

Im Traum, und auch *lange* nach dem Erwachen, können uns Traumworte die höchste Bedeutung zu haben scheinen. Ist nicht die gleiche Illusion auch im Wachen möglich? Es kommt mir so vor, als unterläge *ich* ihr jetzt manchmal. Bei Verrückten scheint es oft so. 1948

* Lichtenberg, *Timorus*, Vorrede. Vollständig lautet der Satz: »Denn tun können auch die Ochsen und die Esel, aber versichern kann noch zur Zeit der Mensch nur allein.«

Was ich hier schreibe, mag schwächliches Zeug sein; nun dann bin ich nicht im Stande, das Große, Wichtige herauszubringen. Aber es liegen in diesen schwächlichen Bemerkungen große Ausblicke verborgen. 1948

Schiller schreibt in einem Brief (ich glaube an Goethe)* von einer »poetischen Stimmung«. Ich glaube, ich weiß, was er meint, ich glaube sie selbst zu kennen. Es ist die Stimmung, in welcher man für die Natur empfänglich ist und in welcher die Gedanken so lebhaft erscheinen, wie die Natur. Merkwürdig ist aber, daß Schiller nicht besseres hervorgebracht hat (oder so scheint es mir) und ich bin daher auch gar nicht sicher überzeugt, daß, was *ich* in solcher Stimmung hervorbringe, wirklich etwas Wert ist. Es ist wohl möglich, daß meine Gedanken ihren Glanz dann nur von einem Licht, das *hinter* ihnen steht, empfangen. Daß sie nicht *selbst* leuchten. 1948

Wo Andre weitergehn, dort bleib ich stehn. 1948

[Zum Vorwort.]** Nicht ohne Widerstreben übergebe ich das Buch der Öffentlichkeit. Die Hände, in die es geraten wird, sind zumeist nicht diejenigen, in denen ich es mir gerne vorstelle. Möge es – das wünsche ich ihm – bald gänzlich von den philosophischen Journalisten vergessen werden, und so vielleicht einer bessern Art von Lesern aufbewahrt bleiben.

Von den Sätzen, die ich hier niederschreibe, macht immer nur jeder so und so vielte einen Fortschritt; die andern sind wie das Klappen der Schere des Haarschneiders, der sie in Bewegung

* Brief an Goethe, 17. Dezember 1795.
** Zu *Philosophische Untersuchungen*.

erhalten muß, um mit ihr im rechten Moment einen Schnitt zu machen. 1948

Sowie ich auf entlegeneren Gebieten fortwährend Fragen antreffe, die ich nicht beantworten kann, wird es verständlich, warum ich mich in weniger entlegenen noch nicht auskenne. Denn wie weiß ich, daß, was hier die Antwort aufhält, nicht eben das ist, was dort mich hindert, den Nebel zu zerstreuen? 1948

Rosinen mögen das Beste an einem Kuchen sein; aber ein Sack Rosinen ist nicht besser als ein Kuchen; und wer im Stande ist, uns einen Sack voll Rosinen zu geben, kann damit noch keinen Kuchen backen, geschweige, daß er etwas besseres kann. Ich denke an Kraus und seine Aphorismen, aber auch an mich selbst und meine philosophischen Bemerkungen.

Ein Kuchen, das ist nicht gleichsam: verdünnte Rosinen. 1948

Farben regen zum Philosophieren an. Vielleicht erklärt das die Leidenschaft Goethes für die Farbenlehre.

Die Farben scheinen uns ein Rätsel aufzugeben, ein Rätsel, das uns anregt – nicht aufregt. 1948

Der Mensch kann alles Schlechte in sich als Verblendung ansehen. 1948

Wenn es wahr ist, wie ich glaube, daß Mahlers Musik nichts wert ist, dann ist die Frage, was er, meines Erachtens, mit seinem Talent hätte tun sollen. Denn ganz offenbar gehörten doch *eine*

Reihe sehr seltener Talente dazu, diese schlechte Musik zu machen. Hätte er z. B. seine Symphonien schreiben und verbrennen sollen? Oder hätte er sich Gewalt antun, und sie nicht schreiben sollen? Hätte er sie schreiben, und einsehen sollen, daß sie nichts wert seien? Aber wie hätte er das einsehen können? Ich sehe es, weil ich seine Musik mit der der großen Komponisten vergleichen kann. Aber *er* konnte das nicht; denn, wem das eingefallen ist, der mag wohl gegen den Wert des Produkts *mißtrauisch* sein, weil er ja wohl sieht, daß er nicht, sozusagen, die Natur der andern großen Komponisten habe, – aber die Wertlosigkeit wird er deswegen nicht einsehen; denn er kann sich immer sagen, daß er zwar *anders* ist, als die übrigen (die er aber bewundert), aber in einer andern Art wertvoll. Man könnte vielleicht sagen: Wenn Keiner, den Du bewunderst, so ist wie Du, dann glaubst Du wohl nur darum an Deinen Wert, weil *Du's* bist. – Sogar wer gegen die Eitelkeit kämpft, aber darin nicht ganz erfolgreich ist, wird sich immer über den Wert seines Produkts täuschen.

Am gefährlichsten aber scheint es zu sein, wenn man seine Arbeit irgendwie in die Stellung bringt, wo sie, zuerst von einem selbst und dann von Andern mit den alten großen Werken verglichen wird. An solchen Vergleich sollte man gar nicht denken. Denn wenn die Umstände heute wirklich so anders sind, als die frühern, daß man sein Werk der *Art* nach nicht mit den früheren Werken vergleichen kann, dann kann man auch den *Wert* nicht mit dem eines andern vergleichen. Ich selbst mache immer wieder den Fehler, von dem hier die Rede ist. 1948

Konglomerat: Nationalgefühl, z. B. 1948

Tiere kommen auf den Zuruf ihres Namens. Ganz wie Menschen. 1948

Ich frage unzählige irrelevante Fragen. Möge ich durch diesen Wald mich durchschlagen können! 1948

Ich möchte eigentlich durch meine häufigen Interpunktionszeichen das Tempo des Lesens verzögern. Denn ich möchte langsam gelesen werden. (Wie ich selbst lese.) 1948

Ich glaube, Bacon ist in seiner Philosophie stecken geblieben, und diese Gefahr droht auch mir. Er hatte eine lebhafte Vorstellung eines riesigen Gebäudes, sie entschwand ihm aber doch, wenn er wirklich in's Einzelne gehen wollte. Es war, als hätten Menschen seiner Zeit begonnen, ein großes Gebäude von den Fundamenten aufzuführen; und als hätte er in der Phantasie so etwas Ähnliches, die Erscheinung solches Gebäudes, gesehen, sie noch stolzer gesehen, als die vielleicht, die am Bau arbeiteten. Dazu war eine *Ahnung* der Methode nötig, aber durchaus nicht Talent zum Bauen. Das Schlimme aber war, daß er polemisch gegen die eigentlichen Bauleute vorging und *seine* Grenzen entweder nicht kannte, oder nicht erkennen wollte.

Anderseits ist es aber ungeheuer schwierig diese Grenzen zu sehen, und d.h., klar darzustellen. Also, sozusagen, eine Malweise aufzufinden, dieses Unklare darzustellen. Denn ich möchte mir immer sagen: »Mal wirklich nur, was Du siehst!«

1948

Der Traum wird bei der Freudschen Analyse sozusagen zersetzt. Er verliert seinen ersten Sinn *völlig*. Man könnte sich denken, daß er auf dem Theater gespielt würde, daß die Handlung des Stücks manchmal etwas unverständlich, aber zum Teil auch ganz verständlich wäre, oder doch uns schiene, und als würde nun diese Handlung in kleine Teile zerrissen und jedem Teil ein gänzlich andrer Sinn gegeben. Man könnte es sich auch so denken: Es wird auf ein großes Blatt Papier ein Bild gezeichnet und das Blatt nun solcher Art gefältelt, daß im ersten Bild ganz unzusammenhörige Stücke fürs Auge aneinander stoßen und ein neues, sinnvolles oder sinnloses, Bild entsteht (dies wäre der geträumte Traum, das erste Bild der ›latente Traumgedanke‹).

Ich könnte mir nun denken, daß Einer, der das entfaltete Bild sieht, ausriefe »Ja, das ist die Lösung, das ist, was ich geträumt habe, aber ohne Lücken und Entstellungen«. Es wäre dann eben diese Anerkennung, die die Lösung zur Lösung machte. Sowie, wenn Du beim Schreiben ein Wort suchst und nun sagst: »*Das* ist es, *das* sagt, was ich wollte!« – Deine Anerkennung das Wort zum gefundenen, also gesuchten stempelt. (Hier könnte man wirklich sagen: erst wenn man gefunden hat, wisse man, was man gesucht hat – ähnlich wie Russell über das Wünschen redet.)

Was am Traum intriguiert, ist nicht sein *kausaler* Zusammenhang mit Geschehnissen meines Lebens, etc., sondern eher dies, daß er wie ein Teil einer Geschichte wirkt, und zwar ein sehr *lebendiger*, wovon der Rest im Dunkeln liegt. (Man möchte fragen: »Woher kam diese Gestalt nun, und was ist aus ihr geworden?«) Ja, auch wenn mir Einer nun zeigt, daß diese Geschichte gar keine richtige Geschichte war; daß in Wirklichkeit eine ganz andere ihr zugrunde lag, so daß ich enttäuscht ausrufen möchte »Ach, *so* war es?«, so ist hier doch scheinbar etwas gestohlen worden. Freilich, die erste Geschichte zerfällt nun, wie sich das Papier auseinanderfaltet; der Mann, den ich sah, war von *da* genommen, seine Worte von *dort*, die Umgebung im Traume wieder von wo anders; aber die Traumgeschichte hat dennoch ihren eigenen Reiz, wie ein Gemälde, das uns anzieht und inspiriert.

Man kann nun freilich sagen, daß wir das Traumbild inspiriert *betrachten*, daß wir eben inspiriert *sind*. Denn, wenn wir einem Andern unsern Traum erzählen, so inspiriert ihn das Bild meistens nicht. Der Traum berührt uns wie eine entwicklungsschwangere Idee. 1948

Architektur verewigt und verherrlicht etwas. Darum kann es Architektur nicht geben, wo nichts zu verherrlichen ist.*

Circa 1947-1948

Schlage Geld aus jedem Fehler. 1948

Das Verstehen und die Erklärung einer musikalischen Phrase. – Die einfachste Erklärung ist manchmal eine Geste; eine andere wäre etwa ein Tanzschritt, oder Worte, die einen Tanz beschreiben. – Aber ist denn nicht das Verstehen der Phrase ein Erlebnis, während wir sie hören? Und was tut nun die Erklärung? Sollen wir an sie denken, während wir die Musik hören? Sollen wir uns den Tanz, oder was immer es ist, dabei vorstellen? Und wenn wir's tun, – warum soll man *das* ein verständnisvolles Hören der Musik nennen?? Kommt's auf's Sehen des Tanzes an, so wäre es ja besser, *er* würde vorgeführt, statt der Musik. Alles das aber ist ein *Miß*verständnis.

Ich gebe Einem eine Erklärung, sage ihm »Es ist wie wenn...«; nun sagt er »Ja, jetzt verstehe ich's« oder »Ja, jetzt weiß ich, wie es zu spielen ist«. Vor allem mußte er ja die Erklärung nicht *annehmen*; es ist ja nicht, als hätte ich ihm sozusagen überzeugende Gründe dafür gegeben, daß diese Stelle vergleichbar ist dem und dem. Ich erkläre ihm ja, z.B., nicht ⟨aus⟩** Äußerungen des Komponisten, diese Stelle habe das und das darzustellen.

Wenn ich nun frage »Was erlebe ich denn eigentlich, wenn ich dies Thema höre und mit Verständnis höre?« – so kommen mir nichts als Plattheiten in den Kopf zur Antwort. So etwas wie Vorstellungen, Bewegungsempfindungen, Erinnerungen u. dergl.

Ich sage freilich »Ich gehe mit« – aber was heißt das? Es *könnte*

* Mehrere Varianten im Manuskript.

** Textstelle unklar.

so etwas heißen wie: ich begleite die Musik mit Gebärden. Und wenn man darauf hinweist, daß das doch meistens nur in sehr rudimentärem Maße vor sich geht, erhält man etwa die Antwort, die rudimentären Bewegungen werden durch Vorstellungen ergänzt. Aber nehmen wir doch an, es begleite Einer die Musik in vollem Maße durch Bewegungen, – inwiefern ist *das* ihr Verständnis? Und will ich sagen, die Bewegungen seien das Verstehen; oder seine Bewegungsempfindungen? (Was weiß ich von denen?) – Wahr ist, daß ich seine Bewegungen, unter Umständen, als Zeichen seines Verständnisses ansehen werde.

Soll ich aber (wenn ich Vorstellungen, Bewegungsempfindungen, etc. als Erklärung zurückweise) sagen, es sei eben das Verstehen ein spezifisches, nicht weiter analysierbares Erlebnis? Nun, das ginge an, wenn es nicht heißen soll: es sei ein spezifischer *Erlebnisinhalt*. Denn bei *diesen* Worten denkt man eigentlich an Unterschiede wie die zwischen Sehen, Hören und Riechen.

Wie erklärt man denn Einem, was es heißt »Musik verstehen«? Indem man ihm die Vorstellungen, Bewegungsempfindungen, etc. nennt, die der Verstehende hat? *Eher noch*, indem man ihm die Ausdrucksbewegungen des Verstehenden zeigt. – Ja, die Frage ist auch, welche Funktion hat das Erklären hier? Und was heißt es: verstehen, was es heißt, Musik zu verstehen? Mancher würde ja sagen: das zu verstehen heiße: selbst Musik zu verstehen. Und die Frage wäre also »Kann man Einen denn lehren, Musik zu verstehen?«, denn nur so ein Unterricht wäre eine Erklärung der Musik zu nennen.

Das Verständnis der Musik hat einen gewissen *Ausdruck*, sowohl während des Hörens und Spielens, als auch zu andern Zeiten. Zu diesem Ausdruck gehören manchmal Bewegungen, manchmal aber nur, wie der Verstehende das Stück spielt, oder summt, auch hier und da Vergleiche, die er zieht, und Vorstellungen, die die Musik gleichsam illustrieren. Wer Musik versteht, wird anders (mit anderem Gesichtsausdruck, z. B.) zuhören, reden, als der es nicht versteht. Sein Verständnis eines Themas wird sich aber nicht nur in Phänomenen zeigen, die das Hören oder Spielen dieses Themas begleiten, sondern in einem Verständnis für Musik im allgemeinen.

Das Verständnis der Musik ist eine Lebensäußerung des Menschen. Wie wäre sie Einem zu beschreiben? Nun, vor allem müßte man wohl die *Musik* beschreiben. Dann könnte man beschreiben, wie sich Menschen zu ihr verhalten. Aber ist das alles, was dazu nötig ist, oder gehört dazu, daß wir ihm selbst Verständnis beibringen? Nun, ihm Verständnis beibringen wird ihm in *anderem* Sinne lehren, was Verständnis ist, als eine Erklärung, die dies nicht tut. Ja auch, ihm Verständnis für Gedichte oder Malerei beibringen, kann zur Erklärung dessen gehören, was Verständnis für Musik sei. 1948

Unsre Kinder lernen schon in der Schule, Wasser *bestehe* aus den Gasen Wasserstoff und Sauerstoff, oder Zucker aus Kohlenstoff, Wasserstoff und Sauerstoff. Wer es nicht versteht ist dumm. Die wichtigsten Fragen werden zugedeckt. 1948

Die Schönheit einer Sternfigur – eines Sechseck-Sterns etwa – wird beeinträchtigt, wenn man sie symmetrisch bezüglich einer bestimmten Achse sieht. 1948

Bach hat gesagt, er habe alles nur durch Fleiß geleistet. Aber ein solcher Fleiß setzt eben Demut und eine ungeheure Leidensfähigkeit, also Kraft, voraus. Und wer sich dann vollkommen ausdrücken kann, spricht eben zu uns die Sprache eines großen Menschen. 1948

Ich glaube, daß die Erziehung der Menschen heute dahingeht, die Leidensfähigkeit zu verringern. Eine Schule gilt heute für gut, ›if the children have a good time‹. Und das war früher *nicht* der Maßstab. Und die Eltern möchten, daß die Kinder werden, wie sie selbst sind (only more so) und doch lassen sie sie durch eine Erziehung gehen, die von der ihren *ganz* verschieden ist. – Auf die Leidensfähigkeit gibt man nichts, denn Leiden soll es nicht geben, sie sind eigentlich veraltet. 1948

»Die Tücke des Objekts.« – Ein unnötiger Anthropomorphismus. Man könnte von einer Tücke der *Welt* reden; sich leicht vorstellen, der Teufel habe die Welt geschaffen, oder einen Teil von ihr. Und es ist *nicht* nötig, ein Eingreifen des Dämons von Fall zu Fall sich vorzustellen; es kann alles ›den Naturgesetzen entsprechend‹ vor sich gehen; es ist dann eben der ganze Plan von vornherein auf's Schlimme angelegt. Der Mensch aber befindet sich in dieser Welt, in der die Dinge zerbrechen, rutschen, alles mögliche Unheil anstiften. Und er ist natürlich eins von den Dingen. – Die ›Tücke‹ des Objekts ist ein dummer Anthropomorphismus. Denn die Wahrheit ist viel ernster als diese Fiktion.
1948

Ein stilistischer Behelf mag praktisch sein, und mir doch verboten. Das Schopenhauer'sche »als welcher« z. B. Es würde den Ausdruck manchmal bequemer, deutlicher, machen, kann aber nicht von dem gebraucht werden, der es als altväterisch empfindet; und er darf sich nicht über diese Empfindung hinwegsetzen.
1948

Religiöser Glaube und Aberglaube sind ganz verschieden. Der eine entspringt aus *Furcht* und ist eine Art falscher Wissenschaft. Der andre ist ein Vertraun. 1948

Es wäre beinahe seltsam, wenn es nicht Tiere mit dem Seelenleben von Pflanzen gäbe. D. h., mit dem mangelnden Seelenleben. 1948

Als ein Grundgesetz der Naturgeschichte könnte man es, glaube ich, betrachten, daß, wo immer etwas in der Natur ›eine Funktion hat‹, ›einen Zweck erfüllt‹, dieses selbe auch vorkommt, wo es keinen erfüllt, ja ›unzweckdienlich‹ ist.

Erhalten die Träume manchmal den Schlaf, so kannst Du darauf rechnen, daß sie ihn manchmal stören; erfüllt die Traumhalluzination manchmal einen *plausiblen* Zweck (der eingebildeten Wunscherfüllung), so rechne darauf, daß sie auch das Gegenteil tut. Eine ›dynamische Theorie der Träume‹* gibt es nicht. 1948

Worin liegt die Wichtigkeit des genauen Ausmalens von Anomalien? Kann man es nicht, so zeigt das, daß man sich in den Begriffen nicht auskennt. 1948

Ich bin zu weich, zu schwach, und darum zu faul, um Bedeutendes zu leisten. Der Fleiß der Großen ist, unter andrem, ein Zeichen ihrer *Kraft*, abgesehen auch von ihrem inneren Reichtum. 1948

Wenn Gott wirklich die zu errettenden Menschen *wählt*, dann ist kein Grund, warum er sie nicht nach Nationen, Rassen, oder Temperamenten wählen soll. Warum die Wahl nicht in den Naturgesetzen ihren Ausdruck haben soll. (Er *konnte* ja auch so wählen, daß die Wahl einem Gesetz folgt.)

* Freud.

Ich habe Auszüge aus den Schriften von St. John of the Cross* gelesen, Leute seien zu Grunde gegangen, weil sie nicht das Glück hatten, im richtigen Moment einen weisen geistlichen Führer zu finden.

Und wie kann man dann sagen, Gott versuche den Menschen nicht über seine Kräfte?

Ich bin hier zwar geneigt, zu sagen, daß schiefe Begriffe viel Unheil angerichtet haben, aber die Wahrheit ist, daß ich gar *nicht weiß*, was Heil und was Unheil anstiftet. 1948

Wir dürfen nicht vergessen: auch unsere feineren, mehr philosophischen Bedenken haben eine instinktive Grundlage. Z.B. das ›Man kann nie wissen ...‹. Das Zugänglichbleiben für weitere Argumente. Leute, denen man das nicht beibringen könnte, kämen uns geistig minderwertig vor. *Noch* unfähig einen gewissen Begriff zu bilden. 1948

Wenn Nachtträume eine ähnliche Funktion haben, wie Tagträume, so dienen sie zum Teil dazu, den Menschen auf *jede* Möglichkeit (auch die schlimmste) vorzubereiten. 1948

Wenn Einer mit voller Sicherheit an Gott glauben kann, warum dann nicht an des Andern Seele? 1948

Diese musikalische Phrase ist für mich eine Gebärde. Sie schleicht sich in mein Leben ein. Ich mache sie mir zu eigen.

Die unendlichen Variationen des Lebens sind unserm Leben wesentlich. Und also eben der Gepflogenheit des Lebens. Aus-

* Des hl. Johannes vom Kreuz.

druck *besteht* für uns ⟨in⟩* Unberechenbarkeit. Wüßte ich genau, wie er sein Gesicht verziehen, sich bewegen wird, so wäre kein Gesichtsausdruck, keine Gebärde vorhanden. – Stimmt das aber? – Ich kann mir doch ein Musikstück, das ich (ganz) auswendig weiß, immer wieder anhören; und es könnte auch von einer Spieluhr gespielt werden. Seine Gebärden blieben für mich immer Gebärden, obgleich ich immer weiß, was kommen wird. Ja, ich kann sogar immer wieder überrascht sein. (In einem bestimmten Sinne.) 1948

Der ehrliche religiöse Denker ist wie ein Seiltänzer. Er geht, dem Anscheine nach, beinahe nur auf der Luft.

Sein Boden ist der schmalste, der sich denken läßt. Und doch läßt sich auf ihm wirklich gehen. 1948

Der feste Glaube. (An eine Verheißung z.B.) Ist er weniger sicher als die Überzeugung von einer mathematischen Wahrheit? – Aber werden dadurch die Sprachspiele ähnlicher! 1948

Es ist für unsre Betrachtung wichtig, daß es Menschen gibt, von denen jemand fühlt, er werde nie wissen, was in ihnen vorgeht. Er werde sie nie verstehen. (Engländerinnen für Europäer.) 1948

Ich glaube, es ist eine wichtige und merkwürdige Tatsache, daß ein musikalisches Thema, wenn es in (sehr) verschiedenen Tempi gespielt wird, seinen *Charakter* ändert. Übergang von der Quantität zur Qualität. 1948

* Vermutung d. Herausgebers.

Die Probleme des Lebens sind an der Oberfläche unlösbar, und nur in der Tiefe zu lösen. In den Dimensionen der Oberfläche sind sie unlösbar. 1948

In einer Konversation: Einer wirft einen Ball; der Andre weiß nicht: soll er ihn zurückwerfen, oder einem Dritten zuwerfen, oder liegenlassen, oder aufheben und in die Tasche stecken, etc.
1948

Der große Architekt in einer schlechten Periode (Van der Nüll) hat eine ganz andere Aufgabe als der große Architekt in einer guten Periode. Man darf sich wieder nicht durch das allgemeine Begriffswort verführen lassen. Nimm nicht die Vergleichbarkeit, sondern die Unvergleichbarkeit als selbstverständlich hin. 1948

Nichts ist doch wichtiger, als die Bildung von fiktiven Begriffen, die uns die unseren erst verstehen lehren. 1948

»Denken ist schwer« (Ward). Was heißt das eigentlich? Warum ist es schwer? – Es ist beinahe ähnlich, als sagte man »Schauen ist schwer«. Denn angestrengtes Schauen ist schwer. Und man kann angestrengt schauen und doch nichts sehen, oder immer wieder etwas zu sehen glauben, und doch nicht deutlich sehen können. Man kann müde werden vom Schauen, auch wenn man nichts sieht. 1948

Wenn Du einen Knäuel nicht entwirren kannst, so ist das Gescheiteste, was Du tun kannst, das einzusehen; und das Anständigste, es zuzugestehen. [Antisemitismus.]

Was man tun soll, das Übel zu heilen, ist *nicht* klar. Was man *nicht* tun darf, ist von Fall zu Fall klar. 1948

Es ist merkwürdig, daß man die Zeichnungen von Busch oft ›metaphysisch‹ nennen kann. So gibt es also eine Zeichenweise, die metaphysisch ist? – »Gesehen mit dem Ewigen als Hintergrund«* könnte man sagen. Aber doch bedeuten diese Striche das nur in einer ganzen Sprache. Und es ist eine Sprache ohne Grammatik, man könnte ihre Regeln nicht angeben. 1948

Karl der Große hat im Alter vergebens versucht, schreiben zu lernen: und so kann Einer auch vergebens trachten, eine Gedankenbewegung zu erlernen. Sie wird ihm nie geläufig. 1948

Eine Sprache, in der im Takt geredet wird, so daß man auch nach dem *Metronom* reden kann. Es ist nicht selbstverständlich, daß Musik sich, wie die unsere, wenigstens beiläufig, metronomieren läßt. (Das Thema aus der 8. Symphonie** genau nach dem Metronom zu spielen.) 1948

Schon in Menschen, die sämtlich die gleichen Gesichtszüge hätten, konnten wir uns nicht finden. 1948

* Vgl. *Tagebücher*, 7. 10. 1916.
** Achte Symphonie Beethovens.

Ist ein falscher Gedanke nur einmal kühn und klar ausgedrückt, so ist damit schon viel gewonnen. 1948

Nur wenn man noch viel verrückter denkt, als die Philosophen, kann man ihre Probleme lösen. 1948

Denk, jemand sähe ein Pendel an und dächte dabei: So läßt Gott es gehen. Hat denn Gott nicht die Freiheit, auch einmal in Übereinstimmung mit einer Rechnung zu handeln? 1948

Ein weit talentierterer Schriftsteller als ich hätte noch immer geringes Talent. 1948

Es ist ein *körperliches* Bedürfnis des Menschen, sich bei der Arbeit zu sagen »Jetzt lassen wir's schon einmal«, und daß man immer wieder gegen dieses Bedürfnis beim Philosophieren denken muß, macht diese Arbeit so anstrengend. 1948

Du mußt die Fehler Deines eigenen Stiles *hinnehmen*. Beinahe wie die Unschönheiten des eigenen Gesichts. 1948

Steige immer von den kahlen Höhen der Gescheitheit in die grünenden Täler der Dummheit. 1948

Ich habe eines von diesen Talenten, das immer wieder aus der Not eine Tugend machen muß. 1948

Tradition ist nichts, was Einer lernen kann, ist nicht ein Faden, den Einer aufnehmen kann, wenn es ihm gefällt; so wenig, wie es möglich ist, sich die eigenen Ahnen auszusuchen.

Wer eine Tradition nicht hat und sie haben möchte, der ist wie ein unglücklich Verliebter. 1948

Der glücklich Verliebte und der unglücklich Verliebte haben Jeder sein eigenes Pathos.

Aber es ist schwerer gut unglücklich verliebt sein, als gut glücklich verliebt. 1948

Moore hat mit seinem Paradox in ein philosophisches Wespennest gestochen; und wenn die Wespen nicht gehörig aufgeflogen sind, so ist es nur, weil sie zu träg waren. 1948

Im Geistigen läßt sich ein Unternehmen meistens nicht fortsetzen, soll auch gar nicht fortgesetzt werden. Diese Gedanken düngen den Boden für eine neue Saat. 1948

So bist Du also ein schlechter Philosoph, wenn, was Du schreibst, schwer verständlich ist? Wärest Du besser, so würdest Du das Schwere leicht verständlich machen. – Aber wer sagt, daß das möglich ist?! [Tolstoi.] 1948

Das größte Glück des Menschen ist die Liebe. Angenommen, Du sagst vom Schizophrenischen: er liebt nicht, er kann nicht lieben, er will nicht lieben – wo ist der Unterschied?! 1948

»Er will nicht ...« heißt: es ist in seiner Macht. Und *wer* will das sagen?!

Wovon sagt man denn »es ist in meiner Macht«? – Man sagt es, wo man einen Unterschied machen will. *Dies* Gewicht kann ich heben, will's aber nicht heben; jenes *kann* ich nicht heben. 1948

»Gott hat es befohlen, also muß man's tun können.« Das heißt gar nichts. Hier ist kein ›*also*‹. Die beiden Ausdrücke könnten höchstens das *gleiche* bedeuten.

»Er hat es befohlen« heißt hier ungefähr: Er wird strafen, wer es nicht tut. Und daraus folgt nichts über das Können. Und *das* ist der Sinn der ›Gnadenwahl‹.

Das heißt aber nicht, daß es richtig ist, zu sagen: »Er straft, obgleich man nicht anders *kann*.« – Wohl aber könnte man sagen: Hier wird gestraft, wo der Mensch nicht strafen dürfte. Und der Begriff der ›Strafe‹ überhaupt ändert sich hier. Denn die alten Illustrationen lassen sich hier nicht mehr anwenden, oder müssen nun ganz anders angewendet werden. Sieh Dir nur eine Allegorie an, wie »The Pilgrim's Progress«, und wie hier alles – im menschlichen Sinne – nicht stimmt. – Aber stimmt sie nicht doch? D. h.: läßt sie sich nicht anwenden? Sie ist ja angewendet worden. (Auf den Bahnhöfen gibt es Zifferblätter mit zwei Zeigern; sie zeigen an, wann der nächste Zug abfährt. Sie schauen aus wie Uhren und sind keine; haben aber ihre Verwendung.) (Es gäbe hier ein besseres Gleichnis.)

Dem Menschen, der bei dieser Allegorie unwillig wird, könnte man sagen: Verwende sie anders oder kümmere Dich nicht um sie! (Aber *manchen* wird sie weit mehr verwirren, als sie ihm helfen kann.) 1948

Was der Leser auch kann, das überlaß dem Leser. 1948

Ich schreibe beinahe immer Selbstgespräche mit mir selbst. Sachen, die ich mir unter vier Augen sage. 1948

Ehrgeiz ist der Tod des Denkens. 1948

Humor ist keine Stimmung, sondern eine Weltanschauung. Und darum, wenn es richtig ist, zu sagen, im Nazi-Deutschland sei der Humor vertilgt worden, so heißt das nicht so etwas wie, man sei nicht guter Laune gewesen, sondern etwas viel Tieferes und Wichtigeres. 1948

Zwei Menschen, die zusammen, über einen Witz etwa, lachen. Einer hat gewisse etwas ungewöhnliche Worte gebraucht und nun brechen sie beide in eine Art von Meckern aus. Das könnte Einem, der aus anderer Umgebung zu uns kommt, *sehr* sonderbar vorkommen. Während wir es ganz *vernünftig* finden.

(Ich beobachtete diese Szene neulich in einem Omnibus und konnte mich in Einen hineindenken, der das nicht gewohnt ist. Es kam mir dann ganz irrational vor und wie die Reaktionen eines uns fremden *Tiers*.) 1948

Der Begriff des ›Festes‹. Für uns mit Lustbarkeit verbunden; zu einer andern Zeit möglicherweise nur mit Furcht und Grauen. Was wir »Witz« und was wir »Humor« nennen, hat es gewiß in andern Zeiten nicht gegeben. Und diese beiden ändern sich beständig. 1949

»Le style c'est l'homme«, »Le style c'est l'homme même«. Der erste Ausdruck hat eine billige epigrammatische Kürze. Der zweite, richtige, eröffnet eine ganz andere Perspektive. Er sagt, daß der Stil das *Bild* des Menschen sei. 1949

Es gibt Bemerkungen, die säen, und Bemerkungen, die ernten. 1949

Die Landschaft dieser Begriffsverhältnisse aus ihren unzähligen Stücken, wie sie die Sprache uns zeigt, zusammenstellen, ist *zu schwer* für mich. Ich kann es nur sehr unvollkommen tun. 1949

Wenn ich mich für eine Eventualität vorbereite, kannst Du ziemlich sicher sein, daß sie nicht eintreten wird. u. U. 1949

Es ist *schwer* etwas zu wissen, und zu handeln, als wüßte man's nicht. 1949

Es gibt wirklich die Fälle, in denen Einem der Sinn dessen, was er sagen will, viel klarer vorschwebt, als er ihn in Worten auszudrücken vermag. (Mir geschieht dies sehr oft.) Es ist dann, als sähe man deutlich ein Traumbild vor sich, könnte es aber nicht so beschreiben, daß der Andre es auch sieht. Ja, das Bild steht für den Schreiber (mich) oft bleibend hinter den Worten, so daß sie es *für mich* zu beschreiben *scheinen*. 1949

Ein mittelmäßiger Schriftsteller muß sich hüten, einen rohen, inkorrekten Ausdruck zu schnell durch einen korrekten zu ersetzen. Dadurch tötet er den ersten Einfall, der doch noch ein lebendes Pflänzchen war. Und nun ist er dürr und *gar* nichts mehr wert. Man kann ihn nun auf den Mist werfen. Während das armselige Pflänzchen noch immer einen gewisen Nutzen hatte.

1949

Das Veralten von Schriftstellern, die schließlich etwas *waren*, hängt damit zusammen, daß ihre Schriften von der ganzen Umgebung ihrer Zeit ergänzt, stark zu den Menschen sprechen, daß sie aber ohne diese Ergänzung sterben, gleichsam der Beleuchtung beraubt, die ihnen Farbe gab.

Und damit, glaube ich, hängt die Schönheit mathematischer Demonstrationen zusammen, wie sie selbst von Pascal empfunden wurde. In *dieser* Anschauung der Welt hatten diese Demonstrationen *Schönheit* – nicht das, was oberflächliche Menschen Schönheit nennen. Auch, ein Krystall ist nicht in jeder ›Umgebung‹ schön – obwohl vielleicht in jeder *reizvoll*. –

Wie sich ganze Zeiten nicht aus den Zangen gewisser Begriffe befreien können – des Begriffes ›schön‹ und ›Schönheit‹ z. B.

1949

Mein eigenes Denken über Kunst und Werte ist weit desillusionierter, als es das der Menschen vor 100 Jahren sein *konnte*. Und doch heißt das nicht, daß es deswegen richtiger ist. Es heißt nur, daß im Vordergrund meines Geistes Untergänge sind, die nicht im *Vordergrund* jener waren. 1949

Sorgen sind wie Krankheiten; man muß sie hinnehmen: das Schlimmste, was man tun kann, ist, sich gegen sie auflehnen.

Sie kommen auch in Anfällen, durch innere, oder äußere

Anlässe ausgelöst. Und man muß sich dann sagen: »Wieder ein Anfall.« 1949

Wissenschaftliche Fragen können mich interessieren, aber nie wirklich fesseln. Das tun für mich nur *begriffliche* und *ästhetische* Fragen. Die Lösung wissenschaftlicher Probleme ist mir, im Grunde, gleichgültig; jener andern Fragen aber nicht. 1949

Auch wenn man nicht in Kreisen denkt, so geht man doch, manchmal geradenwegs durch's Walddickicht der Fragen in's Freie hinaus, manchmal auf verschlungenen, oder Zickzackwegen, die uns nicht in's Freie führen. 1949

Der Sabbath ist nicht einfach die Zeit der Ruhe, der Erholung. Wir sollten unsre Arbeit von außen betrachten, nicht nur von innen. 1949

Der Gruß der Philosophen unter einander sollte sein: »Laß Dir Zeit!« 1949

Für den Menschen ist das Ewige, Wichtige, oft durch einen undurchdringlichen Schleier verdeckt. Er weiß: da drunten ist etwas, aber er *sieht* es nicht. Der Schleier reflektiert das Tageslicht. 1949

Warum soll der Mensch nicht todunglücklich werden? Es ist eine seiner Möglichkeiten. Wie im ›Corinthian Bagatel‹ dieser Weg der Kugel einer der möglichen Wege. Und vielleicht nicht einmal einer der seltenen. 1949

In den Tälern der Dummheit wächst für den Philosophen noch immer mehr Gras, als auf den kahlen Höhen der Gescheitheit.

1949

Die Zeitlichkeit der Uhr und die Zeitlichkeit in der Musik. Sie sind durchaus nicht gleiche Begriffe.

Streng im Takt gespielt, heißt nicht genau nach dem Metronom gespielt. Es wäre aber möglich, daß eine gewisse *Art* von Musik nach dem Metronom zu spielen wäre. (Ist das Anfangsthema ⟨des zweiten Satzes⟩* der 8. Symphonie von dieser Art?) 1949

Könnte man den Begriff der Höllenstrafen auch anders, als durch den Begriff der Strafe erklären? Oder den Begriff der Güte Gottes auch anders, als durch den Begriff der Güte?

Wenn Du mit Deinen Worten die rechte *Wirkung* erzielen willst, gewiß nicht.

Denke, es würde Einem gelehrt: Es gibt ein Wesen, welches Dich, wenn Du das und das tust, so und so lebst, nach Deinem Tod an einen Ort der ewigen Qual bringen wird; die meisten Menschen kommen dorthin, eine geringe Anzahl an einen Ort der ewigen Freude. – Jenes Wesen hat von vornherein die ausgewählt, die an den guten Ort kommen sollen, und, da nur die an den Ort der Qual kommen, die eine bestimmte Art des Lebens geführt haben, die andern auch, von vornherein, zu dieser Art des Lebens bestimmt.

* Zusatz des Herausgebers.

Wie so eine Lehre wohl wirken würde?

Es ist hier also von Strafe keine Rede, sondern eher von einer Art Naturgesetzlichkeit. Und, wem man es in diesem Lichte darstellt, der könnte nur Verzweiflung oder Unglauben aus dieser Lehre ziehen.

Diese Lehre könnte keine ethische Erziehung sein. Und wen man ethisch erziehen und dennoch so lehren wollte, dem müßte man die Lehre, *nach* der ethischen Erziehung, als eine Art unbegreiflichen Geheimnisses darstellen. 1949

»Er hat sie, in seiner Güte, erwählt und er wird Dich strafen« hat ja keinen Sinn. Die beiden Hälften gehören zu verschiedenen Betrachtungsarten. Die zweite Hälfte ist ethisch und die erste ist es nicht. Und mit der ersten zusammen ist die zweite absurd.

1949

Der Reim von ›Rast‹ mit ›Hast‹ ist ein Zufall. Aber ein glücklicher Zufall, und Du kannst diesen glücklichen Zufall *entdecken.*

1949

In Beethovens Musik findet sich zum ersten Mal, was man den Ausdruck der Ironie nennen kann. Z.B. im ersten Satz der Neunten. Und zwar ist es bei ihm eine fürchterliche Ironie, etwa die des Schicksals. – Bei Wagner kommt die Ironie wieder, aber in's Bürgerliche gewendet.

Man könnte wohl sagen, daß Wagner und Brahms, jeder in andrer Art, Beethoven nachgeahmt haben; aber was bei ihm kosmisch war, wird bei ihnen irdisch.

Es kommen bei ihm die gleichen Ausdrücke vor, aber sie folgen andern Gesetzen.

Das Schicksal spielt ja auch in Mozarts oder Haydns Musik keinerlei Rolle. Damit *beschäftigt* sich diese Musik nicht.

Tovey, dieser Esel, sagt einmal dies, oder etwas Ähnliches, habe damit zu tun, daß Mozart Lektüre einer gewissen Art gar nicht zugänglich gewesen sei. Als ob es ausgemacht wäre, daß nur die Bücher die Musik der Meister bestimmt hätten. Freilich hängen Musik und Bücher zusammen. Aber wenn Mozart in seiner Lektüre nicht große *Tragik* fand, fand er sie darum nicht im *Leben*? Und sehen Komponisten immer nur durch die Brillen der Dichter? 1949

Einen dreifachen Kontrapunkt gibt es nur in einer ganz bestimmten musikalischen Umgebung. 1949

Der seelenvolle Ausdruck in der Musik. Er ist nicht nach Graden der Stärke und des Tempos zu beschreiben. Sowenig wie der seelenvolle Gesichtsausdruck durch räumliche Maße. Ja er ist auch nicht durch ein Paradigma zu erklären, denn das gleiche Stück kann auf unzählige Arten mit echtem Ausdruck gespielt werden. 1949

Das Wesen Gottes verbürge seine Existenz – d.h. eigentlich, daß es sich hier um eine Existenz nicht handelt.

Könnte man denn nicht auch sagen, das Wesen der Farbe verbürge ihre Existenz? Im Gegensatz etwa zum weißen Elephanten. Denn es heißt ja nur: ich kann nicht erklären, was ›Farbe‹ ist, was das Wort »Farbe« bedeutet, außer an der Hand des Farbmusters. Es gibt also hier nicht ein Erklären, ›wie es *wäre*, wenn es Farben *gäbe*‹.

Und man könnte nun sagen: Es läßt sich beschreiben, wie es wäre, wenn es Götter auf dem Olymp gäbe – aber nicht: ›wie es wäre, wenn es Gott gäbe‹. Und damit wird der Begriff ›Gott‹ näher bestimmt.

Wie wird uns das Wort »Gott« beigebracht (d.h. sein

Gebrauch)? Ich kann davon keine ausführliche grammatische Beschreibung geben. Aber ich kann sozusagen Beiträge zu der Beschreibung machen; ich kann darüber manches sagen und vielleicht mit der Zeit eine Art Beispielsammlung anlegen.

Bedenke hier, daß man in einem Wörterbuch vielleicht gern solche Gebrauchsbeschreibungen gäbe, in Wirklichkeit aber nur einige wenige Beispiele und Erklärungen gibt. Ferner aber, daß mehr auch nicht nötig ist. Was könnten wir mit einer ungeheuer langen Beschreibung anfangen? – Nun, wir könnten nichts mit ihr anfangen, wenn es sich um den Gebrauch von Wörtern uns geläufiger Sprachen handelte. Aber wie, wenn wir so eine Beschreibung des Gebrauchs eines assyrischen Worts vorfänden? Und in welcher Sprache? Nun, in einer andern uns bekannten. – In der Beschreibung wird oft das Wort »manchmal« vorkommen, oder »öfters«, oder »für gewöhnlich«, oder »fast immer«, oder »fast nie«.

Es ist schwer, sich ein gutes Bild einer solchen Beschreibung zu machen.

Und ich bin im Grunde doch ein Maler, und oft ein sehr schlechter Maler. 1949

Wie ist es denn, wenn Leute nicht den gleichen Sinn für Humor haben? Sie reagieren nicht richtig auf einander. Es ist, als wäre es unter gewissen Menschen Sitte einem Andern einen Ball zuzuwerfen, welcher ihn auffangen und zurückwerfen soll; aber gewisse Leute würfen ihn nicht zurück, sondern steckten ihn in die Tasche.

Oder wie ist es, wenn Einer den Geschmack des Andern gar nicht zu erraten versteht? 1949

Ein in uns festes Bild kann man freilich dem Aberglauben vergleichen, aber doch auch sagen, daß man *immer* auf irgend einen festen Grund kommen muß, sei er nun ein Bild, oder nicht, und also sei ein Bild am Grunde alles Denkens zu respektieren und nicht als ein Aberglaube zu behandeln. 1949

Wenn das Christentum die Wahrheit ist, dann ist alle Philosophie darüber falsch. 1949

Kultur ist eine Ordensregel. Oder setzt doch eine Ordensregel voraus. 1949

Die Traumerzählung, ein Gemenge von Erinnerungen. Oft zu einem sinnvollen und rätselhaften Ganzen. Gleichsam zu einem Fragment, das uns *stark* beeindruckt (*manchmal* nämlich), so daß wir nach einer Erklärung, nach Zusammenhängen suchen.

Aber warum kamen *jetzt diese* Erinnerungen? Wer will's sagen? – Es kann mit unserm gegenwärtigen Leben, also auch mit unsern Wünschen, Befürchtungen, etc., zusammenhängen. – »Aber willst Du sagen, daß diese Erscheinung im bestimmten ursächlichen Zusammenhang stehen müsse?« – Ich will sagen, daß es nicht notwendigerweise Sinn haben muß, von einem Auffinden ihrer Ursache zu reden. 1949

Shakespeare und der Traum. Ein Traum ist ganz unrichtig, absurd, zusammengesetzt, und doch ganz richtig: er macht in *dieser* seltsamen Zusammensetzung einen Eindruck. Warum? Ich weiß es nicht. Und wenn Shakespeare groß ist, wie von ihm ausgesagt wird, dann muß man von ihm sagen können: Es ist alles falsch, *stimmt nicht* – und ist doch ganz richtig nach einem eigenen Gesetz.

Man könnte das auch so sagen: Wenn Shakespeare groß ist, kann er es nur in der *Masse* seiner Dramen sein, die sich ihre *eigene* Sprache und Welt schaffen. Er ist also ganz unrealistisch. (Wie der Traum.) 1949

Es ist nichts Unerhörtes darin, daß der Charakter des Menschen von der Außenwelt beeinflußt werden kann (Weininger). Denn das heißt ja nur, daß erfahrungsgemäß die Menschen sich mit den Umständen ändern. Fragt man: Wie *könnte* die Umgebung den Menschen, das Ethische in ihm, *zwingen*? – so ist die Antwort, daß er zwar sagen mag »Kein Mensch muß müssen«, aber doch unter solchen Umständen so und so handeln *wird*.

›Du MUSST nicht, ich kann Dir einen (andern) Ausweg sagen, – aber Du wirst ihn nicht ergreifen.‹ 1950

Ich glaube nicht, daß man Shakespeare mit einem andern Dichter zusammenhalten kann. War er vielleicht eher ein *Sprachschöpfer* als ein Dichter?

Ich könnte Shakespeare nur anstaunen; nie etwas mit ihm anfangen.

Ich habe ein *tiefes* Mißtrauen gegen die allermeisten Bewunderer Shakespeares. Ich glaube, das Unglück ist, daß er, in der westlichen Kultur zum mindesten, einzig dasteht, und man ihn daher, um ihn einzureihen, falsch einreihen muß.

Es ist *nicht*, als ob Shakespeare Typen von Menschen gut portraitierte und insofern *wahr* wäre. Er ist *nicht* naturwahr. Aber er hat eine so gelenke Hand und einen so eigenartigen *Strich*, daß jede seiner Figuren *bedeutend*, sehenswert ausschaut.

»Das große Herz Beethovens« – niemand könnte sagen »das große Herz Shakespeares«. ›Die gelenke Hand, die neue Naturformen der Sprache geschaffen hat‹, schiene mir richtiger.

Der Dichter kann eigentlich nicht von sich sagen »Ich singe wie der Vogel singt« – aber Shakespeare hätte es vielleicht von sich sagen können. 1950

Ein und dasselbe Thema hat in Moll einen andern Charakter als in Dur, aber von einem Charakter des Moll im allgemeinen zu sprechen, ist ganz falsch. (Bei Schubert klingt das Dur oft trauriger als das Moll.) Und so ist es, glaube ich, müßig und ohne Nutzen für das Verständnis der Malerei von den Charakteren der einzelnen Farben zu reden. Man denkt eigentlich dabei nur an spezielle Verwendungen. Daß Grün als Farbe einer Tischdecke die, Rot jene Wirkung hat, läßt auf ihre Wirkung in einem Bild keinen Schluß zu. 1950

Ich glaube nicht, daß Shakespeare über das ›Dichterlos‹ hätte nachdenken können.

Er konnte sich auch nicht selbst als Prophet oder Lehrer der Menschheit betrachten.

Die Menschen staunen ihn an, beinahe wie ein Naturschauspiel. Sie fühlen nicht, daß sie dadurch mit einem großen *Menschen* in Berührung kommen. Sondern mit einem Phänomen.

Ich glaube, um einen Dichter zu genießen, dazu muß man auch die Kultur, zu der er gehört, *gern haben*. Ist die einem gleichgültig oder zuwider, so erkaltet die Bewunderung. 1950

Wenn der an Gott Glaubende um sich sieht und fragt »Woher ist alles, was ich sehe?«, »Woher das alles?«, verlangt er *keine* (kausale) Erklärung; und der Witz seiner Frage ist, daß sie der Ausdruck dieses Verlangens ist. Er drückt also eine Einstellung zu allen Erklärungen aus. – Aber wie zeigt sich die in seinem Leben?

Es ist die Einstellung, die eine bestimmte Sache ernst nimmt, sie aber dann an einem bestimmten Punkt doch nicht ernst nimmt, und erklärt, etwas anderes sei noch ernster.

So kann Einer sagen, es ist sehr ernst, daß der und der gestorben ist, ehe er ein bestimmtes Werk vollenden konnte; und in anderem Sinne kommt's darauf gar nicht an. Hier gebraucht man die Worte »in einem tiefern Sinne«.

Eigentlich möchte ich sagen, daß es auch hier nicht auf die *Worte* ankommt, die man ausspricht, oder auf das, was man dabei denkt, sondern auf den Unterschied, den sie an verschiedenen Stellen im Leben machen. Wie weiß ich, daß zwei Menschen das gleiche meinen, wenn jeder sagt, er glaube an Gott? Und ganz dasselbe kann man bezüglich der 3 Personen sagen. Die Theologie, die auf den Gebrauch *gewisser* Worte und Phrasen dringt und andere verbannt, macht nichts klarer (Karl Barth). Sie fuchtelt sozusagen mit Worten, weil sie etwas sagen will und es nicht auszudrücken weiß. *Die Praxis* gibt den Worten ihren Sinn. 1950

Ein Gottesbeweis sollte eigentlich etwas sein, wodurch man sich von der Existenz Gottes überzeugen kann. Aber ich denke mir, daß die *Gläubigen*, die solche Beweise lieferten, ihren ›Glauben‹ mit ihrem Verstand analysieren und begründen wollten, obgleich sie selbst durch solche Beweise nie zum Glauben gekommen wären. Einen von der ›Existenz Gottes überzeugen‹ könnte man vielleicht durch eine Art Erziehung, dadurch, daß man sein Leben so und so gestaltet.

Das Leben kann zum Glauben an Gott erziehen. Und es sind auch *Erfahrungen*, die dies tun; aber nicht Visionen, oder sonstige Sinneserfahrungen, die uns die ›Existenz dieses Wesens‹ zeigen, sondern z.B. Leiden verschiedener Art. Und sie zeigen uns Gott nicht wie ein Sinneseindruck einen Gegenstand, noch lassen sie ihn *vermuten*. Erfahrungen, Gedanken, – das Leben kann uns diesen Begriff aufzwingen.

Er ist dann etwa ähnlich dem Begriff ›Gegenstand‹. 1950

Ich kann Shakespeare darum nicht verstehen, weil ich in der gänzlichen Asymmetrie die Symmetrie finden will.

Mir kommt vor, seine Stücke seien, gleichsam, enorme *Skizzen*, nicht Gemälde; sie seien *hingeworfen*, von einem, der sich sozusagen *alles* erlauben kann. Und ich verstehe, wie man das bewundern und *es* die *höchste* Kunst nennen kann, aber ich mag es nicht. – Wer daher vor diesen Stücken sprachlos steht, den kann ich verstehen; wer sie aber bewundert, so wie man Beethoven etwa bewundert, der scheint mir Shakespeare mißzuverstehen. 1950

Eine Zeit mißversteht die andere; und eine *kleine* Zeit mißversteht alle andern in ihrer eigenen häßlichen Weise. 1950

Wie Gott den Menschen beurteilt, das kann man sich gar nicht vorstellen. Wenn er dabei wirklich die Stärke der Versuchung und die Schwäche der Natur in Anschlag bringt, wen kann er dann verurteilen? Wenn aber nicht, so ergibt eben die Resultierende dieser beiden Kräfte das Ziel, zu dem er prädestiniert wurde. Er wurde also geschaffen, um entweder durch das Zusammenspiel der Kräfte zu siegen, oder unterzugehen. Und das ist überhaupt kein religiöser Gedanke, sondern eher eine wissenschaftliche Hypothese.

Wenn Du also im Religiösen bleiben willst, mußt Du *kämpfen*. 1950

Sieh Dir die Menschen an: Der eine ist Gift für den andern. Die Mutter für den Sohn, und umgekehrt, etc. etc. Aber die Mutter ist blind und der Sohn ist es auch. Vielleicht haben sie schlechtes Gewissen, aber was hilft ihnen das? Das Kind ist böse, aber niemand lehrt es anders sein, und die Eltern verderben es nur durch ihre dumme Zuneigung; und wie sollen sie es verstehen, und wie soll das Kind es verstehen? Sie sind sozusagen *alle* böse und *alle* unschuldig. 1950

Die Philosophie hat keinen Fortschritt gemacht? – Wenn Einer kratzt, wo es ihn juckt, muß ein Fortschritt zu sehen sein? Ist es sonst kein echtes Kratzen, oder kein echtes Jucken? Und kann nicht diese Reaktion auf die Reizung lange Zeit so weitergehen, ehe ein Mittel gegen das Jucken gefunden wird? 1950

Gott kann mir sagen: »Ich richte Dich aus Deinem eigenen Munde. Du hast Dich vor Ekel vor Deinen eigenen Handlungen geschüttelt, wenn Du sie an Andern gesehen hast.« 1951

Ist der Sinn des Glaubens an den Teufel der, daß nicht alles, was als eine Eingebung zu uns kommt, von gutem ist? 1951

Man kann sich nicht beurteilen, wenn man sich in den Kategorien nicht auskennt. (Freges Schreibart ist manchmal *groß*; Freud schreibt ausgezeichnet, und es ist ein Vergnügen, ihn zu lesen, aber er ist nie *groß* in seinem Schreiben.)* 1951

* Vgl. *Zettel*, § 712.